Die Zulässigkeit von Bindungsklauseln im Rahmen von Aktienoptionsprogrammen

Europäische Hochschulschriften

Publications Universitaires Européennes
European University Studies

Reihe II
Rechtswissenschaft

Série II Series II
Droit
Law

Bd./Vol. 4471

PETER LANG
Frankfurt am Main · Berlin · Bern · Bruxelles · New York · Oxford · Wien

Cornelia Fach

Die Zulässigkeit von Bindungsklauseln im Rahmen von Aktienoptionsprogrammen

PETER LANG
Europäischer Verlag der Wissenschaften

Bibliografische Information der Deutschen Nationalbibliothek
Die Deutsche Nationalbibliothek verzeichnet diese Publikation in der Deutschen Nationalbibliografie; detaillierte bibliografische Daten sind im Internet über <http://www.d-nb.de> abrufbar.

Zugl.: Düsseldorf, Univ., Diss., 2006

D 61
ISSN 0531-7312
ISBN 3-631-56050-8

www.peterlang.de

Meinen Eltern

VORWORT

Die vorliegende Arbeit wurde im Frühjahr 2005 von der Juristischen Fakultät der Heinrich-Heine-Universität Düsseldorf als Dissertation angenommen.

Herrn Prof. Dr. Ulrich Noack danke ich herzlich für die Betreuung. Für die Erstellung des Zweitgutachtens danke ich Herrn Prof. Dr. Gerd Krieger.

Mein besonderer Dank gilt meinen Eltern, die meine Ausbildung stets unterstützt und mit großem Interesse begleitet haben. Ihnen ist diese Arbeit gewidmet.

München, im Juli 2006

Cornelia Fach

INHALTSVERZEICHNIS

ERSTER TEIL: EINFÜHRUNG

A. Gegenstand der Untersuchung

Mitarbeiterbeteiligungen, verstanden als materielle Beteiligung der Arbeitnehmer an ihrer arbeitgebenden Gesellschaft oder an einer Konzerngesellschaft,[1] bieten für Arbeitgeber und Mitarbeiter zahlreiche Vorteile. Welches Unternehmen zieht nicht in Erwägung, eine der zahlreichen Möglichkeiten der Mitarbeiterbeteiligung einzuführen, bereits bestehende Beteiligungsprogramme zu verbessern, auszuweiten oder an sich verändernde Wirtschaftsbedingungen anzupassen?[2] Welcher Mitarbeiter ist nicht daran interessiert, sich an einem Programm „seines" Unternehmens zu beteiligen?

Mitarbeiterbeteiligungen lassen sich in Erfolgsbeteiligungen einerseits und Kapitalbeteiligungen andererseits gliedern. Unter Erfolgsbeteiligungen sind variable Vergütungsformen zu verstehen, die den Mitarbeiter am (Jahres-)Erfolg, jedoch nicht am Kapital des Unternehmens beteiligen. Ihre Höhe orientiert sich an verschiedenen Indikatoren für den Erfolg des Unternehmens oder des Mitarbeiters. Zu den Indikatoren zählen beispielsweise Gewinn- oder Ertragszahlen, regelmäßig jedoch nicht der – von diesen Kriterien allerdings beeinflusste – Marktwert des Unternehmens.

Die Kapitalbeteiligung als weitere Form der Mitarbeiterbeteiligung lässt sich in die Alternativen der Fremdkapital- und der Eigenkapitalbeteiligung unterteilen. Beide Möglichkeiten fordern den Einsatz von Kapital durch den Mitarbeiter. Im Falle des Prototyps der Fremdkapitalbeteiligung, der Gewährung eines Mitarbeiterdarlehens, wird dem Arbeitgeber das eingesetzte Kapital lediglich auf begrenzte Zeit von seinen Mitarbeitern zur Verfügung gestellt und bleibt für ihn damit „fremdes" Kapital. Im Rahmen einer Eigenkapitalbeteiligung erwirbt der Mitarbeiter hingegen einen Gesellschaftsanteil an seinem Arbeitgeber oder einer Konzerngesellschaft. Zum Anstellungsverhältnis tritt ein gesellschaftsrechtliches Verhältnis; der Mitarbeiter wird am Unternehmenswert beteiligt. Die Art der Eigenkapitalbeteiligung richtet sich insbesondere nach der Organisations-

---

1 Immaterielle Formen der Beteiligung (Mitbestimmung), die von einem Teil der Literatur (z.B. Esser/Falthauser, S. 12; von Rosen/Leven in: Harrer, S. 1; Schanz, NZA 2000, 626, 627; Lück, S. 13) als Mitarbeiterbeteiligung in einem weiteren Sinne definiert werden, sollen nicht Gegenstand dieser Arbeit sein.

2 Vgl. zum wachsenden Interesse an Mitarbeiterbeteiligungsprogrammen: Deutsches Aktieninstitut e.V., Mitarbeiterbeteiligung in Deutschland auf dem Vormarsch.

form der Gesellschaft: Als Beteiligungen kommen z.B. Belegschaftsaktien, GmbH- oder Genossenschafts-Anteile in Betracht.[3] Die Eigenkapitalbeteiligung kann auch nach dem Umfang der Rechte variieren: So können den Mitarbeitern sämtliche Gesellschafterrechte oder aber auch nur stille Beteiligungen mit einer auf die Vermögensrechte beschränkten Gesellschafterstellung gewährt werden.[4]

Gegenstand dieser Arbeit sind Eigenkapitalbeteiligungen von Mitarbeitern an ihrem in Form einer Aktiengesellschaft organisierten Arbeitgeber oder einer Konzerngesellschaft. Die Beteiligung in Gestalt von Aktien ist sowohl im Hinblick auf die Zahl der beteiligten Mitarbeiter als auch das Beteiligungsvolumen die bei weitem bedeutendste Form der Mitarbeiterbeteiligung in Deutschland.[5] Sie lässt sich nicht nur durch die Teilnahme an Mitarbeiteraktienprogrammen, sondern auch an Aktienoptionsprogrammen erreichen.

Die folgende Untersuchung konzentriert sich auf den Erwerb von Beteiligungen im Rahmen von Aktienoptionsprogrammen. Aktienoptionsprogramme sollen hier jedoch nicht auf ihre generelle Zulässigkeit überprüft werden. Diese Frage ist insbesondere seit Einführung des Gesetzes zur Kontrolle und Transparenz im Unternehmensbereich zum 1. Mai 1998 (KonTraG)[6] bereits eingehend untersucht worden. Die Arbeit beschränkt sich vielmehr auf die rechtliche Überprüfung bestimmter Ausgestaltungsformen von Aktienoptionsprogrammen, die in der Literatur bislang nur in Ansätzen behandelt worden sind: Nahezu jedes Aktienoptionsprogramm weist Bindungsklauseln auf, die sich aufgrund der Doppelstellung des Mitarbeiters sowohl auf das Options- bzw. spätere Mitgliedschaftsverhältnis als auch auf das Anstellungsverhältnis beziehen können. Die erheblichen Kursrückgänge und wirtschaftlichen Schwierigkeiten vieler Unternehmen in den letzten Jahren mögen zwar die Verbreitung von Aktienoptionsprogrammen verlangsamt haben, zeigen dafür aber im Gegenzug die Bedeutung von Bindungsklauseln auf: Der Arbeitgeber wird daran interessiert sein, den (betriebsbedingt) ausscheidenden Mitarbeitern nicht auch noch nach Beendi-

---

3 Ausführlich hierzu Schanz, NZA 2000, 626, 628; nach der Studie des ifo-Instituts, Verbreitung von Mitarbeiter-Kapitalbeteiligungen, S. 25, 29, 33, boten in Deutschland im Jahr 2001 ca. 3,1 % aller Unternehmen, das waren 66.000 Unternehmen, eine Mitarbeiterkapitalbeteiligung an. Dies betrifft rund 2,1 Millionen Arbeitnehmer mit einem durchschnittlichen Kapitalbestand von ca. 4.100 Euro pro beteiligtem Mitarbeiter; nach von Rosen/Leven in: Harrer, S. 14, gab es 2003 fast 1,4 Mio. Belegschaftsaktionäre.

4 Ausführlich hierzu Schanz, NZA 2000, 626, 628.

5 Peltzer, AG 1996, 307, 308.

6 BGBl. I 1998, S. 786.

gung des Anstellungsverhältnisses Aktien zu vergünstigten Konditionen gewähren zu müssen; die Mitarbeiter hingegen haben ein Interesse, ihre Rechtsposition als Optionsberechtigte trotz fehlender anstellungsvertraglicher Bindung aufrecht zu erhalten. Zeichnet sich der Rückgang des Aktienkurses ab, sind die Mitarbeiter an einer schnellen Ausübbarkeit der Optionen und Veräußerbarkeit der Aktien interessiert; der Arbeitgeber wird zum Zweck einer nachhaltigen Motivation und Leistungssteigerung der Mitarbeiter – insbesondere im Sinne einer Erhöhung des „Shareholder Value" – eine längere Bindung an das Options- bzw. Gesellschaftsverhältnis anstreben. Auch bei Betriebsübergängen zum Zweck der Unternehmenssanierung werden Bindungsklauseln relevant. Der erste Teil dieser Arbeit dient dazu, einen Überblick über die Art und Weise der Gewährung von Optionen zu schaffen. Auf dieser Grundlage sollen Bindungsklauseln im zweiten Teil aus aktienrechtlicher Sicht und im dritten Teil aus schuldrechtlicher, insbesondere dienst- und arbeitsrechtlicher Sicht, untersucht werden. Der vierte Teil befasst sich mit der Zulässigkeit von Bindungsklauseln, die in kollektivrechtlichen Vereinbarungen verankert sind.

B. Begriffsbestimmung

Der Begriff der Aktienoption wird vom Aktiengesetz nicht definiert. Auch im übrigen Zivilrecht findet sich keine Legaldefinition des zugrunde liegenden Begriffs der Option. Trotz fehlender Legaldefinition besteht im allgemeinen zivilrechtlichen Schrifttum Übereinstimmung, dass es sich bei einer Option um das Recht handelt, durch einseitige Erklärung einen Vertrag zustande zu bringen.[7] Mit dieser Konstruktion wird der Optionsnehmer in die Lage versetzt, sich zu einem späteren Zeitpunkt unter Berücksichtigung der dann maßgeblichen Umstände für oder gegen den Abschluss des Hauptgeschäftes zu entscheiden; vor Ausübung der Option ist er nicht verpflichtet, das Hauptgeschäft einzugehen.[8] Bis auf die einseitige Willenserklärung des Optionsberechtigten sind für den Vertragsschluss keine weiteren nachfolgenden Rechtsakte der Parteien notwendig.[9] Mit der Optionsausübung bewirkt bzw. komplettiert der Optionsberechtigte die vertragliche Einigung; auf andere Wirksamkeitsvoraussetzungen hat seine Erklärung keinen Einfluss. Nach dieser im allgemeinen Zivilrecht geprägten Definition begründet eine Option einerseits mehr als einen schuldrecht-

7 Kramer in: Münchener Kommentar zum BGB, Vor § 145 Rn. 50; Staudinger/Bork, Vorbem zu §§ 145 ff Rn. 69; Larenz/Wolf, § 23 Rn. 102.

8 Engelsing, S. 6.

9 Deutschmann, S. 36; Georgiades, Festschrift Larenz, S. 411; Soergel/Wolf, Vor § 145 Rn. 69.

lichen Anspruch auf Abschluss des Hauptvertrages, andererseits hat die Ausübung der Option noch keinen Einfluss auf die dingliche Rechtslage.

Die Optionsgewährung lässt sich dogmatisch unterschiedlich einordnen: Denkbar ist, dass die Option aufgrund eines langfristig bindenden Angebots des potenziellen Vertragspartners oder aufgrund eines unter einer aufschiebenden Potestativbedingung geschlossenen Vertrages entsteht.[10] In Betracht kommt auch ein schuldrechtlicher Vertrag sui generis über ein „Gestaltungsrecht" des Optionsberechtigten.[11] Grundsätzlich sind alle Möglichkeiten zulässig. Daher kommt es maßgeblich auf den Willen der Parteien an, auf welchem Weg sie eine Option begründen wollen: Die Form der rechtlichen Begründung einer Option ist eine Frage der Auslegung.[12]

Eine Option auf Aktien verleiht dem optionsbegünstigten Mitarbeiter nach allgemeiner Ansicht das Recht, gegen Zahlung eines im voraus festgelegten Ausübungspreises („Basispreis", „strike price") eine bestimmte Anzahl von Aktien des optionsverpflichteten Arbeitgebers oder einer Konzerngesellschaft innerhalb einer bestimmten Frist, regelmäßig auch unter weiteren, zuvor bestimmten Bedingungen, zu erwerben.[13] Diese Definition findet im Gesetz kaum Anhaltspunkte: Im Rahmen der bedingten Kapitalerhöhung spricht § 192 Abs. 2 Nr. 3 AktG von der „Gewährung von Bezugsrechten an Arbeitnehmer und Mitglieder der Geschäftsführung der Gesellschaft oder eines verbundenen Unternehmens". Nach § 193 Abs. 2 Nr. 4 AktG sind im Hauptversammlungsbeschluss über die Kapitalerhöhung u.a. Erfolgsziele und Wartezeit für die erstmalige Ausübung der Bezugsrechte festzulegen.

Wie im allgemeinen Zivilrecht haben sich auch im Aktienrecht zur Rechtsnatur der Option und zu ihrer dogmatischen Begründung verschiedene Ansätze her-

---

10 BGH LM § 433 BGB Nr. 16; Larenz/Wolf, § 23 Rn. 103; Palandt/Heinrichs, Einf v § 145 Rn. 23 mwN.

11 Palandt/Heinrichs, Einf v § 145 Rn. 23; Tappert, NZA 2002, 1188, 1193 Fn. 66; zur Problematik des Begriffs des Gestaltungsrechts vgl. Staudinger/Bork, Vorbem zu §§ 145 ff Rn. 73; Larenz/Wolf, § 29 Rn. 43; nach Georgiades in: Festschrift Larenz, S. 423, stellt der Optionsvertrag einen selbständigen Vertrag vorbereitender Natur dar, der den Inhalt des Hauptvertrages bestimme und zugleich dem einen Vertragspartner die Befugnis einräume, den Hauptvertrag durch empfangsbedürftige Erklärung in Geltung zu bringen.

12 BGH LM § 433 Nr. 16; Staudinger/Bork, Vorbem zu §§ 145 ff. Rn. 72; Soergel/Wolf, Vor § 145 Rn. 70.

13 Weber in Achleitner/Wollmert, S. 28 f.; Baums, Festschrift Claussen, S. 3; Friedrichsen S. 7; Lembke, BB 2001, 1469; Bauer/Göpfert/von Steinau-Steinrück, ZIP 2001, 1129; Suchan/Baumunk in: Handbuch Stock Options, F I Rn. 116.

ausgebildet.[14] Häufig wird vertreten, dass die Aktienoption ein Gestaltungsrecht darstelle, mit dessen Ausübung der Hauptvertrag zustande komme.[15] Zum Teil wird angenommen, dass die Option aufgrund eines langfristigen Angebots der Gesellschaft zum Abschluss des Vertrages entstehe,[16] durch Begründung eines „Optionsvertrages", der das bindende Angebot zum Abschluss des Hauptvertrages zum Vertragsinhalt habe,[17] oder als Folge eines durch die Optionserklärung aufschiebend bedingten Vertrages.[18] Ob der Hauptvertrag Kauf- oder Zeichnungsvertrag ist, hängt davon ab, ob die Optionen mit „jungen" Aktien aus einer Kapitalerhöhung oder mit „alten", von der Gesellschaft erworbenen Aktien bedient werden.[19] Ein aufschiebend bedingter Zeichnungsvertrag[20] begegnet allerdings der Schwierigkeit, dass sich die Bedingung zugleich als Beschränkung der Verpflichtung des zeichnenden bzw. bezugsberechtigten Mitarbeiters im Sinne von §§ 185 Abs. 2, 4, 198 Abs. 2, 4 AktG darstellt. Sind die Beschränkungen Bestandteil des Zeichnungsscheins bzw. der Bezugserklärung, führen sie zu deren Nichtigkeit, die allerdings mit der Eintragung der Durchführung der Kapitalerhöhung gemäß §§ 185 Abs. 3, 198 Abs. 3 AktG wieder geheilt wird. Beschränkungen außerhalb von Zeichnungsschein bzw. Bezugserklärung betreffen nicht die Wirksamkeit der Zeichnung, sind aber gemäß §§ 185 Abs. 4, 198 Abs. 4 AktG der Gesellschaft gegenüber unwirksam. Da es auch bei Aktienoptionen eine Frage der Auslegung ist, welche rechtliche Konstruktion vorliegt,[21] spricht das Interesse von Gesellschaft und Mitarbeiter an ausreichen-

---

14 Zu den verschiedenen dogmatischen Ansätzen vgl. Dierks, S. 51 ff.; Lembke BB 2001, 1469, 1470.

15 Ettinger, S. 44; Häuselmann, DB 1987, 1745; Martens, AG 1989, 69, 73; Friedrichsen, S. 10; Frey in: Großkommentar zum Aktiengesetz, § 192 Rn. 39.

16 Hüffer, § 221 Rn. 7; Eggert, S. 328 f.; Frey in: Großkommentar zum Aktiengesetz, § 192 Rn. 38, und Lück, S. 115, verwenden für diese Gestaltung den Begriff der Festofferte.

17 Deutschmann, S. 38 f., und Klahold, S. 103, 235, für den Fall einer Optionsgewährung nach § 221 Abs. 1 S. 1 Alt. 2 AktG und nach §§ 192 Abs. 2 Nr. 3, 193 Abs. 2 Nr. 4 AktG, soweit bereits ein Kapitalerhöhungsbeschluss vorliegt.

18 Lembke, BB 2001, 1469, 1470; Frey in: Großkommentar zum Aktiengesetz, § 192 Rn. 39, verwendet für diese Gestaltung den Begriff des Optionsrechts.

19 Kessler/Suchan in: Handbuch Stock Options, O II 2 a) Rn. 1219.

20 Von der Möglichkeit eines aufschiebend bedingten Zeichnungsvertrages gehen Lück, S. 124, und Frey in: Großkommentar zum Aktiengesetz, § 192 Rn. 39, jeweils ohne nähere Ausführungen zu § 185 AktG aus. Nach Ansicht von Lück, S. 124, wird die Annahme eines aufschiebend bedingten Zeichnungsvertrages dem Willen der Parteien allerdings in der Regel nicht gerecht, da der Eintritt der Bedingung bei Abschluss der Optionsvereinbarung zu vage sei, als dass bereits ein flankierender Hauptvertrag angenommen werden könne.

21 Klahold, S. 103; Frey in: Großkommentar zum Aktiengesetz, § 192 Rn. 40; Eggert, S. 328.

der Rechtssicherheit gewöhnlich gegen die Annahme, dass sie im Rahmen der Optionsgewährung einen bedingten Zeichnungsvertrag abschließen wollen.

Die Option ist zum einen vom rechtsgeschäftlichen Bezugsrecht im Sinne von § 187 Abs. 1 AktG zu unterscheiden, das dem Berechtigten einen vertraglichen Anspruch auf Abschluss eines Zeichnungsvertrages hinsichtlich der auszugebenden „jungen" Aktien gewährt,[22] zum anderen vom einseitig verpflichtenden Vorvertrag auf den Abschluss eines Kaufvertrages über „alte" Aktien. Wird dem „Optionsberechtigten" lediglich ein Anspruch auf Abschluss eines Zeichnungs- bzw. Aktienkaufvertrages eingeräumt, liegt zivilrechtlich keine Option, sondern ein Vorvertrag über den Erwerb von Aktien vor.[23] Die Option hingegen räumt nicht nur das Recht auf Abschluss eines Zeichnungs- oder Kaufvertrages ein, sondern gewährt die Möglichkeit, den Vertrag durch einseitige Willenserklärung zustande zu bringen, ohne dass eine weitere Willenserklärung der Gesellschaft erforderlich wäre.[24]

Ob und, wenn ja, in welcher Weise dem Mitarbeiter im Rahmen eines Optionsprogramms ein Anspruch auf Abschluss eines Zeichnungs- bzw. Aktienkaufvertrages oder eine Option im eigentlichen zivilrechtlichen Sinn eingeräumt werden soll, ist eine Frage der Auslegung. Das Aktiengesetz selbst macht keine Vorgaben, welcher Weg bei der Auflage eines Aktienoptionsprogramms zu wählen ist. Da Bindungsklauseln unabhängig von der gewählten Konstruktion vereinbart werden können, werden die Begriffe der Option und des Optionsprogramms hier in einem weiten Sinn verstanden, der sämtliche der möglichen Konstruktionen erfasst.

Bei Optionsausübung sind dem Mitarbeiter grundsätzlich die Aktien zu übertragen und echte Aktionärsrechte einzuräumen. Alternativ können Gesellschaft und Mitarbeiter allerdings vereinbaren, dass lediglich die finanziellen Konsequenzen einer Aktienoption nachgebildet werden. Der Optionsnehmer erhält Kursgewinnrechte; im Fall der Optionsausübung kann er eine Bonuszahlung in Höhe des geltenden Börsenkurses abzüglich eines im Voraus festgelegten Ausübungspreises verlangen.[25] Derartige virtuelle Eigenkapitalinstrumente werden

---

22 Lück, S. 114 mwN.
23 Kessler/Suchan in: Handbuch Stock Options, O II 2 a) Rn. 1221.
24 Lück, S. 114 mwN.
25 Zitzewitz, S. 23; laut Capital 10/2002, S. 46, gibt es solche fiktiven Optionen bei Schering, Eon, Commerzbank, Degussa, Thyssenkrupp, Allianz, MAN und Münchner Rück.

auch als Vergütungsoptionen im weiteren Sinn oder „stock appreciation rights" bezeichnet.[26] Sie sollen nicht Gegenstand dieser Arbeit sein.

C. Entwicklung von Aktienoptionsprogrammen in Deutschland

Der für Aktienoptionen häufig synonym verwendete Begriff der „Stock Options" lässt auf die große Bedeutung von Aktienoptionen im anglo-amerikanischen Wirtschaftsraum schließen: Aktienoptionsprogramme wurden in den fünfziger Jahren des letzten Jahrhunderts in den USA entwickelt.[27] Nach den im Jahr 2000 veröffentlichten Angaben von *Zinser/Schimpfky* hatten etwa 99 % der größten US-Unternehmen (Standard & Poors 500-Index) einen oder mehrere Aktienoptionspläne.[28] In Deutschland verbreiteten sich Aktienoptionsprogramme erst in den neunziger Jahren des letzten Jahrhunderts.[29] Ihre Verbreitung ging einher mit der Entwicklung der „New Economy" und des gleichfalls aus den Vereinigten Staaten stammenden „Shareholder Value"-Ansatzes.[30] Allerdings standen einer raschen Entwicklung von Aktienoptionsprogrammen in Deutschland zunächst Zweifel an ihrer aktienrechtlichen Zulässigkeit im Wege.[31] Die ersten Aktienoptionsprogramme in Deutschland wurden durch die Ausgabe von Wandelschuldverschreibungen – verbunden mit einer bedingten Kapitalerhöhung – bedient.[32] Da dieser Weg jedoch als rechtlich kompliziert und wenig transparent angesehen wurde,[33] gab die Praxis u.a. „verschleierte nackte" Optionsrechte aus, die im Aktiengesetz nicht – zumindest nicht ausdrücklich – vorgesehen waren: Dabei erwarben Banken die mit den Schuldverschreibungen kombinierten Optionsrechte treuhänderisch im Wege eines Durch-

---

26 Engelsing, S. 8; Lück, S. 11 f.

27 Weber in: Achleitner/Wollmert, S. 26; Ettinger, S. 6 mwN; vgl. auch Seibert in: Pellens, S. 29, 39.

28 Zinser/Schimpfky, 3705 Rn. 1; nach einer Studie der Wirtschaftsprüfungsgesellschaft Deloitte & Touch LLP planten allerdings Anfang 2004 drei Viertel von 165 der im Standard & Poor's 500-Index aufgeführten Unternehmen ihre Aktienoptionsprogramme zu reduzieren, vgl. Pressemitteilung von Deloitte & Touch LLP vom 10. Februar 2004 „Worries over Stock Dilution, not Expensing, are driving Companies to scale back Stock Options"; zur Verbreitung von Optionsplänen in Großbritannien und Frankreich vgl. Zitzewitz, S. 24 f.

29 Achleitner/Wichels in: Achleitner/Wollmert, S. 2.

30 Vgl. Achleitner/Wichels in: Achleitner/Wollmert, S. 2; zum Shareholder-Value-Ansatz vgl. Sauter/Babel in: Handbuch Stock Options, A II Rn. 3 ff.

31 Von Rosen in: Deutsches Aktieninstitut e.V., Aktienoptionspläne für Führungskräfte – Leistungsorientierte Vergütung und Shareholder Value, Aktienkultur & BVH-News 4/1996, S. 15 ff.

32 Keßler/Kühnberger in: Personalführung und Organisation, S. 641.

33 Begründung des Regierungsentwurfs zum KonTraG, BT-Drucks. 13/9712, S. 23; Zinser/Schimpfky, 3705 Rn. 20; Keßler/Kühnberger in: Personalführung und Organisation, S. 641; Seibert, WM 1997, 1, 9; derselbe in: Pellens, S. 29, 36 f. mwN.

gangserwerbs und gaben die Optionen ohne Schuldverschreibung an die Mitarbeiter weiter.[34]

Bei der Durchsetzung von Aktienoptionsprogrammen übernahmen unter den großen Unternehmen die damalige Daimler Benz AG, die Deutsche Bank AG sowie die Volkswagen AG prominente Vorreiterrollen: In ihren Hauptversammlungen in den Jahren 1996 bzw. 1997 war die Einführung von Aktienoptionsprogrammen mehrheitlich beschlossen worden. Die Hauptversammlungsbeschlüsse wurden daraufhin durch Anfechtungs- und Nichtigkeitsklagen angegriffen, jedoch vom OLG Stuttgart[35], vom LG Frankfurt[36] und vom OLG Braunschweig[37] bestätigt. Die Rechtsstreitigkeiten endeten – z.T. nach freiwilliger Abänderung der Aktienoptionsprogramme – spätestens in der zweiten Instanz, so dass über viele durch die Einführung von Aktienoptionsprogrammen ausgelöste Zweifelsfragen nicht durch Urteil des Bundesgerichtshofs entschieden wurde.

Für ein größeres Maß an Rechtssicherheit sorgte der Gesetzgeber mit Inkrafttreten des KonTraG zum 1. Mai 1998: Seitdem eröffnet das Gesetz in §§ 71 Abs. 1 Nr. 8, 192 Abs. 2 Nr. 3 AktG zwei neue Gestaltungsformen für die Einführung von Aktienoptionsprogrammen; auch einige der formellen und materiellen Anforderungen im Rahmen der gesellschaftlichen Willensbildung sind nun leichter zu handhaben. Insbesondere die Einführung von „nackten" Aktienoptionen, die Ausdehnung des Berechtigtenkreises auf Vorstandsmitglieder und die Anforderungen an den zugrunde liegenden Hauptversammlungsbeschluss wurden durch das KonTraG ausdrücklich geregelt.

Umfragen des *Deutschen Aktieninstituts e.V.* unter den DAX-100-Aktiengesellschaften zeigen ab Mitte der 1990er Jahre die zunehmende Akzeptanz und Relevanz von Aktienoptionsprogrammen. Im Jahr 1996 hatten erst 6 % der DAX-Aktienunternehmen ein Aktienoptionsprogramm eingeführt, 1997 entlohnten bereits fast 15 % der notierten Gesellschaften ihre Mitarbeiter u.a. mit Aktienoptionen. Während 1996 ca. 16 % der genannten Unternehmen die Einführung von Aktienoptionsplänen beabsichtigten, waren dies ein Jahr später

---

34 Vgl. zu dieser „Verschleierungstechnik" Martens, AG-Sonderheft 1997, 83, 87.
35 AG 1998, 529.
36 WM 1997, 473.
37 AG 1999, 84.

schon 38 %.[38] Die zunehmende Bedeutung von Aktienoptionsprogrammen lässt sich auch an der mit ihrer Verbreitung einhergehenden Umgestaltung der Vergütungssysteme erkennen: Viele Aktienoptionsprogramme werden so gestaltet, dass die bisherige Vergütung der Mitarbeiter durch Aktienoptionen nicht nur ergänzt, sondern zum Teil ersetzt wird. So planten 1997 ca. 58 % der befragten Unternehmen Auswirkungen ihrer Aktienoptionspläne auf die sonstige Vergütung ein.[39] Nach einer Studie des *Deutschen Aktieninstituts e.V.* aus dem Jahr 2000 machen Aktienoptionspläne als Mitarbeiterbeteiligungsprogramme den traditionellen Aktienankaufplänen den Spitzenplatz streitig: 42 % der Mitarbeiterbeteiligungsprogramme der an der Studie beteiligten 616 großen Unternehmen waren Aktienoptionspläne.[40] 4 % der Aktienoptionspläne wurden zu einem einmaligen Anlass wie z.B. einem Börsengang oder einer Unternehmensabspaltung aufgelegt; die restlichen Programme wurden in regelmäßigen Abständen angeboten.[41] In Branchen mit einer hohen Verbreitung von Mitarbeiterbeteiligungsmodellen waren Aktienoptionsprogramme überproportional stark vertreten. So hatten 73 % der Unternehmen der IT-Branche und 50 % der Pharma-Unternehmen, die an der Studie teilnahmen, Aktienoptionsprogramme aufgelegt.[42]

D. Ziele der an Aktienoptionsprogrammen Beteiligten

I. Ziele der Aktiengesellschaft und der Altaktionäre

Aktiengesellschaften verfolgen in ihrer Rolle als Arbeitgeber mit der Gewährung von Optionen vorrangig das Ziel, ihre Mitarbeiter zur Steigerung des „Shareholder Value" zu motivieren. Die unternehmerische Mitverantwortung der Mitarbeiter sowie ihr unternehmerisches Denken und Handeln im Sinne des Aktionärsinteresses soll gestärkt werden.[43] Auch wenn der mit der Optionsaus-

---

38 Deutsches Aktieninstitut e.V., Aktienoptionspläne für Führungskräfte in Deutschland, S. 5 f.

39 Deutsches Aktieninstitut e.V., Aktienoptionspläne für Führungskräfte in Deutschland, S. 9; laut Capital 10/2002, S. 45, kürzte keines der 24 untersuchten DAX-Unternehmen das Manager-Festgehalt anlässlich der Einführung von Optionen; zur betriebswirtschaftlichen Bedeutung einer Kürzung des Festgehaltes und Ersetzung durch Aktienoptionen als variable Vergütungsbestandteile vgl. Keßler/Kühnberger in: Personalführung und Organisation, S. 632.

40 Deutsches Aktieninstitut e.V., Beteiligungssysteme für breite Mitarbeiterkreise, S. 17.

41 Deutsches Aktieninstitut e.V., Beteiligungssysteme für breite Mitarbeiterkreise, S. 17.

42 Deutsches Aktieninstitut e.V., Beteiligungssysteme für breite Mitarbeiterkreise, S. 18; nach Eggert, S. 290, unter Hinweis auf WamS v. 17.8.2000, Gehalt & Karriere, S. B 1, sollen im Jahr 2000 etwa zwei Drittel der DAX-Unternehmen Aktienoptionsprogramme angeboten haben; zu weiteren Zahlen vgl. Lück, Fn. 1.

43 Deutsches Aktieninstitut e.V., Beteiligungssysteme für breite Mitarbeiterkreise, S. 10.

übung zu erzielende Gewinn regelmäßig von der Gesamtleistung des Unternehmens und damit nicht nur von der Leistung eines einzelnen Mitarbeiters bestimmt wird, lässt sich dieser Motivationseffekt erreichen: Hängt die Höhe des möglichen Gewinns u.a. von einer „Teamleistung" ab, kann die Motivation durch gruppendynamische Effekte verstärkt werden, wie z.B. durch die gegenseitige soziale Kontrolle der Mitarbeiter. Mit der Gewährung von Aktienoptionen soll auch die Identifikation der Mitarbeiter mit der Arbeit gebenden Gesellschaft erhöht[44] und der „Principal-Agent-Konflikt", der Konflikt zwischen Management- bzw. Mitarbeiterinteressen einerseits und Aktionärsinteressen andererseits,[45] überwunden werden.[46] Auch der „Stakeholder Value", der Wert des Unternehmens für all diejenigen, die ein Interesse gleich welcher Art am Unternehmen haben, kann durch eine Motivations- und Leistungssteigerung der Mitarbeiter erhöht werden.[47]

Aktienoptionen können aber nicht nur einen zielgerichteten Anreiz zur Steigerung des Unternehmenswertes vermitteln; abhängig von den gewählten Ausübungshürden kann auch der Erfolg einer einzelnen Abteilung oder eines Betriebes im Vordergrund stehen. Räumen Aktiengesellschaften einer großen Anzahl von Mitarbeitern Aktienoptionen ein, auch Mitarbeitern ohne maßgeblichen Einfluss auf die Steigerung des Unternehmenswertes oder das Erreichen sonstiger Erfolgsziele, wollen sie eine Art „allgemeines Wohlverhalten" und das „unternehmerische Bewusstsein" fördern: Die Mitarbeiter können z.B. zu einer allgemeinen Leistungssteigerung, zur sparsamen Betriebsmittelverwendung oder auch zur Beschränkung ihrer Vergütungsforderungen motiviert werden.[48] Wird eine größere Gruppe von Mitarbeitern beteiligt, können Aktiengesellschaften auch das Ziel verfolgen, eine Anteilseignergruppe aufzubauen, die nicht nur kurzfristige finanzielle Interessen hat, sondern am langfristigen Erfolg des Unternehmens interessiert ist.[49]

---

44 Deutsches Aktieninstitut e.V., Beteiligungssysteme für breite Mitarbeiterkreise, S. 21; Brinkkötter in: Personalführung und Organisation, S. 664; Schanz, NZA 2000, 626.

45 Zum „Principal-Agent-Konflikt" vgl. Sauter/Babel in: Handbuch Stock Options, A III Rn. 11 ff.

46 Begründung des Regierungsentwurfs zum KonTraG, BT-Drucks. 13/9712, S. 23; Deutsches Aktieninstitut e.V., Beteiligungssysteme für breite Mitarbeiterkreise, S. 10, 20 f.; Achleitner/Wichels in: Achleitner/Wollmert, S. 6; Weber in: Achleitner/Wollmert, S. 27; Kreßel in: Münchener Handbuch zum Arbeitsrecht, Band 1, § 68 Rn. 104; Feddersen/Pohl, AG 2001, 26; Keßler/Kühnberger in: Personalführung und Organisation, S. 631.

47 Weber in: Achleitner/Wollmert, S. 27.

48 Zu diesen Zielen bei der Ausgabe von Belegschaftsaktien vgl. Peterssen, S. 64.

49 Deutsches Aktieninstitut e.V., Beteiligungssysteme für breite Mitarbeiterkreise, S. 10; Keßler/Kühnberger in: Personalführung und Organisation, S. 633.

Auch für liquiditätsschwache, junge Start-up-Unternehmen oder Unternehmen in der Sanierungsphase bieten Aktienoptionen nicht zu unterschätzende Vorteile: Die Einführung eines Aktienoptionsprogramms schont im Rahmen der Mitarbeitervergütung die Liquidität der Gesellschaft und stärkt die Eigenkapitalbasis.[50] Gleichzeitig ist unter der Voraussetzung eines steigenden Börsenkurses eine attraktive Bezahlung im Wettbewerb um Führungskräfte gewährleistet.[51] Als weiteres Ziel wird mit der Einführung von Aktienoptionen regelmäßig die langfristige Bindung qualifizierter Arbeitskräfte angestrebt;[52] ihre Betriebstreue soll durch die Vergütung mit Aktienoptionen belohnt werden.[53] Die Gesellschaft kann ebenfalls soziale Vorstellungen wie die Vermögensbildung der Mitarbeiter oder eine zusätzliche Alterssicherung mit der Einführung von Aktienoptionen verknüpfen.[54] Auch einer möglichen Kritik der Mitarbeiter an einer überhöhten Vergütung des Managements und einer „sozialen Schieflage" kann durch die Beteiligung breiter Mitarbeiterkreise am Optionsprogramm begegnet werden.[55]

Mit der Einführung eines Aktienoptionsprogramms wird zugleich der Erwartungshaltung internationaler Kapitalmärkte entsprochen und damit die Attraktivität des Unternehmens für den internationalen Eigenkapitalgeber gesteigert:[56] Aktienoptionsprogramme sind geeignet, auf den Finanzmärkten Vertrauen in eine hohe Motivation des Managements zu begründen.[57]

Aus Sicht der Altaktionäre spricht für die Einführung von Mitarbeiterbeteiligungsprogrammen, dass sie mit Hilfe des Motivationseffekts den Wert ihrer Anteile steigern können. Die Einführung von Aktienoptionsprogrammen ist für die Altaktionäre jedoch nur dann sinnvoll, wenn die angestrebte Wertsteigerung die Kosten des Programms einschließlich der durch die Ausgabe der Aktien un-

---

50 Achleitner/Wichels in: Achleitner/Wollmert, S. 13; Friedrichsen, S. 31 f.; Weiß, S. 102 f.; Zinser/Schimpfky, 3705 Rn. 2 ; Wulff, S. 5.

51 Deutsches Aktieninstitut e.V., Beteiligungssysteme für breite Mitarbeiterkreise, S. 10; Achleitner/Wichels in: Achleitner/Wollmert S. 13; Lembke, BB 2001, 1469; Zinser/Schimpfky, 3705 Rn. 4; Zitzewitz, S. 28.

52 Achleitner/Wichels in: Achleitner/Wollmert, S. 12 f.; Legerlotz/Laber, DStR 1999, 1658, 1661; Wulff, S. 6.

53 Deutsches Aktieninstitut e.V., Beteiligungssysteme für breite Mitarbeiterkreise, S. 11.

54 Ettinger, S. 28; Peltzer, AG 1996, 307, 308; Claussen, WM 1997, 1825, 1829; Zitzewitz, S. 50.

55 Zitzewitz, S. 50.

56 Friedrichsen, S. 29 f.; OLG Stuttgart AG 1998, 529, 532; Wulff, S. 6.

57 Begründung des Regierungsentwurfs zum KonTraG, BT-Drucks. 13/9712 S. 23; Brinkkötter in: Personalführung und Organisation, S. 664; Schanz, NZA 2000, 626.

ter Marktpreis bewirkten Kapitalverwässerung ausreichend übersteigt.[58] Die Vergütung des Managements mit Aktienoptionen stellt für die Altaktionäre zudem ein Mittel zur Leistungskontrolle und Unternehmenssteuerung („Corporate Governance") dar.[59] Die Rolle von Aktienoptionen im Rahmen der Unternehmensleitung und -überwachung findet auch in § 161 AktG ihren Ausdruck, der mit dem Gesetz zur weiteren Reform des Aktien- und Bilanzrechts, zu Transparenz und Publizität (Transparenz- und Publizitätsgesetz) mit Wirkung zum 26. Juli 2002[60] neu gefasst wurde. Nach § 161 AktG haben Vorstand und Aufsichtsrat einmal jährlich den Aktionären gegenüber zu erklären, ob und inwieweit den Verhaltensregeln der Kodex-Kommission zur Unternehmensleitung und -überwachung entsprochen wurde. Eine solche Verhaltensregel enthält Ziffer 4.2.3. des Kodexes, wonach die Vergütung der Vorstandsmitglieder einer Aktiengesellschaft grundsätzlich sowohl feste als auch variable Bestandteile mit langfristiger Anreizwirkung umfassen soll, insbesondere Aktienoptionen.

II. Ziele der Mitarbeiter

Die bezugsberechtigten Mitarbeiter können mit Hilfe von Aktienoptionen zumindest mittel- und langfristig eine höhere Vergütung erreichen als durch eine ausschließliche Festvergütung.[61] Sie haben die Möglichkeit, mit einer Investition unterhalb des regulären Kapitalmarktpreises von einem steigenden Börsenkurs zu profitieren. Aktienoptionen haben für die Mitarbeiter außerdem den Vorteil, dass sie – unter bestimmten Voraussetzungen – das „Wann" und „Wieviel" des Aktienerwerbs selbst festlegen können. Sie können ihre Vergütung durch den Einsatz der eigenen Arbeitskraft beeinflussen, soweit sie sich auf den Wert der Aktien auswirkt.[62] Vergünstigt bezogene Aktien können auch einen Baustein der individuellen Altersvorsorge darstellen.[63]

E. Erfüllung der Optionen

Zur Bedienung der Ansprüche aus ausgeübten Optionen kann die Gesellschaft entweder den Weg eines zwischengeschalteten Eigenerwerbs durch den Rückkauf vorhandener Aktien oder den der Schaffung neuer Aktien im Wege einer Kapitalerhöhung einschlagen. Außerdem können die Aktien auch über den Kauf

58 Menichetti, DB 1996, 1688, 1690; Wulff, S. 9.
59 Ettinger, S. 23; Keßler/Kühnberger in: Personalführung und Organisation, S. 629.
60 Vgl. BGBl. I 2002, 2681, 2687, Art. 5 des Transparenz- und Publizitätsgesetzes.
61 Bredow, DStR 1998, 380.
62 Bredow, DStR 1998, 380.
63 Brinkkötter in: Personalführung und Organisation, S. 664.

von Optionen auf dem freien Markt, durch Vermittlung eines Aktienkaufs mit einem Dritten oder durch Gewährung aus dem Kreis der (Haupt-)Aktionäre bereitgestellt werden.[64]

I. Erfüllung durch den Erwerb eigener Aktien nach § 71 Abs. 1 Nr. 2, 8 AktG

Aus § 57 Abs. 1 AktG folgt, dass einer Aktiengesellschaft der derivative Erwerb eigener „alter" Aktien grundsätzlich verboten ist. Ausnahmen hiervon sind in § 71 AktG geregelt. So ermöglicht z.B. § 71 Abs. 1 Nr. 2 AktG der Gesellschaft, eigene Aktien zum Aufbau von Mitarbeiterbeteiligungen zu erwerben.[65] Die erworbenen Aktien sind gemäß § 71 Abs. 3 S. 2 AktG innerhalb eines Jahres nach dem Erwerb an die Arbeitnehmer weiterzuleiten.

Die Ausgabe von Aktien an Mitglieder des Vorstands oder Aufsichtsrats wird von § 71 Abs. 1 Nr. 2 AktG nicht gerechtfertigt. Dieses Ziel kann allerdings über § 71 Abs. 1 Nr. 8 AktG erreicht werden, der weder einen begrenzten Kreis von Bezugsberechtigten noch eine sonstige Zweckbindung des Aktienerwerbs vorsieht. Erforderlich ist ein Beschluss der Hauptversammlung, der den Vorstand für eine Dauer von maximal 18 Monaten zum Erwerb eigener Aktien ermächtigt. Werden die erworbenen Aktien zur Bedienung eines Aktienoptionsprogramms verwendet, sind die Altaktionäre von einem Erwerb der Aktien ausgeschlossen; die Ermächtigung gemäß §§ 71 Abs. 1 Nr. 8 S. 5, 186 Abs. 3, 4 AktG unterliegt daher der formellen Beschlusskontrolle.[66] Darüber hinaus könnte der Ermächtigungsbeschluss an materielle Voraussetzungen geknüpft sein: Nach herrschender Auffassung in der Literatur hat die Hauptversammlung im Fall eines Aktienoptionsprogramms nicht nur über die wesentlichen Eckdaten nach §§ 71 Abs. 1 Nr. 8 S. 5, 193 Abs. 2 Nr. 4 AktG zu beschließen, son-

64 Deutsches Aktieninstitut e.V., Aktienoptionspläne für Führungskräfte in Deutschland, S. 8; Deutschmann, S. 57; Peterssen, S. 30 f.; von praktischer Relevanz sind diese drei letzten Möglichkeiten jedoch nicht; daher sind sie nicht Gegenstand der folgenden Untersuchung.

65 Hüffer, § 71 Rn. 12; ZHR 161 (1997), 214, 220 f., ist der Ansicht, § 71 Abs. 1 Nr. 1 ermögliche aufgrund seines Wortlauts nicht den Bezug von Aktien durch Ausübung einer Option, sondern lediglich durch Erwerb im Sinne eines Verkehrsgeschäfts; dagegen Oechsler in: Münchener Kommentar zum Aktiengesetz, § 71 Rn. 130.

66 Gegen eine formelle Beschlusskontrolle nach § 186 Abs. 3, 4 AktG wenden sich – im Widerspruch zum Wortlaut von § 71 Abs. 1 Nr. 8 S. 5 AktG – Seibert in: Pellens, S. 29, 35 Fn. 18, und Weiß, S. 249 ff.; derselbe, WM 1999, 353, 362; dagegen Friedrichsen, S. 221 ff.; Wulff, S. 46 f., 191; Kau/Leverenz, BB 1998, 2269, 2274; Kraft/Altvater, NZG 1998, 448, 449; Lingemann/Wasmann, BB 1998, 853, 860; Kallmeyer, AG 1999, 97, 101; Kessler/Kühnberger, AG 1999, 453, 460; unklar Begründung des Regierungsentwurfs zum KonTraG, BT-Drucks. 13/9712, S. 14.

dern auch die ungeschriebenen materiellen Anforderungen eines Bezugsrechtsausschlusses entsprechend zu beachten.[67] Aufgrund der detaillierten gesetzlichen Vorgaben der §§ 71 Abs. 1 Nr. 8 S. 5, 193 Abs. 2 Nr. 4 AktG mag der Hauptversammlungsbeschluss zwar lediglich beschränkt überprüfbar sein.[68] Dennoch kann die Frage, ob und inwieweit die materiellen Anforderungen an einen Bezugsrechtsausschluss einzuhalten bzw. eingehalten sind, die Durchführung eines Aktienoptionsprogramms mit erheblicher Rechtsunsicherheit belasten.

Zusätzlich zu dieser Rechtsunsicherheit stößt der Eigenerwerb von Aktien im Rahmen von Aktienoptionsprogrammen nach § 71 Abs. 1 Nr. 2 AktG auf weitere rechtliche Bedenken: Bei Aktienoptionsprogrammen können die mehrjährigen Wartefristen dazu führen, dass die in § 71 Abs. 3 S. 2 AktG vorgeschriebene Jahresfrist für die Weitergabe der Aktien überschritten wird. *Wulff* sieht dies als ausschlaggebendes Argument an, das gegen die Zulässigkeit des Erwerbs eigener Aktien gemäß § 71 Abs. 1 Nr. 2 AktG zur Erfüllung der Ansprüche aus Aktienoptionsprogrammen spricht.[69] Allerdings lässt sich aus § 71 Abs. 4 AktG schließen, dass ein Verstoß gegen die zeitliche Begrenzung der Weitergabe nach § 71 Abs. 3 S. 2 AktG weder zur Unwirksamkeit des Aktienerwerbs durch den Mitarbeiter noch zur Nichtigkeit des schuldrechtlichen Erwerbsgeschäfts führt.[70]

Unabhängig von der Frage einer Verletzung der Weitergabepflicht aus § 71 Abs. 3 S. 2 AktG führt die Vereinbarung von Wartefristen und Erfolgszielen jedenfalls dazu, dass die Anzahl der weiterzugebenden Aktien ungewiss ist. Wirksamkeitsvoraussetzung eines Eigenerwerbs nach § 71 Abs. 1 Nr. 2 AktG ist nun aber der Wille der Gesellschaft, die Aktien nach dem Eigenerwerb ihren Arbeitnehmern anzubieten.[71] Der Wille muss „ernstlich“ sein und nach außen, z.B. durch einen entsprechenden Vorstandsbeschluss, manifestiert werden.[72] Ist

---

67 Eine Überprüfung anhand der ungeschriebenen materiellen Voraussetzungen bejahen ausdrücklich Kessler/Kühnberger, AG 1999, 453, 460; Kallmeyer, AG 1999, 97, 101 f.; Kau/Leverenz, BB 1998, 2269, 2274; Friedrichsen, S. 222, und Wulff, S. 191; gegen das Erfordernis einer materiellen Rechtfertigung bei der Bedienung von Aktienoptionen: Klahold, S. 256; Weiß, S. 249 ff.; derselbe, WM 1999, 353, 361 f.

68 Friedrichsen, S. 124 ff., 222.

69 Wulff, S. 51.

70 Hüffer, § 71 Rn. 23, mit Hinweis auf eine Veräußerungspflicht analog § 71 c Abs. 1 AktG; Lutter in: Kölner Kommentar, § 71 Rn. 46; Oechsler in: Münchener Kommentar zum Aktiengesetz, § 71 Rn. 289.

71 Lutter in: Kölner Kommentar zum Aktiengesetz, § 71 Rn. 35; Hüffer, § 71 Rn. 13.

72 Lutter in: Kölner Kommentar zum Aktiengesetz, § 71 Rn. 35; Hüffer, § 71 Rn. 13.

die Weitergabe der Aktien ungewiss oder erst zu einem sehr viel späteren Zeitpunkt geplant, fehlt es an der erforderlichen Ernstlichkeit des Willens.[73] Auch aus diesem Grund bestehen bei Aktienoptionsprogrammen Bedenken an der Anwendbarkeit von § 71 Abs. 1 Nr. 2 AktG: Steht die Anzahl der erworbenen Aktien in keinem angemessenen Verhältnis zum Umfang, in dem die Optionsausübung vernünftigerweise zu erwarten ist, ist die erforderliche Ernstlichkeit zu verneinen.[74] Die Aktiengesellschaft soll im Rahmen der Erwerbsmöglichkeit nach § 71 Abs. 1 Nr. 2 AktG lediglich als „Durchgangsstation", jedoch nicht zu einem selbständigen Zweck die Aktien halten. Ein vernünftiger Zusammenhang zwischen dem Eigenerwerb und der geplanten Weitergabe an die Mitarbeiter muss erkennbar sein.[75] Im Rahmen von Optionsprogrammen kann zum einen die Frage, ob das Anstellungsverhältnis des bezugsberechtigten Mitarbeiters eine eventuell vereinbarte Warte- bzw. Verfallzeit überdauert, zu Unsicherheiten hinsichtlich der Weitergabe der Aktien führen. Zum anderen ist die Ausübung der Optionen und Weitergabe der Aktien so lange ungewiss, wie die vorgesehenen Erfolgsziele noch nicht erfüllt sind.[76] Die Aktiengesellschaft wird grundsätzlich Erfolgsziele setzen, deren Eintritt zwar nicht unwahrscheinlich, aber auch nicht ohne weiteres absehbar ist. Eine sichere Einschätzung, ob das Erfolgsziel erreicht wird, dürfte im Zeitpunkt des Abschlusses der Optionsvereinbarung regelmäßig nicht möglich sein. Aus diesem Grund sind ein „ernsthafter Wille" i.S.v. § 71 Abs. 1 Nr. 2 AktG und ein vernünftiger Zusammenhang zwischen Erwerb und späterer Weitergabe zumindest im Zeitpunkt der Optionseinräumung regelmäßig zu verneinen.

Der Eigenerwerb von Aktien durch die Gesellschaft nach § 71 Abs. 1 Nr. 2 AktG wäre damit erst zu einem späteren Zeitpunkt zulässig. Die Zulässigkeit eines solchen verzögerten Erwerbs ist allerdings ebenfalls zweifelhaft: Nach dem Wortlaut von § 71 Abs. 1 Nr. 2 AktG muss das Angebot an die Mitarbeiter sich zeitlich an den Eigenerwerb anschließen; eine andere Reihenfolge ist im Gesetz nicht vorgesehen. Nun beinhaltet die Optionsvereinbarung – unabhängig von der Qualifizierung der Rechtsnatur der Option – jedoch bereits das Angebot zum Erwerb von Aktien.[77] Der Erwerb eigener Aktien gemäß § 71 Abs. 1 Nr. 2

73 Lutter in: Kölner Kommentar zum Aktiengesetz, § 71 Rn. 36; Hüffer, § 71 Rn. 13.
74 Vgl. Lutter in: Kölner Kommentar zum Aktiengesetz, § 71 Rn. 36.
75 Lutter in: Kölner Kommentar zum Aktiengesetz, § 71 Rn. 36.
76 Friedrichsen, S. 60.
77 Larenz/Wolf, § 29 Rn. 42 f.; Wulff, S. 52; eine Auslegung von § 71 Abs. 1 Nr. 2 AktG, nach der der Angebotsbegriff nicht im schuldrechtlichen Sinne von § 145 BGB zu verstehen ist, findet im Gesetz keine Anhaltspunkte, vgl. Wulff, S. 51 f.

AktG kommt damit zur Erfüllung der Ansprüche aus Aktienoptionsprogrammen regelmäßig nicht in Frage.[78]

Soweit gemäß § 71 Abs. 1 Nr. 8 AktG der Erwerb eigener Aktien zulässig ist, hat dieser Weg zur Bedienung der Ansprüche aus Optionsprogrammen für die Gesellschaft den Nachteil, dass der Kaufpreis für die Aktien durch Gewinnrücklagen gedeckt sein muss.[79] Liquide Mittel werden gebunden, die die Gesellschaft andernfalls anlegen oder investieren könnte.[80] Ist vereinbart, dass als Ausübungspreis der im Zeitpunkt der Optionsgewährung maßgebliche Aktienpreis zu leisten ist, trifft die Gesellschaft das Risiko eines steigenden Kurses, wenn sie nicht bereits bei Optionsgewährung eine entsprechende Anzahl von Aktien kauft. Als Kehrseite eines frühzeitigen Erwerbs trifft sie allerdings auch das Risiko fallender Kurse: Bei einer negativen Kursentwicklung werden die Optionen regelmäßig nicht ausgeübt; die Gesellschaft kann kurzfristig Liquidität nur durch Realisierung eines Verlustes zurückerlangen.[81] Dem Erwerb eigener Aktien sind außerdem zur Vermeidung von Kursausschlägen Grenzen gesetzt.[82] Als Ergebnis lässt sich festhalten, dass die Erfüllung von Aktienoptionsprogrammen über eine Kapitalbeschaffung nach § 71 Abs. 1 Nr. 8 AktG für die Gesellschaft mit nicht unbeachtlichen wirtschaftlichen Risiken verbunden ist.[83]

II. Erfüllung mit „jungen“ Aktien im Wege der Kapitalerhöhung

Die Gesellschaft kann sich die Aktien, die für die Erfüllung der Ansprüche aus Optionsprogrammen notwendig sind, auch durch eine Kapitalerhöhung verschaffen: Die Kapitalerhöhung kann in der Form der ordentlichen Kapitalerhöhung gegen Einlagen gemäß §§ 182 ff. AktG, der genehmigten Kapitalerhöhung gemäß §§ 202 ff. AktG und als bedingte Kapitalerhöhung nach §§ 192 ff. AktG durchgeführt werden. Eine Kapitalerhöhung aus Gesellschaftsmitteln gemäß

78 Wulff, S. 52; Bedenken äußern auch Hüffer, ZHR 161 (1997), 214, 220 f; Schanz, NZA 2000, 626, 629; Kessler/Suchan in: Handbuch Stock Options, H II Rn. 567; a.A. Umnuß/Ehle, BB 2002, 1042, 1044 ff.

79 Zinser/Schimpfky, 3705 Rn. 27.

80 Wulff, S. 48.

81 Zinser/Schimpfky, 3705 Rn. 28; zu den Möglichkeiten des „Vorratserwerbs“ und des „Bedarfserwerbs“ vgl. Eggert, S. 322 f.

82 Knepper, ZGR 1985, 419, 432.

83 Für die Erfüllung der Ansprüche aus Belegschaftsaktienprogrammen stellt der Erwerb eigener Aktien jedoch – sogar bereits vor der Ergänzung von § 71 AktG um die Erwerbsvariante der Nr. 8 durch das KonTraG – eine gängige Methode der Aktienbeschaffung dar; vgl. dazu Knepper, ZGR 1985, 419, 432, und Krieger in: Münchener Handbuch des Gesellschaftsrechts, § 58 Rn. 65.

§§ 207 ff. AktG scheidet für die Bedienung von Aktienoptionsprogrammen aus, da in diesem Fall die neuen Aktien gemäß § 212 AktG ausschließlich den bisherigen Aktionären zustehen.

Die Möglichkeit der Kapitalerhöhung hat gegenüber dem Erwerb eigener Aktien den Vorteil, dass sie die Liquidität des Unternehmens nicht beeinträchtigt. Als Nachteil stellt sich für die Altaktionäre allerdings die „Verwässerung" des Aktienkurses dar: Sie müssen die Differenz zwischen dem Vorzugspreis und dem eigentlichen Börsenkurs im Zeitpunkt der Optionsausübung tragen; insoweit vermindert sich der Wert ihrer Aktien.[84] Nachteilig wirkt sich für die Altaktionäre weiterhin aus, dass ihr Stimmgewicht im Hinblick auf die Herrschafts- und Mitverwaltungsrechte mit Aufnahme neuer Aktionäre proportional sinkt.[85]

1. Ordentliche Kapitalerhöhung gegen Einlagen nach §§ 182 ff. AktG

a) Beschluss über die Kapitalerhöhung

Zur Erfüllung der Ansprüche aus Optionsprogrammen durch eine ordentliche Kapitalerhöhung ist gemäß § 182 AktG ein Beschluss der Hauptversammlung über die Erhöhung des Kapitals erforderlich. Da die Hauptversammlung in ihrer Entscheidung über die Kapitalerhöhung und den Bezugsrechtsausschluss frei und nicht durch Zusicherungen des Vorstands gegenüber Dritten mittelbar gebunden sein soll,[86] kann der Vorstand – bzw. der Aufsichtsrat im Falle der Vergütung von Vorstandsmitgliedern – gemäß § 187 Abs. 2 AktG erst nach einem Beschluss der Hauptversammlung wirksam Aktienoptionen einräumen.

Bei Aktienoptionsprogrammen ist nun allerdings bis zur Ausübung der Optionen ungewiss, ob die vorgesehenen Ausübungsziele erreicht werden und in welchem Umfang die Mitarbeiter ihre Optionen tatsächlich ausüben. Vor diesem Hintergrund ist problematisch, dass der Beschluss über die reguläre Kapitalerhöhung als Satzungsänderung gemäß § 23 Abs. 3 Nr. 3 AktG grundsätzlich auf einen genauen Betrag lauten muss.[87] Im Zeitpunkt des Beschlusses der

---

84 Kau/Leverenz, BB 1998, 2269, 2271; Roschmann/Erwe in: Harrer, S. 52; Ettinger, S. 17; Zinser/Schimpfky, 3705 Rn. 40.

85 Lutter in: Kölner Kommentar, § 168 Rn. 7; Peterssen, S. 117 f.

86 Lutter in: Kölner Kommentar, § 187 Rn. 3; Wiedemann in: Großkommentar zum Aktiengesetz, § 187 Rn. 3; Hefermehl/Bungeroth in: Geßler/Hefermehl, § 187 Rn. 20.

87 Lutter in: Kölner Kommentar, § 182 Rn. 17; von Godin/Wilhelmi, § 182 Anm. 3; vgl. zu den Problemen einer regulären Kapitalerhöhung zur Bedienung von Aktienoptionsprogrammen auch Zinser/Schimpfky, 3705 Rn. 31.

Hauptversammlung, also vor Gewährung und Ausübung der Optionen, steht nun aber noch gar nicht fest, welche Anzahl von Aktien zur Bedienung des Programms benötigt wird.

Dieses Problem lässt sich auch nicht dadurch vermeiden, dass die Hauptversammlung über die Erhöhung des Kapitals erst nach Ausübung der Optionen beschließt: Dem Vorstand fehlt vor einem solchen Beschluss die Befugnis, die Gesellschaft durch Rechtsgeschäfte mit Dritten mittelbar zu einer Kapitalerhöhung zu verpflichten. Umstritten ist zwar, ob eine vorzeitige Zusicherung i.S.v. § 187 Abs. 2 AktG nichtig[88] oder lediglich schwebend unwirksam ist.[89] Selbst wenn man von der weniger einschneidenden Rechtsfolge der schwebenden (und heilbaren) Unwirksamkeit ausgeht, würde eine schwebend unwirksame Bezugsvereinbarung nur bedingt zur Motivations- und Leistungssteigerung der Mitarbeiter taugen.[90]

b) Relative Bestimmtheit des Erhöhungsbeschlusses?

In der aktienrechtlichen Literatur wird zum Teil angenommen, dass die Ungewissheit über den Umfang der Kapitalerhöhung es ausnahmsweise rechtfertige, im Erhöhungsbeschluss keinen genauen Betrag, sondern lediglich einen Mindest- und Höchstbetrag für die Kapitalerhöhung festzusetzen.[91] Der Hauptversammlungsbeschluss müsse dann allerdings eine zeitliche Grenze für die Zeichnung der Aktien setzen.[92]

Bedenklich ist, ob diese Ansicht noch mit dem aktienrechtlichen Kompetenzgefüge im Einklang steht: Originär ist die Hauptversammlung für die Entscheidung über eine Kapitalerhöhung und deren genauen Umfang zuständig. Denn die Durchführung der Kapitalerhöhung führt zu einer Änderung der Satzung gemäß § 23 Abs. 3 Nr. 3 AktG. Nun ist das Kompetenzgefüge innerhalb der Aktiengesellschaft nach § 23 Abs. 5 AktG streng und kann grundsätzlich nicht abweichend gehandhabt werden.[93] Der Umfang der Kapitalerhöhung würde bei

---

88 Wiedemann in: Großkommentar zum Aktiengesetz, § 187 Rn. 8 ff. mwN.

89 Lutter in: Kölner Kommentar, § 187 Rn. 16 ff.; Hefermehl/Bungeroth in: Geßler/Hefermehl, § 187 Rn. 21 ff. mwN.

90 Wulff, S. 40, Fn. 132.

91 Kau/Leverenz, BB 1998, 2269, 2273; von Godin/Wilhelmi, § 182 Anm. 3; Wiedemann in: Großkommentar zum Aktiengesetz, § 182 Rn. 7; Lutter in: Kölner Kommentar, § 182 Rn. 17.

92 Von Godin/Wilhelmi, § 182 Anm. 3; Engelsing, S. 69.

93 Von Godin/Wilhelmi, § 76 Anm. 2; Mertens in: Kölner Kommentar, Vorb. § 76 Rn. 1.

einem unbestimmten Hauptversammlungsbeschluss letztlich vom Verhalten Dritter abhängen, nämlich der Optionsausübung der Mitarbeiter.

Weitere Bedenken hinsichtlich eines nur relativ bestimmten Erhöhungsbeschlusses können sich daraus ergeben, dass die reguläre Kapitalerhöhung auf diese Weise der genehmigten Kapitalerhöhung angenähert wird, ohne dass ihren besonderen Voraussetzungen (z.B. § 202 Abs. 3 AktG) Rechnung getragen wird.

Unabhängig von diesen rechtlichen Bedenken hilft bei Aktienoptionsprogrammen regelmäßig auch ein durch die Festlegung von Mindest- und Höchstbeträgen nur relativ bestimmter Erhöhungsbeschluss nicht weiter: Selbst wenn ein solcher Beschluss zulässig sein sollte, müsste die Zeichnungsfrist so kurz bemessen sein, dass die Kapitalerhöhung noch dem Beschluss der Hauptversammlung zuzurechnen ist. *Lutter*[94] und *Kau/Leverenz*[95] gehen z.B. davon aus, dass im Erhöhungsbeschluss bei ungewissem Umfang der Kapitalerhöhung die Begrenzung der Zeichnungsfrist auf sechs Monate (noch) zulässig sei. Nun zielen Aktienoptionsprogramme aber auf eine nicht nur kurzfristige Leistungssteigerung der Mitarbeiter, so dass sie neben den Erfolgszielen regelmäßig gewisse zeitliche Hürden für die erstmalige Bezugsrechtsausübung vorsehen. Das Ziel einer nachhaltigen Leistungssteigerung lässt sich jedoch nicht innerhalb einer Zeichnungsfrist von maximal sechs Monaten erreichen.[96]

c) Gesetzliches Bezugsrecht der Altaktionäre

Eine weitere Schwierigkeit der ordentlichen Kapitalerhöhung liegt darin, dass den bisherigen Anteilseignern gemäß § 186 AktG grundsätzlich ein gesetzliches Bezugsrecht an den neuen Aktien in Höhe ihres Anteils am bisherigen Grundkapital zusteht. Damit die Aktiengesellschaft die Optionen der Mitarbeiter mit den neu geschaffenen Aktien überhaupt erfüllen kann, muss sie das gesetzliche Bezugsrecht der Altaktionäre ausschließen. Dies kann zum einen nur unter den formellen Voraussetzungen des § 186 Abs. 3, 4 AktG geschehen; zum anderen ist der Hauptversammlungsbeschluss an den materiellen Voraussetzungen des berechtigten Interesses zu messen, der Eignung des Bezugsrechtsausschlusses

---

94 Lutter in: Kölner Kommentar, § 182 Rn. 17.

95 Kau/Leverenz, BB 1998, 2269, 2273.

96 Ein Optionsplan ist nach Zinser/Schimpfky, 3705 Rn. 32, regelmäßig nur dann betriebswirtschaftlich sinnvoll, wenn er eine drei- bis vierjährige Wartefrist und eine Ausübungsfrist von etwa zehn Jahren enthält.

zur Verfolgung des berechtigten Interesses, seiner Erforderlichkeit und Angemessenheit.[97]

Aufgrund der verschiedenen rechtlichen Probleme ist die reguläre Kapitalerhöhung zur Bedienung von Aktienoptionsprogrammen in der Praxis ohne große Bedeutung.[98]

2. Genehmigte Kapitalerhöhung nach §§ 202 ff. AktG

Im Rahmen der Kapitalerhöhung durch genehmigtes Kapital wird der Vorstand für die Dauer von maximal fünf Jahren ermächtigt, das Grundkapital bis zu einem bestimmten Nennbetrag durch Ausgabe neuer Aktien gegen Einlagen zu erhöhen. Hier stellt sich das im Rahmen der regulären Kapitalerhöhung erörterte Problem eines ausreichend bestimmten Hauptversammlungsbeschlusses nicht: Die Hauptversammlung braucht nicht über eine Kapitalerhöhung in bestimmter Höhe zu beschließen; die Ermächtigung des Vorstands zur Kapitalerhöhung ist im Hauptversammlungsbeschluss lediglich durch einen Höchstbetrag zu begrenzen.

Allerdings können sich im Rahmen der genehmigten Kapitalerhöhung aus der auf fünf Jahre begrenzten Ermächtigungsfrist bei langjährigen Programmen und verzögerter Erreichung der Erfolgsziele Umsetzungsschwierigkeiten ergeben. Ist die Laufzeit des Optionsprogramms länger als fünf Jahre und üben nicht alle Mitarbeiter innerhalb der ersten fünf Jahre ihre Optionen aus, muss die Hauptversammlung vor Ablauf der Ermächtigungsfrist ein neues genehmigtes Kapital beschließen. Die Hauptversammlung ist dabei nicht an ihre früheren Beschlüsse gebunden, so dass für die optionsberechtigten Mitarbeiter die Bereitstellung der Aktien nach Ablauf der ersten Fünfjahresfrist nicht sicher ist.[99]

Nachteilig können sich auch die Regelungen der §§ 203 Abs. 1, 191 AktG auswirken, nach denen die Mitgliedsrechte im Fall des genehmigten Kapitals erst

---

97 Zu den Einzelheiten der sachlichen Rechtfertigung des Bezugsrechtsausschlusses vgl. unten Zweiter Teil A. II. 1.

98 Krieger in: Münchener Handbuch des Gesellschaftsrechts, § 58 Rn. 65; Feddersen/Pohl, AG 2001, 26, 28, nach denen im Rahmen von Mitarbeiteroptionsprogrammen im Jahre 1999 die Mitarbeiter ausschließlich im Wege reiner Aktienoptionen oder Wandelschuldverschreibungen beteiligt wurden; vgl. aber auch die Daten in der von Sauter/Babel veröffentlichen Erhebung, wonach im Herbst 2000 7,1 % der DAX 30-Unternehmen zur Finanzierung ihrer Optionspläne auf die ordentliche Kapitalerhöhung zurückgriffen, Sauter/Babel in: Handbuch Stock Options, C II 2 Rn. 63.

99 Engelsing, S. 71.

mit der Eintragung der durchgeführten Kapitalerhöhung in das Handelsregister entstehen. Für die Mitarbeiter kann es daher u.U. unerwünscht lange dauern, bis sie tatsächlich Aktionäre werden und über ihre Mitgliedsrechte verfügen können.[100] Zudem stellen sich auch bei der genehmigten Kapitalerhöhung die Probleme eines Bezugsrechtsausschlusses gemäß §§ 203 Abs. 2 S. 1, 186 Abs. 4 AktG.[101] In der Praxis ist daher auch die genehmigte Kapitalerhöhung für die Bedienung von Aktienoptionsprogrammen ohne Relevanz.[102]

3. Bedingte Kapitalerhöhung gemäß §§ 192 ff. AktG

Die bedingte Kapitalerhöhung bedeutet für Aktiengesellschaften eine flexible Möglichkeit zur Bedienung von Aktienoptionsprogrammen: Die Kapitalerhöhung braucht gemäß § 192 Abs. 1 AktG nur insoweit durchgeführt zu werden, wie von den eingeräumten Bezugsrechten tatsächlich Gebrauch gemacht wird.

a) § 192 Abs. 2 Nr. 1 AktG

Optionen können im Wege der bedingten Kapitalerhöhung dadurch bedient werden, dass Wandel- und Optionsanleihen[103] nach § 221 AktG ausgegeben werden. Unter einer Wandel- bzw. Optionsanleihe ist ein Darlehen zu verstehen, das dem Gläubiger ein Umtauschrecht bzw. ein Bezugsrecht auf Aktien einräumt.[104] Sollen Optionen durch die Ausgabe von Wandel- bzw. Optionsanleihen bedient werden, hat die Hauptversammlung zum einen gemäß § 221 Abs. 1 S. 1 AktG über die Ermächtigung des Vorstands zur Ausgabe der Anleihe an die Mitarbeiter, zum anderen gemäß §§ 192 ff. AktG über die bedingte Kapitalerhöhung zu beschließen. Damit die Wandel- und Optionsanleihen als Motivations- und Vergütungsinstrument für die Mitarbeiter verwendet werden können, hat der Ausgabebeschluss nach § 221 Abs. 1 S. 1 AktG gleichzeitig unter Beachtung der formellen und materiellen Voraussetzungen das gesetzliche Bezugsrecht der Aktionäre gemäß § 221 Abs. 4 S. 1 AktG auszuschließen.[105]

---

100 Kau/Leverenz, BB 1998, 2269, 2273; vgl. auch Roschmann/Erwe in: Harrer, S. 52.

101 Lutter in: Kölner Kommentar, § 203 Rn. 18.

102 Vgl. Feddersen/Pohl, AG 2001, 26, 27; für die Bedienung von Belegschaftsaktienprogrammen stellte die genehmigte Kapitalerhöhung zumindest vor Inkrafttreten des KonTraG jedoch die praktisch bedeutsamste Form der Aktienüberlassung dar, vgl. Knepper, ZGR 1985, 419, 433; Krieger in: Münchener Handbuch des Gesellschaftsrechts, § 58 Rn. 65.

103 Zum uneinheitlichen Sprachgebrauch vgl. Deutschmann, S. 31 Fn. 18.

104 Hüffer, § 221 Rn. 3.

105 Hüffer, § 221 Rn. 40 ff; Karollus in: Geßler/Hefermehl, § 221 Rn. 88 f., der auf die Möglichkeit hinweist, den Vorstand entsprechend § 203 Abs. 2 AktG zu ermächtigen; ausführlich stellt Klahold, S. 76 ff., die Gewährung von Aktienoptionen gemäß § 221 AktG dar.

Die Bedienung von Optionsprogrammen durch Ausgabe von Wandel- oder Optionsanleihen verbunden mit einer bedingten Kapitalerhöhung leidet darunter, dass die von der Hauptversammlung zu fassenden Beschlüsse aufgrund des Anleiheelements, des Umtausch- bzw. Bezugsrechts und des Bezugsrechtsausschlusses recht komplex und daher wenig transparent sind. Bei dieser Form der Kapitalerhöhung ist weiterhin zu bedenken, dass die Ausgabe von Wandel- und Optionsanleihen für die Gesellschaft grundsätzlich nur dann wirtschaftlich sinnvoll ist, wenn zugleich ein Fremdkapitalbedarf besteht.[106]

b) § 192 Abs. 2 Nr. 3 AktG

Mit Inkrafttreten des KonTraG ist die Möglichkeit der bedingten Kapitalerhöhung zur Bedienung von in § 192 Abs. 2 Nr. 3 AktG so genannten „Bezugsrechten" eingeführt worden, die auch als „reine", „selbständige" oder „nackte" Aktienoptionen bezeichnet werden. Seitdem stellt die bedingte Kapitalerhöhung den Weg dar, der in der Praxis am häufigsten zur Bedienung von Aktienoptionsprogrammen gegangen wird.[107] Nur wenige Beschränkungen sind zu beachten: Gemäß § 192 Abs. 3 S. 1 AkG darf der Nennbetrag des zum Zwecke der Erfüllung von Mitarbeiterbeteiligungsprogrammen neu geschaffenen Kapitals 10 % des Grundkapitals nicht übersteigen. Soll die Kapitalerhöhung in größerem Umfang durchgeführt werden, ist deshalb auf die herkömmliche Variante der bedingten Kapitalerhöhung zur Erfüllung von Mitarbeiterbeteiligungsprogrammen zurückzugreifen: auf die Ausgabe von Wandel- und Optionsanleihen i.S.v. §§ 192 Abs. 2 Nr. 1, 221 AktG. Im Rahmen einer bedingten Kapitalerhöhung zur Bedienung von Aktienoptionen bedarf der Beschluss der Hauptversammlung einer qualifizierten Mehrheit von drei Vierteln des bei der Beschlussfassung vertretenen Grundkapitals gemäß § 193 Abs. 1 S. 1 AktG. Darüber hinaus hat der Hauptversammlungsbeschluss gemäß § 193 Abs. 2 Nr. 4 AktG neben sonstigen Angaben insbesondere die Aufteilung der Bezugsrechte unter den Arbeitnehmern und Mitgliedern der Geschäftsführung, die Erfolgsziele, Erwerbs- und Ausübungszeiträume sowie die Wartezeit für die erstmalige Ausübung der Option zu enthalten.[108]

---

106 Roschmann/Erwe in: Harrer, S. 54 f.

107 Suchan/Baumunk in: Handbuch Stock Options, F I Rn. 114; vgl. auch Feddersen/Pohl, AG 2001, 26, 28, nach denen im Jahre 1999 knapp 80 % der untersuchten Unternehmen im Rahmen von Mitarbeiterbeteiligungsprogrammen reine Aktienoptionen angeboten haben; zu den Vor- und Nachteilen der bedingten Kapitalerhöhung zur Bedienung „nackter Optionen" und zur Bedienung von Wandelschuldverschreibungen vgl. Lück, S. 57 f.

108 Zitzewitz, S. 128, spricht sich dafür aus, § 193 Abs. 2 Nr. 4 AktG analog auf die bedingte Kapitalerhöhung gemäß § 193 Abs. 2 Nr. 1 i.V.m. § 221 AktG anzuwenden.

Umstritten ist, ob das Risiko der Anfechtung von Hauptversammlungsbeschlüssen dadurch minimiert ist, dass im Rahmen der bedingten Kapitalerhöhung nach § 192 Abs. 2 Nr. 3 AktG kein formeller Bezugsrechtsausschluss erforderlich ist und damit auch die materiellen Beschlussanforderungen nicht zu beachten sind.[109] Ein vermittelnder Ansatz hält den Hauptversammlungsbeschluss aufgrund der vorgegebenen gesetzlichen Wertungen lediglich für eingeschränkt überprüfbar.[110] Gleichfalls ungeklärt ist, ob die bedingte Kapitalerhöhung die Bedienung von Optionsprogrammen dadurch vereinfacht, dass die bei einem Bezugsrechtsausschluss grundsätzlich nach § 186 Abs. 4 S. 2 AktG zu beachtende Berichtspflicht des Vorstandes gegenüber der Hauptversammlung entfällt.[111] Als Vorteil der bedingten Kapitalerhöhung ist jedoch allgemein anerkannt, dass für die Ausgabe der Aktien und die dadurch gemäß § 200 AktG bewirkte Kapitalerhöhung keine Durchführungsfrist zu beachten ist.[112] Die Aktiengesellschaft braucht zudem – anders als beim Erwerb eigener Aktien – keine liquiden Mittel aufzuwenden, um die ausgeübten Optionen zu bedienen.

F. Möglichkeiten zur Ausgestaltung von Aktienoptionsprogrammen

I. Entgeltliche oder unentgeltliche Gewährung

Aktienoptionen können gegen Zahlung eines Optionspreises eingeräumt werden; regelmäßig ist der Optionspreis bei Mitarbeiterbeteiligungsprogrammen niedriger als marktüblich.[113] Häufig wird die Aktienoption allerdings dem Mit-

---

109 So Begründung des Regierungsentwurfs zum KonTraG, BT-Drucks. 13/9712, S. 24, wonach die bedingte Kapitalerhöhung kraft Natur der Sache kein gesetzliches Bezugsrecht der bisherigen Aktionäre und damit keine Beschlusskontrolle zur Folge habe; ebenso Hüffer, § 192 Rn. 3, 18; derselbe, ZHR 161 (1997), 214, 239 f.; Keßler/Kühnberger in: Personalführung und Organisation, S. 648; Weiß, S. 223 ff.; derselbe, WM 1999, 353, 359; Seibert in: Pellens, S. 29, 47; Schwarz/Michel, BB 1998, 489, 492; Klahold, S. 253 ff.; Martens, AG-Sonderheft 1997, 83, 89; Lück, S. 49; dagegen Lutter, ZIP 1997, 1, 8 f.; derselbe, AG-Sonderheft 1997, 52, 56; Baums, AG-Sonderheft 1997, 26, 36; Fuchs, DB 1997, 661, 664; Wulff, S. 102 ff; Eggert, S. 311.

110 Friedrichsen, S. 124 ff; Kessler/Suchan in: Handbuch Stock Options, F II Rn. 154 mwN.

111 Bejahend Begründung des Regierungsentwurfs zum KonTraG, BT-Drucks. 13/9712, S. 24; Hüffer, § 192 Rn. 16; Keßler/Kühnberger in: Personalführung und Organisation, S. 648; Weiß, S. 236 f.; derselbe, WM 1999, 353, 360; Seibert in: Pellens, S. 29, 47; Schwarz/Michel, BB 1998, 489, 492; Martens, AG-Sonderheft 1997, 83, 89; a.A. Lutter, ZIP 1997, 1, 8 f.; Wulff, S. 143 ff.

112 Hiervon zu unterscheiden ist die Frage einer Höchstdauer der Ermächtigung zur Ausgabe von Bezugsrechten für Führungskräfte vor dem Hintergrund einer europarechtskonformen Auslegung von Art. 25 Abs. 2 S. 3 EG-Kapitalrichtlinie, s. hierzu Wulff, S. 59 ff.

113 Deutsches Aktieninstitut e.V., Aktienoptionspläne für Führungskräfte in Deutschland, S. 7; § 2 des von Bredow vorgeschlagenen Vertragsmusters, DStR 1998, 380, 381.

arbeiter ohne Gegenleistung zusätzlich zur bisherigen Vergütung eingeräumt.[114] Möglich ist auch, die Aktienoptionen in das bestehende Vergütungssystem zu integrieren: Beispielsweise kann vorgesehen sein, dass für den Erwerb der Aktien ein bestimmter Gehaltsanteil, z.B. der Bonus, einzubringen ist.[115]

II. Kreis der Berechtigten

Manche Gesellschaften gewähren Aktienoptionen ausschließlich an Vorstandsmitglieder und leitende Mitarbeiter der „zweiten Führungsebene" als Incentive. Zunehmend werden jedoch auch andere leitende, zum Teil sogar sämtliche Mitarbeiter der Gesellschaft in Optionsprogramme einbezogen.[116] Erfasst das Optionsprogramm sämtliche Mitarbeiter, dient es regelmäßig weniger einer „Shareholder Value"-Politik: Ist die Vergütung von unternehmenswertbezogenen Erfolgszielen abhängig, auf die ein (Groß-)Teil der bezugsberechtigten Mitarbeiter keinen oder nur geringen Einfluss hat, kann dies ihre Leistungs- und Risikobereitschaft zumindest nicht gezielt im Hinblick auf unternehmenswertbezogene Erfolgsziele erhöhen. Vor dem Hintergrund der Anreizwirkung von Aktienoptionen zur Maximierung des „Shareholder Value" wird zum Teil empfohlen, Aktienoptionen lediglich einem begrenzten Kreis von Führungskräften zu gewähren.[117] Dennoch kann z.B. aus allgemeinen Motivationsgründen oder zur Schaffung einer „Corporate Identity" die „Durchgängigkeit" eines Aktienoptionsprogramms sinnvoll sein.[118]

Werden Mitglieder des Vorstands oder des Aufsichtsrats mit Aktienoptionen vergütet, ist der Aufsichtsrat gemäß §§ 112, 87 AktG bzw. die Hauptversammlung gemäß § 113 AktG zuständig, die genaueren Konditionen festzulegen. Sol-

114 Kreßel in: Münchener Handbuch zum Arbeitsrecht, Band 1, § 68 Rn. 102; Engelsing, S. 24; Bauer/Göpfert/von Steinau-Steinrück, ZIP 2001, 1129, 1130.

115 Brinkkötter in: Personalführung und Organisation, S. 667, zum BASF AktienOptions-Programms („BOP"); Ott in: Personalführung und Organisation, S. 699, zum Aktienoptionsprogroamm bei der Lufthansa „LH-Performance".

116 Deutsches Aktieninstitut e.V., Aktienoptionspläne für Führungskräfte in Deutschland, S. 7; Friedrichsen, S. 7; Schneider, ZIP 1996, 1769; Zitzewitz, S. 49; vgl. auch Zinser/Schimpfky, 3705 Rn. 4, 5; nach einer Studie der Wirtschaftsprüfungsgesellschaft Deloitte & Touch LLP planten allerdings Anfang 2004 drei Viertel von 165 der im Standard & Poor's 500-Index aufgeführten Unternehmen Einschnitte bei ihren Aktienoptionsprogrammen, insbesondere für die Ebene des mittleren Managements und Mitarbeiter unterhalb der Führungsebene, vgl. Pressemitteilung von Deloitte & Touch LLP vom 10. Februar 2004 „Worries over Stock Dilution, not Expensing, are driving Companies to scale back Stock Options".

117 Sauter/Babel in: Handbuch Stock Options, B I Rn. 40 mwN.

118 Keßler/Kühnberger in: Personalführung und Organisation, S. 639; Deutschmann, S. 50; Brinkkötter in: Personalführung und Organisation, S. 686.

len andere Mitarbeiter zum Bezug von Optionen berechtigt sein, fällt es grundsätzlich in die Kompetenz des Vorstands, das Programm vorzubereiten und auszugestalten.[119]

III. Bedingungen für die Optionsausübung

Optionsprogramme sehen regelmäßig vor, dass die begünstigten Mitarbeiter erst nach Ablauf einer gewissen Frist (so genannte Warte- oder Sperrfrist)[120] bis zum Ende einer mehrjährigen Laufzeit zur Optionsausübung berechtigt sind. Die Wartefrist beträgt in der Regel zwei bis vier Jahre, die Laufzeit fünf bis zehn Jahre.[121] Um die Ausnutzung von Insiderwissen zu verhindern, kann die Ausübung auf bestimmte Zeiträume, so genannte Ausübungsfenster bzw. -korridore, beschränkt werden. Überwiegend sind dies Zeiträume, die sich an die Veröffentlichung des Jahresabschlusses, von Zwischenberichten oder an die ordentliche Hauptversammlung anschließen.[122] Eine Verpflichtung, die Optionen innerhalb der vorgesehenen Laufzeit auszuüben, besteht für die Mitarbeiter nicht. In der Regel verfallen die Optionen allerdings, wenn sie bis zum Ende der Laufzeit nicht ausgeübt sind.[123]

Über die zeitliche Begrenzung hinaus ist die Ausübung der Option grundsätzlich an unternehmenswertbezogene Zielvorgaben geknüpft, z.B. an die Steigerung des Börsenkurses um einen gewissen Prozentsatz oder an eine bestimmte Entwicklung des Aktienkurses in Relation zum jeweiligen Branchen- oder Marktindex.[124] Die Zielvorgaben können sich nicht nur auf die Ausübung der Optionen, sondern auch auf ihre Zuteilung beziehen: So können Optionen in Tranchen ausgegeben werden und die Ausgabe der einzelnen Tranchen von der Entwicklung des Aktienkurses, bestimmter Unternehmenskennzahlen oder an-

119 Soweit das Optionsprogramm sowohl für Vorstandsmitglieder als auch für sonstige Mitarbeiter aufgelegt ist, schlägt Zitzewitz, S. 102, eine umfassende Zuständigkeit des Aufsichtsrats zur Ausgestaltung der Optionsbedingungen vor, um eine einheitliche Durchführung des Programms sicherzustellen und eine mittelbare Beeinflussung der eigenen Vergütung durch den Vorstand zu verhindern.

120 Deutsches Aktieninstitut e.V., Aktienoptionspläne für Führungskräfte in Deutschland, S. 8; Friedrichsen, S. 39; Deutschmann, S. 60.

121 Sauter/Babel in: Handbuch Stock Options, C II Rn. 65; Deutschmann, S. 60; von Einem/Pajunk in: Achleitner/Wollmert, S. 110.

122 Deutsches Aktieninstitut e.V., Aktienoptionspläne für Führungskräfte in Deutschland, S. 8; Deutschmann, S. 64.

123 Harrer/Jansen in: Harrer, S. 204, § 7 Abs. 1 der Optionsvereinbarung; Bredow, DStR 1998, 380, 382, § 7 der Mustervereinbarung; ein Optionsverfall mit Ende der Programmlaufzeit soll im Folgenden nicht untersucht werden, da durch den „Verfall" keine Bindung bewirkt wird.

124 Feddersen/Pohl, AG 2001, 26, 31; Zinser/Schimpfky, 3705 Rn. 36; Wulff, S. 10 f.

derer Erfolgsziele abhängig gemacht werden.[125] Werden Ausübungsbedingungen vereinbart, ist die Ausübung der Option mehrfach aufschiebend bedingt und befristet.[126] Sie steht regelmäßig unter der aufschiebenden Bedingung des Eintritts des Erfolgsziels, unter der aufschiebenden Befristung des Ablaufs der Wartezeit und des Beginns des Ausübungszeitraums sowie unter der auflösenden Befristung der Beendigung des Ausübungszeitraums.

Regelmäßig enthalten Optionsprogramme Klauseln, die die Option als nicht übertragbares, gelegentlich auch nicht vererbbares Recht ausgestalten.[127] Zum Teil ist vorgesehen, dass die Aktien nicht sofort nach Ausübung der Option, sondern erst nach Ablauf einer bestimmten Frist wieder veräußert werden dürfen (Halteklauseln oder Verkaufssperren).[128]

IV. Vereinbarungen für den Fall der Beendigung des Anstellungsverhältnisses

Viele Beteiligungsprogramme sehen zumindest für die erste Zeit nach Erwerb der Beteiligung eine Koppelung von Anstellungsverhältnis und Beteiligung vor. Je nach Art der Mitarbeiterbeteiligung kann vereinbart werden, dass die Mitarbeiter bei Beendigung des Anstellungsverhältnisses ihre Beteiligung an die Gesellschaft oder Belegschaftsmitglieder verkaufen müssen, die Kapitalbeteiligung in ein Darlehen umgewandelt wird oder das investierte Kapital zurückzuzahlen ist.[129]

Auch Aktienoptionsprogramme sehen regelmäßig eine Koppelung von Anstellungsverhältnis und Beteiligung vor: Für den Fall des Ausscheidens des Mitarbeiters aus dem Unternehmen sind Vereinbarungen üblich, nach denen die Optionen mit sofortiger Wirkung oder innerhalb einer bestimmten Frist „verfallen".[130] Ausnahmen sind zum Teil für ein Ausscheiden wegen Todes, Berufsunfähigkeit, Ruhestand, Altersteilzeit oder aus ähnlichen Gründen vorgesehen.[131]

---

125 Suchan/Baumunk in: Handbuch Stock Options, F I Rn. 119.

126 Lembke, BB 2001, 1469, 1470; Friedrichsen, S. 7.

127 § 5 Abs. 1 der Mustervereinbarung von Bredow, DStR 1998, 380, 381.

128 Klahold, S. 39; § 4 Abs. 2 der Mustervereinbarung von Bredow, DStR 1998, 380, 381.

129 Guski/Schneider, S. 149; Horn, ZGR 1974, 133, 154; Wehrli, S. 133.

130 § 5 Abs. 2 der Mustervereinbarung von Bredow, DStR 1998, 380, 381; Friedrichsen, S. 39; Engelsing, S. 63; Deutschmann, S. 65; Aha, BB 1997, 2225, 2226, der auf entsprechende Optionsprogramme verweist; auch der Entscheidung des BFH in: BFHE 195, 102, lag eine Optionsvereinbarung mit Verfallklausel zugrunde.

131 Deutschmann, S. 65; Klahold, S. 40; Baeck/Diller, DB 1998, 1405, 1407; z.B. nahm die Verfallklausel des Optionsprogramms, das der Entscheidung des BAG, AP Nr. 243 zu § 613 a BGB, zugrunde lag, ein Ausscheiden wegen Ruhestands aus.

Vereinbart werden kann außerdem, dass die Optionen im Fall eines Betriebsübergangs nach § 613 a BGB untergehen.[132]

Über diese Regelungen hinaus ist denkbar, dass auch im Hinblick auf die bezogenen Aktien Rechtsfolgen an das Ausscheiden des Mitarbeiters geknüpft werden. Eine derartige Koppelung von Bestand des Anstellungsverhältnisses und Gesellschafterstellung sind in US-amerikanischen Programmen zumindest für eine gewisse Zeit ab Erwerb der Aktien üblich.[133] So ist eine Vereinbarung vorstellbar, nach der die Aktien beim Ausscheiden aus dem Anstellungsverhältnis an andere Mitarbeiter oder die Gesellschaft zu veräußern sind.[134]

G. Inhalt und Zweck von Halte- und Verfallklauseln

Gegenstand dieser Arbeit sind die im Rahmen von Aktienoptionsprogrammen möglichen Bindungsklauseln. Bindungsklauseln können sich auf das Mitarbeiteranstellungsverhältnis, auf das Options- oder das Gesellschafterverhältnis beziehen. Zur Bindung eignen sich optionsbezogene Halte- und Verfallklauseln sowie aktienbezogene Halte- und Verfallklauseln. Die Bindung an eines der Rechtsverhältnisse wird regelmäßig mit der Bindung an ein anderes kombiniert. Wird der Mitarbeiter eine Zeit lang dadurch an das Optionsverhältnis gebunden, dass er die Option weder ausüben noch veräußern kann, ist für diesen Zeitraum in der Regel zugleich ein Optionsverlust für den Fall der Beendigung des Anstellungsverhältnisses vorgesehen. Ist dem Mitarbeiteraktionär darüber hinaus die Weiterveräußerung der Aktien für eine gewisse Zeit untersagt, um einen Gleichlauf von Aktionärs- und Mitarbeiterstellung zu sichern, könnte es sinnvoll sein, den Gleichlauf entsprechend durch eine Bindung an das Anstellungsverhältnis im Wege einer aktienbezogenen Verfallklausel sicherzustellen.

I. Optionsbezogene Halte- und Verfallklauseln

1. Optionsbezogene Halteklauseln

Die Mehrzahl der Aktienoptionsprogramme gestaltet die Optionen zwar als vererbliche Rechte,[135] im Übrigen aber unabhängig vom Ablauf einer eventuellen

132 Bauer/Göpfert/von Steinau-Steinrück, ZIP 2001, 1129, 1131.

133 Engelsing, S. 63 mwN.

134 Trittel, S. 102; eine solche Bestimmung sah die dem Beschluss des BayObLG, DB 1989, 214, zugrunde liegende Satzung vor.

135 Brinkkötter in: Personalführung und Organisation, S. 663, 682, für das BASF-AktienOptionsProgramm („BOP“); Kessler/Suchan in: Handbuch Stock Options, § 13 der Optionsbedingungen zum Kompexen Stock-Option-Plan, S. 459.

Wartezeit als unübertragbar aus.[136] Ergänzend zu solchen optionsbezogenen Halteklauseln ist häufig bestimmt, dass jegliche anderweitige Verfügung über die Option sowie jedes andere Rechtsgeschäft, das wirtschaftlich dem Erfolg einer Verfügung gleichkommt, unzulässig ist.[137] Diese Ausgestaltung erfolgt zu dem Zweck, den Charakter von Aktienoptionen als Motivations- und Bindungsinstrument sicherzustellen. Das Ziel der Mitarbeitermotivation lässt sich mit der Möglichkeit, die erworbenen Optionen jederzeit an Dritte zu veräußern, nicht realisieren.[138]

2. Optionsbezogene Verfallklauseln

Regelmäßig ist in Optionsprogrammen das Erlöschen der Option für den Eintritt bestimmter Umstände vorgesehen, insbesondere für den Fall, dass das Anstellungs- bzw. Dienstverhältnis vor Ablauf einer der Optionsausübung vorgeschalteten Wartefrist beendet wird.[139] Im Rahmen einer Verfallklausel kann auch geregelt werden, dass die Option bei Beendigung des Anstellungsverhältnisses – vor oder nach Ablauf der Wartezeit – gegen Zahlung einer „Entschädigung" an die Gesellschaft „zurückzugewähren" ist.[140] Nach einer anderen Konstruktion wird der Gesellschaft ein entschädigungspflichtiges Kündigungsrecht für die Optionsvereinbarung zugesprochen, wenn das Anstellungsverhältnis vorzeitig während der Optionslaufzeit beendet wird.[141]

Wartefristen bedeuten, dass der Optionsberechtigte die Option eine gewisse Zeit lang behalten muss und erst später ausüben darf.[142] Wird das Aktienoptionsprogramm in Form einer bedingten Kapitalerhöhung mit „nackten Optionen" ge-

---

136 Brinkkötter in: Personalführung und Organisation, S. 682, für das BASF-AktienOptionsProgramm („BOP"); Friedrichsen, S. 40; Baeck/Diller, DB 1998, 1405, 1407; Legerlotz/Laber, DStR 1999, 1658, 1663 f; die Unübertragbarkeitsklausel des Optionsprogramms, das der Entscheidung des BAG, AP Nr. 243 zu § 613 a BGB, zugrunde lag, sah lediglich ein Veräußerungsverbot bis zum Beginn der Zeichnungsfrist vor.

137 Harrer, § 5 Abs. 2 der Optionsvereinbarung, S. 204; Bredow, DStR 1998, 380, 381, § 5 Abs. 1 der Mustervereinbarung, Sauter/Babel in: Handbuch Stock Options, B III Rn. 51; Kessler/Suchan in: Handbuch Stock Options, § 13 der Optionsbedingungen zum Komplexen Stock-Option-Plan, S. 459.

138 Weber in: Achleitner/Wollmert, S. 33; Sauter/Babel in: Handbuch Stock Options, B III Rn. 51 mwN.

139 Vgl. Harrer, § 5 Abs. 4 der Optionsvereinbarung, S. 204; Bredow, § 5 Abs. 2 der Mustervereinbarung, DStR 1998, 380, 381.

140 Ettinger, S. 42; so die Verfallklausel des Optionsprogramms, das der Entscheidung des BAG, AP Nr. 243 zu § 613 a BGB, zugrunde lag.

141 Klahold, S. 41.

142 Deutsches Aktieninstitut e.V., Aktienoptionspläne für Führungskräfte in Deutschland, S. 8.

mäß § 192 Abs. 2 Nr. 3 AktG oder in Form des Erwerbs eigener Aktien gemäß § 71 Abs. 1 Nr. 8 AktG realisiert, ist eine Mindestwartefrist von zwei Jahren in § 193 Abs. 2 Nr. 4 AktG gesetzlich vorgeschrieben.[143] Bestimmungen, die eine Wartefrist und den Verfall der Option kombinieren, werden auch als „Ansparklauseln", „Bindefristen" oder „vesting periods" bezeichnet.[144] Sie werden vor folgendem Hintergrund vereinbart: Bei stark volatilen Aktienkursen kann der bezugsberechtigte Mitarbeiter selbst dann kurzfristige Ausübungsgewinne erzielen, wenn der Börsenkurs des Unternehmens nur mit dem allgemeinen Aktienindex „mitwächst", ohne dass der Mitarbeiter für eine nachhaltige Wertsteigerung des Unternehmens verantwortlich ist.[145] Warte- und Verfallklauseln bezwecken nun, solche „windfall profits" zu vermeiden und die Motivation, Leistung und Bindung der bezugsberechtigten Mitarbeiter langfristig zu erhöhen.[146] Um diese Ziele zu erreichen, ist regelmäßig selbst für die Zeit nach Ablauf der Wartefrist der Verfall der Optionen bei Beendigung des Anstellungsverhältnisses vorgesehen.[147] Mit dem Verfall sollen außerdem Interessenkonflikte vermieden werden, die bei einem Wechsel zu einem Konkurrenzunternehmen entstehen können.[148]

II. Aktienbezogene Halte- und Verfallklauseln

1. Aktienbezogene Halteklauseln

Halteklauseln können sich auch auf die Aktien beziehen, die der Mitarbeiter infolge der Optionsausübung erworben hat. Sie sollen die Übertragung der Ak-

143 Die aktienrechtliche Unbedenklichkeit von Warteklauseln ergibt sich im Fall der bedingten Kapitalerhöhung zur Gewährung „reiner Optionen" gemäß § 192 Abs. 2 Nr. 3 AktG sowie im Fall des derivativen Erwerbs nach einem Eigenerwerb gemäß § 71 Abs. 1 Nr. 8 AktG unmittelbar aus dem Gesetz. Aber auch für den Fall einer einfachen oder genehmigten Kapitalerhöhung oder eines Eigenerwerbs nach § 71 Abs. 1 Nr. 2 AktG lassen sich aus dem Gesetz keine Anhaltspunkte herleiten, dass die Vereinbarung von Warteklauseln unzulässig wäre. Trotz ihres Bindungscharakters sollen sie daher nicht Gegenstand dieser Untersuchung sein.

144 Zinser/Schimpfky, 3705 Rn. 45; von Einem/Pajunk in: Achleitner/Wollmert, S. 110, die auf die im Ausland übliche Staffelung der Unverfallbarkeit hinweisen.

145 Keßler/Kühnberger in: Personalführung und Organisation, S. 629, 632.

146 Friedrichsen, S. 39; Brinkkötter in: Personalführung und Organisation, S. 663, 674; Wulff, S. 10, S. 93 f.

147 Vgl. Bredow, DStR 1998, 380, 381, § 5 Abs. 2 der Mustervereinbarung; Harrer, § 5 Abs. 4 der Optionsvereinbarung, S. 204, der allerdings die Möglichkeit gewährt, die Optionen im auf das Beendigungsdatum folgenden Ausübungsfenster auszuüben; Kessler/Suchan in: Handbuch Stock Options, § 10 Abs. 2 und Abs. 4 der Optionsbedingungen zum Komplexen Stock-Option-Plan, S. 456 f., mit einer Ausübungsmöglichkeit im nächstfolgenden Ausübungszeitraum und einem sofortigen Optionsverlust für den Fall der Kündigung durch den Arbeitgeber.

148 Eggert, S. 335.

tien für einen bestimmten Zeitraum ausschließen.[149] Aktienbezogene Halteklauseln bezwecken – genau wie optionsbezogene Halteklauseln – eine Motivations- und Leistungssteigerung der Mitarbeiter insbesondere zur Maximierung des „Shareholder Value“.[150] Werden die Mitarbeiter nach Erwerb der Aktien an einem eventuellen Aktienwertverlust beteiligt, haben sie an einer lediglich kurzfristigen Aktienkurssteigerung kein Interesse.[151] Haltepflichten können aber auch den Zweck einer angemessenen Kurspflege verfolgen[152] und z.B. eine Veräußerung in Tranchen vorgeben. Im Rahmen von Mitarbeiteraktienprogrammen sind Veräußerungssperren bzw. Halteklauseln üblicher Bestandteil.[153] Aber auch in Aktienoptionsprogrammen sind Halteklauseln vorgesehen;[154] ihre Aufnahme wird zur Verhinderung kurzfristiger Strategien empfohlen.[155] Insbesondere bei kurzen oder mittelfristigen Wartefristen für die Optionsausübung ohne Zielvorgaben kann eine anschließende Haltefrist für die bezogenen Aktien sinnvoll sein.[156] Die Gesetzesbegründung zum KonTraG geht gleichfalls davon aus, dass Mindesthaltefristen zu den Bedingungen eines Aktienoptionsprogrammes gehören können.[157]

Besonders für deutsche Tochtergesellschaften internationaler Konzerne ist die Verankerung von Halteklauseln in Aktienoptionsprogrammen relevant: Denn ausländische Mutterunternehmen können daran interessiert sein, die Mitarbeiter ihrer deutschen Tochtergesellschaften an bereits bestehenden Optionsprogrammen zu beteiligen.[158] In vielen Ländern gehören Haltefristen nun aber zu den üblichen Bestandteilen von Aktienoptionsprogrammen.[159]

---

149 Lingemann/Diller/Mengel, NZA 2000, 1191, 1195; Eggert, S. 338.

150 Sauter/Babel in: Handbuch Stock Options, B III Rn. 52.

151 Baums in: Festschrift Claussen, S. 1, 9 f.; Menichetti, DB 1996, 1688, 1691; Wulff, S. 10, 149; Kallmeyer, AG 1999, 97, 99.

152 Steppan, PersF 12/2002, 98, 101.

153 Peterssen, S. 45 f.

154 Zu Aktienoptionsprogrammen mit Halteklausel vgl. Deutschmann, S. 68 Fn. 247; Weber in: Achleitner/Wollmert, S. 41; Lück, S. 15; kritisch zum Nutzen derartiger Halteklauseln äußert sich Korn, S. 71 f.

155 Weber in: Achleitner/Wollmert, S. 41.

156 Eggert, S. 49.

157 Begründung des Regierungsentwurfs zum KonTraG, BT-Drucks. 13/9712, S. 24.

158 Lingemann/Diller/Mengel, NZA 2000, 1191, 1192; zu den notwendigen Überlegungen im Zusammenhang mit der Einführung eines globalen Aktienoptionsplans vgl. Hölscher in: Harrer, S. 31 ff.

159 Engelsing, S. 61 Fn. 5, und Deutschmann, S. 248, führen aus, dass die US-amerikanischen Aktienoptionsprogramme mit einer zweijährigen Mindestsperrfrist und zusätzlich mit einer einjährigen Mindesthaltefrist versehen werden müssen, um in den Genuss einer steuerlichen Begünstigung zu kommen. Nach Wulff, S. 219, 238, ist im französischen Gesetz über Handelsgesellschaften (Loi no. 66-537 du 24 juillet 1966) ausdrücklich geregelt, dass Haltefristen Bestandteil von Aktienoptionspro-

2. Aktienbezogene Verfallklauseln

Aktienbezogene Verfallklauseln lassen die im Rahmen von Optionsprogrammen bezogenen Aktien mit Beendigung des Anstellungsverhältnisses an die Gesellschaft oder einen Dritten „zurückfallen".[160] Derartige Klauseln sind in US-amerikanischen Aktienoptionsplänen üblicher Bestandteil,[161] jedoch auch in Programmen deutscher Unternehmen zu finden.[162] Insbesondere kleinere Aktiengesellschaften können bei Mitarbeitern der Führungsebene ein Interesse an einem Aktienverfall haben, wenn die Mitarbeiter eine größere Anzahl von Aktien bezogen, dadurch unter den Anteilseignern an Einfluss gewonnen haben und nun zur Konkurrenz wechseln.[163] Der „Verfall" der Aktien erfolgt nach den aus den USA bekannten Klauseln entweder gegen Rückzahlung des ursprünglichen Kaufpreises oder gegen einen anderen, häufig unter dem aktuellen Aktienkurs liegenden Gegenwert.[164] Andere Bestimmungen sehen vor, dass bei Ausscheiden nach Ausübung der Option die Hälfte des nach Versteuerung des geldwerten Vorteils erzielten persönlichen Gewinns oder der volle Gewinn zurückzuzahlen ist.[165] Einige Klauseln differenzieren nach dem Beendigungsgrund und sehen einen Verfall nur als Folge einer Eigenkündigung des Mitarbeiters oder einer verhaltensbedingten Kündigung durch die Gesellschaft vor.[166]

---

grammen sein können. Allerdings dürfen solche Haltefristen nur maximal drei Jahre ab Optionsausübung betragen. Für Großbritannien führt Wulff, S. 199, 211, aus, dass nach den Zulassungsrichtlinien der Londoner Börse die an der Börse zugelassenen Unternehmen einen Anreiz für das weitere Halten der über Optionsprogramme bezogenen Aktien schaffen sollen. Die Unternehmen haben sich nach den Richtlinien gegenüber den Anteilseignern jährlich zu erklären, ob die Richtlinien bei der Vergütungspolitik beachtet worden und – wenn nicht – aus welchen Gründen und für welche Zeit sie den Anforderungen der Richtlinien nicht nachgekommen sind. Legen die Unternehmen ihre Vergütung über Aktienoptionen nicht offen, erhalten sie keine Zulassung bzw. wird diese wieder entzogen.

160 Legerlotz/Laber, DStR 1999, 1658, 1664; Lingemann/Diller/Mengel, NZA 2000, 1191, 1195; Baeck/Diller, DB 1998, 1405, 1407.

161 Engelsing, S. 63 mwN; Kessler/Strnad in: Handbuch Stock Options, F V Rn. 402.

162 Klahold, S. 41; Feddersen, ZHR 161 (1997), 269, 272.

163 Mohr/Bihn in: Handbuch Stock Options, N IV 1 b) Rn. 948 f., bejahen generell ein schutzwürdiges Interesse des Arbeitgebers an einer Rückübertragungspflicht, wenn der ausscheidende Mitarbeiter zu einem Konkurrenzunternehmen wechselt und für die Rückübertragung eine adäquate Entschädigung vorgesehen ist.

164 Baeck/Diller, DB 1998, 1405, 1407; Mechlem/Melms, DB 2000, 1614, 1615; Klahold, S. 41; Engelsing, S. 63.

165 Mechlem/Melms, DB 2000, 1614, 1615; Klahold, S. 41.

166 Legerlotz/Laber, DStR 1999, 1658, 1664; auch bei Mitarbeiteraktienprogrammen können Verfallklauseln Bestandteil des Programms sein; so enthielt die der Entscheidung des Bayerischen Obersten Landesgerichts, DB 1989, 214, zugrunde liegende Gesellschaftssatzung eine Regelung, nach der Mitarbeiteraktien mit Beendigung des Anstellungsverhältnisses an die Gesellschaft oder eine von ihr benannte Person zurückzuübertragen waren.

Verfallklauseln verfolgen als wichtigsten Zweck, die Betriebstreue und Leistungsbereitschaft der Mitarbeiter langfristig und über den Zeitraum eventueller Warte- und Haltefristen hinaus zu fördern.[167] Trotz der prinzipiell gleichen Zielrichtung von options- bzw. aktienbezogenen Halte- und Verfallklauseln erfüllt die kumulative Vereinbarung aus Sicht der Gesellschaft einen selbständigen Zweck: Wird für die aus Optionsprogrammen erworbenen Aktien zusätzlich zur optionsbezogenen Wartefrist nebst Verfallbestimmung eine aktienbezogene Halteklausel mit Verfallbestimmung festgelegt, können Aktienoptionsprogramme nicht nur zu einer Gewinnbeteiligung, sondern auch zu einer Art Verlustbeteiligung führen, die kurzfristige Gewinnstrategien sanktioniert. Die angestrebte Motivations- und Leistungssteigerung der Mitarbeiter erhält durch Halte- und Verfallfristen eine langfristige Wirkung.[168]

H. Standort von Bindungsklauseln

Die für die Optionsgewährung relevanten Bedingungen – einschließlich eventueller Bindungsklauseln – kann die Hauptversammlung – auch über die in § 193 Abs. 2 Nr. 4 AktG genannten Inhalte hinaus[169] – im Wege eines einfachen Hauptversammlungsbeschlusses festlegen. Die §§ 241 ff. AktG setzen hier gewisse Grenzen: Sind Hauptversammlungsbeschlüsse etwa mit dem Wesen der Aktiengesellschaft nicht zu vereinbaren, verletzen sie die guten Sitten oder Vorschriften, die das öffentliche Interesse schützen, sind sie gemäß § 241 AktG nichtig. Aus § 243 AktG folgt, dass Hauptversammlungsbeschlüsse darüber hinaus grundsätzlich im Einklang mit dem (Aktien-)Gesetz und der Gesellschaftssatzung stehen müssen. Bei einem Verstoß sind sie zwar nicht unwirksam, aber anfechtbar. Im Fall der bedingten Kapitalerhöhung und des Eigenerwerbs nach § 71 Abs. 1 Nr. 8 AktG stellen die §§ 193, 71 Abs. 1 Nr. 8 S. 5 AktG außerdem spezielle Anforderungen für den zugrunde liegenden Hauptversammlungsbeschluss auf.

167 Mechlem/Melms, DB 2000, 1614, 1615; Baeck/Diller, DB 1998, 1405, 1408.

168 Nach Seibert in: Pellens, S. 29, 47, und Menichetti, DB 1996, 1688, 1692, wird eine langfristige Motivation der Mitarbeiter ohne eine Vereinbarung von Halte- und Verfallfristen relativiert; Kallmeyer, AG 1999, 97, 99, weist darauf hin, dass bei Aktienoptionen das Management und die Mitarbeiter nur dann ein wirtschaftliches Risiko tragen, wenn eine Haltefrist nach Optionsausübung vereinbart wird, während der die bezogenen Aktien nicht verkauft werden dürfen, oder aber wenn das Halten einer bestimmten Anzahl von Aktien während der Wartefrist geregelt ist.

169 Eggert, S. 306, weist darauf hin, dass die Kompetenz des Aufsichtsrats bei der Festlegung der Vorstandsvergütung allerdings nicht durch einen zu detaillierten Hauptversammlungsbeschluss, der die Optionen für einzelne Vorstandsmitglieder festlegt, umgangen werden dürfe.

Ein einfacher Hauptversammlungsbeschluss entfaltet für die Mitarbeiter noch keine Anspruchs- oder Bindungswirkung; seine Inhalte müssen durch entsprechende Vereinbarungen umgesetzt werden. Grundsätzlich lassen sich zwei Formen der Optionsgewährung unterscheiden: Zum einen kann die Einräumung einer Option als eine von Fall zu Fall und freiwillig gewährte Zusatzvergünstigung ohne Rechtsanspruch ausgestaltet sein.[170] Die Option selbst wird durch einen Vertrag zwischen Gesellschaft und Mitarbeiter begründet, in den dann die Bindungsklauseln aufgenommen werden.[171] Zum anderen kann dem Arbeitnehmer ein Anspruch auf Optionsgewährung mit den entsprechenden Bindungen eingeräumt sein,[172] z.B. durch Verankerung im Anstellungs- bzw. Dienstvertrag, aber auch in einer Vereinbarung kollektivrechtlicher Art wie in einer Betriebsvereinbarung.[173] Möglich ist auch, dass der Inhalt des vom Vorstand bzw. Aufsichtsrat aufgestellten Optionsplans durch Bezugnahme Bestandteil der Vereinbarung zwischen Mitarbeiter und Gesellschaft wird.[174]

Denkbar ist außerdem, den Inhalt eines Beteiligungsprogramms in die Satzungsurkunde aufzunehmen.[175] Die Satzung kann Bestimmungen formeller und materieller Art enthalten: Materielle Satzungsbestimmungen sind Regelungen, die die Gesellschaft und ihre korporative Beziehung zu den Aktionären betreffen.[176] Als Teil der Satzung, der normativen Grundordnung der Gesellschaft,[177] binden sie die Aktionäre ohne weitere Individualvereinbarung. Formelle Satzungsbestimmungen regeln alles, was nicht von materiellen Bestimmungen erfasst sein kann.[178] Ihre Aufnahme in die Satzungsurkunde hat keinen Einfluss auf ihre Rechtsnatur und Rechtswirkungen.[179]

---

170 Lück, S. 65.

171 Bauer/Göpfert/von Steinau-Steinrück, ZIP 2001, 1129, 1130; Friedrichsen, S. 136; von Einem/Pajunk in: Achleitner/Wollmert, S. 90.

172 Bauer/Göpfert/von Steinau-Steinrück, ZIP 2001, 1129, 1130; Nehls/Sudmeyer, ZIP 2002, 201; zu den verschiedenen rechtlichen Anspruchsgrundlagen vgl. Legerlotz/Laber, DStR 1999, 1658 ff, und Lück, S. 65 ff.

173 Lembke, BB 2001, 1469; Baeck/Diller, DB 1998, 1405, 1406.

174 Grimm/Walk, BB 2003, 577.

175 So lag dem Beschluss des Bayerischen Obersten Landesgerichts vom 24. November 1988, DB 1989, 214, 215, eine Satzung zugrunde, deren Bestimmungen Mitarbeiteraktien betrafen und eine – nach Ansicht des Bayerischen Obersten Landesgerichts unwirksame – Regelung enthielten, nach der Mitarbeiteraktien mit Beendigung des Anstellungsverhältnisses an die Gesellschaft oder eine von ihr benannte Person zurückzuübertragen waren.

176 Hüffer, § 23 Rn. 3; Hefermehl/Bungeroth in: Geßler/Hefermehl, § 179 Rn. 7; Schmidt, S. 79; Priester, DB 1979, 681.

177 Zöllner in: Kölner Kommentar, § 179 Rn. 15.

178 Hüffer, § 23 Rn. 4; Hefermehl/Bungeroth in: Geßler/Hefermehl, § 179 Rn. 12.

179 Hüffer, § 23 Rn. 4.

Optionsbezogene Halte- und Verfallbestimmungen betreffen noch nicht das Verhältnis zwischen Gesellschaft und Mitarbeiteraktionär, sondern haben ihren Anwendungsbereich dort, wo der Mitarbeiter erst auf dem Weg ist, die Mitgliedschaft in der Gesellschaft zu erwerben. Sie können daher keine materiellen Satzungsbestimmungen darstellen. Zwar schadet es nicht, wenn sie – als formelle Satzungsbestimmungen – mit in die Satzungsurkunde aufgenommen werden. Unmittelbare Wirkung für die zuküftigen Mitarbeiteraktionäre entfalten sie jedoch nicht.

Aktienbezogene Halte- und Verfallklauseln hingegen betreffen das korporative Verhältnis zwischen der Gesellschaft und ihren Mitarbeiteraktionären und kommen daher als materielle Satzungsbestimmungen in Frage. Sind sie als Satzungsbestimmungen wirksam, brauchen entsprechende Halte- und Übertragungsverpflichtungen grundsätzlich nicht zusätzlich vertraglich vereinbart zu werden. Materielle Satzungsbestimmungen müssen sich an den Vorschriften des Aktiengesetzes messen lassen. Verstoßen sie gegen das Aktiengesetz, sind sie nach herrschender Ansicht nichtig.[180] Gemäß § 23 Abs. 5 AktG dürfen sie von den Vorschriften des Aktiengesetzes nur dann abweichen, wenn dies ausdrücklich zugelassen ist. Ergänzende materielle Bestimmungen in der Satzung sind zulässig, soweit das Aktiengesetz keine abschließende Regelung enthält.

---

180 Geßler, ZHR 144 (1980), 427, 444; Pentz in: Müchner Kommentar zum Aktiengesetz, § 23 Rn. 162; von Godin/Wilhelmi, § 23 Anm. 13; differenzierend Hüffer, § 23 Rn. 43, mit Verweis auf § 241 Nr. 3 AktG.

ZWEITER TEIL: AKTIENRECHTLICHE WIRKSAMKEITSPROBLEME

A. Optionsbezogene Verfallklauseln

Der Verlust einer Option mit Beendigung des Anstellungsverhältnisses kann sowohl für den Zeitraum der Wartezeit als auch für die Zeit nach Ablauf der Wartezeit bis zur tatsächlichen Optionsausübung vorgesehen sein.

I. Optionsverfall während der Wartezeit

Für den Fall der bedingten Kapitalerhöhung und des Erwerbs eigener Aktien nach § 71 Abs. 1 Nr. 8 AktG hat der Hauptversammlungsbeschluss gemäß §§ 193 Abs. 2 Nr. 4, 71 Abs. 1 Nr. 8 S. 2 AktG eine Wartezeit für die erstmalige Ausübung der Optionen vorzusehen; die Zulässigkeit eines Optionsverfalls während dieser Wartezeit ist in den Vorschriften hingegen nicht ausdrücklich festgehalten.

Auch nach den Äußerungen in der Literatur ist bislang unklar, ob auch ohne entsprechende ausdrückliche Regelung allein die Aufnahme einer Wartefrist im Sinne von § 193 Abs. 2 Nr. 4 AktG in ein Aktienoptionsprogramm den Verfall der Option bei vorzeitigem Ausscheiden des Mitarbeiters zulässigerweise mitumfasst. Während *Mechlem/Melms*[181] und *Friedrichsen*[182] dies ohne nähere Diskussion bejahen, werten *von Einem/Pajunk* die Regelung in § 193 Abs. 2 Nr. 4 AktG so, dass der Gesetzgeber die im Ausland übliche gestaffelte Unverfallbarkeit bzw. Unkündbarkeit der Option übersehen bzw. missverstanden habe.[183] Ihrer Ansicht nach ermögliche allein die Einführung einer Wartefrist im Sinne von § 193 Abs. 2 Nr. 4 AktG der Gesellschaft nicht, auf eine vorzeitige Beendigung des Anstellungsverhältnisses während der Wartefrist zu reagieren.[184] Die übrigen Stimmen in der Literatur schlagen im Hinblick auf die vom Arbeitgeber angestrebte Motivations- und Bindungswirkung vor, dass zumin-

181 Mechlem/Melms, DB 2000, 1614.
182 Friedrichsen, S. 39.
183 Von Einem/Pajunk in: Achleitner/Wollmert, S. 110; auch nach Maletzky, NZG 2003, 715, 717, bedeutet die gesetzlich vorgeschriebene Wartezeit nicht gleichzeitig den Verfall der Option bei Beendigung der Betriebszugehörigkeit vor ihrem Ende.
184 Von Einem/Pajunk in: Achleitner/Wollmert, S. 111 f.

dest während der Wartefrist der Verfall der Option bei einem Arbeitsplatzwechsel vorgesehen werden *sollte.*[185]

Die Regelungsabsicht des Gesetzgebers liefert einen ersten Anhaltspunkt, dass § 193 Abs. 2 Nr. 4 AktG auch einen Optionsverfall während der vereinbarten Wartefrist umfasst und eine entsprechende ausdrückliche Verfallregelung damit nach den Bestimmungen des Aktiengesetzes zulässig ist. Nach der Gesetzesbegründung ist die Erstausübungsfrist von besonderer Bedeutung, da mit Hilfe der Frist das Verhalten der Mitarbeiter gesteuert werden könne.[186] Das Verhalten der Mitarbeiter lässt sich aber nur im Sinne einer Steigerung des „Shareholder Value“ beeinflussen, solange der Optionsberechtigte zugleich Mitarbeiter der Gesellschaft ist.

Auch dem Gesetzeszweck lässt sich entnehmen, dass Wartefristen im Sinne von § 193 Abs. 2 Nr. 4 AktG grundsätzlich zugleich einen Verfall der Option beinhalten, wenn das Anstellungsverhältnis während der Wartefrist beendet wird. Um den bei der bedingten Kapitalerhöhung zum Nachteil der Altaktionäre eintretenden Verwässerungseffekt auszugleichen, räumt § 193 AktG der Hauptversammlung weitreichende Informations- und Mitbestimmungsrechte ein.[187] Die Hauptversammlung soll selbst darüber entscheiden, ob die festzusetzenden Eckdaten des Optionsprogramms zu einer langfristigen Steigerung des „Shareholder Value“ und damit zum Ausgleich der Verwässerung beitragen können. Der Verwässerungsschutz der Anteilseigner soll zum einen auf dem Weg des qualifizierten Mehrheitsbeschlusses nach § 193 Abs. 1 S. 1 AktG und zum anderen über die Beschlussinhalte gemäß § 193 Abs. 2 AktG gewährleistet werden.[188] Ohne Festlegung einer Frist vor erstmaliger Optionsausübung besteht das Risiko, dass die Mitarbeiter u.U. auch kurzfristige Gewinnstrategien verfolgen, um die festgelegten Erfolgsziele zu erreichen.[189] Selbst bei ausreichend langer Wartezeit kann ein Mitarbeiter jedoch nicht nachhaltig zum Ausgleich des Verwässerungseffektes und zur Erhöhung des „Shareholder Value“ beitragen, wenn er kurz nach Einräumung der Option aus dem Anstellungsverhältnis

185 Baums, Festschrift Claussen, S. 19; Engelsing, S. 63; Baeck/Diller, DB 1998 1405, 1407; Klahold, S. 40; Legerlotz/Laber, DStR 1999, 1658, 1664; Zinser/Schimpfky, 3705 Rn. 48.

186 Begründung des Regierungsentwurfs zum KonTraG, BT-Drucks. 13/9712, S. 24.

187 Begründung des Regierungsentwurfs zum KonTraG, BT-Drucks. 13/9712, S. 24; vgl. auch Hüffer, § 192 Rn. 3; Zinser/Schimpfky, 3705 Rn. 38; Engelsing, S. 79.

188 Beschlussempfehlung des BT-Rechtsausschusses, ZIP 1998, 487, 488; Keßler/Kühnberger in: Personalführung und Organisation, S. 648, 650.

189 Weber in: Achleitner/Wollmert, S. 34.

ausscheidet. Könnte der Mitarbeiter unmittelbar nach Einräumung der Option in ein anderes Anstellungsverhältnis wechseln und nach Ablauf der Wartezeit die Option ausüben, wäre den Altaktionären mit der Vereinbarung einer Wartefrist nicht gedient. Ihrem Zweck nach setzen die §§ 193 Abs. 2 Nr. 4, 71 Abs. 1 Nr. 8 S. 2 AktG daher den Verfall der Optionen bei Beendigung des Anstellungsverhältnisses vor Ablauf der Wartezeit voraus. Wartefristen, die einen Verlust der Option bedeuten, werden für den Fall der bedingten Kapitalerhöhung und des Eigenerwerbs nach § 71 Abs. 1 Nr. 8 AktG also vom Gesetz selbst anerkannt. Anhaltspunkte für eine abweichende Beurteilung im Rahmen der anderen Möglichkeiten der Kapitalbeschaffung lassen sich dem Gesetz nicht entnehmen.

II. Optionsverfall nach Ablauf der Wartezeit

Im Folgenden soll die Wirksamkeit von optionsbezogenen Verfallklauseln untersucht werden, die eine Beendigung des Anstellungsverhältnisses nach Ablauf der Wartezeit betreffen. Anders als bei einem Optionsverlust während der Wartezeit findet sich für die aktienrechtliche Unbedenklichkeit eines Optionsverfalls nach Ablauf der Wartezeit in den §§ 193 Abs. 2 Nr. 4, 71 Abs. 1 Nr. 8 S. 2 AktG kein Hinweis. Werden optionsbezogene Verfallklauseln im Rahmen einer Kapitalerhöhung von der Hauptversammlung beschlossen, könnten Anhaltspunkte für ihre Beurteilung aus den zur materiellen Beschlusskontrolle entwickelten Grundsätzen folgen. Das Aktienrecht, z.B. die Vorschriften zur Vorstandsvergütung, enthält möglicherweise auch Anhaltspunkte für die Bewertung optionsbezogener Verfallklauseln, die Gegenstand einer zwischen Mitarbeiter und Gesellschaft geschlossenen schuldrechtlichen Optionsvereinbarung sind. Auch aus den Vorschriften zur Mitgliedschaft könnten sich Vorgaben für einen Optionsverfall ableiten lassen.

1. Verfallklausel als sachliche Rechtfertigung des Bezugsrechtsausschlusses?

Möglicherweise lässt sich – zumindest für den Fall, dass die Optionen im Wege der Kapitalerhöhung bedient werden und eine materielle Beschlusskontrolle erforderlich ist – mit Hilfe der von der Rechtsprechung entwickelten Angemessenheitskontrolle beurteilen, ob ein Optionsverlust bei Beendigung des Anstellungsverhältnisses auch nach Ablauf der Wartezeit notwendig und damit in aktienrechtlicher Hinsicht zugleich zulässig ist. Verfallklauseln wären notwendig, wenn der Bezugsrechtsausschluss nur bei Vereinbarung eines entsprechenden Optionsverlustes sachlich gerechtfertigt werden kann.

Seit dem „Kali + Salz"-Urteil des Bundesgerichtshofs[190] hat sich in Rechtsprechung und Literatur für die reguläre und die genehmigte Kapitalerhöhung eine materielle Kontrolle des Bezugsrechtsausschlusses durchgesetzt:[191] Nach den im Rahmen der Beschlusskontrolle entwickelten Kriterien hat der Eingriff in das Bezugsrecht nach vernünftigen kaufmännischen Erwägungen dem Interesse der Gesellschaft und nicht lediglich der Mehrheit der Aktionäre zu dienen.[192] Um dem Verhältnismäßigkeitserfordernis zu genügen, muss der Eingriff zur Durchsetzung des Gesellschaftsinteresses geeignet, erforderlich und im Übrigen angemessen sein.[193] Ungeklärt ist bislang, ob der Hauptversammlungsbeschluss auch im Rahmen der bedingten Kapitalerhöhung gemäß § 192 Abs. 2 Nr. 3 AktG einer materiellen Kontrolle unterliegt.[194]

Im Hinblick auf die Wahl des Ziels steht der Hauptversammlung ein Beurteilungsspielraum zu; grundsätzlich kann jedes Ziel verfolgt werden, das im Interesse der Gesellschaft liegt.[195] Soweit die Gesellschaft mit der Einführung des Optionsprogramms und dem Bezugsrechtsausschluss eine Erhöhung von Mitarbeitermotivation und -bindung verfolgt, liegen die Ziele im Interesse der Gesellschaft und nicht lediglich eines bestimmten Kreises von Aktionären. Dassel-

---

190 BGHZ 71, 40.

191 BGHZ 83, 319, 320 f.; 120, 141, 145 f.; 125, 239, 241; Wiedemann in: Großkommentar zum Aktiengesetz, § 186 Rn. 134 ff.; Hefermehl/Bungeroth in: Geßler/Hefermehl, § 186 Rn. 104 ff.; Lutter in: Kölner Kommentar, § 186 Rn. 60; Hüffer, § 186 Rn. 25; etwas anders BGHZ 136, 133, 138 f., für die genehmigte Kapitalerhöhung gegen Sacheinlagen („Nold/Siemens"): Die mit der Kapitalerhöhung verfolgte Maßnahme müsse im wohlverstandenen Interesse der Gesellschaft liegen und der Hauptversammlung allgemein und in abstraker Form bekannt gegeben werden; gegen die Anwendung dieser Voraussetzungen bei einer Kapitalerhöhung zum Zweck der Bedienung von Mitarbeiteroptionen spricht sich Zitzewitz, S. 128, aus.

192 BGHZ 71, 40, 46; Lutter, ZGR 1979, 401, 403 f.

193 BGHZ 71, 40, 46; 83, 319, 320 f.; 120, 141, 145 f.; 125, 239, 241; Wiedemann in: Großkommentar zum Aktiengesetz, § 186 Rn. 139 ff.; Hefermehl/Bungeroth in: Geßler/Hefermehl, § 186 Rn. 104 ff.; Lutter in: Kölner Kommentar, § 186 Rn. 61; Hüffer, § 186 Rn. 25.

194 Verneinend BT-Drucks. 13/9712, S. 24, wonach die bedingte Kapitalerhöhung kraft Natur der Sache kein gesetzliches Bezugsrecht der bisherigen Aktionäre zur Folge habe; ebenso RegE ZIP 1997, 2059, 2068; OLG Stuttgart, WM 2002, 1060, 1063 f., zumindest für den Fall, dass der Basispreis den bei Optionsausgabe aktuellen Börsenkurs nicht wesentlich unterschreitet; Hüffer, § 192 Rn. 3, 18; derselbe ZHR 161 (1997), 214, 239 f.; Keßler/Kühnberger in: Personalführung und Organisation, S. 648; Weiß, S. 225 ff.; derselbe, WM 1999, 353, 359; Seibert in: Pellens, S. 29, 47; Schwarz/Michel, BB 1998, 489, 492; Klahold, S. 253 ff.; Lück, S. 49 f.; bejahend Lutter, ZIP 1997, 1, 8 f.; Paefgen, AG 1999, 67, 72; Zeidler, NZG 1998, 789, 794 f.; Wulff, S. 102 ff.; im Ergebnis auch Fuchs, DB 1997, 661, 664.

195 BGHZ 71, 40, 49 f.; Hüffer, § 186 Rn. 26; Lutter, ZGR 1979, 401, 403; derselbe in: Kölner Kommentar, § 186 Rn. 61; Hefermehl/Bungeroth in: Geßler/Hefermehl, § 186 Rn. 109 ff.; Wiedemann in: Großkommentar zum Aktiengesetz, § 186 Rn. 190.

be gilt regelmäßig, wenn z.B. junge oder liquiditätsschwache Unternehmen nur mit Hilfe der Ausgabe von Aktienoptionen im Wettbewerb um qualifizierte Mitarbeiter und Führungskräfte bestehen können. Im Interesse der Gesellschaft liegt auch die Gewährung von Optionen zum Zweck der Erweiterung der Eigenkapitalbasis, wenn dies notwendig ist und sich anderweitig nicht erreichen lässt.

Ein Bezugsrechtsausschluss ist grundsätzlich geeignet und erforderlich, um die genannten Ziele zu erreichen.[196] Ein Optionsverfall könnte nun bei Beendigung des Anstellungsverhältnisses unter dem Gesichtspunkt der Angemessenheit bzw. Interessenabwägung von erheblicher Bedeutung sein. Im Rahmen der Interessenabwägung sind die aus dem Bezugsrechtsausschluss resultierenden Nachteile für die Aktionäre den durch die Maßnahme erstrebten Vorteilen für die Gesellschaft gegenüber zu stellen.[197] Auch hier kommt der Hauptversammlungsmehrheit ein Ermessensspielraum zu: Das Ergebnis der Interessenabwägung muss plausibel und nachvollziehbar sein; auf seine objektive Richtigkeit ex post kommt es nicht an.[198]

Grundsätzlich steht den Vorteilen für die Gesellschaft, die vom jeweiligen Zweck der Optionsgewährung abhängen, die Verwässerung der Gewinnbezugsrechte und der Stimmrechte der bisherigen Aktionäre gegenüber.[199] Möchte die Gesellschaft mit der Einräumung von Optionen eine liquiditätsschonende, aber gleichzeitig attraktive Vergütung im Konkurrenzdruck um qualifizierte Mitarbeiter gewährleisten, ist die Vereinbarung eines Optionsverlustes nach Ablauf der in der Regel mehrjährigen Wartezeit unter Berücksichtigung der Interessen der Altaktionäre nicht sinnvoll. Die Gewinnung qualifizierter Mitarbeiter liegt auch im Interesse der Aktionäre. Bei einem nach Jahren noch drohenden Verlust eines Gehaltsbestandteils, der als Ersatz für feste oder traditionelle variable Gehaltsbestandteile geboten wird, ist zu berücksichtigen, dass dadurch regelmäßig die Attraktivität der Vergütung und die Konkurrenzfähigkeit der Gesellschaft

---

196 Alternative Vergütungsinstrumente, die wie Tantiemen, Boni oder „Phantom Stocks" nicht mit einem Bezugsrechtsausschluss verbunden sind, aber zu einem Liquiditätsabfluss führen, sind aufgrund ihrer ganz anderen Ausgestaltung zumindest nicht besser oder gleich geeignet, vgl. Zitzewitz, S. 123.

197 BGHZ 71, 40, 46 f.; Hüffer, § 186 Rn. 28; Lutter in: Kölner Kommentar, § 186 Rn. 63; derselbe, ZGR 1979, 401, 404; Hefermehl/Bungeroth in: Geßler/Hefermehl, § 186 Rn. 114; Wiedemann in: Großkommentar zum Aktiengesetz, § 186 Rn. 146.

198 Lutter in: Kölner Kommentar, § 186 Rn. 63; Wiedemann in: Großkommentar zum Aktiengesetz, § 186 Rn. 190; Weiß, S. 174 f.; 178 f.; Wulff, S. 122.

199 Vgl. oben Erster Teil E. II.

als Arbeitgeberin gemindert sind. Ähnliche Erwägungen gelten für das Ziel der Gesellschaft, eine notwendige Erweiterung der Eigenkapitalbasis im Wege der Mitarbeitervergütung vorzunehmen; über die Wartezeit hinausgehende Verfallklauseln würden das Ziel einer Eigenkapitalmehrung erheblich beeinträchtigen.

Steht für die optionsausgebende Gesellschaft eine erhöhte Mitarbeiterbindung und -motivation im Vordergrund, ist im Rahmen der Interessenabwägung wesentlich, dass bei Ausübungsreife im Zeitpunkt der Vertragsbeendigung die maßgeblichen von der Gesellschaft gesetzten Kriterien erreicht sind. Auch die Anteile der Altaktionäre haben dadurch an Wert gewonnen; ihren Interessen ist dadurch gedient, dass der Verwässerungseffekt ausgeglichen oder zumindest gemildert ist. Aber auch wenn bei Vertragsbeendigung noch keine Ausübungsreife vorliegt, führt die Optionsgewährung ohne entsprechende Verfallklausel nicht notwendigerweise zu einem unangemessenen Bezugsrechtsausschluss: In die Interessenabwägung ist die Gefahr einzubeziehen, dass Verfallklauseln die angestrebte Anreizwirkung bremsen können, wenn eine Vertragsbeendigung nach Ablauf der mehrjährigen Wartezeit und damit ein Verfall absehbar oder zumindest nicht unwahrscheinlich ist. Bei Mitarbeitern ohne maßgeblichen Einfluss auf die Entwicklung des „Shareholder Value" ist das Erreichen der Ausübungsreife im Übrigen kein Indikator dafür, ob die von der Gesellschaft angestrebte Motivationswirkung im Sinne eines „allgemeinen Wohlverhaltens" tatsächlich erzielt worden ist. Die Hauptversammlung darf daher im Rahmen ihres unternehmerischen Ermessens auch berücksichtigen, dass die Programme für die Mitarbeiter weniger attraktiv sind, wenn sie neben der Wartefrist und den Erfolgszielen, Ausübungsfenstern und ggf. einer gestaffelten Ausübbarkeitsregelung auch noch einen Optionsverfall nach Ablauf der Wartezeit vorsehen und so die Gewinnmöglichkeiten für die Mitarbeiter weiter einschränken.

Bei Mitarbeitern mit maßgeblichem Einfluss auf den „Shareholder Value" könnte der drohende Optionsverlust wiederum ein kurzfristiges Gewinnstreben fördern, das im Widerspruch zu einer nachhaltigen Unternehmenswertsteigerung steht. Bei dieser Gruppe von Mitarbeitern ist im Rahmen der Interessenabwägung allerdings der zeitliche Abstand zwischen Beendigung des Anstellungsverhältnisses und Optionsausübung von Bedeutung. Je größer der Abstand ist, umso mehr spricht dafür, dass die Anreizwirkung der Optionsgewährung für die Tätigkeit des einzelnen Mitarbeiters nicht mehr zielgenau ist. Der für die Altaktionäre nachteilige Verwässerungseffekt wird dann nicht mehr duch die Tätigkeit gerade des bezugsberechtigten ausgeschiedenen Mitarbeiters gemildert. Etwas anderes mag gelten, wenn die Erfolgsziele an eine vorherige Tätigkeit des Mitarbeiters anknüpfen, deren Auswirkungen sich erst eine längere Zeit nach Beendigung des Anstellungsverhältnisses überhaupt zeigen können.

Die Abwägung der Interessen von Gesellschaft und Altaktionären fordert damit nicht notwendig, dass Aktienoptionsprogramme optionsbezogene Verfallklauseln beinhalten, die sich auf die Zeit nach Ablauf der Wartefrist beziehen. Der im Rahmen der ordentlichen und genehmigten – ggf. auch bedingten – Kapitalerhöhung erforderlichen Inhaltskontrolle des Bezugsrechtsausschlusses lassen sich keine allgemeingültigen Grenzen für die Notwendigkeit von Verfallklauseln nach Ablauf der Wartezeit entnehmen. Im Einzelfall kann die Interessenabwägung allerdings unter Berücksichtigung insbesondere der Ziele und Adressaten des Optionsprogramms, der Ausübungshürden und der Programmlaufzeit ergeben, dass ein Bezugsrechtsausschluss nur bei Vereinbarung einer ggf. über die Wartezeit hinausreichenden Verfallklausel zulässig ist.

2. Optionsverfall und Anstellungsverhältnis von Vorstandsmitgliedern

Möglicherweise lassen sich den aktienrechtlichen Vorschriften zum Anstellungsverhältnis von Vorstandsmitgliedern Vorgaben für die Vereinbarung eines Optionsverfalls nach Ablauf der Wartezeit entnehmen.

a) Begrenzung des Anstellungsverhältnisses auf fünf Jahre

Gemäß § 84 Abs. 1 S. 5 AktG ist der Anstellungsvertrag von Vorstandsmitgliedern grundsätzlich entsprechend der Dauer ihrer Bestellung längstens auf fünf Jahre zu befristen. Die Vorschrift soll gewährleisten, dass der Aufsichtsrat über die Wiederbestellung des Vorstandsmitglieds ohne Rücksicht auf das Bestehen einer anstellungsvertraglichen Verpflichtung frei entscheiden kann.[200] Ist das ehemalige Vorstandsmitglied nun auch nach Beendigung des Anstellungsverhältnisses noch Optionsinhaber, könnte sich der Aufsichtsrat veranlasst sehen, für die Optionsgewährung wenigstens bis zur tatsächlichen Optionsausübung noch eine „Gegenleistung“ in Form der Weiterführung der Geschäfte zu verlangen. Diese Gefahr besteht allerdings dann nicht, wenn die Optionen nicht von der Gesellschaft selbst, sondern von einer Konzernmutter aufgrund einer Vereinbarung mit dem Vorstandsmitglied gewährt werden. Eine eventuelle faktische Beeinflussung des Aufsichtsrats bei der Frage einer Wiederbestellung würde nicht – wie von § 84 Abs. 1 S. 5 AktG vorausgesetzt – aus einer schuld-

[200] Hefermehl/Spindler in: Münchener Kommentar zum Aktiengesetz, § 84 Rn. 55.

rechtlichen Beziehung mit dem Vorstandsmitglied, sondern aus dem Konzernverhältnis resultieren. § 84 Abs. 1 S. 5 AktG ist für diese Konstellation nicht einschlägig. Soweit die Optionen allerdings von der Gesellschaft gewährt werden, mit der das Anstellungsverhältnis besteht, lässt sich möglicherweise aus § 84 Abs. 1 S. 5 AktG ableiten, dass Verfallklauseln zur Sicherung der Entschließungsfreiheit des Aufsichtsrats zumindest dann notwendig – und gleichzeitig zulässig – sind, wenn die Laufzeit des Optionsprogramms die Dauer des Anstellungsverhältnisses überschreitet.[201]

Allerdings schließt der Gesetzeszweck von § 84 Abs. 1 S. 5 AktG nicht notwendig sämtliche Leistungen aus, die einem Vorstandsmitglied für die Zeit nach Beendigung des Anstellungsverhältnisses gewährt werden. Unzulässig sind zwar Vereinbarungen über ein Ruhegehalt, das in seiner Höhe dem vorherigen Gehalt entspricht, oder das – neben dem Gehalt für den amtierenden Vorstand – die Gesellschaft im Hinblick auf Vermögens- und Ertragslage überfordert.[202] Andere Leistungen können hingegen mit Blick auf die vorherige Tätigkeit des Vorstandsmitglieds sachlich gerechtfertigt sein und den Aufsichtsrat in seiner Entscheidung über die erneute Bestellung nicht in einem für § 84 Abs. 1 S. 5 AktG relevanten Ausmaß beeinflussen.

Auch Optionen, deren Wert in einem unangemessenen Verhältnis zum vorherigen (Gesamt-)Gehalt des ehemaligen Vorstandsmitglieds steht, können nach diesen Grundsätzen eine unzulässige Beschränkung der Entscheidungsfreiheit des Aufsichtsrats darstellen. In diesem Fall ist der Optionsverlust bei Beendigung des Anstellungsverhältnisses zulässig; denn nur so ist den Vorgaben von § 84 Abs. 1 S. 5 AktG Genüge getan. Ob eine unangemessen hohe Leistung und unzulässige Beschränkung des Aufsichtsrats vorliegt, lässt sich nur aufgrund einer Abwägung der konkreten Umstände des Einzelfalls beurteilen.[203] Zu berücksichtigen ist nicht allein der Wert der Optionen; relevant kann z.B. auch sein, ob das Vorstandsmitglied die Optionsgewährung mit einem vorherigen Gehaltsverzicht oder im Zeitpunkt des Ausscheidens mit einem Verzicht auf eine Abfindung oder ein festes Ruhegehalt erkauft hat. Seine Leistungen und Verdienste, die Dauer der Tätigkeit für die Gesellschaft sowie deren Vermögens- und Ertragslage können bei der Abwägung ebenfalls eine Rolle spielen.

---

201 So Eggert, S. 335.

202 Hefermehl/Spindler in: Münchener Kommentar zum Aktiengesetz, § 84 Rn. 59.

203 Für die Überprüfung einer Pensionsabrede aufgrund der Lage des Falles unter Würdigung aller Umstände Hefermehl/Spindler in: Münchener Kommentar zum Aktiengesetz, § 84 Rn. 60.

Auch der Zweck der Optionsgewährung ist entscheidend für die Frage, ob Optionen ohne Verstoß gegen § 84 Abs. 1 S. 5 AktG nach Beendigung des Anstellungsverhältnisses behalten werden können oder Verfallklauseln notwendig und zulässig sind. Verfolgt die Gesellschaft mit der Optionsgewährung das Ziel, bei der Vorstandsvergütung ihre Liquidität zu schonen oder hat die Optionsgewährung die Funktion eines Ruhegehalts, ist ein Fortbestand der Optionen auch nach Vertragsbeendigung durchaus sachlich gerechtfertigt. Dasselbe gilt, wenn die Gesellschaft mit Hilfe des Optionsprogramms versucht, ihre Eigenkapitaldecke zu vergrößern; dieser Zweck lässt sich nur mit dem Fortbestand der Optionen erreichen. Auch der häufigste Zweck einer Optionsgewährung, die nachhaltige Motivationssteigerung im Sinne des „Shareholder Value", kann eine Optionsgewährung über die Dauer des Anstellungsverhältnisses hinaus sachlich rechtfertigen. Denn droht ein Optionsverlust zum Ende der Tätigkeit, könnte der Anreiz zu einer langfristigen Unternehmenswertsteigerung durch ein kurzfristiges Gewinnstreben und das Bemühen um ein wenig nachhaltiges Erreichen der Erfolgsziele ersetzt werden, wenn das Vorstandsmitglied doch noch von seinen Optionen profitieren möchte.[204] Allerdings ist auch hier zu beachten, dass die Motivationswirkung umso mehr abnehmen und von ihrer Zielgenauigkeit verlieren dürfte, je größer der Zeitraum zwischen Beendigung von Amtszeit und Anstellungsverhältnis einerseits und Optionsausübung andererseits ist. Endet die Laufzeit des Optionsprogramms sehr viel später als die Amtszeit bzw. das Anstellungsverhältnis des Vorstandsmitglieds, wird dies häufig gegen die sachliche Rechtfertigung einer Optionsgewährung ohne Verfallklausel sprechen. Etwas anderes mag wieder gelten, wenn die Erfolgsziele so festgelegt sind, dass sie an eine vorherige Tätigkeit des Vorstandsmitglieds anknüpfen, deren Auswirkungen sich überhaupt erst nach einer längeren Zeit zeigen können.

§ 84 Abs. 1 S. 5 AktG erfordert daher nicht generell die Vereinbarung von Verfallklauseln. Zwar kann im Einzelfall – abhängig von den übrigen Optionsbedingungen wie z.B. Laufzeit und Erfolgsziele, dem Umfang, Wert und Zweck der gewährten Optionen – eine Optionsgewährung über die Beendigung von Amtszeit und Anstellungsverhältnis hinaus die Entscheidungsfreiheit des Aufsichtsrates unzulässig beschränken. Allgemeingültig lässt sich aus § 84 Abs. 1

---

204 Eggert, S. 335; auch Zitzewitz, S. 63, befürwortet das Fortbestehen der Option trotz Ausscheidens aus dem Anstellungsverhältnis, um die Motivation des Mitarbeiters auf nachhaltige Maßnahmen zu lenken; Klahold, S. 65 ff., fordert – allerdings im Rahmen einer generellen Zulässigkeitsprüfung von Aktienoptionen als Vergütungsinstrument am Maßstab von § 86 Abs. 1 AktG – die „langfristige" Ausgestaltung von Optionsplänen zumindest mit Wartefristen und Erfolgszielen.

S. 5 AktG jedoch nicht die Notwendigkeit und damit Zulässigkeit von Verfallklauseln ableiten.

b) Angemessene Bezüge

Gemäß § 87 Abs. 1 S. 1 AktG hat der Aufsichtsrat dafür zu sorgen, dass die Gesamtbezüge der einzelnen Vorstandsmitglieder in einem angemessenen Verhältnis zu ihren jeweiligen anvertrauten Aufgaben und zur Lage der Gesellschaft stehen. Zwar stellt § 87 Abs. 1 AktG kein Verbotsgesetz dar, sondern lediglich eine Richtlinie für das Handeln des Aufsichtsrats. Rechtsfolge von § 87 Abs. 1 S. 1 AktG ist daher nicht die Unwirksamkeit der Vergütungsvereinbarung, sondern die Haftung des Aufsichtsrats gemäß §§ 116, 93 Abs. 2 AktG.[205] Auch wenn § 87 Abs. 1 S. 1 AktG damit die Wirksamkeit von Optionsvereinbarungen nicht unmittelbar betrifft, könnte sich dennoch aus der Vorschrift mittelbar auf die Zulässigkeit von Verfallklauseln für den Fall der Beendigung des Anstellungsverhältnisses schließen lassen. Denn kann der Aufsichtsrat eine Haftung für die Vereinbarung einer unangemessenen Vorstandsvergütung nur dann vermeiden, wenn die vom Gesetz als Vergütungsinstrument grundsätzlich anerkannten Optionen mit Beendigung des Anstellungsverhältnisses verfallen, muss eine entsprechende Vereinbarung zulässig sein. § 87 Abs. 1 S. 1 AktG stellt eine Schutzvorschrift zugunsten der anstellenden Gesellschaft, ihrer Aktionäre, Mitarbeiter und Gläubiger dar, die vor ungerechtfertigten und überhöhten Vergütungen geschützt werden sollen.[206] Werden die Optionen von der Konzernmutter gewährt, ohne dass zwischen ihr und dem bezugsberechtigten Vorstandsmitglied ein Anstellungsverhältnis besteht,[207] lassen sich der Vorschrift daher keine Anhaltspunkte für die Zulässigkeit von Verfallklauseln entnehmen.

Der Begriff der „Gesamtbezüge" ist weit zu verstehen[208] wie die Abgrenzung zum „einfachen" Bezügebegriff und die beispielhafte Nennung von „Nebenleistungen jeder Art" zeigen. Alle Leistungen fallen hierunter, die einem aktiven Vorstandsmitglied mit Rücksicht auf seine Tätigkeit für die Gesellschaft ge-

---

205 Mertens in: Kölner Kommentar, § 87 Rn. 3; Hüffer, § 87 Rn. 5.

206 Mertens in: Kölner Kommentar, § 87 Rn. 2; Hüffer, § 87 Rn. 1.

207 Zur Problematik der Drittanstellung von Vorstandsmitgliedern vgl. Mertens in: Kölner Kommentar, § 84 Rn. 51, der die Drittanstellung als Verstoß gegen das zwingende aktienrechtliche Kompetenzgefüge ablehnt, jedoch eine Vereinbarung, dass die Vergütung des Vorstandsmitglieds von Dritten geleistet wird, als zulässig wertet; kritisch auch Hefermehl/Spindler in: Münchener Kommentar zum Aktiengesetz, § 84 Rn. 54, unter Hinweis auf § 76 AktG; zur Problematik der Beteiligung des Tochtervorstands an einem Optionsprogramm der Muttergesellschaft vgl. Zitzewitz, S. 151 ff.

208 Hefermehl/Spindler in: Münchener Kommentar zum Aktiengesetz, § 87 Rn. 8.

währt werden.[209] Auch die Einräumung von Optionen zählt nach dieser Definition zu den Gesamtbezügen im Sinne von § 87 Abs. 1 S. 1 AktG.

Dem Aufsichtsrat steht im Rahmen von § 87 Abs. 1 AktG ein Ermessensspielraum zur Wahrung des wohlverstandenen Interesses der Gesellschaft zu.[210] Trotz Aufsichtsratsermessens könnte das Verhältnis zwischen Optionsgewährung als Bezug im Sinne von § 87 Abs. 1 S. 1 AktG und anvertrauten Aufgaben des Vorstandsmitglieds jedenfalls dann unangemessen sein, wenn das Vorstandsmitglied im Rahmen des Optionsprogramms überhaupt nicht von der Erfüllung der ihm anvertrauten Aufgaben profitiert, sondern von der Aufgabenerfüllung anderer.

Zu den Aufgaben des Vorstands gehört als Teil seiner Leitungsaufgaben auch die Berücksichtigung der Interessen der Aktionäre;[211] dies gilt für ein Vorstandsmitglied jedenfalls dann, wenn die Gesellschaft ein Optionsprogramm auflegt, um eine entsprechende Anreizwirkung im Sinne einer Steigerung des „Shareholder Value" zu erzielen. Werden Vorstandsmitgliedern Optionen gewährt, müssen sich daher zum einen der Umfang der Optionsausgabe und die Höhe der Optionsgebühr für jedes einzelne Vorstandsmitglied gemäß § 87 Abs. 1 S. 1 AktG im Rahmen des Angemessenen halten.[212] Zum anderen müssen die letztlich realisierten Vorteile aus dem Optionsprogramm an die Aufgaben des Vorstandsmitglieds anknüpfen. Ähnlich wie bei der Interessenabwägung nach § 84 Abs. 1 S. 5 AktG bzw. im Rahmen der Beschlusskontrolle gilt, dass in Abhängigkeit von den Zielen und der Ausgestaltung des Optionsprogramms zu den Aufgaben des bezugsberechtigten Vorstandsmitglieds nicht die Steigerung des „Shareholder Value" als solche, sondern eine möglichst nachhaltige Steigerung u.U. gerade auch über die Beendigung des Anstellungsverhältnisses hinaus gehören kann. Allerdings spricht auch mit wachsendem Abstand

---

209 Hefermehl/Spindler in: Münchener Kommentar zum Aktiengesetz, § 87 Rn. 8.

210 Eggert, S. 333; Hüffer, § 87 Rn. 1.

211 Kort in: Großkommentar zum Aktiengesetz, § 76 Rn. 54; Hüffer, § 76 Rn. 12; Mertens in: Kölner Kommentar, § 76 Rn. 16; auch anhand von § 161 AktG i.V.m. Ziffer 4.2.3. des Deutschen Corporate Governance Kodex wird deutlich, dass eine Steigerung des „Shareholder Value" zu den Aufgaben des Vorstands gehört. Die Regelung verknüpft das Interesse der Gesellschaft an einer Steigerung des „Shareholder Value" mit der Vorstandsvergütung: Die Vergütung der Vorstandsmitglieder soll grundsätzlich sowohl feste als auch variable Bestandteile mit langfristiger Anreizwirkung umfassen, insbesondere Aktienoptionen.

212 Engelsing, S. 38 f.; Wulff, S. 19 ff; gegen die Festsetzung einer Vergütungsobergrenze zur Wahrung der Angemessenheit spricht sich Eggert, S. 333, aus, da sich andernfalls eine überdurchschnittliche Aktienkurssteigerung für das Vorstandsmitglied nicht lohnen würde und es in seiner Motivation hemmen könnte.

zwischen Beendigung des Anstellungsverhältnisses und Optionsausübung umso mehr dafür, dass die dem Vorstand mit Optionsausübung zufließenden Vorteile nicht mehr in einem angemessenen Verhältnis zu den ihm ursprünglich übertragenen Aufgaben stehen. Etwas anderes mag wieder gelten, wenn die Erfolgsziele an eine vorherige Tätigkeit des Vorstandsmitglieds anknüpfen, deren Auswirkungen sich erst eine längere Zeit nach Beendigung des Anstellungsverhältnisses überhaupt zeigen können. Welche Vergütungsgestaltung im Rahmen des Angemessenen liegt, ist einzelfallspezifisch zu beurteilen und entzieht sich daher einer pauschalen Festlegung[213] – auch bei optionsbezogenen Verfallklauseln.

Auch § 87 Abs. 1 S. 1 AktG erfordert daher nicht generell die Vereinbarung von Verfallklauseln. Zwar kann im Einzelfall – abhängig u.a. von den Zielen und der Dauer des Optionsprogramms sowie den gewählten Ausübungshürden – eine Optionsgewährung über die Beendigung von Amtszeit und Anstellungsverhältnis hinaus unangemessen im Sinne von § 87 Abs. 1 S. 1 AktG sein. Allgemeingültig lässt sich aus § 87 Abs. 1 S. 1 AktG jedoch nicht die Notwendigkeit und damit Zulässigkeit von Verfallklauseln ableiten.[214]

3. Optionsverfall und Mitgliedschaft

Aktienrechtliche Wirksamkeitsprobleme für optionsbezogene Verfallklauseln ergeben sich möglicherweise auch daraus, dass die Aktiengesellschaft zukünftige Mitarbeiteraktionäre anders behandelt als die übrigen zukünftigen Aktionäre. Mitarbeitern werden im Zusammenhang mit dem Aktienerwerb besondere Anreize geboten, sich im Vorfeld des Erwerbs in bestimmter Weise zu verhalten.

---

213 Eggert, S. 333.

214 Ähnlich wie der Aufsichtsrat im Rahmen von § 87 Abs. 1 AktG hat auch der Vorstand bei der Gestaltung der Mitarbeitervergütung als Leitungsaufgabe nach § 76 AktG die Sorgfalt eines ordentlichen und gewissenhaften Geschäftsleiters gemäß § 93 Abs. 1 AktG einzuhalten. Dem Vorstand kommen jedoch bei der Leitung der Geschäfte ein weiter Beurteilungsspielraum und ein eigenes unternehmerisches Ermessen zu. Aus den im Rahmen der Prüfung von § 87 Abs. 1 AktG bereits relevanten Gründen lassen sich auch aus § 93 Abs. 1 AktG keine allgemeingültigen Regeln für die Vereinbarung von Verfallklauseln bei der Optionsgewährung an Mitarbeiter „unterhalb" der Vorstandsebene ableiten. Im Einzelfall kann zwar – abhängig u.a. von den Zielen und der Dauer des Optionsprogramms, den gewählten Ausübungshürden und dem Umfang der eingeräumten Optionen – eine Optionsgewährung über die Beendigung des Anstellungsverhältnisses hinaus einen Pflichtverstoß im Sinne von § 93 Abs. 1 S. 1 AktG darstellen. Im Sinne einer nachhaltigen Mitarbeitermotivation, zur Belohnung der bisherigen Betriebstreue oder eines „allgemeinen Wohlverhaltens" kann aber auch eine Optionsgewährung ohne Verfall bei Beendigung des Anstellungsverhältnisses vom unternehmerischen Ermessen gedeckt sein.

Betreffen spezielle Regelungen nur einen bestimmten Kreis der Aktionäre, ist die aktienrechtliche Problematik der Sonderbehandlung augenfällig. Denkbar ist jedoch auch, dass an die Mitgliedschaft geknüpfte Fragen bereits im Vorfeld des Aktienerwerbs virulent werden.

a) Keine direkte Anwendung der aktienrechtlichen Vorschriften

Die Bindung der Mitarbeiter an eine oft mehrjährige optionsbezogene Verfallfrist könnte gegen den aktienrechtlichen Gleichbehandlungsgrundsatz gemäß § 53 a AktG und gegen das aus §§ 54, 55 AktG ableitbare Verbot der Begründung weiterer Pflichten verstoßen. Das Verhalten des zukünftigen Mitarbeiteraktionärs, das dieser im Rahmen seines Anstellungsverhältnisses zeigt, löst bestimmte Folgen für den Erwerb der Mitgliedschaft aus. Sein anstellungsbezogenes Verhalten bestimmt, ob er durch Ausübung der Option Aktionär werden kann oder nicht.

Die §§ 53 a, 54, 55 AktG stehen im Dritten Teil des Ersten Buches des Aktiengesetzes, der die Rechtsverhältnisse der Gesellschaft und der Gesellschafter regelt. Die Systematik spricht dagegen, die Vorschriften bereits im unmittelbaren Vorfeld der Mitgliedschaft anzuwenden: Wie die in den übrigen Vorschriften des Dritten Teils geregelten Rechte und Pflichten setzt die Geltung der §§ 53 a, 54, 55 AktG die Stellung als Gesellschafter voraus. Auch dem Wortlaut nach scheidet eine direkte Anwendung der Vorschriften auf optionsbezogene Verfallklauseln aus. Optionsbezogene Verfallklauseln betreffen nicht den Mitarbeiter in seiner Stellung als Aktionär, sondern als (noch) außenstehenden Dritten, als Inhaber eines unter bestimmten Voraussetzungen ausübbaren Rechts, Aktien zu erwerben. Erst wenn er die Aktionärsstellung erlangt hat, finden die §§ 53 a, 54, 55 AktG Anwendung. Ist er jedoch erst einmal Aktionär, ist die optionsbezogene Verfallklausel für ihn nicht mehr relevant.

b) Entsprechende Anwendung der aktienrechtlichen Vorschriften auf die Option als Anwartschaftsrecht?

Denkbar ist eine entsprechende Anwendung der §§ 53 a, 54, 55 AktG auf das Optionsverhältnis als Rechtsverhältnis im unmittelbaren Vorfeld des Aktienerwerbs. Eine entsprechende Anwendung der Vorschriften kommt in Betracht, wenn die Einräumung einer Option auf Aktien dem Mitarbeiter ein Anwartschaftsrecht auf den Erwerb der Mitgliedschaft verleiht.

aa) Definition des Anwartschaftsrechts

Rechtsprechung und Literatur beschreiben mit dem Begriff des Anwartschaftsrechts eine bestimmte Position eines Rechtserwerbers im Verlauf eines sich in mehreren Schritten vollziehenden Rechtserwerbs: Die Position des Anwartschaftsberechtigten ist bereits so weit gesichert, dass der andere, der an der Entstehung des Rechts beteiligt ist, den Rechtserwerb nicht mehr einseitig verhindern kann.[215] Rechtsprechung und Literatur kennzeichnen das Anwartschaftsrecht als „wesensgleiches Minus" zum „Vollrecht" und wenden auf das Anwartschaftsrecht grundsätzlich die Vorschriften über das korrespondierende „Vollrecht" an, soweit sich diese nach Sinn und Zweck übertragen lassen.[216]

Das Anwartschaftsrecht ist von dem in der Literatur ebenfalls geprägten Begriff der Anwartschaft abzugrenzen. Die Anwartschaft stellt in rechtlicher Hinsicht wiederum ein „Minus" zum Anwartschaftsrecht dar. Sie beschreibt einen schuldrechtlichen Verschaffungsanspruch, eine mehr oder weniger gesicherte Aussicht auf den Anfall eines subjektiven Rechts. Die Erwerbsaussicht beruht regelmäßig darauf, dass der Tatbestand des Rechtserwerbs schon teilweise verwirklicht ist und seine Vollendung nach dem gewöhnlichen Lauf der Dinge mit einiger Wahrscheinlichkeit erwartet werden kann.[217] Bei der Anwartschaft handelt es sich nach allgemeiner Ansicht noch nicht um eine besondere, dem „Vollrecht" vergleichbare Rechtsposition, die eine entsprechende Anwendung der für das „Vollrecht" einschlägigen Normen rechtfertigen könnte.

bb) Optionsvereinbarung als wesentlicher Erwerbsschritt?

Auf den ersten Blick mag sich die Aktienoption eines Mitarbeiters als gesicherte Erwerbsposition darstellen: Der Optionsberechtigte kann einseitig bestimmen, ob und wann er gegen Zahlung eines bestimmten Bezugspreises eine im voraus festgelegte Anzahl von Aktien vom Optionsverpflichteten erwirbt. Die Voraussetzungen für die Ausübung der Option, insbesondere das Erreichen der Erfolgsziele, sind nicht ohne weiteres einseitig von der Aktiengesellschaft beeinflussbar. Im Hinblick auf das mit einem Aktienoptionsprogramm verfolgte Hauptanliegen der Gesellschaft, Motivation und Leistung der Mitarbeiter langfristig zu steigern, wäre es auch sinnwidrig, wenn die Gesellschaft durch einsei-

---

215 RGZ 140, 223, 229; BGHZ 28, 16, 21; 49, 197, 201; 83, 395, 399; BVerwGE 122, 335, 339; Staudinger/Bork, Vorbem zu §§ 158 ff Rn. 53; Larenz/Wolf, § 15 Rn. 124 f. mwN.

216 BGHZ 49, 197, 202; 83, 395, 399; Palandt/Heinrichs, Einf v § 158 Rn. 9; Larenz/Wolf, § 15 Rn. 126; Staudinger/Bork, Vorbem. zu §§ 158 Rn. 68, 56.

217 Staudinger/Bork, Vorbem. zu §§ 158 Rn. 54; Larenz/Wolf, § 15 Rn. 123.

tiges Handeln die Möglichkeit des Aktienerwerbs noch nach Einräumen der Option beeinflussen bzw. verhindern könnte. Vielmehr basieren Einführung und Bedeutung von Aktienoptionsprogrammen gerade auf der Prämisse, dass die bezugsberechtigten Mitarbeiter die Erfüllung der Ausübungsvoraussetzungen (mit-)beeinflussen können.

Aus diesem Grund ist nachvollziehbar, dass einige Stimmen in der Literatur die Option als Anwartschaftsrecht auf die aktienrechtliche Mitgliedschaft einstufen. Zumindest im Rahmen der bedingten Kapitalerhöhung folgt dies für *Martens* aus der Nichtigkeit gemäß § 192 Abs. 4 AktG von Hauptversammlungsbeschlüssen, die auf die einseitige Aufhebung der Optionen zielten.[218] Im Übrigen stelle die noch durchzuführende Übereignung der Aktien angesichts des Zeichnungsvertrages, der bereits alle Erwerbsmodalitäten genau regle, lediglich einen Formalakt dar.[219] Auch *Lück* qualifiziert den Inhaber einer Option als Anwartschaftsberechtigten und grenzt ihn dadurch vom Inhaber eines Bezugsrechts ab, der lediglich Gläubiger eines schuldrechtlichen Anspruchs sei.[220] Etwas vorsichtiger drücken sich *Koch* und *Zitzewitz* aus, die die Stellung des Inhabers einer Option lediglich als „Anwartschaft" auf die Gesellschafterstellung bezeichnen, welche *Koch* allerdings als „unentziehbar" bewertet.[221] Auch *Feddersen*[222], *Tappert*[223], *Sauter/Babel*[224] und *Urban-Crell/Manger*[225] qualifizieren die Aktienoption eines Mitarbeiters als Anwartschaft auf den Bezug von Aktien bzw. als „werdende Gesellschafterrechte".

Der Bundesgerichtshof hat bisher die Frage, ob ein Recht zum Bezug von Aktien ein Anwartschaftsrecht verleiht, ausdrücklich offen gelassen.[226] Weitergehend hat sich der Bundesfinanzhof festgelegt: Im Hinblick auf rechtsgeschäftlich eingeräumte Bezugsrechte im Sinne von § 187 Abs. 1 AktG hat er festgestellt, dass dem Zeichner auch nach Abschluss des Zeichnungsvertrages noch kein Anwartschaftsrecht auf den späteren Erwerb der Mitgliedschaft zustehe.[227] In Bezug auf vergütungshalber gewährte Aktienoptionen, deren Ausübung erst

218 Martens, AG 1989, 69, 73; derselbe, AG 1992, 209, 212.
219 Martens, AG 1989, 69, 73, Fn. 22; derselbe, AG 1992, 209, 212; ähnlich auch Holzheimer, WM 1986, 1169.
220 Lück, S. 126 f.
221 Koch, BB 1986, Beilage 10, S. 1, 4; Zitzewitz, S. 222.
222 Feddersen, ZHR (161) 1997, 269, 278.
223 Tappert, NZA 2002, 1188, 1193, Fn. 66.
224 Sauter/Babel in: Handbuch Stock Options, D II Rn. 75.
225 Urban-Crell/Manger, NJW 2004, 125, 128.
226 BGHZ 122, 180, 191.
227 BFHE 145, 437, 439.

den Zeichnungsvertrag zustande bringt, hat der Bundesfinanzhof eine ähnliche Formulierung gewählt: Ohne ausdrücklich ein Anwartschaftsrecht abzulehnen, spricht er von einer bloßen „Chance“ oder von einer „Anwartschaft“, die durch die Einräumung einer Aktienoption entstehe.[228]

Die Ausführungen des Bundesfinanzhofs stehen mit den Vorschriften des Aktiengesetzes im Einklang. Dies gilt unabhängig von der gewählten Modalität der Kapitalbeschaffung und der konkreten Ausgestaltung der Aktienoption als Option im eigentlichen zivilrechtlichen Sinn oder als vorvertraglicher Anspruch auf Abschluss des Hauptvertrages.

cc) Keine gesicherte Erwerbsposition im Fall der genehmigten und der ordentlichen Kapitalerhöhung gegen Einlagen

(1) Keine Pflicht zur Kapitalerhöhung

Im Fall der ordentlichen oder genehmigten Kapitalerhöhung stehen die Vorschriften des Aktiengesetzes der Annahme eines Anwartschaftsrechts entgegen: Die §§ 187 Abs. 2, 203 Abs. 1 AktG stellen die Gesellschaft – trotz einer Zusicherung über den Bezug von Aktien – ausdrücklich von der Pflicht frei, ihr Grundkapital zu erhöhen und den Bezugsberechtigten Aktien zuzuweisen, solange nicht über die Erhöhung des Grundkapitals beschlossen worden bzw. der Vorstand nicht kraft Satzung zur Erhöhung des Kapitals ermächtigt ist. Umstritten ist zwar, ob Zusicherungen über Bezugsrechte, die im Widerspruch zu § 187 Abs. 2 AktG gemacht wurden, unheilbar nichtig oder lediglich schwebend unwirksam sind.[229] Zumindest hat der Optionsberechtigte vor einem Hauptversammlungsbeschluss bzw. einer Ermächtigung des Vorstandes keinen durchsetzbaren Anspruch auf Durchführung der Kapitalerhöhung. Dieser Gesichtspunkt spricht gegen die Annahme eines Anwartschaftsrechts.[230]

Nach *Friedrichsen*[231] und *Lück*[232] könne von einer Aktienoption allerdings erst dann gesprochen werden, wenn die Ausübung unmittelbar zum Vertragsschluss führe. Daher sei zumindest gleichzeitig mit Optionseinräumung ein Beschluss über die Kapitalerhöhung bzw. die Ermächtigung des Vorstands, den Bezugsrechtsausschluss sowie die Unabänderlichkeit der Durchführung der Kapitaler-

228 BFHE 195, 102, 106.
229 Vgl. oben Erster Teil E. II. 1. a)
230 Dierks, S. 57.
231 Friedrichsen, S. 8.
232 Lück, S. 122.

höhung erforderlich.[233] Legt man eine derartig strenge Begriffsbestimmung der Aktienoption zugrunde, sprechen die §§ 187 Abs. 2, 203 Abs. 1 AktG in der Tat nicht mehr gegen die Annahme eines Anwartschaftsrechts. Allerdings fordert der allgemeine zivilrechtliche Begriff der Option nicht, dass die Optionsausübung sämtliche Wirksamkeitsvoraussetzungen des (Haupt-)Vertrages voraussetzt. Die Optionsausübung hat lediglich Auswirkungen auf die vertragliche Einigung: Je nach dogmatischem Erklärungsansatz begründet die Ausübung der Option die Verpflichtung des Vertragspartners zur Abgabe einer bestimmten Willenserklärung, stellt die Annahme eines Angebots innerhalb der Bindungsfrist dar, macht eine weitere korrespondierende Willenserklärung gänzlich überflüssig oder führt gemäß § 158 Abs. 1 BGB zur Wirksamkeit des Rechtsgeschäfts, soweit diese von den Parteien beeinflusst werden kann.[234] Nach diesen Begründungsansätzen ist es durchaus möglich, dass allein die Ausübung der Option die Gesellschaft noch nicht zur Übertragung der Aktien verpflichtet, wenn zusätzlich zur Einigung weitere Wirksamkeitsvoraussetzungen hinzutreten müssen.

(2) Option unter Vorbehalt der Ausübung der gesetzlichen Bezugsrechte

Gegen die Qualifizierung der Option als Anwartschaftsrecht auf den Erwerb der Mitgliedschaft spricht außerdem das gesetzliche Bezugsrecht der Altaktionäre: Im Rahmen einer ordentlichen oder genehmigten Kapitalerhöhung geht das gesetzliche Bezugsrecht der Altaktionäre gemäß §§ 186 Abs. 1, 203 Abs. 1 AktG grundsätzlich einem rechtsgeschäftlich eingeräumten Bezugsrecht vor, soweit es nicht wirksam ausgeschlossen ist. Wird ein rechtsgeschäftliches Bezugsrecht vor Ausschluss des gesetzlichen Bezugsrechts eingeräumt, steht es daher unter dem Vorbehalt, dass die Altaktionäre ihr Bezugsrecht nicht ausüben.[235] Ob die optionsberechtigten Mitarbeiter überhaupt junge Aktien beziehen können, hängt in diesem Fall daher nicht allein von ihrem Verhalten, sondern auch von dem der Altaktionäre ab.

(3) Kapitalerhöhung erst mit Handelsregistereintragung

Selbst wenn über die Erhöhung des Grundkapitals beschlossen bzw. der Vorstand zur Erhöhung des Kapitals ermächtigt worden ist und die gesetzlichen Bezugsrechte ausgeschlossen sind, hängt der Aktienerwerb durch die bezugsberechtigten Mitarbeiter noch von weiteren Handlungen der Gesellschaft ab: Ge-

---

233 Friedrichsen, S. 10.
234 Vgl. oben Erster Teil B.
235 Lutter in: Kölner Kommentar, § 187 Rn. 19.

mäß §§ 189, 191, 202 Abs. 1, 203 Abs. 1 AktG wird die ordentliche bzw. genehmigte Kapitalerhöhung erst mit Eintragung der Durchführung der Kapitalerhöhung in das Handelsregister wirksam. Nach überwiegender Ansicht folgt aus diesen Vorschriften, dass der Anspruch auf Übertragung von Aktien durch die Durchführung der Kapitalerhöhung und deren Eintragung ins Handelsregister aufschiebend bedingt ist. Bis zur Eintragung hat der Zeichner daher keinen durchsetzbaren Anspruch;[236] ein Anwartschaftsrecht besteht nicht.[237] Vielmehr ist der Aktienerwerb noch von weiteren Zwischenschritten abhängig, die allein von der Aktiengesellschaft vorzunehmen sind. Zwar wird derjenige, der sein Bezugsrecht ausgeübt hat, mit Kapitalerhöhung und Eintragung ins Handelsregister ohne weiteres Aktionär.[238] Die Eintragung ins Handelsregister setzt allerdings einen Antrag voraus, der nur von der Gesellschaft, gemäß § 188 Abs. 1 AktG vertreten durch den Vorstand und den Vorsitzenden des Aufsichtsrats, gestellt werden kann.

dd) Keine gesicherte Erwerbsposition im Fall der bedingten Kapitalerhöhung

Ähnlich wie bei der genehmigten und der ordentlichen Kapitalerhöhung ist die Rechtslage im Fall der bedingten Kapitalerhöhung: Ein Anspruch des Bezugsberechtigten auf Ausgabe der Aktien entsteht vor Eintragung des Hauptversammlungsbeschlusses in das Handelsregister gemäß § 197 S. 2 AktG nicht. Der Antrag auf Eintragung kann nur von der Gesellschaft, vertreten durch den Vorstand und den Vorsitzenden des Aufsichtsrates gemäß § 195 Abs. 1 AktG, gestellt werden.

Selbst nach Eintragung des Erhöhungsbeschlusses in das Handelsregister stellt die Option noch nicht eine der Gesellschaft gegenüber unabhängige, verfestigte Erwerbsposition dar: In § 200 AktG wird die Wirksamkeit der bedingten Kapitalerhöhung an die Ausgabe der Aktien durch die Gesellschaft geknüpft; die Ausgabe hat konstitutive Wirkung für die Mitgliedschaft.[239] Nach herrschender Ansicht bedeutet der Begriff „Ausgabe“ im Sinne von § 200 AktG Übergabe

236 Lutter in: Kölner Kommentar, § 187 Rn. 15; derselbe in: Festschrift für Schilling, S. 228 f.; Hefermehl/Bungeroth in: Geßler/Hefermehl, § 187 Rn. 24; Krieger in: Münchener Handbuch des Gesellschaftsrechts, Band 4, § 56 Rn. 100; a.A. von Godin/Wilhelmi, § 187 Anm. 3.

237 Dierks, S. 142; vgl. auch BFHE 145, 437, 439.

238 BGHZ 122, 180, 194; Lutter in: Kölner Kommentar, § 189 Rn. 4.

239 Wulff, S. 35.

der Aktienurkunde unter Abschluss eines Begebungsvertrages.[240] Zum Teil wird vom Erfordernis der Verbriefung des Mitgliedsrechts abgesehen und für die Ausgabe nach § 200 AktG eine „irgendwie geartete Zuteilung der Anteilsrechte" als ausreichend angesehen.[241] Jedoch hängt auch nach diesem Ansatz die Entstehung des Mitgliedsrechts letztlich von einem Mitwirkungsakt der Gesellschaft ab. Erst wenn die Aktiengesellschaft diesen Mitwirkungsakt mit Ausgabe der neuen Aktien vorgenommen hat, werden die Mitarbeiter, die ihre Optionen ausgeübt haben, Aktionäre. Im Fall der bedingten Kapitalerhöhung ist der Erwerb der Mitgliedschaft demnach trotz Einräumung und Ausübung der Optionen noch von weiteren Schritten abhängig, die allein von der Gesellschaft vorgenommen werden können.[242]

ee) Keine gesicherte Erwerbsposition im Fall des Erwerbs eigener Aktien

Auch im Fall der Bedienung von Aktienoptionsprogrammen mit zuvor von der Gesellschaft erworbenen Aktien nach § 71 Abs. 1 Nr. 2, 8 AktG wird durch die Einräumung einer Option kein Anwartschaftsrecht auf die aktienrechtliche Mitgliedschaft begründet.

Unabhängig davon, wie Einräumung und Ausübung einer Option auf Aktien dogmatisch bewertet werden, besteht Einigkeit darüber, dass es sich hierbei nicht um Rechtsgeschäfte mit dinglicher Wirkung handelt.[243] Für den Erwerb der Mitgliedschaft ist zusätzlich die Übertragung der nach § 71 AktG erworbenen Aktien als wesentlicher Zwischenschritt erforderlich. Entgegen der von *Martens* und *Holzheimer* vertretenen Auffassung[244] stellt die Übertragung im Hinblick auf die Vollendung des Aktienerwerbs nicht lediglich einen zu vernachlässigenden „Formalakt" dar. Setzt der Rechtserwerb die Vornahme mehrerer Rechtsgeschäfte oder eines mehraktigen Rechtsgeschäfts voraus, ist für die Annahme einer rechtlich abgesicherten Erwerbsposition wesentlich, dass alle Schritte des Rechtserwerbs bereits verwirklicht sind und nicht einseitig durch

---

240 Bungeroth in: Geßler/Hefermehl, § 200 Rn. 4; Lutter in: Kölner Kommentar, § 200 Rn. 3; von Godin/Wilhelmi, § 200 Anm. 2; Schilling in: Großkommentar zum Aktiengesetz, § 200 Rn. 1; Hüffer, § 200 Rn. 2.

241 Baumbach/Hueck, Kommentar zum Aktiengesetz, § 200 Rn. 2; das Erfordernis einer Verbriefung bezweifelt auch Krieger in: Münchener Handbuch des Gesellschaftsrechts, § 57 Rn. 35.

242 Vgl. auch Dierks, S. 142.

243 Vgl. Lutter in: Kölner Kommentar, § 197 Rn. 5; § 221 Rn. 7; Palandt/Heinrichs, Einf. v. § 145 Rn. 23; Kramer in: Münchener Kommentar zum BGB, Vor § 145 Rn. 50 ff.

244 Vgl. oben Zweiter Teil II. 3. b) bb).

den Veräußerer wieder rückgängig gemacht werden können.[245] Das Aktienrecht weist keine Besonderheiten auf, die eine von den allgemeinen Grundsätzen abweichende Beurteilung rechtfertigen würden. Die Gesellschaft ist bis zum Zeitpunkt der Übertragung rechtlich nicht daran gehindert, die von ihr erworbenen Aktien nicht an den optionsberechtigten Mitarbeiter, sondern anderweitig wirksam zu übertragen. Auch eine Einziehung der Aktien ist der Gesellschaft jederzeit unter Beachtung der Voraussetzungen der §§ 237 ff. AktG möglich.

Die Option stellt damit – unabhängig von der Art der Kapitalbeschaffung und der Rechtsnatur der Option – keine gefestigte, vom Verhalten der Gesellschaft unabhängige Erwerbsposition dar. Eine entsprechende Anwendung der §§ 53 a, 54, 55 AktG auf die Option scheidet zumindest nach den von Rechtsprechung und Literatur zum Anwartschaftsrecht entwickelten Grundsätzen aus.

c) Entsprechende Anwendung der aktienrechtlichen Vorschriften zur Verhinderung einer Gesetzesumgehung?

Eine Anwendung der §§ 53 a, 54, 55 AktG auf die Stellung des Optionsberechtigten ist unter dem Gesichtspunkt der Gesetzesumgehung denkbar.

aa) Allgemeine Voraussetzungen und Rechtsfolgen eines Umgehungsgeschäftes

Das Verbot von Umgehungsgeschäften ist als allgemeiner Rechtsgrundsatz in Rechtsprechung und Literatur anerkannt.[246] Nach diesem Grundsatz kann ein Rechtsgeschäft auch dann nichtig sein, wenn es zwar nicht unmittelbar gegen eine Verbotsnorm verstößt, aber letztlich denselben Erfolg bewirkt wie das unmittelbar verbotene Rechtsgeschäft. Entscheidend ist der Zweck der betroffenen Verbotsnorm: Soll die Norm nur die Vornahme eines Rechtsgeschäfts bestimmter Art oder in bestimmter Ausführung verhindern, nicht aber einen rechtlichen oder wirtschaftlichen Erfolg als solchen vereiteln, ist das Rechtsgeschäft unbedenklich, das denselben Erfolg herbeiführt, jedoch auf andere Art und Weise.[247]

---

245 Vgl. zum Anwartschaftsrecht des Eigentumsvorbehaltskäufers, des Sicherungsgebers, des Grundstückskäufers und des Hypothekengläubigers Staudinger/Bork, Vorbem. zu §§ 158 ff. Rn. 58 f; die Vornahme mehrerer Rechtsgeschäfte bzw. eines mehraktigen Rechtsgeschäfts ist z.B. nicht Voraussetzung des Rechtserwerbs des Nacherben; sein Anwartschaftsrecht entsteht bereits mit dem Erbfall.

246 RGZ 155, 138, 146; BGH LM Nr. 19 zu § 134 BGB; BAGE 10, 65, 70; Mayer-Maly/Armbrüster in: Münchener Kommentar zum BGB; § 134 Rn. 11 ff.; Staudinger/Sack, § 134 Rn. 144 ff.

247 RG 155, 138, 146; BGH LM Nr. 19 zu § 134 BGB.

Nichtig ist hingegen ein Geschäft, das einen umfassend untersagten Erfolg durch rechtliche Gestaltungsmöglichkeiten zu erreichen sucht, die nicht ausdrücklich von der Verbotsnorm erfasst sind.[248] Die Rechtsfolge der Nichtigkeit hängt nach herrschender Auffassung nicht davon ab, ob die Parteien gerade die Absicht verfolgen, das Gesetz zu umgehen.[249] Umstritten ist allerdings, ob sich die Nichtigkeit des Umgehungsgeschäfts durch eine „zweckgerichtete", extensive Auslegung der maßgeblichen Verbotsnorm,[250] durch Analogie,[251] gemäß § 138 BGB[252] oder als Folge eines Rechtsinstituts eigener Art[253] ergibt.

Auch im Aktienrecht findet der Umgehungsgrundsatz Anwendung: Als Umgehung des in § 57 Abs. 1 S. 1 AktG normierten Verbots der Einlagenrückgewähr sind z.B. solche Leistungen der Aktiengesellschaft an einen Nichtaktionär unzulässig, die im Ergebnis als Zuwendungen an einen ihrer Aktionäre anzusehen sind.[254] Ein weiteres Beispiel dafür, dass auch im Aktienrecht das Verbot von Umgehungsgeschäften eingreift, ist § 71 a AktG: Die Vorschrift untersagt die Vornahme von Rechtsgeschäften, mit denen die strengen Voraussetzungen für den Erwerb eigener Aktien durch die Gesellschaft gemäß § 71 AktG umgangen werden könnten.

Im Hinblick auf optionsbezogene Verfallklauseln kommt insbesondere eine Umgehung der §§ 53 a, 54, 55 AktG in Betracht. Für die Beurteilung einer unzulässigen Umgehung ist der Zweck der Vorschriften entscheidend.

bb) Zweck der §§ 53 a, 54, 55 AktG

Die Rechtsstellung des Aktionärs ist dadurch gekennzeichnet, dass ihm der wirtschaftliche Erfolg aus der unternehmerischen Tätigkeit der Gesellschaft zukommt, ohne dass er ein umfassendes wirtschaftliches Risiko eingehen muss. Sein wirtschaftliches Risiko ist gemäß §§ 54, 55 AktG auf die Einlage be-

---

248 RG 155, 138, 146; BGH LM Nr. 19 zu § 134 BGB; BAGE 10, 65, 70.

249 BAGE 10, 65, 70; BGHZ 110, 230, 234 mwN zur Rechtsprechung; Staudinger/Sack, § 134 Rn. 145; Soergel/Hefermehl, § 134 Rn. 40, Palandt/Heinrichs, § 134 Rn. 28, differenzierend Larenz/Wolf, § 40 Rn. 30; ablehnend Mayer-Maly/Armbrüster in: Münchener Kommentar zum BGB, § 134 Rn. 18.

250 BGHZ 110, 47, 53 ff.; Medicus, Allgemeiner Teil des BGB, Rn. 660; Flume AT I/2, § 17 5; Soergel/Hefermehl, § 134 Rn. 37, 41.

251 Erman/Palm, § 134 Rn. 18.

252 BGH LM Nr. 56 zu § 134 BGB; RGZ 63, 143, 145.

253 Mayer-Maly/Armbrüster in: Münchener Kommentar zum BGB, § 134 Rn. 16.

254 BGH WM 1957, 61; OLG Hamburg AG 1980, 275, 278; Bayer in: Münchener Kommentar zum Aktiengesetz, § 57 Rn. 50 ff.

grenzt.[255] Eine Nachschusspflicht des Aktionärs besteht nicht und kann – wegen § 23 Abs. 5 AktG – auch nicht durch Mehrheitsbeschluss der Hauptversammlung nachträglich herbeigeführt werden. Die §§ 54, 55 AktG verhindern grundsätzlich, dass dem Aktionär allein aufgrund des Erwerbs der Mitgliedschaft zusätzliche Pflichten aufgedrängt werden, die er nur durch Rückgriff auf sein übriges Vermögen erfüllen kann. Auch der erst nach Gründung der Aktiengesellschaft beitretende Aktionär kann darauf vertrauen, nur im beschränkten Umfang verpflichtet zu werden. Denn besondere korporative Pflichten sind nur ausnahmsweise unter den strengen Voraussetzungen des § 55 AktG zulässig und müssen zudem in der Satzung ausdrücklich geregelt sein.

Wie die §§ 54, 55 AktG ist auch § 53 a AktG eine Vorschrift, die dem Schutz des Aktionärs dient, speziell seiner mitgliedschaftlichen Vermögens- und Mitverwaltungsrechte:[256] § 53 a AktG sichert Bestand und Inhalt der Mitgliedschaft vor ungleicher Beeinträchtigung durch die innerverbandlichen Entscheidungsträger.[257]

cc) Keine unzulässige Umgehung bei Leistungspflichten im Vorfeld des Aktienerwerbs

Zwar darf die Aktiengesellschaft gemäß §§ 54, 55 AktG den Aktionären zusätzlich zur Einlagepflicht keine mitgliedschaftlichen Pflichten auferlegen; die §§ 54, 55 AktG enthalten jedoch kein umfassendes Verbot sämtlicher zusätzlicher Pflichten der Aktionäre: Schuldrechtliche Vereinbarungen können grundsätzlich beliebig getroffen werden.[258] Allerdings dürfen die Aktionäre nicht mit korporationsrechtlichen Mitteln zu zusätzlichen schuldrechtlichen Leistungen gezwungen werden.[259] Insbesondere stellt es eine Umgehung der §§ 54, 55 AktG dar, wenn der Aktionär wirtschaftliche Nachteile im Rahmen seiner Mitgliedschaft nur dann vermeiden kann, wenn er zusätzliche schuldrechtliche Verpflichtungen eingeht.[260]

---

255 Lutter/Zöllner in: Kölner Kommentar, Vorb. § 53 a Rn. 8; Hüffer, § 54 Rn. 1; Henze in: Großkommentar zum Aktiengesetz, § 54 Rn. 4.

256 Lutter/Zöllner in: Kölner Kommentar, § 53 a Rn. 19.

257 Lutter/Zöllner in: Kölner Kommentar, § 53 a Rn. 7.

258 RGZ 79, 332, 335; 83, 216, 218; 84, 328, 330; Bungeroth in: Münchener Kommentar zum Aktiengesetz, § 54 Rn. 30; Lutter in: Kölner Kommentar, § 54 Rn. 21; Hüffer, § 54 Rn. 7; Henze in: Großkommentar zum Aktiengesetz, § 54 Rn. 53.

259 Bungeroth in: Münchener Kommentar zum Aktiengesetz, § 54 Rn. 30; Henze in: Großkommentar zum Aktiengesetz, § 54 Rn. 75; Lutter in: Kölner Kommentar, § 54 Rn. 21.

260 Lutter in: Kölner Kommentar, § 54 Rn. 33; Henze in: Großkommentar zum Aktiengesetz, § 54 Rn. 78.

Nun kann der Mitarbeiter den Nachteil des in der Verfallklausel angedrohten Optionsverlustes nur dann vermeiden, wenn er das Anstellungsverhältnis bis zum Ablauf der optionsbezogenen Verfallfrist fortführt und ein Verhalten zeigt, dass die Gesellschaft nicht zur Kündigung berechtigt. Einen unzulässigen Zwang durch den Einsatz korporativer Mittel kann die Verfallvereinbarung vor Erwerb der Aktien dennoch nicht auslösen. Zu diesem Zeitpunkt steht es dem Mitarbeiter frei zu entscheiden, ob es ihm wert ist, eine bestimmte Leistung für den Aktienerwerb zu erbringen. Mit mitgliedschaftlichen Mitteln kann er dazu nicht gezwungen werden. Genauso wenig werden die von § 53 a AktG geschützten mitgliedschaftlichen Vermögens- und Mitverwaltungsrechte durch Vereinbarungen im Vorfeld des Aktienbezugs berührt.

4. Ergebnis

Optionsbezogenen Verfallklauseln stehen aus aktienrechtlicher Sicht keine Hindernisse entgegen. Das Recht zum Bezug von Aktien der arbeitgebenden Gesellschaft stellt kein Anwartschaftsrecht dar, das die entsprechende Anwendung aktienrechtlicher Vorschriften rechtfertigen würde. Auch der Gedanke eines möglichen Umgehungsgeschäftes greift nicht.

B. Optionsbezogene Halteklauseln

Nicht nur optionsbezogene Verfallklauseln, sondern auch optionsbezogene Halteklauseln sind zulässig. Zwar sind optionsbezogene Halteklauseln nicht ausdrücklich in § 193 Abs. 2 Nr. 4 AktG als Inhalt des Hauptversammlungsbeschlusses verankert. Allerdings vertritt der Gesetzgeber in der Begründung zum KonTraG, dass Bezugsrechte auch ohne ausdrückliche Unübertragbarkeitsklausel aufgrund der von den Parteien regelmäßig angestrebten langfristigen Anreizwirkung zumindest nicht handelbar seien. Eine dogmatische Grundlage nennt die Gesetzesbegründung nicht; der Gesetzgeber stützt sich auf die Natur der Sache.[261]

Für die aktienrechtliche Unbedenklichkeit von optionsbezogenen Unübertragbarkeitsklauseln spricht – zumindest bei der bedingten Kapitalerhöhung – auch hier die Erstausübungsfrist: Sie ist nach dem Willen des Gesetzgebers von besonderer Bedeutung, da mit Hilfe der Frist das Verhalten der Mitarbeiter ge-

---

261 Begründung des Regierungsentwurfs zum KonTraG, BT-Drucks. 13/9712, S. 24; dagegen von Einem/Pajunk in: Achleitner/Wollmert, S. 111.

steuert werden könne.[262] Der mit der Auflage eines Optionsprogramms verbundene Zweck, das Verhalten der Mitarbeiter zu steuern und insbesondere im Sinne einer Steigerung des „Shareholder Value" zu beeinflussen, lässt sich allerdings nur erreichen, solange der Mitarbeiter tatsächlich Inhaber der Option ist.

Auch der Gesetzeszweck, den bei den Altaktionären entstehenden Verwässerungseffekt auszugleichen, lässt sich für die aktienrechtliche Zulässigkeit optionsbezogener Halteklauseln anführen. Um den bei der bedingten Kapitalerhöhung zum Nachteil der Altaktionäre eintretenden „Verwässerungseffekt" auszugleichen, räumt § 193 AktG der Hauptversammlung weitreichende Informations- und Mitbestimmungsrechte ein.[263] Die Hauptversammlung soll darüber entscheiden, ob die festzusetzenden Eckdaten des Optionsprogramms zu einer langfristigen Steigerung des „Shareholder Value" und damit zum Ausgleich der „Verwässerung" beitragen können. Können die Mitarbeiter ihre Optionen sofort übertragen, sind sie in der Regel weniger motiviert, ihre Leistung auf eine langfristige Steigerung des Unternehmenswerts auszurichten. Auch für die anderen Formen der Aktienbeschaffung lassen sich dem Aktiengesetz keine Anhaltspunkte entnehmen, die gegen die Zulässigkeit von optionsbezogenen Halteklauseln sprechen würden.

C. Aktienbezogene Halteklauseln

I. Gesellschaftsrechtlich begründete Halteklauseln

Halteklauseln sollen die Übertragung der bezogenen Aktien und die Beendigung der Mitgliedschaft für einen bestimmten Zeitraum ausschließen.[264] Da sie sich auf die Mitgliedschaft beziehen, können Halteklauseln nicht nur Gegenstand von einfachen Hauptversammlungsbeschlüssen, sondern auch Gegenstand materieller Satzungsbestimmungen sein, die sich am strengen Maßstab des § 23 Abs. 5 AktG messen lassen müssen.

1. Halteklauseln als Beendigungsregelungen im Sinne von § 39 Abs. 2 BGB

Ausdrücklich zugelassen sind Halteklauseln im Aktiengesetz nicht. Allerdings könnten sie ergänzende Regelungen i.S.v. § 23 Abs. 5 S. 2 AktG darstellen. Ei-

---

262 Begründung des Regierungsentwurfs zum KonTraG, BT-Drucks. 13/9712, S. 24.

263 Begründung des Regierungsentwurfs zum KonTraG, BT-Drucks. 13/9712, S. 24; Hüffer, § 192 Rn. 3; Zinser/Schimpfky, 3705 Rn. 38; Engelsing, S. 79.

264 Vgl. oben Erster Teil G. II. 1.

ne ergänzende Regelung i.S.v. § 23 Abs. 5 S. 2 AktG liegt insbesondere dann vor, wenn das Gesetz zwar eine Regelung enthält, diese jedoch nicht abschließend ist und ihr Gedanke durch die Satzungsbestimmung weitergeführt wird.[265] Möglich ist eine „Ergänzung" im Sinne von § 23 Abs. 5 S. 2 AktG aber auch dort, wo das Aktiengesetz einen entsprechenden Regelungsinhalt überhaupt nicht umfasst, es in seinem Schweigen jedoch nicht abschließend ist.[266]

Da die Aktiengesellschaft ihrer Struktur nach Körperschaft ist, kann zur Ausfüllung von Lücken im Aktiengesetz grundsätzlich auf die vereinsrechtlichen Bestimmungen zurückgegriffen werden. Voraussetzung eines Rückgriffs auf das Vereinsrecht zur Lückenfüllung ist, dass das Aktiengesetz keine abschließende entgegenstehende Regelung enthält.[267] Anerkannt ist beispielsweise die Anwendung von § 31 BGB als Ausdruck der Organtheorie.[268] Soweit vereinsrechtliche Vorschriften zur Lückenausfüllung und Auslegung des Aktiengesetzes entsprechende Anwendung finden, müssen sie auch wirksam als ergänzende Regelungen im Sinne von § 23 Abs. 5 AktG in der Gesellschaftssatzung vereinbart werden können.

Die durch Halteklauseln bewirkte zeitweilige Beschränkung der Beendigung der Mitgliedschaft könnte der Wirkung einer Kündigungsfrist entsprechen. Nach § 39 Abs. 2 BGB kann der Austritt eines Vereinsmitglieds für einen Zeitraum von maximal zwei Jahren durch Festlegung einer Kündigungsfrist verzögert werden. Rechtsfolge einer solchen Festlegung ist, dass das Vereinsmitglied während der satzungsmäßigen Kündigungsfrist seine Mitgliedschaft nicht wirksam beenden kann. Das Mitglied unterliegt trotz Kündigungserklärung weiterhin den Regelungen der Vereinssatzung und den Maßnahmen der Vereinsorgane. Erst mit Ablauf der Kündigungsfrist erlischt die Mitgliedschaft einschließlich aller Rechte und Pflichten.[269] Ist eine Kündigungsfrist bis zur Grenze des § 39 Abs. 2 HS. 2 BGB vereinbart, liegt eine dingliche Kündigungsbeschränkung vor, die das Recht zur Kündigung mit unmittelbarer Wirkung ausschließt.[270]

---

265 Hüffer, § 23 Rn. 37 mwN.
266 Hüffer, § 23 Rn. 37; Röhricht in: Großkommentar zum Aktiengesetz, § 23 Rn. 186.
267 Henn, § 1 Rn. 14; Heider in: Münchener Kommentar zum Aktiengesetz, § 1 Rn. 14 mwN.
268 Heider in: Münchener Kommentar zum Aktiengesetz, § 1 Rn. 18 mwN.
269 Soergel/Hadding, § 39 Rn. 8.
270 Zur Wirkungsweise einer dinglichen Kündigungsbeschränkung vgl. BAGE 8, 132, 137; Spilger in: Gemeinschaftskommentar zum KSchG, § 622 BGB Rn. 116.

Die Mitgliedschaft in einer Aktiengesellschaft kann zwar nicht wie im Verein durch Kündigung, d.h. durch einseitige Gestaltungserklärung, beendet werden. Möchte der Aktionär seine Mitgliedschaft beenden, kommt lediglich eine Veräußerung seiner Aktien in Betracht. Eine Haltefrist ist im Hinblick auf das mit ihr verfolgte Ziel allerdings einer Kündigungsfrist im Sinne von § 39 Abs. 2 BGB vergleichbar: Die Mitgliedschaft soll nicht jederzeit, sondern erst nach Ablauf einer bestimmten Frist beendet werden können. Bei entsprechender Anwendung auf die aktienrechtliche Mitgliedschaft würde die Vorschrift des § 39 Abs. 2 BGB eine bis zum Ablauf der Haltefrist sich fortlaufend verkürzende „Veräußerungsfrist" – anstelle der vereinsrechtlichen Kündigungsfrist – ermöglichen. Die Mitgliedschaft ließe sich – wie im Fall des Vereinsaustritts mit Kündigungsfrist – vor Fristablauf nicht wirksam beenden, so dass die Halteklausel als zeitliche Verfügungsbeschränkung zu werten wäre.

Im Hinblick auf eine solche „Veräußerungsfrist" ist nun aber problematisch, ob sich dem Aktiengesetz nicht eine abschließende Regelung entnehmen lässt, die einer entsprechenden Anwendung von § 39 Abs. 2 BGB entgegensteht.

2. Unzulässige Ungleichbehandlung durch Festlegung einer Halteklausel?

So könnte das in § 53 a AktG verankerte aktienrechtliche Gleichbehandlungsgebot einer entsprechenden Anwendung von § 39 Abs. 2 BGB entgegenstehen: Die Bindung der Mitarbeiteraktionäre an eine Haltezeit vor Veräußerung ihrer Aktien und Realisierung einer Wertsteigerung stellt eine Ungleichbehandlung im Verhältnis zu anderen Aktionären dar, die einer derartigen Veräußerungsbeschränkung nicht unterliegen. Diese Ungleichbehandlung könnte gegen das in § 53 a AktG normierte aktienrechtliche Gebot zur Gleichbehandlung verstoßen.[271]

a) Zulässige Differenzierungskriterien

Maßstab der Gleichbehandlung nach § 53 a AktG ist grundsätzlich die Kapitalbeteiligung der Aktionäre.[272] So sind u.a. der Anspruch auf Gewinnbeteiligung gemäß § 60 Abs. 1 AktG, das Bezugsrecht der Altaktionäre gemäß § 186 Abs. 1

---

271 Legerlotz/Laber, DStR 1999, 1658, 1663; Baeck/Diller, DB 1998, 1405, 1407, und Röller in: Küttner, Mitarbeiterbeteiligung (308) Rn. 18, qualifizieren Übertragungsbeschränkungen, die ausschließlich die Aktien von Mitarbeiteraktionären betreffen, als aktienrechtlich unzulässige Differenzierung.

272 BGHZ 70, 117, 121; Kraft in: Kölner Kommentar, § 11 Rn. 11; Bungeroth in: Münchener Kommentar zum Aktiengesetz, § 53 a Rn. 9 mwN.

S. 1 AktG, das Stimmrecht gemäß § 134 Abs. 1 S. 1 AktG sowie der Anspruch auf Beteiligung am Liquidationserlös gemäß § 271 Abs. 2 AktG nach Maßgabe der jeweiligen Kapitalbeteiligung zu beurteilen. Eine Ausnahme gilt für Hilfsrechte, die bei einer Abstufung nach dem Umfang der Kapitalbeteiligung in ihrer Effizienz beschnitten wären: Beim Auskunftsrecht nach § 131 Abs. 1 S. 1 AktG sowie beim Teilnahme- und Rederecht der Aktionäre nach § 118 Abs. 1 AktG ist eine Gleichbehandlung nach Köpfen zu praktizieren.[273]

Dass eine Differenzierung zulässig sein kann, folgt bereits aus dem Gesetzeswortlaut: § 53 a AktG verlangt nur eine Gleichbehandlung der Aktionäre „unter gleichen Voraussetzungen" und lässt damit Raum für Differenzierungen, soweit die Sachverhalte nicht vergleichbar sind. Bei der Beurteilung, ob eine Differenzierung zulässig ist, ist die Auslegung des Begriffs „unter gleichen Voraussetzungen" im Sinne von § 53 a AktG entscheidend.

Der Gesetzgeber wollte das aktienrechtliche Gleichbehandlungsgebot an die Rechtsprechung des Bundesverfassungsgerichts zu Art. 3 Abs. 1 GG anlehnen.[274] In der aktienrechtlichen Rechtsprechung und Literatur wird daher eine „Ungleichbehandlung" von Aktionären und eine Differenzierung nach Sachverhalten für zulässig erachtet, wenn sie nicht den Charakter der Willkür trage und sachlich gerechtfertigt sei.[275] Allerdings sind auch die Begriffe der sachlichen Rechtfertigung bzw. Willkür nicht wesentlich präziser als der gesetzliche Teminus der Gleichbehandlung unter gleichen Voraussetzungen.

Die vom Gesetzgeber angestrebte Anlehnung an das verfassungsrechtliche Willkürverbot vermag zumindest einige auch auf das Aktienrecht übertragbare Anhaltspunkte zu liefern: Das Bundesverfassungsgericht hält eine Differenzierung im Rahmen des in Art. 3 Abs. 1 GG verankerten allgemeinen verfassungsrechtlichen Gleichbehandlungsgrundsatzes u.a. dann für zulässig, wenn ein vernünftiger, aus der Natur der Sache sich ergebender oder sonstwie einleuchtender Grund für die Differenzierung vorliege.[276] Zwischen den verschiedenen Sachverhalten müssten Unterschiede von solcher Art und solchem Gewicht bestehen, dass sie gerade die konkrete ungleiche Behandlung rechtfertigen könn-

---

273 Bungeroth in: Münchener Kommentar zum Aktiengesetz, § 53 a Rn. 11 mwN.

274 BegrRegE Novelle 1978, BT-Drucks. 8/1678, S. 13.

275 BGHZ 33, 175, 186; 71, 40, 44; 120; 141, 150; Zöllner in: Kölner Kommentar, § 243 Rn. 147, 154; Lutter in: Kölner Kommentar, § 53 a Rn. 13; Bungeroth in: Münchener Kommentar zum Aktiengesetz, § 53 a Rn. 13 mwN.

276 BVerfGE 1, 14, 52; 49, 192, 209; 49, 260, 271; 52, 256, 262; 89, 132, 141.

ten.[277] Auch auf den Verhältnismäßigkeitsgrundsatz wird zurückgegriffen: Eine Ungleichbehandlung sei gerechtfertigt, wenn sie einen legitimen Zweck verfolge, zur Erreichung dieses Zwecks geeignet und notwendig sei und in angemessenem Verhältnis zur Bedeutung des Zwecks stehe.[278]

Trotz dieser Präzisierungen enthält § 53 a AktG letztlich unbestimmte Begriffe, die im Hinblick auf den konkreten Sachverhalt und die verbindlichen Maßstäbe der übrigen Rechtsordnung[279] wertend auszufüllen sind.

b) Beurteilung der Differenzierung anhand der gesetzlichen Wertungen

Für die Beurteilung, ob Halteklauseln für Mitarbeiteraktionäre mit § 53 a AktG vereinbar sind, lassen sich dem Aktiengesetz keine eindeutigen Vorgaben entnehmen: Zwar trägt bei einer bedingten Kapitalerhöhung und einem Eigenerwerb nach § 71 Abs. 1 Nr. 8 AktG das Erfordernis einer Wartezeit vor Optionsausübung gemäß § 193 Abs. 2 Nr. 4 AktG dem Interesse der Gesellschaft ausdrücklich Rechnung, ihre Mitarbeiter mit Hilfe der Ausgestaltung des Beteiligungsprogramms nachhaltig zur Steigerung des „Shareholder Value“ zu motivieren. Ob darüber hinaus auch das Interesse der Gesellschaft schützenswert ist, ihre Mitarbeiteraktionäre nach dem Erwerb der Aktien durch Halteklauseln zu motivieren, lässt sich dem Aktiengesetz allerdings nicht entnehmen. Zwar geht der Gesetzgeber in seiner Begründung zum KonTraG davon aus, dass Bindungsklauseln Gegenstand des Hauptversammlungsbeschlusses sein können, der zur Ausgestaltung von Optionsprogrammen nach § 193 Abs. 2 Nr. 4 AktG erforderlich ist.[280] Allerdings sind diese Ausführungen zum einen nicht im Gesetz verankert;[281] zum anderen enthalten sie keinen Hinweis zur Rechtsnatur und zum Bezugspunkt – Gesellschaftsverhältnis einerseits, Anstellungsverhältnis andererseits – möglicher Bindungsklauseln. Den Mitarbeiter auch nach Er-

---

277 BVerfGE 55, 72, 88; 60, 123, 133 f.; 76, 256, 329; 80, 109, 118; 84, 348, 359.

278 BVerfGE 63, 255; Pieroth/Schlink, § 11 III 1; Rüfner in: Bonner Kommentar zum Grundgesetz, Art. 3 Abs. 1 Rn. 97 mwN.

279 So Larenz/Canaris, Kapitel 3 3. d), und Canaris, S. 71, zur Auslegung unbestimmter Rechtsbegriffe; für eine Auslegung von Art. 3 Abs. 1 GG anhand der Maßstäbe der übrigen Rechtsordnung vgl. Rüfner in: Bonner Kommentar zum Grundgesetz, Art. 3 Abs. 1 Rn. 46 ff.

280 Begründung des Regierungsentwurfs zum KonTraG, BT-Drucks. 13/9712, S. 24.

281 Im Rahmen der Gesetzesauslegung kann die Regelungsabsicht des Gesetzgebers nur insoweit herangezogen werden, als sie auch im Gesetzestext oder im gesetzlichen Sinnzusammenhang ihren Ausdruck gefunden hat. Maßgeblich ist der objektivierte Wille des Gesetzgebers, nicht der subjektive Wille der am Gesetzgebungsverfahren beteiligten Organe. Der Entstehungsgeschichte kommt bei der Gesetzesauslegung also nur eine eingeschränkte Bedeutung zu, als sie letzte Zweifel der übrigen Auslegungsmethoden beheben kann; vgl. BVerfGE 1, 299, 312; 62, 1, 45 mwN.

werb der Aktien zur Steigerung des „Shareholder Value" zu motivieren, kann für die Gesellschaft zwar genauso wichtig wie die Motivationswirkung der Warteklausel sein. Aus Sicht des durch eine Halteklausel gebundenen Mitarbeiters besteht allerdings ein entscheidender Unterschied zur Wirkung einer Warteklausel darin, dass er bereits eigenes Kapital zum Aktienerwerb eingesetzt hat, mit dem er für eine Veränderung des Unternehmenswertes nun haftet.[282] Dem Aktiengesetz lässt sich nicht entnehmen, dass eine Bindung des Mitarbeiteraktionärs auch nach Erbringung eines wirtschaftlichen Opfers zulässig sein soll.

Auch für die Beurteilung von Halteklauseln bei Optionen, die Vorstandsmitgliedern gewährt werden, bietet das Aktiengesetz keinen Anhaltspunkt. Zwar hat der Aufsichtsrat gemäß § 87 Abs. 1 S. 1 AktG dafür zu sorgen, dass die Gesamtbezüge der einzelnen Vorstandsmitglieder in einem angemessenen Verhältnis zu ihren jeweiligen Aufgaben und zur Lage der Gesellschaft stehen. Zu den Aufgaben des Vorstands gehört auch die Steigerung des Unternehmenswerts.[283] Allerdings ist die Angemessenheit nach § 87 AktG einzelfallspezifisch zu beurteilen;[284] der Vorschrift lässt sich insbesondere nicht allgemeingültig entnehmen, dass im Rahmen der Optionsgewährung an Vorstandsmitglieder Halteklauseln zusätzlich zu den Erfolgszielen, Wartefristen und den weiteren Optionsbedingungen vereinbart werden müssten, um ein angemessenes Verhältnis zwischen Aufgaben und Vergütung zu erreichen.[285]

Auch § 6 Abs. 3 Nr. 2 5. VermBG lässt keinen Rückschluss auf die aktienrechtliche Zulässigkeit einer Halteklausel mit einer § 39 Abs. 2 BGB entsprechenden Wirkung zu. Die Vorschrift setzt für die staatliche Förderung der Rechte aus Mitarbeiterbeteiligungsprogrammen voraus, dass über die für den Mitarbeiter begründeten Rechte bis zum Ablauf einer zwischen Arbeitgeber und Mitarbeiter vereinbarten, sechsjährigen Sperrfrist nicht „durch Rückzahlung, Abtretung, Beleihung oder in anderer Weise verfügt wird". Wird jemand durch Vereinbarung in seiner Verfügungsmacht beschränkt, sollen die von der Rechtsordnung vorgesehenen Verfügungsgeschäfte – oder zumindest ein Teil von ihnen – un-

282 Ettinger, S. 38; Fuchs, DB 1997, 661.
283 Kort in: Großkommentar zum Aktiengesetz, § 76 Rn. 54.
284 Eggert, S. 333.
285 Damit die Gewährung von Aktienoptionen § 87 AktG genügt, schlägt Lutter, ZIP 2003, 737, 742, vor, für jedes Vorstandsmitglied eine jährliche Obergrenze der aus dem Optionsprogramm fließenden Erträge festzulegen; dagegen Eggert, S. 333 f.

statthaft und unwirksam sein.[286] Dem in seiner Verfügungsmacht Beschränkten fehlt das rechtliche Können, auf bestimmte Rechte einzuwirken. Die Formulierung in § 6 Abs. 3 Nr. 2 5. VermBG könnte nun ein Anhaltspunkt sein, dass Halteklauseln auch mit einer § 39 Abs. 2 BGB entsprechenden Wirkung zulässig sind.

Allerdings kann nach dem Wortlaut von § 6 Abs. 3 Nr. 2 5. VermBG über die durch Mitarbeiterbeteiligungsprogramme erworbenen Rechte auch durch „Rückzahlung" verfügt werden. Diese „Verfügungsmöglichkeit" bezieht sich primär auf Mitarbeiterbeteiligungen in Form eines schuldrechtlichen Geschäftsguthabens bei einer Genossenschaft gemäß § 2 Abs. 1 Nr. 1 g) 5. VermBG oder einer schuldrechtlichen Darlehensforderung gemäß § 2 Abs. 1 Nr. 1 k) 5. VermBG. Die Rückzahlung und Erfüllung der schuldrechtlichen Ansprüche des Mitarbeiters betrifft nun aber nicht das rechtliche Können des Mitarbeiters und stellt damit keine Verfügung im eigentlichen Sinne dar. Da sich der Verfügungsbegriff in § 6 Abs. 3 Nr. 2 5. VermBG ohne Differenzierung auf alle Formen der Vermögensbeteiligung bezieht, ist er auch einheitlich – in einem schuldrechtlichen Sinn – auszulegen: Dann bleibt die jederzeitige Veräußerbarkeit von Mitarbeiteraktien durch eine Beschränkung im Sinne des § 6 Abs. 3 Nr. 2 5. VermBG unberührt.[287] Ob über die schuldrechtlich gemeinte Vereinbarung in § 6 Abs. 3 Nr. 2 5. VermBG hinaus auch eine Vereinbarung mit einer § 39 Abs. 2 BGB entsprechenden Wirkung zulässig ist, lässt § 6 Abs. 3 Nr. 2 5. VermBG nicht erkennen.

c) Beurteilung der Differenzierung anhand der von der Rechtsprechung entwickelten Angemessenheitskontrolle

Möglicherweise hilft – zumindest im Fall der Kapitalerhöhung[288] – die von der Rechtsprechung entwickelte Angemessenheitskontrolle von Bezugsrechtsausschlüssen bei der Beurteilung, ob die durch Halteklauseln bewirkte Differenzierung zulässig ist. Der Bezugsrechtsausschluss ist u.U. nur dann angemessen, wenn eine Haltepflicht der Mitarbeiteraktionäre vorgesehen ist.

---

286 Staudinger/Kohler, § 137 Rn. 21; zum Begriff der Verfügung vgl. Palandt/Heinrichs, Überbl v § 104 Rn. 16; Schramm in: Münchener Kommentar zum BGB, § 185 Rn. 5; Soergel/Hefermehl, Vor § 116 Rn. 74; Staudinger/Gursky, § 185 Rn. 4.

287 Vgl. Hornung-Draus in: 5. Vermögensbildungsgesetz, § 6 Rn. 26 ff.

288 Ob eine Angemessenheitskontrolle auch im Rahmen der bedingten Kapitalerhöhung nach §§ 192 Abs. 2 Nr. 3, 193 Abs. 2 Nr. 4 AktG zu erfolgen hat, ist umstritten, vgl. oben Erster Teil E. II. 3. b).

Nach allgemeiner Auffassung hat der Eingriff in das Bezugsrecht der Altaktionäre nach vernünftigen kaufmännischen Erwägungen dem Interesse der Gesellschaft und nicht lediglich der Mehrheit der Aktionäre zu dienen.[289] Um dem Verhältnismäßigkeitserfordernis zu genügen, muss der Eingriff zur Durchsetzung des Gesellschaftsinteresses geeignet, erforderlich und im Übrigen angemessen sein.[290]

Sollten Aktienoptionsprogramme nur dann geeignet sein, die Ziele der Gesellschaft, z.B. eine nachhaltige Mitarbeitermotivation im Sinne des „Shareholder Value" zu erreichen, wenn sie auch Haltebestimmungen beinhalten, würde dies für die Zulässigkeit der dadurch bedingten Ungleichbehandlung von Mitarbeiteraktionären sprechen. Aktienoptionsprogramme können nun aber auch ohne Halteklauseln geeignet sein, die angestrebten Ziele zu erreichen. Offensichtlich ist dies, wenn Aktienoptionen vorrangig dem Zweck dienen, den Mitarbeitern ein attraktives Vergütungssystem zu bieten oder die Eigenkapitalbasis der Gesellschaft zu verbreitern. Aber auch wenn eine nachhaltige Mitarbeitermotivation für die Gesellschaft im Vordergrund steht, lässt sich dieses Ziel ohne Halteklauseln erreichen. Dies kann beispielsweise durch die Vereinbarung von entsprechenden Erfolgszielen, Ausübungsfenstern und einer gestaffelten Ausübbarkeit der Optionen gelingen. Insbesondere wenn die Wertsteigerung der Aktie über einen längeren Zeitraum zum Erfolgsziel gemacht wird, ist eine nachhaltige Motivationssteigerung möglich.

Allerdings könnte die durch eine Haltefrist bewirkte Mithaftung des Mitarbeiteraktionärs unter dem Gesichtspunkt der Angemessenheit bzw. Interessenabwägung von erheblicher Bedeutung sein. Im Rahmen der Interessenabwägung sind die aus dem Bezugsrechtsausschluss resultierenden Nachteile für die Aktionäre den durch die Maßnahme erstrebten Vorteilen für die Gesellschaft gegenüberzustellen;[291] der Hauptversammlungsmehrheit kommt insoweit ein Ermessensspielraum zu, als das Ergebnis der Interessenabwägung lediglich plausibel

---

289 BGHZ 71, 40, 46; Lutter, ZGR 1979, 401, 403 f.

290 BGHZ 71, 40, 46; 83, 319, 320 f.; 120, 141, 145 f.; 125, 239, 241; Wiedemann in: Großkommentar zum Aktiengesetz, § 186 Rn. 139 ff.; Hefermehl/Bungeroth in: Geßler/Hefermehl, § 186 Rn. 104 ff.; Lutter in: Kölner Kommentar zum Aktiengesetz, § 186 Rn. 61; Hüffer, § 186 Rn. 25.

291 BGHZ 71, 40, 46 f.; Hüffer, § 186 Rn. 28; Lutter in: Kölner Kommentar zum Aktiengesetz, § 186 Rn. 63; derselbe ZGR 1979, 401, 404; Hefermehl/Bungeroth in: Geßler/Hefermehl, § 186 Rn. 114; Wiedemann in: Großkommentar zum Aktiengesetz, § 186 Rn. 146.

und nachvollziehbar sein muss.[292] Den Motivationsvorteilen für die Gesellschaft steht die „Verwässerung" des Gewinnbezugsrechts und des Stimmrechts der bisherigen Aktionäre gegenüber.[293] Erreichen die Programme jedoch den angestrebten Motivationseffekt und tragen die Mitarbeiter zu einer Wertsteigerung des Unternehmens bei, haben Aktienoptionsprogramme für die Altaktionäre gleichzeitig den Vorteil, dass ihre Anteile wiederum an Wert gewinnen.

Allerdings kann eine Haltebestimmung längerfristig auch nach Erwerb der Aktien auf die Motivation der Mitarbeiteraktionäre einwirken. Dies gilt jedenfalls für diejenigen Mitarbeiteraktionäre, die (maßgeblichen) Einfluss auf die Entwicklung des „Shareholder Value" haben. Mit Hilfe einer Halteklausel ließe sich bei ihnen möglicherweise der Nachteil der Wert- und Stimmverwässerung noch besser ausgleichen. Der Hauptversammlung steht allerdings ein unternehmerischer Ermessensspielraum zu: Sie darf bei ihrem Beschluss auch berücksichtigen, dass die Programme für die Mitarbeiter weniger attraktiv sind, wenn sie neben Wartefristen, Erfolgszielen, Ausübungsfenstern und ggf. einer gestaffelten Ausübbarkeitsregelung auch noch Haltebestimmungen aufweisen und so die Gewinn- und Verwertungsmöglichkeiten für den Mitarbeiter weiter einschränken. Die Abwägung der Interessen von Gesellschaft und Altaktionären fordert damit nicht notwendig, dass Aktienoptionsprogramme Halteklauseln beinhalten. Der im Rahmen der ordentlichen und genehmigten – ggf. auch bedingten – Kapitalerhöhung erforderlichen Inhaltskontrolle des Bezugsrechtsausschlusses lassen sich keine Anhaltspunkte zur Beurteilung der durch Halteklauseln bewirkten Differenzierung entnehmen.

d) Beurteilung der Differenzierung anhand des Verhältnismäßigkeitsgrundsatzes

Auch bei einer entsprechenden Anwendung der zu Art. 3 Abs. 1 GG entwickelten Verhältnismäßigkeitsprüfung auf das aktienrechtliche Gleichbehandlungsgebot ist die Ungleichbehandlung von Mitarbeiteraktionären durch Halteklauseln problematisch.

Haltefristen zielen vorrangig darauf, den betroffenen Aktionär zu einer Leistungssteigerung zu motivieren, die ihren Ausdruck in einer positiven Entwicklung des Unternehmenswertes findet. Die Festlegung einer Haltefrist ist daher

---

[292] Lutter in: Kölner Kommentar zum Aktiengesetz, § 186 Rn. 63; Wiedemann in: Großkommentar zum Aktiengesetz, § 186 Rn. 190; Weiß, S. 174 f.; 178 f.; Wulff, S. 122.

[293] Vgl. oben Erster Teil E. II.

von vornherein bei solchen Mitarbeiteraktionären, die keinen (maßgeblichen) Einfluss auf die Entwicklung des Unternehmenswertes haben, als Motivationsinstrument zur Leistungssteigerung im Sinne des „Shareholder Value“ ungeeignet. Mitarbeiteraktionäre hingegen mit maßgeblichem Einfluss auf die Entwicklung des „Shareholder Value“, die nach Bezug der Aktien mit ihrem Vermögen für Kursverluste haften, können durch aktienrechtliche Halteklauseln auch über Wartezeiten hinaus nachhaltig motiviert werden.

Halteklauseln, die entsprechend der Wirkung von § 39 Abs. 2 BGB die Beendigung der Aktionärsstellung für einen bestimmten Zeitraum ausschließen sollen, sind allerdings zu Motivationszwecken nicht erforderlich. Gleich geeignet und für den Mitarbeiteraktionär weniger einschneidend sind schuldrechtliche Motivationsvereinbarungen, die in die Optionsvereinbarung oder den Anstellungsvertrag aufgenommen werden können. Der Gesellschaft steht neben dem aktienrechtlichen Gestaltungsinstrumentarium auch das schuldvertragliche Instrumentarium zur Verfügung, um Motivationszwecke zu verfolgen. Zu einem Halten der Aktien – und dem entsprechenden fortdauernden Interesse an der Unternehmenswertentwicklung – kann der Mitarbeiter auch durch schuldrechtliche Sanktionen gebracht werden, die an eine Veräußerung der Aktien anknüpfen. In Betracht kommt z.B. eine Vereinbarung, nach der der aus der Optionsgewährung resultierende Gewinn für den Fall einer vorzeitigen Veräußerung zurückzuzahlen ist. Da eine Veräußerung möglich bleibt, ist die Vereinbarung für den Mitarbeiter weniger einschneidend als eine aktienrechtliche Halteklausel mit einer § 39 Abs. 2 BGB entsprechenden Wirkung: Ist der Mitarbeiteraktionär z.B. vorzeitig darauf angewiesen, den für den Aktienerwerb investierten Betrag ganz oder teilweise zurückzuerhalten, ist ihm eine Veräußerung ohne weiteres möglich. Für eine nachhaltige Motivation des Mitarbeiters bietet sich anstelle einer Halteklausel auch eine abgestufte Gewährung, Ausübbarkeit oder Unverfallbarkeit der Optionen an.[294] Als Motivationsinstrument mag eine solche Gestaltung sogar noch sinnvoller als die Vereinbarung von Halteklauseln sein, da für die einzelnen Stufen differenzierte Erfolgsziele, z.B. eine mit jeder Stufe wachsende Unternehmenswertentwicklung, vereinbart werden können.

e) Verzicht auf Gleichbehandlung

Grundsätzlich kann ein im Widerspruch zu § 53 a AktG diskriminierter Aktionär auf sein Recht auf Gleichbehandlung verzichten. Der Verzicht kann vor, bei

294 Von Einem/Pajunk in: Achleitner/Wollmert, S. 110; Sauter/Babel in: Handbuch Stock Options, B III Rn. 50.

der oder im Anschluss an die diskrimierende Maßnahme erklärt werden.[295] Ein pauschaler Verzicht auf das Gleichbehandlungsgebot ist allerdings nicht zulässig; nur auf den Schutz einzelner Positionen im konkreten Entscheidungsfall kann der Aktionär verzichten.[296]

Mit der Teilnahme am Optionsprogramm, spätestens mit der Optionsausübung erklärt sich der Mitarbeiter – soweit er nicht einen Vorbehalt deutlich macht – mit den Bedingungen des Optionsprogramms einverstanden. Konkludent verzichtet er damit auch auf eine Gleichbehandlung im Hinblick auf Veräußerungsbeschränkungen in Gestalt von Halteklauseln. Zwar erfolgt die Erklärung vor Erwerb der Aktionärsstellung. Streng genommen kann der Mitarbeiter zu diesem Zeitpunkt noch nicht auf eine Gleichbehandlung nach § 53 a AktG verzichten, da es ihm umgekehrt auch nicht möglich ist, die Beachtung des Gleichbehandlungsgrundsatzes einzufordern. Ist allerdings eine Verzichtserklärung bereits vor der diskriminierenden Maßnahme zulässig, muss ein konkreter Verzicht auch beim Erwerb der Mitgliedschaft erklärt werden können.

Die Festlegung einer Haltezeit begründet zwar eine willkürliche Differenzierung zwischen Mitarbeiteraktionären und den übrigen Aktionären. Soweit der Mitarbeiter allerdings auf sein Recht auf Gleichbehandlung verzichtet hat, steht § 53 a AktG einer entsprechenden Anwendung von § 39 Abs. 2 BGB nicht entgegen.

3. Unzulässige Verpflichtung zur Erbringung zusätzlicher Leistungen?

Eine der Kündigungsfrist des § 39 Abs. 2 BGB entsprechende Haltefrist könnte im Widerspruch zu den §§ 54, 55 AktG stehen. In der Literatur wird übereinstimmend vertreten, dass Verfügungsbeschränkungen gegen den abschließenden Charakter der §§ 54, 55 AktG verstießen:[297] Über die Einlagepflicht hinausgehende körperschaftsrechtliche Pflichten des Aktionärs könnten nur begründet werden, soweit vinkulierte Namensaktien betroffen seien und § 55

---

295 Lutter/Zöllner in: Kölner Kommentar, § 53 a Rn. 29; Bungeroth in: Münchener Kommentar zum Aktiengesetz, § 53 a Rn. 18.

296 Lutter/Zöllner in: Kölner Kommentar, § 53 a Rn. 30; Bungeroth in: Münchener Kommentar zum Aktiengesetz, § 53 a Rn. 18.

297 Legerlotz/Laber, DStR 1999, 1658, 1663; Mechlem/Melms, DB 2000, 1614, 1615, Lutter in: Kölner Kommentar zum Aktiengesetz, § 54 Rn. 16; Henze in: Großkommentar zum Aktiengesetz, § 54 Rn. 47; Bungeroth in: Münchener Kommentar zum Aktiengesetz, § 54 Rn. 24 mwN; vgl. auch BayObLG DB 1989, 214, 215; wohl anders RGZ 120, 177, 180.

AktG Anwendung finde.[298] Aufgrund ihrer eingeschränkten Verkehrsfähigkeit sind vinkulierte Namensaktien zur Ausgabe an Mitarbeiter zu Motivationszwecken allerdings wenig geeignet.[299] Eine Überprüfung von Halteklauseln am Maßstab des § 55 AktG erübrigt sich damit. Im Hinblick auf nicht vinkulierte Namens- und Inhaberaktien bleibt jedoch zu untersuchen, ob der von der herrschenden Meinung gezogene Umkehrschluss gerechtfertigt ist.

a) Abschließende Regelung der §§ 54, 55 AktG

Der Umkehrschluss stellt einen Schluss von den Verschiedenheiten der Voraussetzungen auf die Verschiedenheit der Rechtsfolgen dar.[300] Er stützt sich auf das Gerechtigkeitsgebot, wesentlich Ungleiches ungleich zu behandeln,[301] und wird gezogen, wenn ein bestimmter Fall gesetzlich geregelt ist, während weitere, möglicherweise ähnliche Fälle nicht in den Gesetzestext aufgenommen sind.[302] Ein Umkehrschluss ist nur gerechtfertigt, soweit sich die Ausschließlichkeit der gesetzlichen Regelung eindeutig aus ihrem Wortlaut oder Zweck ergibt. Nur wenn die gesetzlich bestimmte Rechtsfolge durch einen Tatbestand ausgelöst wird, der als hinreichende und zugleich notwendige Bedingung qualifiziert werden kann, darf ein Umkehrschluss gezogen werden.[303] Im Hinblick auf das System der Gewaltenteilung kann ausschließlich unter diesen Voraussetzungen ein Eingriff in die vom Gesetzgeber geschaffenen Regelungen und eine Verdrängung der ohne den Umkehrschluss anwendbaren Normen gerechtfertigt werden. Genügt der Umkehrschluss nicht diesen Anforderungen, hat er keine Aussagekraft und könnte – beispielsweise anstelle der eigentlich gebotenen Analogie – willkürlich vom Gesetzesanwender eingesetzt werden.[304]

Die §§ 54, 55 AktG regeln zwar nicht ausdrücklich, dass über die dort festgelegten Verpflichtungen hinausgehende mitgliedschaftliche Pflichten der Aktionäre unzulässig sind. Allerdings lässt sich der abschließende Charakter der Vor-

---

298 BayObLG DB 1989, 214, 215; Lutter in: Kölner Kommentar, § 54 Rn. 14 ff.; Bungeroth in: Münchener Kommentar zum Aktiengesetz, § 54 Rn. 22; Hüffer, § 55 Rn. 2; Henze in: Großkommentar zum Aktiengesetz, § 54 Rn. 46.

299 Auch für Belegschaftsaktienprogramme werden nach Wehrli, S. 203, und Peterssen, S. 21 f., regelmäßig keine vinkulierten Namensaktien verwendet.

300 Looschelders/Roth, S. 100.

301 Canaris, S. 45.

302 Pawlowski, Rn. 488.

303 Koch/Rüßmann, § 23 2. c); Klug, S. 143 f.

304 Koch/Rüßmann, § 23 2. c); Canaris, S. 44; Pawlowski, Rn. 448; vgl. das Beispiel von Reuter in: Münchener Kommentar zum BGB, § 24 BGB Rn. 3, der auf die Auslegung von § 7 Abs. 2 BGB für den Sitz von juristischen Personen wahlweise als argumentum e contrario oder als Analogieschluss hinweist.

schriften aus ihrer Systematik entnehmen: Die gesetzlichen Überschriften teilen die mitgliedschaftsrechtlichen Verpflichtungen der Aktionäre in Haupt- und Nebenverpflichtungen ein. Die Hauptverpflichtung zur Leistung der Einlage gemäß § 54 AktG findet ohne Einschränkung auf alle Arten von Aktien Anwendung. Dagegen ist die (eingeschränkte) Zulässigkeit von Nebenverpflichtungen in § 55 AktG lediglich im Hinblick auf vinkulierte Namensaktien geregelt. Aus dieser Regelungssystematik lässt sich schließen, dass über die Einlagepflicht hinausgehende korporative Verpflichtungen bei Inhaber- oder einfachen Namensaktien unzulässig sind.

b) Reichweite des Umkehrschlusses

Denkbar ist, dass aktienrechtliche Haltepflichten gar nicht erst in den Anwendungsbereich des Umkehrschlusses zu §§ 54, 55 AktG fallen. Nicht nur die Frage, ob eine gesetzliche Regel überhaupt einen Umkehrschluss erlaubt, sondern auch die Reichweite des Umkehrschlusses ist eine Frage der Gesetzesauslegung und nicht der formalen Logik.[305]

aa) Haltepflicht als unselbständige korporative Nebenpflicht?

Der Umkehrschluss zu §§ 54, 55 AktG lässt sich aufgrund des Gesetzeszwecks grundsätzlich begrenzen: So ist die mitgliedschaftliche Begründung unselbständiger Nebenpflichten zur Sicherung noch ausstehender Einlagen zulässig:[306] Die Einlageverpflichtung nach § 54 AktG wird in diesem Fall nicht durch eine andere Verpflichtung abgelöst oder ergänzt. Die unselbständigen, sichernden Nebenpflichten brauchen sich nicht auf die Einräumung von Sicherheiten im Sinne des Kreditsicherheitsrechts zu beziehen, sondern können auch auf eine faktische Sicherung der Einlagepflicht gerichtet sein, wie z.B. die Pflicht zur Mitteilung eines Wohnungswechsels.[307]

Die Haltepflicht ließe sich als unselbständige Hilfspflicht qualifizieren, wenn sie der Sicherung von (teilweise) noch ausstehenden Einlagen dienen würde. Eine Sicherung der Geldeinlagepflicht scheidet aus; Halteklauseln verpflichten den Mitarbeiteraktionär regelmäßig auch dann zum Halten der Aktien, wenn er seine Geldeinlage vollständig geleistet hat. In Betracht kommt allerdings, die

---

305 Vgl. Larenz/Canaris, Kapitel 5 2. b); Canaris, S. 45; Pawlowski, Rn. 489; Looschelders/Roth, S. 100 f.

306 Lutter in: Kölner Kommentar zum Aktiengesetz, § 54 Rn. 19; Bungeroth in: Münchener Kommentar zum Aktiengesetz, § 54 Rn. 25; Henze in: Großkommentar zum Aktiengesetz, § 54 Rn. 49.

307 OLG Karlsruhe OLG Respr. 43, 309.

mit einer Halteklausel bezweckte Leistungssteigerung des Mitarbeiters als zusätzliche Einlage, nämlich als Sacheinlage, zu qualifizieren. Die Leistungssteigerung des Mitarbeiters soll durch Halteklauseln auch gefördert bzw. „gesichert" werden. Verpflichtungen zu Dienstleistungen sind jedoch gemäß § 27 Abs. 2 HS. 2 AktG als Sacheinlage ausgeschlossen. Sie können daher auch nicht wirksam durch Hilfspflichten gesichert werden.

bb) Leistungsbegriff des Umkehrschlusses

Denkbar ist, dass Haltepflichten nicht als Leistung im Sinne von § 55 AktG zu verstehen sind und deshalb nicht in den Anwendungsbereich des Umkehrschlusses fallen.

(1) Legaldefinition

Der Leistungsbegriff im Sinne von § 55 AktG umfasst entsprechend der allgemeinen Definition in § 241 Abs. 1 BGB Handlungen jeder Art, einschließlich der Unterlassungen.[308] Die Leistungen brauchen für die Aktiengesellschaft keinen Vermögenswert zu besitzen.[309] Für die Frage, ob der Umkehrschluss auch Halteklauseln erfasst, ist es daher unerheblich, ob Halteklauseln als Unterlassungsverpflichtung im Hinblick auf eine Weiterveräußerung oder als Verpflichtung zum Halten der Aktien auszulegen sind. Genausowenig ist für die Qualifizierung als Leistung i.S.v. § 55 AktG entscheidend, ob die Haltepflicht für die Aktiengesellschaft tatsächlich einen Vermögenswert darstellt. Legt man bei der Auslegung von § 55 AktG den allgemeinen Leistungsbegriff zugrunde, fallen Haltepflichten in den Anwendungsbereich von § 55 AktG. Dies spricht gegen die Zulässigkeit korporativer Haltepflichten.

(2) Systematische Auslegung

Die Qualifizierung einer Haltepflicht als verbotene zusätzliche Leistung steht allerdings im Widerspruch zur Gesetzessystematik: Haltepflichten betreffen nicht den Inhalt der Mitgliedschaft, sondern den Zeitpunkt und die Umstände, unter denen der Mitarbeiter seine Mitgliedschaft in der Aktiengesellschaft beenden kann.[310]

308 Henze in: Großkommentar zum Aktiengesetz, § 55 Rn. 16.

309 Lutter in: Kölner Kommentar zum Aktiengesetz, § 55 Rn. 5; Bungeroth in: Münchener Kommentar zum Aktiengesetz, § 55 Rn. 14; Henze in: Großkommentar zum Aktiengesetz, § 55 Anm. 16; aA RGZ 49, 77, 78, zu §§ 211, 212 HGB a.F.

310 Soweit ersichtlich unterscheidet in der Literatur allein Immenga, AG 1992, 79, 81, entgegen der herrschenden Auffassung zwischen Übertragungsbeschränkungen einer-

Die Trennung zwischen dem Inhalt der Mitgliedschaft und ihrer Beendigung ist im Gesetz verankert: In den Vorschriften des Vereinsrechts, auf denen das Aktienrecht aufbaut, wird zwischen dem Inhalt der Mitgliedschaft und den Voraussetzungen ihrer Beendigung unterschieden: § 38 BGB betrifft unter der gesetzlichen Überschrift „Mitgliedschaft" die Übertrag- und Vererbbarkeit der Mitgliedschaft sowie die Ausübung der einzelnen Mitgliedschaftsrechte, während § 39 BGB unter der gesetzlichen Überschrift „Austritt" die Beendigung der Mitgliedschaft, die Beendigungsmodalitäten und die ggf. durch eine Kündigungsfrist bewirkte „Pflicht" zum zeitweiligen Verbleib im Verein regelt. Aber auch das Aktiengesetz differenziert zwischen den aus der Mitgliedschaft fließenden Rechten und Pflichten (z.B. §§ 53 a, 54, 55, 118, 122, 131, 134 AktG) und der Beendigung der Mitgliedschaft, die durch Übertragung der Aktien erfolgt (§ 68 AktG). Insbesondere die §§ 55 Abs. 1, 68 Abs. 2 AktG verdeutlichen in ihrem Zusammenspiel die vom Gesetz getroffenene Unterscheidung: Die Pflicht, die Zustimmung zur Übertragung vinkulierter Aktien einzuholen, wird nicht im Rahmen der Leistungspflichten in den §§ 54, 55 AktG geregelt, sondern betrifft nach der gesetzlichen Systematik allein die Art und Weise der Beendigung der Mitgliedschaft. Die Einholung der Zustimmung der Gesellschaft zur Aktienübertragung und Beendigung der Mitgliedschaft ist keine eigenständige Nebenverpflichtung, sondern vielmehr Voraussetzung für die Zulässigkeit von Nebenpflichten.

Aufgrund der zwischen Inhalt und Beendigung der Mitgliedschaft differenzierenden Konzeption des Gesetzes stellt die Pflicht zum vorübergehenden Halten der Aktien und die dadurch bewirkte Einschränkung der Beendigung der Mitgliedschaft keine Leistung im Sinne der §§ 54, 55 AktG dar.

---

seits und Nebenleistungspflichten andererseits. Zumindest für den Fall schuldrechtlicher Übertragungsbeschränkungen kommt er zu dem Ergebnis, dass sie mit sonstigen schuldrechtlichen Nebenpflichten, die beliebig auch mit Dritten vereinbart werden könnten, nicht vergleichbar seien. Auch das Reichsgericht unterschied in RGZ 49, 77, 78 zwischen den Leistungspflichten der Aktionäre einerseits und den Bedingungen für die Beendigung der Mitgliedschaft andererseits: Die Verpflichtung des Aktionärs, seine Aktien für den Fall auf einen Dritten zu übertragen, dass er seine Mitgliedschaft im Bund der Landwirte verlor, qualifizierte das Reichsgericht nicht als gesellschaftsrechtliche Leistung für Zwecke der Gesellschaft. Vielmehr handelte es sich nach Ansicht des Reichsgerichts um einen Umstand im Rahmen der Beendigung der Mitgliedschaft.

(3) Objektive Auslegung

Neben dem eher formalen, systematischen Aspekt spricht auch der Zweck der §§ 54, 55 AktG dafür, Haltepflichten nicht als unzulässige Leistungspflichten im Sinne der Vorschriften einzuordnen.

Die §§ 54, 55 AktG spiegeln den Charakter der Aktiengesellschaft als Kapitalgesellschaft wider. Die Vorschriften begrenzen die Einlagepflicht auf den Ausgabetrag der Aktien; den Aktionär trifft über diesen Betrag hinaus regelmäßig keine „Nachschusspflicht".[311] Er kann darauf vertrauen, mit der Leistung der Einlage seine mitgliedschaftlichen Pflichten vollständig zu erfüllen und über den Einlagebetrag hinaus nicht zu haften. Nur wenn er seine Einlagepflicht nicht (vollständig) erfüllt, kann er aus der Aktiengesellschaft ausgeschlossen werden; im Übrigen ergeben sich für ihn nach dem Erwerb der Mitgliedschaft keine weiteren Haftungsfolgen. Er kann sich darauf verlassen, dass weder Eingriffe in seine private Vermögenssphäre erfolgen noch dass er sich mit weiteren Leistungen engagieren muss. Nach dem Gesetz kommt es nicht auf die Person des Aktionärs, seine persönlichen Leistungen und Qualifikationen an, sondern allein auf seine vermögensrechtliche Beteiligung. Dies macht die Aktiengesellschaft attraktiv für Gesellschafter, die keine umfangreichen Pflichten eingehen, sondern sich lediglich begrenzt beteiligen wollen. Zwar sind zusätzlich zur Beteiligung freiwillige schuldrechtliche Verpflichtungen des Aktionärs gegenüber der Aktiengesellschaft möglich. Sollte der Schuldner diese nicht ordnungsgemäß erfüllen, können diese Pflichten jedoch nicht mit korporativen Mitteln, sondern lediglich nach den allgemeinen Regeln des Schuldrechts durchgesetzt werden.[312]

Sind Mitarbeiteraktionäre eine gewisse Zeit zum Halten der Aktien verpflichtet, brauchen sie weder auf ihr übriges Vermögen zurückzugreifen, um die Haltepflicht zu erfüllen, noch sind sie über das bloße „Aktionärsein" hinaus zu irgendwelchen Leistungen verpflichtet. Die Haltepflicht knüpft lediglich an die Grundvoraussetzung weiterer Pflichten im Sinne der §§ 54, 55 AktG an, nämlich die aktienrechtliche Mitgliedschaft, begründet aber darüber hinaus kein weiteres Engagement des Mitarbeiteraktionärs. Die Haltepflicht unterscheidet sich hierin von Pflichten, die zwar auch nicht unter Rückgriff auf das übrige

---

311 Vgl. oben Zweiter Teil A. II. 3. c) bb).
312 Lutter in: Kölner Kommentar zum Aktiengesetz, § 54 Rn. 21; Henze in: Großkommentar zum Aktiengesetz, § 54 Rn. 75; Bungeroth in: Münchener Kommentar zum Aktiengesetz, § 54 Rn. 30.

Vermögen, sondern allein aufgrund des Erwerbs der Mitgliedschaft erfüllbar sind, jedoch neben dem „Aktionärsein“ geschuldet werden und ein über die Mitgliedschaft hinausgehendes Engagement des Aktionärs fordern, wie z.B. die Pflicht zu einem bestimmten Abstimmungsverhalten in der Hauptversammlung.[313] Die §§ 54, 55 AktG stehen damit einer Vereinbarung von Halteklauseln mit einer § 39 Abs. 2 BGB entsprechenden Wirkung nicht entgegen.

4. Verstoß gegen den „Grundsatz der freien Übertragbarkeit“?

Das Recht der Aktiengesellschaft wird nach allgemeiner Ansicht vom Grundsatz der freien Übertragbarkeit der Mitgliedschaft geprägt. Halteklauseln, die mit einer § 39 Abs. 2 BGB entsprechenden Wirkung die freie Übertragbarkeit von Aktien für einen bestimmten Zeitraum ausschließen sollen, könnten unter diesem Gesichtspunkt unzulässig sein.

a) Einschränkung der Übertragbarkeit nach den allgemeinen Vorschriften

aa) Übertragung nach §§ 413, 398, 929 ff. BGB

Namensaktien sind im Wege der Abtretung gemäß §§ 413, 398 BGB übertragbar. Zusätzlich ist gemäß § 68 Abs. 1 S. 1 AktG eine Übertragung durch Indossierung und Übertragung des Eigentums an der indossierten Urkunde nach §§ 929 ff. BGB möglich.[314] Bei Inhaberaktien, die regelmäßig für Aktienoptionsprogramme verwendet werden, kommt insbesondere eine Übertragung gemäß §§ 929 ff. BGB durch Einigung und Übergabe der Urkunde (bzw. Übergabesurrogat) in Betracht.[315] Das Mitgliedschaftsrecht folgt dem Eigentum an der Urkunde.[316] Die Übertragung von Inhaberaktien nach den Vorschriften des Depotgesetzes unterfällt ebenfalls den §§ 929 ff. BGB. Zunehmend wird auch für Inhaberaktien der Weg einer Abtretung der Mitgliedschaft gemäß §§ 413, 398

313 Zur Unzulässigkeit einer solchen mitgliedschaftlichen Pflicht vgl. Bungeroth in: Münchener Kommentar zum Aktiengesetz, § 54 Rn. 23.

314 Wiesner in: Münchener Handbuch des Gesellschaftsrechts, Band 4, § 14 Rn. 7; Hüffer, § 68 Rn. 3 f.

315 Wiesner in: Münchener Handbuch des Gesellschaftsrechts, Band 4, § 14 Rn. 4; Geßler, § 68 Rn. 3.

316 Lutter in: Kölner Kommentar zum Aktiengesetz, Anh. § 68 Rn. 15.

BGB befürwortet.[317] Soweit das Mitgliedschaftsrecht noch nicht verkörpert ist, kommt allein eine Abtretung nach §§ 398, 413 BGB in Betracht.[318]

bb) Freie Übertragbarkeit gemäß § 137 BGB?

Werden Aktien gemäß §§ 929 ff. BGB übertragen, könnte sich die Unzulässigkeit einer die freie Übertragbarkeit ausschließenden Vereinbarung aus § 137 S. 1 BGB ergeben.

Gemäß § 137 S. 1 BGB können Parteiabreden die Verfügungsfreiheit über kraft Gesetzes veräußerliche Rechte nicht mit Außenwirkung begrenzen.[319] § 137 S. 1 BGB gilt nicht nur für Vertragsvereinbarungen, sondern auch für sonstige Rechtsgeschäfte.[320] Problematisch ist allerdings, ob der Anwendungesbereich von § 137 S. 1 BGB überhaupt bei aktienbezogenen Verfügungsbeschränkungen in Gestalt von Halteklauseln eröffnet ist. Die Beendigung der Mitgliedschaft ist möglicherweise in § 39 Abs. 2 HS. 2 BGB vorrangig normiert; Folge wäre, dass die Übertragung der Aktien zumindest für einen Zeitraum von zwei Jahren zulässigerweise ausgeschlossen werden könnte. Das Verhältnis von § 137 BGB zu § 39 Abs. 2 BGB kann allerdings dahinstehen, wenn sich aus dem Aktiengesetz ein speziellerer, auch § 39 Abs. 2 BGB vorgehender Anknüpfungspunkt für die Unzulässigkeit von Veräußerungsbeschränkungen ergibt.

cc) Möglichkeit der Beschränkung der Abtretbarkeit nach §§ 399 Fall 2, 413 BGB?

Werden Aktien im Wege der Abtretung gemäß §§ 398, 413 BGB übertragen, kann ihre Übertragbarkeit nach den allgemeinen Regeln grundsätzlich durch Vereinbarung einer Halteklausel nach §§ 399 2. Fall, 413 BGB begrenzt werden. Allerdings könnte auch bei einer solchen Vereinbarung § 39 Abs. 2 BGB vorrangig zu berücksichtigen sein. Wie bei der Übertragung nach §§ 929 ff. BGB kann diese Frage offen bleiben, wenn sich aus dem Aktienrecht spezielle, den §§ 398, 399 2. Fall, 413, 39 Abs. 2 BGB vorgehende Regelungen oder Wertungen für Übertragungsbeschränkungen ergeben.

---

317 Wiesner in: Münchener Handbuch des Gesellschaftsrechts, Band 4, § 14 Rn. 4; Baumbach/Hefermehl, WPR Rn. 31; Hüffer in: Münchener Kommentar zum BGB, vor § 793 Rn. 14; Staudinger/Marburger, Vorbem zu §§ 793 ff Rn. 7; Zöllner, § 2 II 1 b); aA Hueck-Canaris, § 2 III 3 a; Lutter in: Kölner Kommentar, Anh § 68 Rn. 15.

318 Wiesner in: Münchener Handbuch des Gesellschaftsrechts, Band 4, § 14 Rn. 2.

319 Palandt/Heinrichs, § 137 Rn. 1.

320 Soergel/Hefermehl, § 137 Rn. 8; Staudinger/Kohler, § 137 Rn. 28.

b) Freie Übertragbarkeit als Ausdruck des „Wesens“ der Aktiengesellschaft?

Denkbar ist, dass eine Beschränkung der Übertragung von Aktien durch Halteklauseln mit dem „Wesen der Aktiengesellschaft“ nicht zu vereinbaren ist. So ist *Däubler* der Ansicht, es gehöre zum „Wesen der Aktiengesellschaft“, dass diese als Publikumsgesellschaft organisiert sei und die Aktien frei und ohne Einschränkungsmöglichkeit übertragen werden könnten.[321]

Als Publikumsgesellschaft wird eine Gesellschaft bezeichnet, die auf den Beitritt zahlreicher Gesellschafter angelegt ist, grundsätzlich beliebigen Interessenten offen steht und dementsprechend einen breit angelegten Aktionärskreis aufweist.[322] Für die Gesellschafter einer Publikumsgesellschaft ist der Zweck ihrer Beteiligung regelmäßig auf den Zweck der Kapitalanlage beschränkt.[323]

aa) Kein einheitliches „faktisches Wesen“ der Aktiengesellschaft

Die Formulierung von *Däubler* zum Wesen der Aktiengesellschaft kann zunächst Beschreibung der tatsächlichen Gegebenheiten sein.[324] Sollte sein Wesensargument in diesem Sinne zu verstehen sein, ist allerdings problematisch, dass die Publikums-Aktiengesellschaft lediglich einer von mehreren anerkannten Typen verschiedener Aktiengesellschaften ist. So haben sich neben der Publikums-Aktiengesellschaft die weiteren Typen der Familien-Aktiengesellschaft und der Einpersonen-Aktiengesellschaft herausgebildet; aber auch die Typen der börsennotierten Aktiengesellschaft, der genossenschaftlichen Aktiengesellschaft, der Nebenleistungs-Aktiengesellschaft, der Komplementär-Aktiengesellschaft und der gemischtwirtschaftlichen Aktiengesellschaft sind anerkannt.[325] Wird ein Großteil der Aktien von der Muttergesellschaft oder von institutionellen Großanlegern und nicht von einer breiten Anlegerschaft gehalten, steht auch dies nicht mit dem Leitgedanken einer Publikums-Aktiengesellschaft in Einklang.

Die Existenz unterschiedlicher Typen von Aktiengesellschaften spricht dagegen, den Charakter als Publikumsgesellschaft als maßgebliches „Wesen“ der

321 Däubler, NJW 1968, 1117, 1123.
322 Keßler/Kühnberger in: Personalführung und Organisation, S. 630; Schmidt, Gesellschaftsrecht, S. 771; Hueck/Windbichler, § 18 Rn. 28.
323 Vgl. Hueck/Windbichler, § 23 Rn. 1.
324 Sog. „faktisches Wesensargument“; zu den verschiedenen Aspekten des Wesensarguments vgl. Scheuerle, AcP 163 (1963), 429 ff.
325 Schmidt, Gesellschaftsrecht, S. 771 ff.

Aktiengesellschaft zu bezeichnen. Darüber hinaus hat die Beschreibung der Rechtstatsächlichkeit grundsätzlich keinen Einfluss auf die Beurteilung dessen, was rechtlich zulässig ist.

bb) Kein einheitliches „interpretatives Wesen" der Aktiengesellschaft

Die Formulierung *Däublers* vom „Wesen" der Aktiengesellschaft als Publikumsgesellschaft könnte aber auch das Ergebnis einer Auslegung des Aktiengesetzes sein. Das so genannte „interpretative Wesensargument" stellt eine zusammenfassende Bewertung der im Gesetz verankerten Interessen dar.[326]

Dem Aktiengesetz lassen sich allerdings keine Wertungen für ein solches „interpretatives Wesen" der Aktiengesellschaft als Publikumsgesellschaft entnehmen: Das Gesetz fasst in § 1 AktG das „Wesen der Aktiengesellschaft" zusammen. Danach ist die Aktiengesellschaft Körperschaft in Form einer Kapitalgesellschaft mit eigener Rechtspersönlichkeit, für deren Verbindlichkeit grundsätzlich nur das Gesellschaftsvermögen haftet. Ihr Grundkapital ist in Aktien zerlegt. Nach allgemeiner Ansicht beschränkt sich das „Wesen der Aktiengesellschaft" jedoch nicht auf die in § 1 AktG genannten Strukturmerkmale.[327] Auch § 241 Nr. 3 AktG verwendet den Begriff des Wesens: Danach ist ein Beschluss der Hauptversammlung nichtig, wenn er „mit dem Wesen der Aktiengesellschaft nicht zu vereinbaren ist". Uneinheitlich sind die Versuche der Literatur, das Wesen der Aktiengesellschaft in diesem Sinne zu bestimmen.[328] Unabhängig von den verschiedenen Ansätzen wird jedenfalls die Organisation als

326 Scheuerle, AcP 163 (1963), 429, 438.

327 Heider in: Münchener Kommentar zum Aktiengesetz, § 1 Rn. 91 ff.

328 Würdinger, S. 151, betrachtet alle zwingenden Rechtssätze als Wesensmerkmale der Aktiengesellschaft; vgl. auch Scheuerle, AcP 163 (1963), 429, 438; nach Zöllner in: Kölner Kommentar, § 241 Rn. 96, gehören nur solche Vorschriften und Grundsätze zum „Wesen" der Aktiengesellschaft, die seit den letzten hundert Jahren zum unveränderten Normenbestand der Aktiengesellschaft zählten und von grundlegender Bedeutung seien, insbesondere Vorschriften zum Schutz der Gläubiger sowie sonstige Vorschriften im öffentlichen Interesse; Schmidt in: Großkommentar zum Aktiengesetz, § 241 Rn. 56, und Huber, Festschrift Coing II, 1982, 167, 184, qualifizieren auch alle mit § 23 Abs. 5 AktG unvereinbaren Beschlüsse als Verstoß gegen das Wesen der Aktiengesellschaft; Hüffer in: Münchener Kommentar zum Aktiengesetz, § 241 Rn. 67, zieht den Anwendungsbereich von § 241 Nr. 3 Alt. 1 AktG enger und versteht die erste Alternative als reine Auffangregelung zur zweiten Alternative; ein Verstoß gegen das Wesen der Aktiengesellschaft liege nur vor, wenn zwar nicht gegen Normen verstoßen werde, aber aufgrund der Natur der Sache selbstverständlich sei, dass das Handeln der Gesellschaft keinen Bestand haben könne.

Publikumsgesellschaft weder in der Rechtsprechung[329] noch in der Literatur[330] als Wesensbestandteil genannt.

Auch im übrigen Gesetzestext ist ein mögliches „Wesen der Aktiengesellschaft" als Publikumsgesellschaft nicht verankert: Zwar führt die grundsätzliche Begrenzung der Aktionärspflichten auf die Einlagepflicht nach §§ 54, 55 AktG sowie die Haftungsbegrenzung auf das Gesellschaftsvermögen gemäß § 1 S. 2 AktG dazu, dass die Aktiengesellschaft für ein breites Anlegerpublikum interessant ist. Genauso interessant ist die Aktiengesellschaft aus diesen Gründen aber auch für eine – von vornherein – begrenzte Gruppe von Mitgliedern. Der Mindestnennbetrag des Grundkapitals von 50.000 Euro mag zwar grundsätzlich umso leichter aufgebracht werden, je größer die Gruppe der Anleger ist. § 2 AktG normiert allerdings ausdrücklich die Möglichkeit der Errichtung einer Einpersonen-Aktiengesellschaft. Anhaltspunkte dafür, dass die Aktiengesellschaft nur in Form einer Publikumsgesellschaft organisiert sein dürfte, ergeben sich aus dem Gesetz also gerade nicht.

c) Unbeschränkbare Übertragbarkeit von Inhaberpapieren

Weiterhin wird vertreten, dass Inhaberaktien als besonders verkehrsfähige Inhaberpapiere jeder irgendwie gearteten Beschränkung der Übertragbarkeit unzugänglich seien.[331] Gegen diesen Ansatz spricht allerdings, dass die für Inhaberpapiere gültigen Bestimmungen der §§ 793 ff. BGB auf Aktien nur soweit Anwendung finden, wie die Vorschriften des Aktienrechts nicht vorrangig sind.[332] Aus diesem Grund wäre auf die allgemeinen Eigenschaften von Inhaberpapieren nur dann zurückzugreifen, wenn sich dem Aktienrecht, insbesondere § 68 Abs. 2 AktG, nicht selbst eine Wertung zur Übertragbarkeit von Aktien entnehmen ließe.

329 Zum Wesen der Aktiengesellschaft sind nach der Rechtsprechung des Bundesgerichtshofs, BGHZ 132, 84, grundsätzlich nur die tragenden Strukturprinzipien des Aktienrechts zu zählen; ein Hauptversammlungsbeschluss sei nach BGH DB 1989, 2422; RGZ 115, 378, 383; 120, 28, 31, mit dem Wesen der Aktiengesellschaft nicht zu vereinbaren, wenn dieser gegen zwingende – in erster Linie im öffentlichen Interesse liegende – Vorschriften verstoße, auf deren Einhaltung die Aktionäre nicht verzichten könnten.

330 Vgl. z.B. Zöllner in: Kölner Kommentar, § 241 Rn. 96; Schmidt in: Großkommentar zum Aktiengesetz, § 241 Rn. 58, mit Beispielen und weiteren Nachweisen zu den Gesetzesbestimmungen, die das „Wesen der Aktiengesellschaft" betreffen.

331 Uhlenbruck, DB 1967, 1927, 1928.

332 Henn, § 1 Rn. 31; Würdinger, S. 55; Kraft in: Kölner Kommentar, § 10 Rn. 17.

d) Grundsatz der freien Übertragbarkeit als Umkehrschluss aus § 68 Abs. 2 AktG

Im Aktiengesetz ist – anders als in § 15 Abs. 1 GmbHG – die freie Übertragbarkeit von Aktien nicht ausdrücklich geregelt. Allerdings ist genauso wenig die freie Übertragbarkeit der Gesellschaftsanteile ausgeschlossen – wie es bei der Gesellschaft bürgerlichen Rechts gemäß § 719 BGB sowie der offenen Handelsgesellschaft und der Kommanditgesellschaft gemäß §§ 105 Abs. 3, 161 Abs. 2 HGB der Fall ist.

Trotz dieses „Schweigens" des Gesetzes geht die übereinstimmende Auffassung vom Grundsatz der freien, unbeschränkbaren Übertragbarkeit von Aktien aus:[333] Die freie Übertragbarkeit bilde das notwendige Pendant zu dem Umstand, dass die aktienrechtliche Mitgliedschaft nicht wie ansonsten im Vereinsrecht durch Austritt oder wie im Recht der Personengesellschaften durch Kündigung beendet werden könne.[334] Der Grundsatz der freien Übertragbarkeit wird überwiegend auf einen Umkehrschluss aus § 68 Abs. 2 AktG gestützt.[335] Gemäß § 68 Abs. 2 AktG kann die Satzung bestimmen, dass die Übertragung von Namensaktien an die Zustimmung der Gesellschaft gebunden ist. Ohne die erforderliche Genehmigung ist die Übertragung der Mitgliedschaft schwebend unwirksam; wird die Genehmigung versagt, ist die Übertragung endgültig unwirksam.[336] Die herrschende Meinung zieht daraus den Schluss, dass die freie Übertragbarkeit von Aktien über die Grenzen des § 68 Abs. 2 AktG hinaus nicht beschränkt werden könne. Aus diesem Grund werden auch Halteklauseln in Aktienoptionsprogrammen, für die regelmäßig keine vinkulierten Namensaktien verwendet werden, als aktienrechtlich unzulässig angesehen.[337]

Lässt sich die freie und unbeschränkbare Übertragbarkeit von Aktien tatsächlich mit einem Umkehrschluss aus § 68 Abs. 2 AktG begründen, ist die entspre-

---

333 BayObLG DB 1989, 214, 215; Hüffer, § 68 Rn. 10; Bayer in: Münchener Kommentar zum Aktiengesetz, § 68 Rn. 34 mwN; selbst die Vinkulierung kann nicht zur Unveräußerlichkeit der Aktien auf unabsehbare Zeit führen: BGH NJW 1987, 1019, 1020.

334 Lutter in: Kölner Kommentar, § 68 Rn. 23; Barz in: Großkommentar zum Aktiengesetz, § 68 Anm. 2.

335 BayObLG DB 1989, 214, 215; Lutter in: Kölner Kommentar, Anh. § 68 Rn. 6, Lutter/Schneider, ZGR 1975, 182, 184; Barz in: Großkommentar zum Aktiengesetz, § 68 Anm. 2; wohl auch Bayer in: Münchener Kommentar zum Aktiengesetz, § 68 Rn. 34.

336 Lutter/Grunewald, AG 1989, 109, 110 mwN.

337 Mechlem/Melms, DB 2000, 1614, 1615; Legerlotz/Laber, DStR 99, 1658, 1663; Baeck/Diller, DB 1998, 1405, 1407; Lingemann/Diller/Mengel, NZA 2000, 1191, 1195.

chende Anwendung von § 39 Abs. 2 BGB ausgeschlossen.[338] Voraussetzung ist, dass die Auslegung von § 68 Abs. 2 AktG die Anforderungen an einen Umkehrschluss erfüllt; aus Wortlaut und Zweck der gesetzlichen Regelung muss sich ergeben, dass die Rechtsfolge, die Beschränkung der Übertragbarkeit in der in § 68 Abs. 2 AktG geregelten Art und Weise, ausschließlich durch einen bestimmten Tatbestand, nämlich durch Satzungsbestimmung für den Fall der Übertragung vinkulierter Namensaktien, ausgelöst werden soll.[339]

aa) Auslegung anhand des Wortlauts

§ 68 AktG betrifft nach seiner gesetzlichen Überschrift ausschließlich die Übertragung von Namensaktien, die Übertragung von Inhaberaktien ist nicht geregelt. Gemäß § 68 Abs. 2 S. 1 AktG kann die Satzung die Übertragung von Namensaktien an die Zustimmung der Gesellschaft binden. Grundsätzlich erteilt der Vorstand gemäß § 68 Abs. 2 S. 2 AktG die erforderliche Zustimmung. Ausnahmsweise können auch Aufsichtsrat oder Hauptversammlung per Satzung ermächtigt werden, über die Zustimmung zu entscheiden.

Dem Wortlaut der Vorschrift lässt sich nicht entnehmen, dass jede über § 68 Abs. 2 AktG hinausgehende Übertragungsbeschränkung aktienrechtlich unzulässig sein soll. Die Vorschrift enthält keine den abschließenden Charakter von Normen häufig verdeutlichende und mehrfach auch im Aktiengesetz verwendete Formulierung wie „nur“[340], „allein“ etc. Einige Vorschriften des Aktiengesetzes normieren zusätzlich zur Hauptregelung explizit den entsprechenden Umkehrschluss;[341] bei § 68 Abs. 2 AktG ist dies gerade nicht der Fall. Dem Wortlaut von § 68 Abs. 2 AktG lässt sich ein abschließender Charakter der Vorschrift nicht entnehmen.

---

338 Gegen eine Anwendung von § 39 Abs. 2 BGB auf Aktiengesellschaften spricht sich ausdrücklich allein Heider in: Münchener Kommentar zum Aktiengesetz, § 1 Rn. 21 aus; keine Angaben zur Übertragung von § 39 Abs. 2 BGB auf das Aktienrecht machen Brändel in: Großkommentar zum Aktiengesetz, § 1 Rn. 31; Kraft in: Kölner Kommentar, § 1 Rn. 6; Hüffer § 1 Rn. 3; Hueck/Windbichler, § 20 Rn. 1; Geßler, § 1 Rn. 2.

339 Vgl. Larenz/Canaris, Kapitel 5 2. b); Canaris S. 44 f.

340 So beispielsweise der Wortlaut der §§ 1 Abs. 1 S. 2, 50 S. 1, 52 Abs. 1, 54 Abs. 3 S. 1, 58 Abs. 1 S. 1, 71 Abs. 1 S. 1 AktG.

341 So beispielsweise §§ 8 Abs. 2 S. 1 und S. 2, 9 Abs. 1 und Abs. 2, 10 Abs. 3 und Abs. 4 S. 1 AktG.

bb) Systematische Auslegung

Ein abschließender Charakter von § 68 Abs. 2 AktG wäre anzunehmen, wenn die Vorschrift nur im Fall der Auslegung als abschließende Regelung eine eigenständige Bedeutung entfaltet. Denn zu den Grundsätzen der Auslegung gehört, unter mehreren möglichen Auslegungen einer Norm diejenige zu wählen, die der Norm auch einen tatsächlichen Anwendungsbereich belässt und sie im Verhältnis zu anderen Normen nicht überflüssig macht.[342] Für den Fall, dass Aktien durch Abtretung übertragen werden, ist die Vereinbarung eines Zustimmungserfordernisses bereits gemäß § 399 Fall 2 BGB – ggf. innerhalb der zeitlichen Grenzen von § 39 Abs. 2 HS. 2 BGB – zulässig. Der Regelung in § 68 Abs. 2 AktG bedürfte es dann nicht. Vor diesem Hintergrund wäre es sinnvoll, § 68 Abs. 2 AktG einen eigenständigen Regelungsgehalt dadurch zu geben, dass die Vorschrift abschließend weitergehende Beschränkungen nach § 399 Fall 2 BGB untersagt.

Allerdings bezieht sich § 68 Abs. 2 AktG auf die Übertragung von Namensaktien durch Indossierung und Übertragung der indossierten Urkunde nach sachenrechtlichen Vorschriften. Insoweit ist grundsätzlich – ggf. mit einer zeitlich begrenzten Ausnahme nach § 39 Abs. 2 HS. 2 – jede Verfügungsbeschränkung nach § 137 S. 1 BGB unzulässig. § 68 Abs. 2 AktG durchbricht nun diesen Grundsatz und hat zumindest für die Übertragung durch Indossament auch ohne einschränkende Auslegung als abschließende Regelung einen eigenständigen und sinnvollen Regelungsgehalt.

cc) Objektive Auslegung von § 68 Abs. 2 AktG

Fraglich ist, ob sich anhand des Zwecks von § 68 Abs. 2 AktG der abschließende Charakter feststellen und der von der herrschenden Meinung vertretene Umkehrschluss belegen lässt.

Namensaktien unterscheiden sich von Inhaberaktien im Wesentlichen dadurch, dass die Aktionäre gemäß § 67 Abs. 1 AktG ins Aktienregister einzutragen und dadurch der Gesellschaft bekannt sind. Insbesondere Familien-Aktiengesellschaften wählen diese Aktienart, um die Zusammensetzung ihrer Aktionäre zu kennen und zu überwachen.[343] Bei Inhaberaktien hingegen ist Aktionär – in entsprechender Anwendung von § 793 BGB – der Inhaber der Aktienurkunde,

342 Wank, S. 81; Schmalz, Rn. 252.
343 Wiesner in: Münchener Handbuch des Gesellschaftsrechts, Band 4, § 13 Rn. 3.

der sie zum Nachweis seiner Berechtigung vorlegen kann.[344] Die Gesellschaft kennt die Identität des Aktionärs in der Regel nicht, da eine entsprechende Auflistung der Aktionäre nicht vorgesehen ist: Eintragungen in das Aktienregister gemäß § 67 Abs. 1 AktG sind nur bei Namensaktien vorgeschrieben. Da grundsätzlich Wahlfreiheit zwischen der Ausgabe von Namens- und Inhaberaktien besteht, verzichtet eine Aktiengesellschaft, die Inhaberaktien ausgibt, regelmäßig bewusst und zugunsten des Vorteils einer besseren Verkehrsfähigkeit der Aktien auf eine Kontrolle der Zusammensetzung ihrer Aktionäre.

Die Bindung der Übertragung von Namensaktien an die Zustimmung der Gesellschaft nach § 68 Abs. 2 AktG dient dem Interesse der Gesellschaft, die Identität ihrer Aktionäre und deren Leistungsfähigkeit auch im Fall eines Aktionärswechsels zu kontrollieren.[345] Die Vorschrift ermöglicht es der Gesellschaft, ihren Bestand mit einem bestimmten Personenkreis zu verbinden.[346] Hat sich die Aktiengesellschaft für die Ausgabe von Namensaktien entschieden, ist dieses Interesse nach der gesetzlichen Wertung schutzwürdiger als das Interesse der betroffenen Aktionäre, über ihre Mitgliedschaft unbeschränkt verfügen zu können.

(1) Analoge Anwendung von § 68 Abs. 2 AktG?

Vor dem Hintergrund dieses Gesetzeszwecks könnte sich nicht nur eine enge Auslegung im Sinne des von der allgemeinen Auffassung gezogenen Umkehrschlusses anbieten. Möglich erscheint auch eine Analogie zu § 68 Abs. 2 AktG bei im Rahmen von Aktienoptionsprogrammen ausgegebenen Aktien.

Der Analogieschluss findet seine Rechtfertigung im Gleichheitssatz: Rechtsähnliche Tatbestände sind hinsichtlich ihrer Rechtsfolgen grundsätzlich gleich zu behandeln.[347] Voraussetzung einer Analogie sind die Vergleichbarkeit eines gesetzlich geregelten und eines nicht geregelten Tatbestandes sowie eine mit dem Zweck des Gesetzes und dem Gleichheitssatz nicht zu vereinbarende Regelungslücke im Hinblick auf den ungeregelten Sachverhalt.[348]

344 Hüffer, § 10 Rn. 4, vgl. Erman/Heckelmann, § 793 Rn. 6.
345 Geßler, § 68 Rn. 5.
346 Vgl. RGZ 49, 77, 80.
347 Canaris, S. 24, 71.
348 Larenz/Canaris, Kapitel 5 2. a), b).

§ 68 Abs. 2 AktG stellt eine Ausnahmevorschrift zu § 137 S. 1 BGB dar.[349] Eine analoge Anwendung von § 68 Abs. 2 AktG auf im Rahmen von Optionsprogrammen ausgegebene Aktien könnte von vornherein ausgeschlossen sein, wenn man die Analogiefähigkeit von Ausnahmevorschriften ablehnt.[350] Grundsätzlich zeigen Ausnahmevorschriften, dass ein allgemeines Prinzip nur in besonders gelagerten Fällen durchbrochen werden soll.[351] Dennoch ist auch eine analoge Anwendung einer Ausnahmevorschrift möglich, wenn sich der Vorschrift trotz ihres Ausnahmecharakters ein Grundgedanke entnehmen lässt, der auf ähnliche Fälle übertragbar ist.[352] Eine analoge Anwendung von § 68 Abs. 2 AktG scheidet also nicht bereits aufgrund ihres Ausnahmecharakters aus.[353]

Fraglich ist, ob die Unterschiede zwischen Namensaktien und Inhaberaktien nicht so wesentlich sind, dass sie einer Analogie entgegen stehen. Das Interesse einer Gesellschaft, durch die Ausgabe von Namensaktien die Zusammensetzung ihres Aktionärsbestandes kontrollieren zu können, wird regelmäßig von einer Gesellschaft, die Inhaberaktien ausgibt, nicht geteilt. Allerdings kann eine Gesellschaft, die ein Aktienoptionsprogramm für ihre Mitarbeiter auflegt, durchaus ein Interesse daran haben, die Inhaber derjenigen Aktien eine Zeit lang zu kontrollieren, die zu günstigen Konditionen zum Zweck der Leistungssteigerung ausgegeben wurden. Die Interessenlage der Gesellschaft bei der Ausgabe von Namensaktien und der Ausgabe von Aktien im Rahmen eines Aktienoptionsprogramms kann durchaus vergleichbar sein.

Zweifelhaft ist jedoch, ob auch die für eine Analogie erforderliche Regelungslücke vorliegt. Von einer Regelungslücke kann nur gesprochen werden, wenn das Gesetz die vollständige Regelung eines Bereichs anstrebt, aber dennoch eine bestimmte Frage offen geblieben ist.[354] Nur wenn unter Berücksichtigung der Gesamtrechtsordnung objektiv eine planwidrige Unvollständigkeit vorliegt, kann die Lücke durch Analogie ausgefüllt werden.[355] Im Hinblick auf Mitarbei-

349 Vgl. oben Zweiter Teil C. I. 4. d) bb).
350 Aus diesem Grund sprechen sich von Godin/Wilhelmi, § 68 Anm. 9, gegen eine ausdehnende Auslegung der Vorschrift aus.
351 BGHZ 26, 78, 83; BGH LM Nr. 75 zu § 254 (Da) BGB; BAGE 1, 328, 329; Schmalz, Rn. 257.
352 BGHZ 135, 298, 300; 79, 163, 168.
353 Auch Mayer-Maly in: Münchener Kommentar zum BGB, § 137 Rn. 23, hält die verschiedenen gesellschaftsrechtlichen Ausnahmen von § 137 S. 1 BGB in den Grenzen der ratio legis für analogiefähig, ohne allerdings Beispielsfälle oder genauere Anforderungen zu nennen.
354 Larenz/Canaris, Kapitel 5 2. a).
355 Canaris, S. 73.

terbeteiligungsprogramme enthält das Aktiengesetz mit seinen wenigen Vorschriften in den §§ 71 Abs. 1 Nr. 2, 192 Abs. 2 Nr. 3, 193 Abs. 2 Nr. 4 AktG zum einen keine umfassende Regelung. Der Gesetzgeber hat zum anderen bei der Fassung des KonTraG das Problem gesehen, Mitarbeiter, die von Aktienoptionen profitieren, nachhaltig zu motivieren.[356] Als Motivationsinstrument wurden jedoch lediglich Wartefristen in den Gesetzestext aufgenommen. Die Gesetzesbegründung erwähnt zwar auch Mindesthalte- und Bindungsfristen als weitere mögliche Bedingungen eines Optionsprogramms.[357] Ein Hinweis darauf, ob derartige Halte- und Bindungsfristen mit schuldrechtlicher oder einer § 39 Abs. 2 BGB entsprechenden Wirkung vereinbart werden können, findet sich in der Gesetzesbegründung jedoch nicht. Vielmehr präzisiert der Gesetzgeber in der Begründung den Begriff der Haltefristen mit demjenigen der (schuldrechtlichen) Verkaufssperren und gerade nicht mit dem Begriff der Veräußerungssperren.[358] Unter Berücksichtigung der Wertungen des Gesetzes stellt es keine planwidrige Unvollständigkeit dar, dass eine Vorschrift fehlt, nach der im Rahmen von Aktienoptionsprogrammen Haltefristen mit einer § 39 Abs. 2 BGB entsprechenden Wirkung ausgestaltet werden können. Eine analoge Anwendung von § 68 Abs. 2 AktG scheidet daher aus.

(2) Abschließender Charakter von § 68 Abs. 2 AktG

Die freie Nutzung und Verfügung über Aktien ist Ausfluss der (Anteils-)Eigentümerstellung des Aktionärs.[359] Die Entscheidung des Aktieneigentümers, sein Kapital nicht auf längere Zeit zu binden, sondern es nach freiem Belieben zu investieren und zu deinvestieren, ist von Art. 14 Abs. 1 GG geschützt.[360] Der grundgesetzliche Eigentumsschutz ist als Teil einer objektiven Werteordnung auch im Rahmen der Auslegung der privatrechtlichen Vorschriften zu beachten.[361]

Vor diesem Hintergrund lässt sich ein Umkehrschluss aus § 68 Abs. 2 AktG mit dem Inhalt rechtfertigen, dass ein Zustimmungserfordernis für die Übertragung von Aktien nur dann zulässig ist, wenn ein nach dem Aktiengesetz anerkanntes, berechtigtes Interesse der Aktiengesellschaft an der Zusammensetzung ihrer

---

356 Begründung des Regierungsentwurfs zum KonTraG, BT-Drucks. 13/9712, S. 23.
357 Begründung des Regierungsentwurfs zum KonTraG, BT-Drucks. 13/9712, S. 24.
358 Begründung des Regierungsentwurfs zum KonTraG, BT-Drucks. 13/9712, S. 24.
359 BVerfGE 50, 290, 341; BGHZ 82, 188, 192; Kimminich in: Bonner Kommentar, Art. 14 Rn. 38.
360 BVerfGE 100, 289, 305; BVerfG ZIP 2000, 1670, 1672.
361 Vgl. BVerfGE 7, 198, 204 ff.; 84, 192, 195; 85, 1, 13; Dreiher, Vorbe. Rn. 55 ff.

Aktionärsschaft besteht. Das Aktiengesetz stellt zur Durchsetzung dieses Interesses Namensaktien mit ihren besonderen Regelungen zur Verfügung. Bei der Ausgabe von Namensaktien kann das gegenläufige Interesse des Aktionärs an einer freien wirtschaftlichen Nutzung seiner Mitgliedschaft verdrängt werden. Ein berechtigtes Interesse der Aktiengesellschaft an der Zusammensetzung ihrer Aktionärsschaft, das die Eigentümerinteressen der Aktionäre verdrängen könnte, fehlt hingegen regelmäßig bei der Ausgabe von Inhaberaktien. Zwar kann ausnahmsweise auch eine Gesellschaft, die Inhaberaktien ausgibt, an der konkreten Zusammensetzung – zumindest eines Teils – ihrer Aktionärsschaft ein erhebliches Interesse haben. Dies kann bei der Ausgabe von Aktien im Rahmen eines Aktienoptionsprogramms der Fall sein. Allerdings ist dieses Interesse im Gesetz bisher nicht anerkannt, so dass es das Interesse der Aktionäre an einer freien Nutzung ihrer Aktien nicht verdrängen kann.

Aus dem Gesetzeszweck und unter Berücksichtigung der Eigentümerinteressen der Aktionäre folgt damit der abschließende Charakter von § 68 Abs. 2 AktG.

5. Ergebnis

Zeitliche Verfügungsbeschränkungen in Form von Halteklauseln sind aktienrechtlich unzulässig. Das Aktiengesetz hat im Hinblick auf Verfügungsbeschränkungen mit § 68 Abs. 2 AktG eine abschließende Regelung getroffen. Zwar führen Halteklauseln auch zu einer unzulässigen Ungleichbehandlung; mit einer vorbehaltlosen Teilnahme am Optionsprogramm und Ausübung der Option verzichtet der Mitarbeiter allerdings auf den Schutz nach § 53 a AktG. Ein Verstoß gegen die §§ 54, 55 AktG liegt nicht vor, da Halteklauseln keine Leistungspflicht im Sinne der Vorschriften begründen.

Satzungsbestimmungen mit Halteklauseln, die von der abschließenden Regelung des § 68 Abs. 2 AktG abweichen, sind nichtig.[362] Halteklauseln können den Mitarbeiteraktionär daher nicht durch Aufnahme in die Satzung binden, sondern nur, wenn sie anderweitig wirksam vereinbart werden.

Sind Haltebestimmungen nicht Satzungsbestandteil, aber Gegenstand eines Hauptversammlungsbeschlusses, ist der Beschluss nicht bereits nichtig: Der Nichtigkeitsgrund einer Unvereinbarkeit mit dem Wesen der Aktiengesellschaft im Sinne von § 241 Nr. 3 AktG kommt bei Haltebestimmungen nicht in Be-

---

362 Zur Rechtsfolge der Nichtigkeit vgl. oben Erster Teil H.

tracht.[363] Genauso wenig berühren Haltebestimmungen Vorschriften, die im öffentlichen Interesse liegen und deren Verletzung gemäß § 241 Nr. 3 AktG zur Nichtigkeit des Hauptversammlungsbeschlusses führt: § 53 a AktG verfolgt den Schutz der mitgliedschaftlichen Vermögens- und Mitverwaltungsrechte vor ungleicher Beeinträchtigung durch die innerverbandlichen Entscheidungsträger.[364] § 68 Abs. 2 AktG betrifft die Dispositionsfreiheit des Aktionärs über seine Mitgliedschaft und schließt Einschränkungen aus, die über § 68 Abs. 2 AktG hinausgehen. Die Normen schützen damit keine öffentlichen Interessen, sondern die Eigentümerinteressen der Aktionäre.

Der Beschluss kann allerdings wegen einer Verletzung des Gesetzes gemäß § 243 Abs. 1 AktG angefochten werden. Zwar kann der Beschluss den Mitarbeiteraktionär noch nicht zum Halten der Aktien verpflichten; erforderlich ist eine zusätzliche, z.B. schuldrechtliche Vereinbarung. Daher kann der Beschluss selbst § 68 AktG, der die Rechtsstellung des Aktionärs im Hinblick auf die freie Übertragbarkeit seiner Mitgliedschaft schützt, nicht verletzen. Allerdings stellt der Beschluss für die Behandlung von Mitarbeiteraktionären andere Anforderungen auf als für die Behandlung der übrigen Aktionäre: Nur Mitarbeiteraktionäre sollen bei entsprechender Beschlussfassung zum Halten der Aktien verpflichtet sein, ohne dass sich eine solche Pflicht sachlich rechtfertigen ließe. Die Verletzung von § 53 a AktG begründet die Anfechtbarkeit des Hauptversammlungsbeschlusses gemäß § 243 Abs. 1 AktG.[365]

II. Schuldrechtlich vereinbarte Halteklauseln

Da Halteklauseln nicht wirksam als materielle Satzungsbestimmungen beschlossen werden können, kommt als Alternative eine schuldrechtliche Verankerung z.B. im Anstellungs- oder Optionsvertrag in Betracht. Eine Veräußerung der Aktien vor Ablauf der Haltefrist wäre dann zwar rechtlich möglich, könnte aber etwa durch Schadensersatzansprüche oder Vertragsstrafen sanktioniert werden. Die überwiegende Meinung geht davon aus, dass aktienrechtliche Ge-

---

363 Vgl. oben Zweiter Teil C. I. 4. b).

364 Lutter/Zöllner in: Kölner Kommentar, § 53 a Rn. 7.

365 Vgl. Hüffer, § 243 Rn. 29, zur Rechtsfolge der Anfechtbarkeit mwN auch zur Mindermeinung, die sich für die Unwirksamkeit von Hauptversammlungsbeschlüssen ausspricht, die § 53 a AktG verletzen; ein Verzicht auf Gleichbehandlung liegt regelmäßig noch nicht im Zeitpunkt der Beschlussfassung, sondern erst bei vorbehaltloser Teilnahme am Optionsprogramm vor.

sichtspunkte einer schuldrechtlichen Vereinbarung von Haltepflichten nicht entgegenstehen.[366]

1. Keine Umgehung von § 68 Abs. 2 AktG

Möglicherweise umgehen schuldrechtliche Vereinbarungen, die Verfügungen des Mitarbeiteraktionärs über seine Aktien betreffen, die gesetzlichen Vinkulierungserfordernisse des § 68 Abs. 2 AktG.[367] Schuldrechtliche Veräußerungsvereinbarungen sind einer satzungsmäßigen Vinkulierung in der Hinsicht vergleichbar, dass Vorstand oder Aufsichtsrat den Aktionär jederzeit von dem vertraglichen Veräußerungsverbot freistellen können. Diese Freistellungsmöglichkeit kommt dem einzelfallbezogenen Zustimmungserfordernis in § 68 Abs. 2 AktG nahe.[368]

Die Voraussetzungen einer Gesetzesumgehung liegen jedoch nur dann vor, wenn ein Rechtsgeschäft, das nicht unmittelbar gegen das Gesetz verstößt, denselben Erfolg bewirkt wie das unmittelbar verbotene Rechtsgeschäft. Soll hingegen nach dem Zweck der maßgeblichen Norm nicht ein bestimmter Erfolg verhindert werden, sondern nur die Vornahme eines Rechtsgeschäfts bestimmter Art, ist dasjenige Rechtsgeschäft unbedenklich, das denselben Erfolg, jedoch auf andere Art und Weise herbeiführt.[369] Voraussetzung einer Umgehung von § 68 Abs. 2 AktG ist daher zunächst, dass eine schuldrechtliche Veräußerungsvereinbarung überhaupt denselben Erfolg wie eine unmittelbar unter § 68 Abs. 2 AktG fallende statutarische Verfügungsbeschränkung bewirkt.

Die Rechtsfolgen einer statutarischen Bestimmung über die Veräußerung von Aktien einerseits und einer schuldrechtlichen Regelung andererseits lassen sich nicht als vergleichbar bzw. als ein und derselbe Erfolg qualifizieren: § 68 Abs. 2 AktG gibt der Aktiengesellschaft ein Instrumentarium an die Hand, mit dem sie die Zusammensetzung ihrer Aktionäre unmittelbar kontrollieren kann. Mit Hilfe der Vinkulierung ist es ihr selbst gegen den Willen der Aktionäre

---

366 BayObLG DB 1989, 214, 216 f.; Knepper, ZGR 1985, 419, 439; Lutter in: Kölner Kommentar, § 54 Rn. 22; Lutter/Schneider, ZGR 1975, 182, 187; Bungeroth in: Münchener Kommentar zum Aktiengesetz, § 54 Rn. 33; Henze in: Großkommentar zum Aktiengesetz, § 54 Rn. 66; Friedrichsen, S. 184; Baeck/Diller, DB 1998, 1405, 1407; Lingemann/Diller/Mengel, NZA 2000, 1191, 1195; Legerlotz/Laber, DStR 1999, 1568, 1663; Röller in: Küttner, Aktienoptionen (5) Rn. 5; a.A. Otto, AG 1991, 369, 373 ff.; Immenga, AG 1992, 79, 81 f.

367 So Otto, AG 1991, 369, 374 f.

368 Vgl. Otto, AG 1991, 369, 375.

369 RG 155, 138, 146; BGH LM Nr. 19 zu § 134 BGB.

möglich zu verhindern, dass sie ihre Mitgliedschaft in der Aktiengesellschaft beenden. Diese Rechtsfolge kann über die Vereinbarung eines schuldrechtlichen Veräußerungsverbots nicht erreicht werden. Entschließt sich der Aktionär dazu, seine Aktien zu veräußern, ist die Veräußerung trotz schuldrechtlicher Bindung wirksam.

In Betracht kommt allerdings, dass die schuldrechtliche Halteklausel an eine vorzeitige Veräußerung Nachteile wie z.B. eine Vertragsstrafe knüpft, die so gravierend sind, dass dem Mitarbeiteraktionär eine Veräußerung unzumutbar ist. Zumindest in diesem Fall könnte der Erfolg einer schuldrechtlichen Halteklausel einer statutarischen Verfügungsbeschränkung vergleichbar sein. Für den Vereinsaustritt ist anerkannt, dass es gegen den zwingenden Charakter der §§ 39 Abs. 2 HS. 2, 40 BGB verstößt, wenn der Austritt aus dem Verein durch Satzungsbestimmung erschwert wird bzw. dem Mitglied durch die Ausübung seines Austrittsrechts Nachteile entstehen.[370] Unzulässig ist daher die Androhung von Maßregeln für den Fall des Austritts, beispielsweise einer Vereinsstrafe oder eines „Austrittsgeldes".[371] Überträgt man diese Wertungen auf die aktienrechtliche Mitgliedschaft, könnte die Vereinbarung einer schuldrechtlichen Haltepflicht mit entsprechenden Sanktionen das Recht zur freien Veräußerung der Aktien unzulässig einschränken. Wird die Haltepflicht allerdings mit den Mitarbeiteraktionären im Rahmen einer schuldrechtlichen Sonderbeziehung vereinbart, stellen die schuldrechtlichen Schutz- und Verbotsgesetze wie §§ 138, 242, 339 ff. BGB oder Normen des Arbeits- und Dienstvertragsrechts speziellere Anknüpfungspunkte dar. Aufgrund des umfassenden schuldrechtlichen Schutzes scheidet eine Überprüfung von schuldrechtlichen Haltepflichten an § 68 Abs. 2 AktG unter Umgehungsgesichtspunkten aus.

2. Kein Verstoß gegen das aktienrechtliche Kompetenzgefüge

Soweit Mitarbeiter „unterhalb" der Vorstandsebene Aktienoptionen erhalten, ist der Vorstand für die Ausgabe sowie den Abschluss der entsprechenden Verträge nach § 76 Abs. 1 AktG zuständig. Soll der Vorstand selbst Aktienoptionen erhalten, liegt die Zuständigkeit gemäß § 112 AktG beim Aufsichtsrat.[372] Werden schuldrechtliche Veräußerungsbeschränkungen in Form von Halteklauseln zwischen Vorstand bzw. Aufsichtsrat und (zukünftigen) Aktionären vereinbart, erhält die Verwaltung in gewisser Weise Einfluss darauf, wie lange jemand zum

370 RGZ 108, 160, 162; Sauter/Schweyer, Rn. 86; Stöber, Rn. 188.
371 RGZ 71, 388, 391; Sauter/Schweyer, Rn. 86; Stöber, Rn. 188.
372 Wulff, S. 146.

Kreis der Aktionäre gehört – und damit mittelbar auf die Willensbildung in der Hauptversammlung. Diese Möglichkeit zur Einflussnahme könnte im Hinblick auf das aktienrechtliche Kompetenzgefüge problematisch sein.

Die den verschiedenen Gesellschaftsorganen zugewiesenen Kompetenzen und Einflussmöglichkeiten auf die Zusammensetzung eines Organs stellen ein abschließendes und über § 23 Abs. 5 AktG abgesichertes Regelungssystem dar.[373] Der Vorstand ist im Rahmen seiner Geschäftsführung nicht berechtigt, auf die Zusammensetzung des Kreises der Aktionäre Einfluss zu nehmen.[374] Genauso wenig gehört es zu den Überwachungsaufgaben des Aufsichtsrates, auf die Zusammensetzung der Hauptversammlung einzuwirken. Vielmehr liegen umgekehrt die Kontrollbefugnisse im Hinblick auf die Zusammensetzung der Gesellschaftsorgane ausschließlich bei der Hauptversammlung bzw. werden von ihr abgeleitet: Gemäß §§ 101, 103 AktG obliegt es der Hauptversammlung, die Mitglieder des Aufsichtsrates zu bestellen und abzuberufen. Der Aufsichtsrat wiederum nimmt nach § 84 AktG die Bestellung und Abberufung der Vorstandsmitglieder vor. Weder Vorstand noch Aufsichtsrat haben auf die Zusammensetzung der Hauptversammlung Einfluss. Eine Ausnahme enthält lediglich § 68 Abs. 2 AktG: Bei vinkulierten Aktien kann der Vorstand – bei entsprechender Kompetenzzuweisung auch der Aufsichtsrat – über das Zustimmungserfordernis auf die Struktur der Hauptversammlung einwirken. Voraussetzung dieser Einwirkungsbefugnis ist jedoch eine entsprechende Vinkulierung durch Satzungsbestimmung; daher ist auch hier die Vorstands- bzw. Aufsichtsratszuständigkeit letztlich von der Hauptversammlung abgeleitet.[375]

Vor diesem Hintergrund vertreten *Otto*[376] und *Immenga*[377], dass schuldrechtliche Geschäfte zwischen Vorstand bzw. Aufsichtsrat und (zukünftigen) Aktionären, die eine Verfügungsbeschränkung vorsehen, gegen das zwingende Kompetenzgefüge der Aktiengesellschaft verstießen. Vorstand bzw. Aufsichtsrat erhielten die Möglichkeit, gezielt die Mitgliederstruktur und die Willensbildung

---

373 Wiesner in: Münchener Handbuch des Gesellschaftsrechts, Band 4, § 6 Rn. 10; Timm, DB 1980, 1201, 1204; Hüffer, § 23 Rn. 36; Mertens in: Kölner Kommentar, Vorbe. § 76 Rn. 1; Hefermehl in: Geßler/Hefermehl § 76 Rn. 11; Brändel in: Großkommentar zum Aktiengesetz, § 1 Rn. 27.

374 Immenga, AG 1992, 79, 81; Mertens in: Kölner Kommentar, § 76 Rn. 26.

375 Immenga, AG 1992, 79, 81.

376 Otto, AG 1991, 369, 373 ff.

377 Immenga, AG 1992, 79, 81 ff.

der Hauptversammlung zu beeinflussen, ohne hierfür gesetzlich zuständig zu sein.[378]

Gegen diesen Ansatz spricht jedoch, dass schuldrechtliche Veräußerungsvereinbarungen – im Gegensatz zu statutarischen Verfügungsbeschränkungen – keinen unmittelbaren Einfluss auf die Zusammensetzung des Aktionärskreises haben. Lediglich soweit den Aktionären die Konsequenzen einer Verletzung der schuldrechtlichen Haltepflicht unzumutbar sind, kann sich die Vereinbarung auf die Zusammensetzung der Hauptversammlung auswirken. Hier sind jedoch die schuldrechtlichen Schutz- und Verbotsgesetze vorrangig anwendbar. Auch soweit in § 68 Abs. 2 AktG das Kompetenzgefüge zur Regelung von Verfügungsbeschränkungen verankert ist, liegt eine Umgehung der Vorschrift nicht vor.

Nach Ansicht von *Immenga* fallen schuldrechtliche Veräußerungsvereinbarungen – da sie die Struktur der Gesellschaft beträfen – als Grundlagengeschäfte in die ausschließliche Zuständigkeit der Hauptversammlung.[379] Aber auch diesem Argument ist entgegenzuhalten, dass schuldrechtliche Veräußerungsvereinbarungen die Struktur der Hauptversammlung gerade nicht unmittelbar berühren. Erst die weitere Entscheidung der schuldrechtlich gebundenen – aber auch geschützten – Aktionäre wirkt sich auf die Struktur der Hauptversammlung aus.

3. Kein Verstoß gegen das Gleichbehandlungsgebot

Eine schuldrechtliche Verpflichtung der Mitarbeiteraktionäre, die Aktien eine Zeit lang zu halten, stellt auch keine unzulässige Differenzierung im Sinne von § 53 a AktG dar: Das aktienrechtliche Gleichbehandlungsgebot gilt nur für die gesellschaftsrechtlichen Beziehungen zwischen der Gesellschaft und ihren Aktionären. Treten Aktionäre in schuldrechtliche Beziehung zur Gesellschaft, haben sie grundsätzlich keinen Anspruch darauf, im Rahmen dieser Sonderbeziehung so wie andere Aktionäre behandelt zu werden.[380] Zwar wirkt sich die schuldrechtliche Vereinbarung einer Haltepflicht auf die gesellschaftsrechtliche Stellung des Mitarbeiteraktionärs aus, da die Beendigung der Mitgliedschaft – wenn auch nur mit schuldrechtlicher Wirkung – geregelt wird. Allerdings trifft den Mitarbeiteraktionär die schuldrechtliche Haltepflicht gerade im Hinblick auf das Anstellungsverhältnis: Die Haltepflicht ist Kehrseite der beim Bezug

378 Immenga, AG 1992, 79, 81; Otto, AG 1991, 369, 374, soweit ein Aktienbesitz von nicht völlig untergeordneter Bedeutung betroffen sei.
379 Immenga, AG 1992, 79, 81.
380 Bungeroth in: Münchener Kommentar zum Aktiengesetz, § 53 a Rn. 6; Lutter/Zöllner in: Kölner Kommentar, § 53 a Rn. 21.

der Aktien eingeräumten Vergünstigung, die mit Rücksicht auf das Anstellungsverhältnis gewährt werden. Als Motivationsinstrument kann die Haltepflicht nur im Rahmen des Anstellungsverhältnisses Wirkung entfalten. Für eine Anwendung des aktienrechtlichen Gleichbehandlungsgrundsatzes auf schuldrechtliche Haltevereinbarungen ist kein Raum.

4. Keine Umgehung der §§ 54, 55 AktG

Auch eine unzulässige Umgehung der §§ 54, 55 AktG liegt nicht vor. Zum einen fallen Halteklauseln selbst als materielle Satzungsbestimmungen nicht in den Regelungsbereich der Vorschriften;[381] zum anderen kann die rein schuldrechtliche Sanktionierung schuldrechtlicher Pflichten keine unzulässige Umgehung aktienrechtlicher Schutzvorschriften darstellen. Hier greifen die schuldrechtlichen Schutz- und Verbotsvorschriften ein.

5. Ergebnis

Aus aktienrechtlicher Sicht können Halteklauseln mit rein schuldrechtlicher Wirkung beliebig vereinbart werden. Es liegt weder ein Verstoß gegen das aktienrechtliche Kompetenzgefüge noch eine Umgehung der §§ 53 a, 54, 55, 68 Abs. 2 AktG vor.[382]

D. Aktienbezogene Verfallklauseln

Verfallklauseln lassen die Ansprüche aus Aktienoptionsprogrammen ganz oder teilweise mit Beendigung des Anstellungsverhältnisses entfallen.[383] Die Klauseln können unterschiedlich ausgestaltet sein: So kann der „Verfall" einer Aktienoption bei Beendigung des Anstellungsverhältnisses während des Optionszeitraums vorgesehen sein.[384] Der Verfall kann sich aber – wie in US-amerika-

381 Vgl. oben Zweiter Teil C. I. 3. b).

382 Um den Mitarbeiter auch nach Ausübung der Option an das Anstellungsverhältnis zu binden, ist eine aufschiebend bedingte Übertragung der Aktien unter der Bedingung des Fortbestandes des Anstellungsverhältnisses bis zu einem bestimmten Zeitpunkt denkbar. Genauso erscheint es möglich, den Mitarbeiter durch Bedingungen, die sich auf den Wert des Unternehmens oder andere Erfolgsparameter beziehen, weiterhin zu motivieren. Eine aufschiebend bedingte Übertragung kommt allerdings nur in Betracht, wenn die Optionen mit „alten" Aktien erfüllt werden. Wie auch bei schuldrechtlichen Halteklauseln oder optionsbezogenen Verfallklauseln stehen die aktienrechtlichen Vorschriften einer solchen Vereinbarung, die im Vorfeld des Aktienerwerbs wirkt, nicht entgegen.

383 Legerlotz/Laber, DStR 1999, 1658, 1664; Lingemann/Diller/Mengel, NZA 2000, 1191, 1195; Baeck/Diller, DB 1998, 1405, 1407.

384 Bredow, DStR 1998, 380, 381 f., § 5 Abs. 2 des vorgeschlagenen Vertragsentwurfs.

nischen Aktienoptionsplänen üblich[385] – auch auf die erworbenen Aktien beziehen.[386] Insbesondere kleinere Aktiengesellschaften können bei Mitarbeitern der Führungsebene ein Interesse an einem Aktienverfall haben, wenn die Mitarbeiter eine größere Anzahl von Aktien bezogen, gesellschaftsrechtlich an Einfluss gewonnen haben und nun zur Konkurrenz wechseln.[387]

Der Verfall der Aktien kann unentgeltlich oder gegen Zahlung des aktuellen Kaufpreises oder des ursprünglichen Erwerbspreises erfolgen.[388] Einige Klauseln differenzieren nach dem Beendigungsgrund und sehen einen Verfall nur als Folge einer Eigenkündigung des Mitarbeiters oder einer verhaltensbedingten Kündigung vor.[389] Bei einer Beendigung des Anstellungsverhältnisses infolge Pensionierung oder Tod des Begünstigten können Ausnahmen zugunsten des Mitarbeiters gelten.[390] Andere Bestimmungen sehen vor, dass bei Ausscheiden nach Ausübung der Option und Erwerb der Aktien der nach Versteuerung des geldwerten Vorteils erzielte Gewinn ganz oder zum Teil zurückzuzahlen ist.[391] Da in diesem Fall die Aktien nicht „verfallen", sondern der ehemalige Mitarbeiter weiterhin Aktionär bleibt, sollen derartige Klauseln erst im schuldrechtlichen Teil untersucht werden.

Möglich ist, dass Verfallklauseln eine (Rück-)Übertragungspflicht des Mitarbeiters begründen; die Aktien sind entweder auf die Gesellschaft oder einen Dritten, z.B. einen anderen Mitarbeiter der Gesellschaft, zu übertragen. (Rück-)Übertragungspflichten sind nicht nur als korporative Regelungen, sondern auch als schuldrechtliche Vereinbarungen denkbar. Soll der „Verfall" der Aktien ohne weiteres Rechtsgeschäft eintreten, bietet sich außerdem eine Kapitalherabsetzung durch Einziehung der betroffenen Aktien an. Auch bei einem Ausschluss verliert der betroffene Aktionär seine Mitgliedschaft ohne weiteren rechtsgeschäftlichen Übertragungsakt.

385 Kessler/Strnad in: Handbuch Stock Options, F V Rn. 402; Engelsing, S. 63 mwN.
386 Klahold, S. 41; Feddersen, ZHR 161 (1997), 269, 272.
387 Mohr/Bihn in: Handbuch Stock Options, N IV 1 b) Rn. 948 f. bejahen generell ein schutzwürdiges Interesse des Arbeitgebers an einer Rückübertragungspflicht, wenn der ausscheidende Mitarbeiter zu einem Konkurrenzunternehmen wechselt und für die Rückübertragung eine adäquate Entschädigung vorgesehen ist.
388 Baeck/Diller, DB 1998, 1405, 1407; Mechlem/Melms, DB 2000, 1614, 1615; Klahold, S. 41.
389 Legerlotz/Laber, DStR 1999, 1658, 1664.
390 Klahold, S. 40.
391 Mechlem/Melms, DB 2000, 1614, 1615; Wulff, S. 149.

I. Gesellschaftsrechtlich begründete Verfallklauseln

Da Verfallklauseln sich – wie Halteklauseln – auf die Mitgliedschaft beziehen, können sie nicht nur Gegenstand von einfachen Hauptversammlungsbeschlüssen, sondern ihrem Inhalt nach auch Gegenstand materieller Satzungsbestimmungen sein, die sich am strengen Maßstab des § 23 Abs. 5 AktG messen lassen müssen.

1. Grundsatz der freien Übertragbarkeit

Bewirkt die Verfallbestimmung nicht den automatischen Verlust der Mitgliedschaft, sondern enthält eine Regelung zur (Rück-)Übertragung der Aktien, könnte dies gegen den Grundsatz der freien Übertragbarkeit verstoßen. Eine korporative Verpflichtung zur (Rück-)Übertragung der Aktien an die Gesellschaft oder an Dritte mit Beendigung des Anstellungsverhältnisses betrifft die freie Übertragbarkeit in zeitlicher und persönlicher Hinsicht: Verfügungen zu einem späteren Zeitpunkt oder an andere Personen sollen durch eine Verfallklausel ausgeschlossen werden.

Im Rahmen des Umkehrschlusses zu § 68 Abs. 2 AktG lässt sich allerdings nur folgern, dass in den nicht von § 68 Abs. 2 AktG erfassten Fällen die Übertragung nicht an die Zustimmung der Gesellschaft gebunden werden kann. Der Aktionär soll nicht gegen seinen Willen in der Gesellschaft gehalten werden können. Für eine Regelung, nach der die Aktien unter bestimmten Voraussetzungen auf die Gesellschaft oder einen Dritten zu übertragen sind, lassen sich aus § 68 Abs. 2 AktG hingegen keine Schlüsse ziehen: Der Aktionär wird durch eine solche Regelung nicht in der Gesellschaft gehalten, sondern vielmehr aus ihr hinausgedrängt. Für diese Konstellation stellt § 68 Abs. 2 AktG nicht den richtigen Anknüpfungspunkt dar.

2. Zusätzliche Leistungspflichten im Sinne von §§ 54, 55 AktG?

a) Rückübertragungspflicht als zusätzliche Leistung im Sinne von §§ 54, 55 AktG?

Verpflichten Verfallklauseln den Mitarbeiteraktionär, bei Beendigung des Anstellungsverhältnisses die bezogenen Aktien auf die Gesellschaft oder einen Dritten zu übertragen, stellt sich das Problem, ob die Klauseln eine über die Einlagepflicht hinausgehende Nebenleistungspflicht enthalten.

Unter Hinweis auf den Umkehrschluss zu §§ 54, 55 AktG hält die überwiegende Meinung eine aktienrechtliche Pflicht, unter bestimmten Umständen die Aktien an die Gesellschaft zurückzuübertragen, für unwirksam.[392] Genau wie bei Halteklauseln ist allerdings auch bei Verfallklauseln zwischen Regelungen zur Beendigung der Mitgliedschaft einerseits und ihrer inhaltlichen Ausgestaltung durch entsprechende Rechte und Pflichten andererseits zu trennen.[393] Die im Rahmen einer Verfallklausel geregelte Rückübertragungspflicht ist daher nicht als zusätzliche Pflicht im Sinne der §§ 54, 55 AktG einzuordnen. Denn zum einen wird die Rückübertragung an die Gesellschaft nicht als „Nebenpflicht" für die Dauer der Mitgliedschaft geleistet, sondern dient dazu, die Mitgliedschaft zu beenden. Zum anderen sollen die §§ 54, 55 AktG gewährleisten, dass dem Aktionär nicht allein aufgrund des Erwerbs der Mitgliedschaft zusätzliche Pflichten auferlegt werden können, für die er mit seinem restlichen Vermögen einstehen bzw. sich zusätzlich engagieren muss. Dieser Gesetzeszweck wird bei Verfallklauseln genauso wenig wie bei Halteklauseln berührt: Die Erfüllung der Rückübertragungspflicht führt nicht dazu, dass der ehemalige Mitarbeiter auf sein außerhalb der Mitgliedschaft bestehendes Vermögen zurückgreifen muss. Genauso wenig muss er sich – über das reine „Aktionärssein" hinaus – mit zusätzlichen Leistungen engagieren. Vielmehr ist die Grundvoraussetzung für das Bestehen weiterer Pflichten im Sinne der §§ 54, 55 AktG, die aktienrechtliche Mitgliedschaft selbst, durch die Pflicht zur Rückübertragung berührt. Die Vereinbarung von Rückübertragungspflichten fällt damit nicht in den Anwendungsbereich der §§ 54, 55 AktG.

b) Fortführung des Anstellungsverhältnisses und „Wohlverhaltenspflicht" als zusätzliche Leistungen im Sinne von §§ 54, 55 AktG?

Mit der Verankerung von Verfallklauseln bringt die Gesellschaft ihr Interesse zum Ausdruck, den Mitarbeiteraktionär für die Dauer der Verfallfrist an das Anstellungsverhältnis zu binden. Verfallklauseln könnten daher dem Mitarbeiteraktionär eine Nebenpflicht mit dem Inhalt auferlegen, sein Anstellungsverhältnis für die Dauer der Verfallfrist fortzuführen bzw. nicht zu beenden und ein

---

392 Lutter in: Kölner Kommentar, § 54 Rn. 16; Bungeroth in: Münchener Kommentar zum Aktiengesetz, § 54 Rn. 24; Henze in: Großkommentar zum Aktiengesetz, § 54 Rn. 47; von Godin/Wilhelmi, § 54 Anm. 9; BayObLG DB 1989, 214, 215; von dieser herrschenden Auffassung hebt sich einzig das Urteil des Reichsgerichts ab, das zwischen den Umständen der Beendigung einerseits und Leistungspflichten zum Nutzen der Gesellschaft andererseits differenziert: RGZ 49, 77, 78, vgl. oben Fn. 310; ebenfalls abweichend zum Sonderfall einer „Auslosung" RGZ 120, 177, 180, sowie Baumbach/Hueck, Kommentar zum Aktiengesetz, Rn. 6 vor § 237.

393 Vgl. oben Zweiter Teil C. I. 3. b).

Verhalten zu zeigen, das der Gesellschaft keinen Grund für eine wirksame Kündigung bietet.

In diesem Zusammenhang ist zunächst problematisch, ob sich die fortgesetzte Leistung von Diensten bzw. das Unterlassen einer Beendigung des Anstellungsverhältnisses und eine „Wohlverhaltenspflicht" überhaupt als echte Pflichten im Sinne von § 55 AktG oder nicht vielmehr lediglich als Bedingungen für die (Rück-)Übertragung darstellen. Ist das Verhalten des Mitarbeiters im Rahmen seines Anstellungsverhältnisses lediglich Bedingung für den Verlust der Mitgliedschaft, ist der Anwendungsbereich der §§ 54, 55 AktG nicht eröffnet. Denn § 55 AktG stellt mit dem Begriff der Leistung auf eine echte, einklagbare und durchsetzbare Rechtspflicht im Sinne von § 241 BGB ab.[394]

Denkbar ist allerdings auch, dass die Fortführung bzw. Nichtbeendigung des Anstellungsverhältnisses und die „Wohlverhaltenspflicht" als Leistungspflichten ausgestaltet sind, deren Verletzung mit der Pflicht zur (Rück-)Übertragung der Aktien als spezieller Rechtsfolge sanktioniert ist. Auch solche Leistungspflichten wären allerdings nicht als korporative Pflichten im Sinne von § 55 AktG einzuordnen: Satzungsbestimmungen, die Pflichten für einzelne Aktionäre regeln, können gesellschafts- oder schuldrechtlicher Natur sein.[395] Ihre Rechtsnatur lässt sich durch Auslegung ermitteln.[396] Im Rahmen der Auslegung ist zu beachten, ob die Leistungspflicht auf der Mitgliedschaft in der Gesellschaft beruht und den Aktionär gerade aufgrund seiner gesellschaftsrechtlichen Stellung trifft.[397] Von einer Verpflichtung gesellschaftsrechtlichen Charakters kann (nur) dann ausgegangen werden, wenn dem Aktionär Leistungen obliegen, die ihn schlechthin als Eigentümer der Aktie und nicht aufgrund ausschließlich bei ihm vorhandener persönlicher Umstände treffen.[398]

Eine mögliche Pflicht zur Fortführung bzw. Nichtbeendigung des Anstellungsverhältnisses sowie eine „Wohlverhaltenspflicht" können – anders als Halte- bzw. Rückübertragungspflichten – nicht von jedem beliebigen Aktionär erfüllt werden. Sie treffen den Mitarbeiteraktionär gerade mit Rücksicht auf ein bereits zusätzlich mit der Gesellschaft begründetes Rechtsverhältnis und mit Rücksicht

394 Vgl. oben Zweiter Teil C. I. 3. b) bb) (1).
395 Priester, DB 1979, 681, 682; Bungeroth in: Münchener Kommentar zum Aktiengesetz, § 55 Rn. 50.
396 Priester, DB 1979, 681, 682.
397 Bungeroth in: Münchener Kommentar zum Aktiengesetz, § 55 Rn. 20 mwN.
398 RGZ 84, 328, 330 f.

auf seine besondere Stellung als Mitarbeiter. Dies spricht gegen einen korporativen Charakter. Auch wenn die Verfallbestimmung echte Rechtspflichten und nicht lediglich Bedingungen enthalten sollten, ist der Anwendungsbereich der §§ 54, 55 AktG daher nicht eröffnet.

3. Verfallklausel als unzulässiger Ausschluss

Sollen die Mitgliedschaftsrechte mit Beendigung des Anstellungsverhältnisses „verfallen“, könnte dies einen Ausschluss des Aktionärs darstellen,[399] der im Aktienrecht nur unter strengen Voraussetzungen zulässig ist.

a) „Verfall“ als Ausschluss

Zunächst ist fraglich, ob die Folgen einer Verfallklausel überhaupt als Ausschluss gewertet werden können. Bedenken an einer Einstufung als Ausschluss können sich ergeben, wenn der Mitarbeiteraktionär nicht nur seine Mitgliedschaft verliert, sondern der Verfall zugleich eine Zahlung der Gesellschaft auslöst, beispielsweise die Rückgewähr des Ausübungspreises.

Der Begriff des Ausschlusses ist im Aktiengesetz nicht definiert. Allerdings hat sich die Definition durchgesetzt, dass es sich bei einem Ausschluss um den unfreiwilligen Entzug der Mitgliedschaft aufgrund Entschlusses der Gesellschaft handelt.[400] Nach dieser Definition stellt sich der Verlust der Mitgliedschaft infolge der Beendigung des Anstellungsverhältnisses grundsätzlich als Ausschluss dar. Allein der Umstand, dass dem Mitarbeiteraktionär im Zuge des Verlustes seiner Aktien möglicherweise der ursprünglich geleistete Ausübungspreis oder ein anderer Betrag gezahlt wird, vermag die Einordnung als Ausschluss nach dieser Definition nicht zu berühren. Gemäß § 64 AktG folgt aus dem strafweisen Ausschluss zwar zugleich der Verlust der bereits geleisteten Einlage. Außerhalb des Anwendungsbereichs des § 64 AktG wird jedoch aus Art. 14 Abs. 1 GG gefolgert, dass (Minderheits-)Aktionäre, die gegen ihren Willen aus der Gesellschaft gedrängt werden, wirtschaftlich in Höhe des Wertes ihrer gesellschaftsrechtlichen Beteiligung entschädigt werden müssten.[401] So gehen auch die §§ 327 a ff. AktG davon aus, dass der unfreiwillige Verlust der Mitgliedschaft eines Minderheitsaktionärs nur dann zulässig ist, wenn der Aktionär für den Verlust entschädigt wird. Der Begriff des Ausschlusses als unfrei-

---

399 So BayObLG DB 1989, 214, 215.

400 Becker, S. 383; Grunewald, S. 1, 3; Reinisch, S. 1.

401 BVerfGE 14, 261, 283; 100, 289, 303; BVerfG NJW 2001, 279, 280 mwN; Heidel/Lochner, DB 2001, 2031, 2032.

willigem Ausscheiden setzt – abgesehen vom Fall des § 64 AktG – damit gerade nicht voraus, dass der Aktionär sein zum Erwerb der Mitgliedschaft eingesetztes Vermögen verliert.

Der Verlust der Mitgliedschaft ist auch unfreiwillig: Die Mitgliedschaft wird beendet, ohne dass der Aktionär sich im Zeitpunkt der Beendigung des Anstellungsverhältnisses für die Beendigung des Gesellschaftsverhältnisses entscheidet. Im Fall einer Beendigung des Anstellungsverhältnisses durch Eigenkündigung hat der Mitarbeiteraktionär zwar bewusst die Beendigung gewählt; dieser Entschluss umfasst allerdings nicht notwendig die Beendigung der gesellschaftsrechtlichen Mitgliedschaft. Der Mitarbeiter ist vielmehr aufgrund vorheriger Festlegung zur Übertragung der Aktien verpflichtet.

b) Unwirksamkeit von über § 64 AktG hinausgehenden strafweisen Ausschlussgründen

Ein Ausschluss des Aktionärs ist im Aktienrecht ausdrücklich für den Fall der Verletzung einer bestimmten Mitgliedschaftspflicht normiert: § 64 AktG regelt den Ausschluss, wenn der Aktionär den Einlagebetrag trotz Aufforderung und qualifizierter Nachfristsetzung nicht rechtzeitig einzahlt. Durch den Ausschluss verliert der betroffene Aktionär seine Mitgliedschaftsrechte. Sie gehen jedoch nicht unter, sondern bleiben mit der Rechtsfolge bestehen, dass die Gesellschaft in beschränktem Umfang über sie verfügen kann.[402]

Möglicherweise erfasst § 64 AktG auch die Verletzung anderer nicht ausdrücklich normierter Mitgliedschaftspflichten. Als strafweiser Ausschluss wegen der Verletzung von Mitgliedschaftspflichten kann eine Verfallklausel allerdings nur dann gewertet werden, wenn die Pflicht, das Anstellungsverhältnis für eine bestimmte Zeit nicht zu beenden bzw. fortzuführen, Teil der Mitgliedschaft ist. Dasselbe gilt für eine „Wohlverhaltenspflicht". Diese Pflichten können jedoch regelmäßig nicht als mitgliedschaftliche Pflichten qualifiziert werden.[403]

Im Übrigen spricht die Gesetzessystematik dagegen, die Beendigung des Anstellungsverhältnisses als zulässigen Ausschlussgrund zu qualifizieren: § 64

---

402 Bayer in: Münchener Kommentar zum Aktiengesetz, § 64 Rn. 68; Lutter in: Kölner Kommentar, § 64 Rn. 27; Hüffer, § 64 Rn. 8; Gehrlein in: Großkommentar zum Aktiengesetz, § 64 Rn. 40; zur Frage, wem nicht nur die Verfügungsbefugnis, sondern auch die Inhaberschaft über das Mitgliedschaftsrecht zuzuordnen ist, vgl. Bayer in: Münchener Kommentar zum Aktiengesetz, § 64 Rn. 69 ff.

403 Vgl. oben Zweiter Teil D. I. 2. b).

AktG steht im dritten Teil des Aktiengesetzes, der die Rechtsverhältnisse zwischen der Gesellschaft und den Aktionären regelt. Die Vorschrift beschränkt sich trotz der verschiedenen in diesem Teil geregelten Pflichten des Aktionärs auf den Fall seiner Säummis mit der Einlagepflicht. Erfüllt der Aktionär eine Nebenverpflichtung im Sinne des § 55 AktG nicht rechtzeitig, fällt dies nicht in den Anwendungsbereich von § 64 AktG. Die Gesetzessystematik spricht daher dafür, dass der strafweise Ausschluss wegen der Verletzung von Mitgliedschaftspflichten in § 64 AktG abschließend geregelt ist. Auch aus § 64 Abs. 2 AktG lässt sich der abschließende Charakter des in § 64 AktG normierten strafweisen Ausschlusses ableiten. Der Aktionär soll nach dem Gesetzeszweck nur unter engen Voraussetzungen und nicht voreilig und überraschend aus der Gesellschaft ausgeschlossen werden können. Die Gesellschaft darf daher weder von den speziellen Anforderungen an die Setzung einer Nachfrist abweichen noch zusätzliche Ausschlussgründe für die Verletzung von Mitgliedschaftspflichten einführen.[404] Erst recht darf die Gesellschaft nicht ihr eigenes Verhalten, z.B. den Ausspruch einer betriebs- oder personenbedingten Kündigung oder einer Kündigung außerhalb des Kündigungsschutzgesetzes ohne Veranlassung des Mitarbeiters, zum Anlass für einen Ausschluss nehmen.

c) Kein zulässiger Ausschluss aus wichtigem Grund

Der mit einer Verfallklausel ausgelöste Verlust der Mitgliedschaft könnte als Ausschluss aus wichtigem Grund gemäß § 242 BGB gerechtfertigt sein. Im Vereinsrecht, auf dessen Regeln das Aktienrecht aufbaut, wird die Zulässigkeit des Ausschlusses aus wichtigem Grund auch ohne ausdrückliche Regelung in Gesetz oder Satzung von der allgemeinen Ansicht bejaht.[405] Die Anerkennung eines Ausschlusses aus wichtigem Grund beruht nach herrschender Meinung auf der Anwendung von § 242 BGB, wonach Dauerrechtsverhältnisse auch ohne ausdrückliche gesetzliche Regelung beendet werden können, wenn einem der Beteiligten das Festhalten am Rechtsverhältnis unzumutbar wird.[406] Dieser Grundsatz ist durch das Gesetz zur Modernisierung des Schuldrechts[407] für den

---

404 RGZ 49, 77, 80; Gehrlein in: Großkommentar zum Aktiengesetz, § 64 Rn. 5; Bayer in: Münchener Kommentar zum Aktiengesetz, § 64 Rn. 6 mwN.

405 BGH LM Nr. 28 zu § 25 BGB; OLG Frankfurt a.M. NJW-RR 1991, 1276; Soergel/Hadding, § 39 Rn. 14 mwN.

406 Soergel/Hadding, § 39 Rn. 14, 11; BGH LM Nr. 28 zu § 25 BGB; Stöber, Rn. 197, 700; jeweils zum Ausschluss bei der GmbH: BGHZ 9, 157, 161; 80, 346, 349, Balz, GmbHR 1983, 185; Ebke, ZHR 148 (1984), 497; Schmidt, S 1061; Scholz/Winter, § 15 Rn. 130; zu abweichenden Begründungsansätzen vgl. Grunewald, S. 17 ff.

407 Gemäß Art. 2 Ziffer 2 b) des Gesetzes zur Modernisierung des Schuldrechts vom 26. November 2001, BGBl. I S. 3138, findet das Bürgerliche Gesetzbuch in seiner

Sonderfall der Dauerschuldverhältnisse nun ausdrücklich in § 314 BGB verankert, findet aber im Übrigen als Ausdruck von Treu und Glauben grundsätzlich auch auf das Vereins- und Aktienrecht Anwendung. Trotz des Charakters von § 242 als Generalklausel ist bislang in der Rechtsprechung ungeklärt und in der Literatur umstritten, ob auch im Aktienrecht ein Ausschluss aus wichtigem Grund zulässig ist.

Nach Systematik und Zweck des Aktiengesetzes sind die normierten Gründe für einen unfreiwilligen Verlust der Aktionärsstellung grundsätzlich abschließend: Ist die gesetzliche Regelung für einen Ausschluss im Fall der Verletzung der wichtigsten Mitgliedschaftpflicht bereits erschöpfend in § 64 AktG geregelt, muss die Regelung grundsätzlich erst recht für den Fall abschließend sein, dass der Aktionär andere Pflichten gegenüber der Gesellschaft verletzt. Dennoch steht die Anerkennung eines Ausschlusses aus wichtigem Grund nicht im Widerspruch zum abschließenden Charakter der aktiengesetzlichen Regelungen, sondern ist vielmehr Ausdruck des Grundsatzes von Treu und Glauben nach § 242 BGB,[408] der für die gesamte Rechtsordnung gilt.[409] Gemäß Treu und Glauben kann niemand zur Fortführung eines unzumutbaren Dauerschuldverhältnisses gezwungen werden.[410] Zwar besteht in der Regel zwischen Gesellschaft und Aktionär kein besonders enges Vertrauensverhältnis; ihre Beziehung ist nicht persönlich, sondern kapitalgeprägt, so dass der Begriff der Unzumutbarkeit möglicherweise weniger gut passt als bei Dauerschuldverhältnissen nach dem Bürgerlichen Gesetzbuch. Aus diesem Grund lehnen die bisherige Rechtsprechung[411] und Teile der Literatur[412] einen Ausschluss aus der Aktiengesellschaft aus wichtigem Grund ab. Die kapitalgeprägte Beziehung zwischen Ge-

---

durch das Gesetz geänderten Fassung seit dem 1. Januar 2003 auch auf vor dem Zeitpunkt des Inkrafttretens des Gesetzes bereits bestehende Dauerschuldverhältnisse Anwendung.

408 Die Zulässigkeit eines Ausschlusses aus wichtigem Grund aus der Aktiengesellschaft bejahen: Becker, ZGR 1986, 383 ff.; Grunewald, S. 57; Reinisch, S. 35 ff.; Hommelhoff, ZHR 151 (1987), 493, 515 f.; Schmidt, S. 803; von Gierke, ZHR 119 (1956), 141, 156; unter dem Vorbehalt der europarechtlichen Konformität Lutter in: Kölner Kommentar, § 237 Rn. 119 ff.

409 BGHZ 23, 249, 255; Erman/Werner, § 242 Rn. 1; Palandt/Heinrichs, § 242 Rn. 1; Soergel/Teichmann, § 242 Rn. 65 ff.; Larenz/Wolf, § 2 Rn. 35.

410 BGHZ 51, 79, 82; Reuter in: Münchener Kommentar zum BGB, § 39 Rn. 10.

411 RGZ 49, 77, 79 ff.; BGHZ 9, 157, 163 (obiter dictum); 18, 350, 365 (obiter dictum).

412 Gehrlein in: Großkommentar zum Aktiengesetz, § 64 Rn. 5; Kuhn, WM 1957, 1142, 1143; zu europarechtlichen Bedenken vgl. Lutter in: Kölner Kommentar, § 237 Rn. 121; auch Oechsler in: Münchener Kommentar zum Aktiengesetz, § 237 Rn. 54 f. mwN, spricht sich für einen Ausschluss aus wichtigem Grund nur dann aus, wenn die Gesellschaft mitunternehmerisch strukturiert ist.

sellschaft und Aktionären spricht allerdings nicht per se gegen die Anwendung von § 242 BGB und die Anerkennung eines Ausschlusses aus wichtigem Grund. Lediglich die an einen wichtigen Grund zu stellenden Voraussetzungen werden aufgrund der aktienrechtlichen Besonderheiten seltener erfüllt sein.

Bejaht man die grundsätzliche Zulässigkeit eines Ausschlusses aus wichtigem Grund, ist allerdings zu beachten, dass die gesetzlichen Wertungen nicht durch diesen zusätzlichen Ausschlussgrund umgangen werden dürfen: Aus dem abschließenden Charakter von § 64 AktG ergibt sich, dass von der Vorschrift nicht erfasste Leistungspflichtverletzungen durch den Aktionär der Gesellschaft zumutbar sind; sie darf darauf nicht mit einem Ausschluss aus wichtigem Grund, sondern nur mit anderen Sanktionen reagieren.

Bei der Bewertung von Verfallklauseln kann letztlich die Entscheidung über die Zulässigkeit eines Ausschlusses aus wichtigem Grund offen bleiben; die von einer Verfallklausel erfasste Konstellation der Beendigung des Anstellungsverhältnisses betrifft regelmäßig keinen wichtigen Grund, der einen Ausschluss rechtfertigen könnte.

Soll ein Ausschluss aus wichtigem Grund zulässig sein, darf der Gesellschaft – unter Beachtung der Grundsätze des § 242 BGB – die Fortsetzung der Mitgliedschaft nach Treu und Glauben nicht zumutbar sein. Zur Konkretisierung der Umstände, aus denen ein Ausschluss aus wichtigem Grund aus einer Aktiengesellschaft gerechtfertigt sein könnte, bietet es sich an, auf die zum Vereinsrecht entwickelten Grundsätze zurückzugreifen: Ein wichtiger Grund zum Ausschluss aus einem Verein liegt vor, wenn durch das Verhalten des betroffenen Vereinsmitglieds die Ziele des Vereins gefährdet oder beeinträchtigt werden.[413] In diesem Kontext sind der Wegfall der statutarischen Aufnahmevoraussetzungen oder grobe Verletzungen von mitgliedschaftlichen Leistungs- oder Treuepflichten zu sehen.[414] Im Rahmen der Verletzung mitgliedschaftlicher Leistungspflichten stellt § 64 AktG allerdings gegenüber dem nicht geregelten Ausschluss aus wichtigem Grund die speziellere und abschließende Regelung dar.[415]

413 Reichert, Rn. 1627; Grunewald, S. 19 ff., für alle Korporationsformen.
414 Reichert, Rn. 1627; Stöber, Rn. 700.
415 Vgl. oben Zweiter Teil D. I. 3. b).

Möglich ist es auch, die Voraussetzungen für einen Ausschluss aus wichtigem Grund an den für die GmbH entwickelten Anforderungen zu orientieren. Schließlich handelt es sich auch bei der GmbH um eine Kapitalgesellschaft; wie bei der Aktiengesellschaft wurde auch bei der GmbH lange Zeit ein Ausschluss aus wichtigem Grund abgelehnt.[416] Im GmbH-Recht ist anerkannt, dass ein wichtiger Grund für den Ausschluss eines Gesellschafters vorliegt, wenn die Person oder das Verhalten des Gesellschafters die Erzielung des Gesellschaftszwecks erheblich gefährdet oder unmöglich macht und deswegen sein Verbleib in der Gesellschaft nach Abwägung aller Umstände untragbar erscheint.[417]

Ansatzpunkte für die Beurteilung eines wichtigen Ausschlussgrundes lassen sich aber auch auf das Aktiengesetz stützen: Ein Verhalten, das der Gesellschaft eine Fortsetzung der Mitgliedschaft unzumutbar macht, muss dem von § 64 AktG erfassten Verhalten vergleichbar sein. Die Erfüllung der Einlagepflicht liegt im Interesse der Gesellschaft und ihrer Gläubiger.[418] Der nicht leistende Aktionär stört die Zweckverfolgung der Gesellschaft erheblich. Bejaht man die Zulässigkeit eines Ausschlusses aus wichtigem Grund, ist dieser in Anlehnung an § 64 AktG nur bei einem Verhalten gerechtfertigt, das in vergleichbarer Weise den Zweck der Gesellschaft beeinträchtigt.[419]

Im Rahmen der Beurteilung eines wichtigen Grundes ist darüber hinaus zu beachten, dass der Ausschluss vor allem präventive Wirkung hat: Im Vordergrund steht nicht der Zweck, den Aktionär für ein Verhalten in der Vergangenheit zu sanktionieren; vielmehr sollen künftige Störungen der Gesellschaftstätigkeit vermieden werden. Der Ausschluss ist daher nur zulässig, soweit nicht mildere Mittel gleich effektiv sind, um entsprechende Störungen zu verhindern.[420]

Nach diesen Ansätzen kommt ein Ausschluss aus wichtigem Grund lediglich dann in Frage, wenn Person oder Verhalten[421] des betroffenen Aktionärs die Ziele und Tätigkeit der Gesellschaft empfindlich stört und der Störung (nur)

---

416 Becker, S. 384.

417 BGH GmbHR 1991, 362; OLG Hamm GmbHR 1993, 660, 662; OLG Frankfurt GmbHR 1993, 659; Lutter/Hommelhoff, § 34 Rn. 25; Scholz/Winter, § 15 Rn. 133 ff.

418 Becker, S. 398.

419 Becker, S. 398; ihm folgend Lutter in: Kölner Kommentar, § 237 Rn. 122.

420 Becker, S. 399; Grunewald, S. 79 f.; für die GmbH jeweils: Scholz/Winter, § 15 Rn. 136, und Lutter/Hommelhoff, § 34 Rn. 25.

421 Zur Differenzierung zwischen personen- und verhaltensbedingten wichtigen Gründen für den Ausschluss vgl. Oechsler in: Münchener Kommentar zum Aktiengesetz, § 237 Rn. 53 mwN.

durch den Entzug der Mitgliedschaft abgeholfen werden kann. Unter diesen Voraussetzungen kann die Beendigung des Anstellungsverhältnisses, gleich ob infolge wirksamer Kündigung durch die Gesellschaft oder durch den Mitarbeiteraktionär, nicht den Ausschluss des Mitarbeiters aus wichtigem Grund rechtfertigen: Eventuelle statutarische Aufnahmevoraussetzungen werden durch die Beendigung des Anstellungsverhältnisses in der Regel nicht beeinflusst: Das Bestehen eines Anstellungsverhältnisses zur Gesellschaft ist zwar Voraussetzung für die Beteiligung am Aktienoptionsprogramm, grundsätzlich jedoch nicht Voraussetzung für den Erwerb von Aktien. Ein Ausschluss hilft nicht, die Gesellschaftszwecke zu wahren. Soweit die Gesellschaft auf die persönliche Dienstleistung des betroffenen Mitarbeiteraktionärs, seine Motivation und Leistungssteigerung zur Verfolgung ihres Gesellschaftszwecks tatsächlich angewiesen sein und eine Beendigung des Anstellungsverhältnisses diesen Zweck gefährden sollte, kann die zusätzliche Beendigung der Mitgliedschaft der Gefährdung nicht abhelfen. Der Verfall der Aktien entfaltet dann keine präventive, sondern lediglich repressive Wirkung. Dasselbe gilt für den Fall einer Verletzung der „Wohlverhaltenspflicht": Der Pflichtverletzung wird bereits durch die Beendigung des Anstellungsverhältnisses infolge wirksamer Kündigung der Gesellschaft abgeholfen; der Beendigung des Gesellschaftsverhältnisses bedarf es dazu nicht.[422]

Der Verlust der Mitgliedschaft infolge Beendigung des Anstellungsverhältnisses kann also auch nicht als Ausschluss aus wichtigem Grund gerechtfertigt werden.

4. Unzulässigkeit der zwangsweisen Einziehung „verfallener" Aktien

Im Gegensatz zum Ausschluss gemäß § 64 AktG, bei dem das Aktienrecht zur Verfügung der Gesellschaft bestehen bleibt, führt die Einziehung zur Vernichtung einzelner Aktienrechte.[423] Da die Verfallklausel als Ausschluss des Mitarbeiteraktionärs unzulässig ist, könnte es sich anbieten, den aufgrund einer Verfallklausel bewirkten Verlust der Mitgliedschaft als Kapitalherabsetzung im

422 Soweit die Gesellschaft bei Mitarbeitern mit maßgeblichem Einfluss auf den „Shareholder Value" zulässigerweise das Ziel verfolgt, die Vorteile aus der Optionsgewährung mit dem Anstellungsverhältnis zu koppeln, kann der Verfall zwar einer Gefährdung des Ziels abhelfen. Auch hier liegen die Voraussetzung eines Ausschlusses aus wichtigem Grund allerdings nicht vor: Das Koppelungsinteresse stellt sich nicht als Gesellschaftszweck, sondern als Ziel im Rahmen des Optionsprogramms dar.

423 Oechsler in: Münchener Kommentar zum Aktiengesetz, § 237 Rn. 116; Hüffer, § 237 Rn. 5.

Wege einer Einziehung gemäß § 237 AktG zu gestalten. An dieser Stelle soll die Modalität der zwangsweisen Einziehung gemäß § 237 Abs. 1 S. 1 Fall 1 AktG untersucht werden; ein Erwerb der Aktien durch die Gesellschaft gemäß § 71 AktG, der Voraussetzung für eine Einziehung nach § 237 Abs. 1 S. 1 Fall 2 AktG ist, wird im folgenden Abschnitt überprüft.[424]

Unabhängig von den rechtlichen Fragen, die eine Zwangseinziehung aufwirft, ist bei Aktienoptionsprogrammen problematisch, ob die Gesellschaft mit der Vereinbarung einer Verfallklausel überhaupt jedesmal eine Kapitalherabsetzung mit Beendigung eines Anstellungsverhältnisses beabsichtigt. Vorrangig wird die Gesellschaft daran interessiert sein, die Aktien ihres ehemaligen Mitarbeiters erneut an Mitarbeiter oder Dritte zu übertragen.

Aber auch losgelöst von der Interessenlage der Gesellschaft kann eine Verfallklausel als Einziehungsbestimmung keinen rechtlichen Bestand haben.

a) Umgehung der §§ 54, 55, 64 AktG

Aktionärspflichten, die gegen das Nebenleistungsverbot der §§ 54, 55 AktG verstoßen, können nicht über den Weg einer Zwangseinziehung abgesichert werden. Eine Einziehung darf nicht als Sanktion für den Fall vorgesehen werden, dass der Aktionär Handlungen, insbesondere Leistungen unterlässt, zu denen er nach dem Aktienrecht nicht verpflichtet werden darf:[425] Aufgrund des abschließenden Charakters der §§ 54, 55 AktG kann der Aktionär zu einem über die Kapitaleinlage hinausgehenden Engagement grundsätzlich nicht verpflichtet werden. Der Gesellschaft ist es daher auch gemäß § 64 AktG verwehrt, dem Aktionär mit dem Verlust der Mitgliedschaft zu drohen, um ein weitergehendes Engagement einzufordern.[426] Die Einziehung der Aktien bei vorzeitiger Beendigung des Anstellungsverhältnisses führt zu einer Sanktion, die im Ergebnis der Kaduzierung bei Verletzung der Einlagepflicht gemäß §§ 54, 64 AktG entspricht. Will der Mitarbeiteraktionär den Verlust seiner Mitgliedschaft vermeiden, ist er entgegen der Wertung der §§ 54, 55, 64 AktG gezwungen, ein bestimmtes Verhalten zu zeigen. Ein solcher Zwang soll nach dem Zweck der §§ 54, 55, 64 AktG aber gerade nicht auf die Aktionäre ausgeübt, eine Abhän-

---

424 Vgl. unten Zweiter Teil D. I. 5.

425 RGZ 49, 79, 80; Oechsler in: Münchener Kommentar zum Aktiengesetz, § 237 Rn. 53, unter Hinweis auf die Treuepflichten des Aktionärs; Lutter in: Kölner Kommentar, § 237 Rn. 46, 39 mwN.

426 Zur Problematik von Verfallklauseln als unzulässiger Ausschluss vgl. oben Zweiter Teil D. I. 3.

gigkeit der Aktionärseigenschaft von Faktoren, die außerhalb des Aktionärsverhältnisses liegen, soll gerade nicht begründet werden können. Soweit die Verfallbestimmung den Mitarbeiteraktionär zur Fortführung des Anstellungsverhältnisses oder zu einem „Wohlverhalten“ verpflichten sollte, kann die Vereinbarung aufgrund des abschließenden Charakters der §§ 54, 55 AktG nicht korporativer, sondern lediglich schuldrechtlicher Rechtsnatur sein. Eine Einziehung der Aktien für den Fall der Verletzung der Fortführungs- bzw. Wohlverhaltenspflicht ist als Umgehung der §§ 54, 55, 64 AktG unzulässig.

Problematisch ist, ob ein Umgehungsgeschäft auch dann vorliegt, wenn die Einziehung nicht von der Verletzung schuldrechtlicher Pflichten, sondern von einem bestimmten nicht geschuldeten Verhalten abhängen soll. Dies wäre bei einer Verfallbestimmung der Fall, wenn die Fortführung des Anstellungsverhältnisses bzw. „Wohlverhaltenspflicht“ nicht als echte Leistungspflicht, sondern als Bedingung für den Verfall ausgestaltet ist. Im Hinblick auf den Zweck der §§ 54, 55, 64 AktG ist es allerdings auch unzulässig, die Zwangseinziehung von einem nicht geschuldeten Verhalten abhängig zu machen:[427] Der Zwang zu einem außerhalb des Aktionärsverhältnisses liegenden Verhalten hängt nicht von der Rechtsqualität des Verhaltens als Bedingung oder echte Rechtspflicht ab. Können schon durch schuldrechtliche Bestimmungen abgesicherte und durchsetzbare Leistungspflichten nicht mit Hilfe einer Zwangseinziehung sanktioniert werden, muss dies erst recht für nicht geschuldete und damit nicht durchsetzbare Verhaltensweisen gelten. Auch eine Zwangseinziehung für den Fall, dass die Nichtfortsetzung des Anstellungsverhältnisses bzw. die Verletzung der „Wohlverhaltenspflicht“ Verfallbedingung ist, stellt eine unzulässige Umgehung der §§ 54, 55, 64 AktG dar.

b) Verstoß gegen Zuständigkeitsvorschriften

Aber auch für den Fall, dass der Verlust der Mitgliedschaft nicht an ein Verhalten des Mitarbeiters, sondern an eine betriebs- oder personenbedingte Kündigung durch die Gesellschaft oder an eine nicht vom Mitarbeiter veranlasste Kündigung durch die Gesellschaft außerhalb des Anwendungsbereichs des Kündigungsschutzgesetzes anknüpft, können die Vorschriften zur Einziehung den Aktienverlust nicht rechtfertigen.

---

427 Lutter in: Kölner Kommentar, § 237 Rn. 39; Hüffer, § 237 Rn. 13.

Im Fall der gemäß § 237 Abs. 1 S. 2 Fall 1 AktG in der Satzung angeordneten Einziehung müssen die Modalitäten der Einziehung nach Voraussetzung, Zeitpunkt, Ausmaß und Entgelt so genau geregelt sein, dass der Verwaltung kein eigener Entscheidungsspielraum mehr verbleibt.[428] Hängt der Verfall bzw. die Einziehung von einer betriebs- oder personenbedingten Kündigung bzw. von einer Kündigung durch die Gesellschaft außerhalb des Anwendungsbereiches des Kündigungsschutzgesetzes ab, sind diese Voraussetzungen nicht erfüllt: Auch wenn die Anforderungen an eine betriebs- oder personenbedingten Kündigung im Kündigungsschutzgesetz festgehalten sind, verbleibt dem Vorstand grundsätzlich die Entscheidung über den Fortfall der Beschäftigungsmöglichkeit und damit über eine betriebsbedingte Kündigung auslösende Unternehmerentscheidung.[429] Erst recht verbleibt dem Vorstand ein Entscheidungsspielraum bei Kündigungen außerhalb des Anwendungsbereichs des Kündigungsschutzgesetzes.

Im Rahmen der nach § 237 Abs. 1 S. 2 Fall 2 AktG gestatteten Einziehung entscheidet die Hauptversammlung über die konkrete Einziehung. Diese Befugnis kann sie nicht auf ein anderes Organ delegieren.[430] Da für die Kündigungsentscheidung Vorstand bzw. Aufsichtsrat zuständig sind, kommen Verfallbestimmungen regelmäßig auch nicht als gestattete Einziehung in Betracht.

c) Verstoß gegen den Maßstab der Erforderlichkeit und Verhältnismäßigkeit

Im Rahmen der gestatteten Einziehung treffen Verfallbestimmungen nicht nur auf Zuständigkeitsprobleme; der Einziehungsbeschluss der Hauptversammlung unterliegt außerdem gewissen materiellen Schranken. Die Einziehung als der intensivste Eingriff in die Mitgliedschaft ist nur zulässig, wenn sie den Maßstäben der Erforderlichkeit und Verhältnismäßigkeit genügt.[431]

Erforderlichkeit und Verhältnismäßigkeit sind bei Verfallbestimmungen ähnlich wie bei statutarischen Haltebestimmungen zu beurteilen. Zwar ist das Ziel der Gesellschaft, Mitarbeiter- und Aktionärsstellung zum Zwecke der Mitarbeiterbindung zu koppeln, zumindest bei Mitarbeitern mit maßgeblichem Einfluss auf

---

428 Lutter in: Kölner Kommentar, § 237 Rn. 34; Hüffer, § 237 Rn. 10 mwN.

429 Vgl. Eisemann in: Küttner, Kündigung, betriebsbedingte (258) Rn. 7 zur Missbrauchskontrolle der Unternehmerentscheidung auf ihre offensichtliche Unsachlichkeit oder Willkür mwN.

430 Lutter in: Kölner Kommentar, § 237 Rn. 44.

431 Lutter in: Kölner Kommentar, § 237 Rn. 47; Hüffer, § 237 Rn. 16 mwN.

den „Shareholder Value" grundsätzlich sachgerecht. Die statutarische Vereinbarung von Verfallbestimmungen ist auch geeignet, diesen Zweck zu erreichen. Allerdings sind statutarische Verfallklauseln genauso wenig wie statutarische Halteklauseln zur Zweckerreichung erforderlich. Auch Warteklauseln, zeitlich gestaffelte Bezugs- und Ausübungstranchen, insbesondere aber das schuldvertragliche Instrumentarium, z.B. Gewinnrückzahlungsklauseln, gewährleisten eine Koppelung von Mitarbeiterstellung und Vergünstigungen des Optionsprogramms bzw. Aktienerwerbs, ohne in die Aktionärsstellung einzugreifen.

Verfallklauseln lassen sich damit auch nicht über den Weg einer Kapitalherabsetzung durch eine zwangsweise Einziehung von Aktien rechtfertigen.

5. Verfallbestimmung als Erwerbsvereinbarung

Vom Ausschluss und von der zwangsweisen Einziehung unterscheidet das Aktiengesetz den Erwerb eigener Aktien durch die Gesellschaft gemäß § 71 AktG. Der Ausschluss bewirkt, dass der bisherige Aktionär nicht mehr Inhaber des Mitgliedsrechts ist, dieses jedoch auch nicht untergeht.[432] Die Einziehung führt zur Vernichtung einzelner Aktienrechte.[433] Beim Erwerb eigener Aktien geht das Mitgliedschaftsrecht hingegen auf die Gesellschaft über.[434] Allerdings ruht das Mitgliedschaftsrecht dann zum wesentlichen Teil; die Gesellschaft kann gemäß § 71 b AktG aus eigenen Aktien keine Rechte geltend machen. Der Eigenerwerb führt beim betroffenen Aktionär – wie beim Ausschluss oder der zwangsweisen Einziehung – zum Verlust der Mitgliedschaft; dieses Ergebnis soll über die Vereinbarung einer Verfallklausel gerade erreicht werden. Da Verfallklauseln weder als Ausschlussregelung noch als zwangsweise Einziehung wirksam sind, könnten sie möglicherweise als Erwerbsvereinbarung gemäß § 71 AktG in Betracht kommen.

a) Zulässige Erwerbstatbestände

Unter Erwerb ist jedes Rechtsgeschäft zu verstehen, das die Gesellschaft zur (Mit-)Inhaberin der Aktie macht.[435] Ein Erwerb von Mitarbeiteraktien durch die Gesellschaft nach § 71 Abs. 1 Nr. 1 AktG zur Abwehr eines schweren, unmittelbar bevorstehenden Schadens scheidet für den Fall der Beendigung des An-

---

432 Das rechtliche Schicksal der Mitgliedschaft ist im Übrigen umstritten, vgl. Lutter in: Kölner Kommentar, § 64 Rn. 34 f mit Nachweisen zu den unterschiedlichen Auffassungen.

433 Vgl. oben Zweiter Teil D. I. 4.

434 Lutter in: Kölner Kommentar, § 71 Rn. 18.

435 Hüffer, § 71 Rn. 4.

stellungsverhältnisses aus. Ein Schaden ist nur dann als schwer anzusehen, wenn er im Hinblick auf Größe und Finanzkraft der Gesellschaft eine erhebliche Vermögenseinbuße darstellt. Entscheidend für die Beurteilung der Schwere sind die Umstände des Einzelfalles.[436] Ein Schaden könnte für die Gesellschaft, die ein Aktienoptionsprogramm aufgelegt hat, nun daraus entstehen, dass sie dem Mitarbeiter Aktienoptionen und schließlich Aktien zu vergünstigten Konditionen in der Erwartung gewährt hat, dass sich dies für die Gesellschaft durch eine Leistungssteigerung des Mitarbeiters über eine gewisse Dauer auszahlen werde. Verlässt der Mitarbeiter das Unternehmen nun vorzeitig, erhält die Gesellschaft nicht den in Gestalt der Leistungssteigerung erhofften „Gegenwert" für die beim Aktienoptionsbezug eingeräumte Vergünstigung. Bereits fraglich ist, ob der Gesellschaft insoweit überhaupt ein messbarer Vermögensschaden entsteht. Selbst unter der Annahme, dass die Gesellschaft einen Schaden erleidet, wird dieser regelmäßig nicht als ausreichend schwer im Sinne von § 71 Abs. 1 Nr. 1 AktG einzustufen sein.

In Betracht kommt, dass die Gesellschaft Aktien zu dem Zweck erwirbt, sie gemäß § 71 Abs. 1 Nr. 2 AktG erneut an Mitarbeiter, z.B. den „Nachfolger" des ausscheidenden Mitarbeiters, auszugeben. Allerdings ist im Rahmen des Erwerbs der aktienrechtliche Gleichbehandlungsgrundsatz zu beachten. Aktien müssen daher von der Gesellschaft, auch wenn die übrigen Voraussetzungen des § 71 AktG vorliegen, grundsätzlich über die Börse oder nach vorherigem Aufruf erworben werden.[437] Die ausnahmsweise Zulässigkeit des Erwerbs eigener Aktien darf nicht dazu missbraucht werden, bestimmte Aktionäre zu bevorzugen und andere zu benachteiligen.[438] Kommt für die Gesellschaft von vornherein nur ein Erwerb der Aktien des ausscheidenden Mitarbeiteraktionärs in Betracht, stellt dies eine Ungleichbehandlung im Hinblick auf die übrigen Aktionäre dar. Denn ihnen wird diese zusätzliche Möglichkeit der Verwertung ihrer Mitgliedschaft nicht eingeräumt. Für die Ausgabe von Aktien an andere Mitarbeiter ist es auch nicht erforderlich, dass die erworbenen Aktien zuvor einem anderen, nun ausscheidenden Mitarbeiter der Gesellschaft zustanden. Die Aktien von Nicht-Mitarbeitern oder im Unternehmen verbleibenden Mitarbeitern kommen hierfür genauso in Betracht. Die Beendigung des Anstellungsverhältnisses stellt keinen sachlichen Grund für eine Differenzierung dar. Im Hinblick auf den Gleichbehandlungsgrundsatz darf der Verlust der Mitgliedschaft genau-

---

436 Oechsler in: Münchener Kommentar zum Aktiengesetz, § 71 Rn. 98 mwN.
437 Lutter in: Kölner Kommentar, § 71 Rn. 15.
438 Lutter in: Kölner Kommentar, § 71 Rn. 15.

so wenig ein Verhalten sanktionieren, das sich als mitgliedschaftliche Pflicht nicht mit den §§ 54, 55 AktG vereinbaren ließe. Der alleinige Erwerb von Aktien ausscheidender Mitarbeiter unter Ausschluss der anderen Aktionäre verstößt damit gegen § 53 a AktG. Entsprechend ist die Rechtslage im Fall eines Erwerbs nach § 71 Abs. 1 Nr. 8 AktG zu beurteilen.

Zulässig wäre gemäß § 71 Abs. 1 Nr. 4 AktG ein Erwerb der Mitarbeiteraktien, wenn dieser unentgeltlich erfolgen würde. Eine Pflicht zur (Rück-)Übertragung ohne Gegenleistung stellt zwar eine unzulässige Ungleichbehandlung im Vergleich zu den anderen Aktionären der Gesellschaft dar, die grundsätzlich ihre Aktien zum Verkehrswert veräußern können. Allerdings liegt in der Optionsausübung ein wirksamer Verzicht des Aktionärs auf sein Recht auf Gleichbehandlung[439] Der Verzicht auf eine Beachtung des Gleichbehandlungsgrundsatzes nach § 53 a AktG wird im folgenden Abschnitt dargelegt.

b) Unzulässige Einlagenrückgewähr

Wird aufgrund der Verfallklausel die Mitgliedschaft gegen Rückzahlung des ursprünglichen Ausübungspreises oder gegen eine sonstige Zahlung beendet, könnte dies gemäß § 57 Abs. 1 S. 1 AktG eine unzulässige Rückgewähr der geleisteten Einlage darstellen.

§ 57 Abs. 1 AktG dient der Erhaltung des Grundkapitals im Interesse der Gläubiger und wahrt zugleich die Kompetenz der Hauptversammlung im Hinblick auf die Gewinnverwendung. Weiterer maßgeblicher Gesetzeszweck ist der Schutz der übrigen Aktionäre vor einer verdeckten Gewinnausschüttung[440] und einer dadurch bewirkten Ungleichbehandlung. Trotz des missverständlichen Wortlauts der Vorschrift lässt sich aus ihren Schutzzwecken sowie aus den §§ 58 Abs. 5, 59 AktG schließen, dass das gesamte Vermögen der Gesellschaft – und nicht lediglich die ursprünglich bei der Gründung oder einer Kapitalerhöhung geleistete Einlage – der Bindung aus § 57 Abs. 1 AktG unterliegt.[441]

Dem Wortlaut nach setzt § 57 Abs. 1 AktG eine Leistung der Gesellschaft an einen ihrer Aktionäre voraus. Danach würde § 57 Abs. 1 AktG solche Leistungen strenggenommen nicht erfassen, die erst nach Beendigung der Mitglied-

---

439 Vgl. oben Zweiter Teil C. I. 2. d).
440 Hüffer, § 57 Rn. 1.
441 RGZ 77, 11, 13; 107, 161, 168; Lutter in: Kölner Kommentar § 57 Rn. 5.

schaft erfolgen. Aber auch wenn Verfallklauseln eine Zahlung der Gesellschaft erst infolge des „Verfalls der Aktien" und nach Beendigung der Mitgliedschaft vorsehen, wäre die Zahlung nach § 57 Abs. 1 AktG unzulässig: Auch Leistungen an ehemalige Aktionäre werden von § 57 Abs. 1 AktG erfasst, wenn sie eine Umgehung des Verbots der Einlagenrückgewähr darstellen. Die Literatur bejaht eine Umgehung, wenn die Zuwendung an den ehemaligen Aktionär im Zusammenhang mit der früheren Eigenschaft als Aktionär[442] oder mit Vorgängen aus der Zeit der Mitgliedschaft steht[443] bzw. gerade wegen der früheren Aktionärsstellung erfolgt.[444] Eine unzulässige Einlagenrückgewähr liegt nach dem Schutzzweck von § 57 Abs. 1 AktG nur dann nicht vor, wenn die Gesellschaft mit einem ihrer Aktionäre Geschäfte wie mit einem beliebigen Dritten macht und entsprechende Gegenleistungen erbringt.[445]

Die Leistung des ursprünglichen Ausübungspreises oder einer sonstigen Zahlung gegen Rückübertragung der Aktien kann gerade nicht Gegenstand eines Geschäfts mit einem beliebigen Dritten sein, sondern wird durch einen Vorgang während der Mitgliedschaft ausgelöst und steht damit in unmittelbarem Zusammenhang mit dem Verhältnis zwischen Gesellschaft und Mitarbeiteraktionär. Die Rückzahlung des Ausübungspreises oder eine sonstige Zahlung im Rahmen der Rückabwicklung des aufschiebend bedingten Kaufvertrages verstößt daher gegen das Verbot der Einlagenrückgewähr.

c) Umgehung der §§ 54, 55, 64 AktG bei unentgeltlicher Rückübertragungspflicht

Die §§ 71, 57 AktG stehen einer entgeltlichen Rückübertragung entgegen. Problematisch ist aber auch, ob eine unentgeltliche Rückübertragungspflicht wirksam vereinbart werden kann.

Aus Sicht des Aktionärs stellt sich die gesellschaftsrechtlich begründete Pflicht zur unentgeltlichen Rückübertragung der Aktien im Rahmen eines Erwerbsgeschäfts nach § 71 AktG nicht grundlegend anders dar als die automatische Beendigung der Mitgliedschaft durch Verlustigerklärung der Aktien. In beiden Fällen wird die Mitgliedschaft beendet, ohne dass der Aktionär sich im Zeitpunkt der Beendigung des Anstellungsverhältnisses für die Beendigung des Ge-

442 Bayer in: Münchener Kommentar zum Aktiengesetz, § 57 Rn. 51.
443 Canaris, Festschrift Fischer, S. 32.
444 Hüffer, § 57 Rn. 14.
445 Hüffer, § 57 Rn. 8 mwN.

sellschaftsverhältnisses entscheidet. Im Fall einer Beendigung des Anstellungsverhältnisses durch Eigenkündigung hat der Mitarbeiteraktionär zwar bewusst die Beendigung gewählt; dieser Entschluss umfasst allerdings nicht notwendig die Beendigung der gesellschaftsrechtlichen Mitgliedschaft. Der Mitarbeiter ist vielmehr aufgrund vorheriger Festlegung zur Übertragung der Aktien verpflichtet.

Auch das Aktiengesetz zeigt, dass die gesellschaftsrechtlich begründete Pflicht zur Aktienübertragung als Ausschluss zu werten ist: Im Rahmen der §§ 327 a ff. AktG wird die durch Beschluss der Hauptversammlung begründete Verpflichtung des Minderheitsaktionärs zur Übertragung von Aktien an den Hauptaktionär in der Überschrift des Vierten Teils im Dritten Buch des Aktiengesetzes ausdrücklich als Ausschluss bezeichnet. Der Beschluss der Hauptversammlung bzw. die gesellschaftsrechtliche Festlegung des Verfalls ist für die Beendigung der Mitgliedschaft maßgeblich – nicht der Wille des Mitarbeiteraktionärs. Die „einvernehmliche" Übertragung stellt lediglich den Weg dar, auf dem die Mitgliedschaft beendet wird.

Auch bei einer gesellschaftsrechtlich begründeten Pflicht zur unentgeltlichen Übertragung der Aktien im Rahmen eines Erwerbsgeschäfts nach § 71 AktG führt das gesellschaftsrechtliche Instrumentarium zu einem der Ausschlusswirkung vergleichbaren Verlust der Mitgliedschaft. Da die Beendigung des Anstellungsverhältnisses bzw. die Verletzung einer anstellungsbezogenen „Wohlverhaltenspflicht" nicht die Voraussetzungen von § 64 AktG erfüllt, liegt eine unzulässige Umgehung vor.

6. Gleichbehandlungsgebot des § 53 a AktG

Verfallklauseln führen zu einer Ungleichbehandlung: Aktionäre, die ihre Aktien aufgrund eines Aktienoptionsprogramms bezogen haben und deren Anstellungsverhältnis vor Veräußerung der Aktien endet, werden anders behandelt als diejenigen Mitarbeiteraktionäre, die weiterhin bei der Gesellschaft angestellt sind. Auch gegenüber Mitarbeiteraktionären, die ihre Aktien bereits veräußert haben und erst danach das Unternehmen verlassen, liegt eine Ungleichbehandlung vor. Erst recht werden Mitarbeiteraktionäre anders als Aktionäre ohne Anstellungsverhältnis zur Aktiengesellschaft behandelt, die keinerlei Verfallfristen beachten müssen. Die unterschiedliche Behandlung besteht zum einen darin, dass die Mitarbeiteraktionäre zur (Rück-)Übertragung der Aktien zu einem bestimmten Zeitpunkt auf die Gesellschaft oder einen bestimmten Dritten verpflichtet sind und so nicht als Verkäufer auf dem freien Markt zu einem selbst gewählten Zeitpunkt auftreten können. Noch schwer wiegender ist die Differenzierung, wenn der Mitarbeiteraktionär verpflichtet sein sollte, seine Aktien unentgeltlich oder zu einem Preis unterhalb des aktuellen Aktienkurses an die Gesellschaft zurückzugewähren, ohne ihren vollen Wert realisieren zu können. Zum anderen kann eine unterschiedliche Behandlung aber auch gerade darin gesehen werden, dass dem Mitarbeiteraktionär eine zusätzliche Möglichkeit zu einem vorhersehbaren und von ihm beeinflussbaren Zeitpunkt zur Veräußerung seiner Aktien geboten wird. Erhält der Mitarbeiteraktionär für die (Rück-)Übertragung einen Gegenwert, kann dies eine Leistung der Gesellschaft sein, die den anderen Aktionären nicht zugute kommt. Der Mitarbeiteraktionär wird dann unter „Abfindung“ aus den Risiken der Mitgliedschaft entlassen.[446]

a) Notwendigkeit von Verfallklauseln zur Vermeidung einer unzulässigen Ungleichbehandlung?

Die Vereinbarung einer Verfallklausel für Mitarbeiteraktionäre wäre jedenfalls dann zulässig, wenn ohne eine Verfallregelung die Mitarbeiteraktionäre gegenüber „regulären“ Aktionären ohne sachlichen Grund bevorzugt und ungleich im Sinne von § 53 a AktG behandelt werden würden. Das Gleichbehandlungsgebot beinhaltet nicht nur das Verbot, ohne sachlichen Grund Gleiches ungleich zu behandeln, sondern auch Ungleiches gleich zu behandeln.[447] Nach Beendigung des Anstellungsverhältnisses hätte der ehemalige Mitarbeiteraktionär eine Stellung wie jeder andere „reguläre“ Aktionär. Dennoch würden sich die besonders günstigen, nicht marktüblichen Konditionen der Optionseinräumung und des Aktienerwerbs bei der Ausübung seiner Mitgliedschaftsrechte weiterhin auswirken. Die Ungleichbehandlung ist allerdings sachlich durch die ehemalige besondere Beziehung zwischen Mitarbeiteraktionär und Gesellschaft und den Einsatz des Optionsprogramms als Motivationsinstrument gerechtfertigt. Die Relevanz von Beteiligungsprogrammen für Mitarbeiter wird in den §§ 71 Abs. 1 Nr. 2, 192 f. AktG ausdrücklich anerkannt. Wartezeit und Erfolgsziele sind erreicht. Um praktische Bedeutung als Motivationsinstrument zu erlangen, müssen den Mitarbeitern im Rahmen von Aktienoptionsprogrammen von der Gesellschaft auch bessere Konditionen geboten werden als den Teilnehmern des Marktes.

---

446 Vgl. Lutter in: Kölner Kommentar, § 71 Rn. 9.

447 BVerfGE 72, 141, 150; 98, 365, 385; BGHZ 112, 163, 173; BGH GmbHR 1990, 389; Jarass in: Jarass/Pieroth, Art. 3 Rn. 5.

b) Unzulässige Differenzierung nach dem Verhältnismäßigkeitsgrundsatz

Da aktienbezogene Verfallklauseln nicht zwingend zur Vermeidung einer Ungleichbehandlung erforderlich sind, können sie im Hinblick auf § 53 a AktG nur zulässig sein, wenn ein sachlicher Grund vorliegt.

Das Aktiengesetz selbst enthält keinerlei Anhaltspunkte dafür, dass mit Hilfe von Verfallklauseln zulässigerweise zwischen aus dem Anstellungsverhältnis ausscheidenden Mitarbeiteraktionären und den übrigen Aktionären differenziert werden darf. Zwar sieht § 193 Abs. 2 Nr. 4 AktG im Rahmen der bedingten Kapitalerhöhung die Möglichkeit von Warteklauseln vor. Warteklauseln können jedoch lediglich dazu führen, dass der Mitarbeiter die Aktien verzögert oder – bei vorzeitigem Ausscheiden – gar nicht erwirbt. Ein Verlust bereits erworbener Aktien ist in §§ 192 f. AktG nicht geregelt. Wie bei Halteklauseln ergibt sich auch bei Verfallklauseln die Unzulässigkeit der Differenzierung aus dem Gesichtspunkt der Verhältnismäßigkeit.[448]

Ist die Verfallklausel so ausgestaltet, dass der Aktionär für die Rückübertragung den ursprünglich gezahlten Ausübungspreis, den ggf. höheren aktuellen Gegenwert der Aktien oder eine andere Gegenleistung erhält, ist die Ungleichbehandlung aus einer weiteren Erwägung unzulässig. Das grundsätzliche Verbot des Erwerbs eigener Aktien gemäß § 71 AktG und das Verbot der Einlagenrückgewähr nach § 57 AktG dienen u.a. der Wahrung des Gleichheitsgrundsatzes.[449] Denn die Einlagenrückgewähr kommt nur denjenigen Aktionären zugute, deren Aktien erworben werden. Das Gesellschaftsvermögen wird zum Nachteil der übrigen Aktionäre geschmälert.[450] Das Gesetz lässt lediglich in den §§ 71 Abs. 1, 71 d S. 2, 222 Abs. 3, 237 Abs. 2, 291 Abs. 3 AktG Ausnahmen vom Verbot der Einlagenrückgewähr zu.[451] Daher folgt zusätzlich aus den Wertungen der §§ 57, 71 AktG, dass Verfallklauseln mit Gegenleistung gegen den Grundsatz der Gleichbehandlung verstoßen.

---

448 Vgl. oben Zweiter Teil I. C. 2. d).

449 RGZ 54, 128, 132; 107, 161, 168; Oechsler in: Münchener Kommentar zum Aktiengesetz, § 71 Rn. 22; Lutter in: Kölner Kommentar § 57 Rn. 2 mwN.

450 Engelsing, S. 92.

451 Hüffer, § 57 Rn. 6; Bayer in: Münchener Kommentar zum Aktiengesetz, § 57 Rn. 117 ff; Lutter in: Kölner Kommentar, § 57 Rn. 47, der zusätzlich § 26 AktG als Ausnahme wertet.

c) Verzicht auf das Recht auf Gleichbehandlung?

Sind Verfallbestimmungen nicht erforderlich, um Mitarbeiter an die Gesellschaft zu binden, kann ein Verstoß gegen § 53 a AktG dennoch unerheblich sein. Dies ist der Fall, wenn der diskriminierte Aktionär auf sein Recht auf Gleichbehandlung verzichtet. Der Verzicht kann vor, bei oder nach der diskriminierenden Maßnahme erklärt werden.[452] Allerdings ist nur ein Verzicht auf einzelne Positionen im konkreten Entscheidungsfall zulässig.[453]

Übt der Mitarbeiter seine Option ohne entsprechenden Vorbehalt aus, verzichtet er damit konkludent auf eine Gleichbehandlung im Hinblick auf die Beendigung der Mitgliedschaft. Soweit Verfallklauseln eine Gegenleistung der Gesellschaft vorsehen, liegt allerdings ein Verzicht der übrigen Aktionäre auf Gleichbehandlung regelmäßig nicht vor. Zwar können die Aktionäre den Bedingungen des Optionsprogramms und damit auch dem Verfall im Rahmen des Hauptversammlungsbeschlusses zugestimmt haben. Hierin liegt allerdings kein konkreter Verzicht mit Bezug auf einen einzelnen Entscheidungsfall. Im Zeitpunkt des Hauptversammlungsbeschlusses waren weder die Anzahl der Beendigungsfälle, noch ihr Zeitpunkt, noch der Umfang der Gegenleistungen bekannt. Die konkrete Ungleichbehandlung, die durch die Beendigung des Anstellungsverhältnisses ausgelöst wird, hängt allein vom Kündigenden und damit vom Willen des Mitarbeiters oder des Vorstandes bzw. Aufsichtsrats ab, nicht jedoch von einem Verzicht der betroffenen Aktionäre.

7. Ergebnis

Verfallklauseln können in der Satzung nicht als ergänzende Bestimmungen gemäß § 23 Abs. 5 S. 2 AktG wirksam vereinbart werden. Regelungen, die die Normen des Aktienrechts ergänzen, können nur dann in der Satzung aufgenommen werden, wenn abschließende Regelungen des Aktiengesetzes nicht entgegenstehen. Sowohl § 71 AktG als auch die §§ 54, 55 AktG als auch die Ausschluss- und Einziehungstatbestände des Aktiengesetzes, gegen die Verfallklauseln regelmäßig verstoßen, stellen abschließende Regelungen dar. Verfallklauseln mit Verpflichtung zur Rückgewähr des Kaufpreises oder zur Zahlung einer anderweitigen Entschädigung führen außerdem zu einer unzulässigen Ungleichbehandlung der übrigen Aktionäre.

---

452 Lutter/Zöllner in: Kölner Kommentar, § 53 a Rn. 29.

453 Vgl. oben Zweiter Teil I. C. 2. e).

II. Aktienrechtlich begründete Wirksamkeitsprobleme für schuldrechtlich vereinbarte Verfallklauseln

Da Verfallklauseln als materielle Satzungsbestimmungen nicht wirksam vereinbart werden können, ist es denkbar, sie mit schuldrechtlichem Inhalt als formelle Satzungsbestimmung, im Anstellungsvertrag oder in der Optionsvereinbarung zu verankern. Die Mitarbeiteraktionäre wären dann bei vorzeitiger Beendigung des Anstellungsverhältnisses schuldrechtlich verpflichtet, die im Rahmen des Optionsprogramms erworbenen Aktien an die Gesellschaft oder einen Dritten zu übertragen.

Grundsätzlich besteht Einigkeit, dass die Gesellschaft mit schuldrechtlichen Mitteln das Ziel verfolgen darf, die Mitgliedschaft auf bestimmte Personen zu beschränken und andere von der Mitgliedschaft auszuschließen. Zu diesem Zweck können für den Fall der Weiterveräußerung von Aktien Anbietungspflichten oder Vorkaufsrechte schuldrechtlich wirksam vereinbart werden.[454] Außerdem können sich Aktionäre schuldrechtlich verpflichten, ihre Aktien gar nicht, nur unter bestimmten Voraussetzungen oder nur an bestimmte Erwerber zu veräußern.[455]

Mit diesen Konstellationen ist allerdings eine schuldrechtliche Verfallklausel nicht vergleichbar: Sie verpflichtet den Aktionär, unter bestimmten Umständen seine Aktien an bestimmte Personen zu veräußern. Den anerkannten Fällen hingegen ist gemeinsam, dass sie den Aktionär lediglich beschränken, soweit er sich überhaupt entschlossen hat, seine Aktien zu veräußern. Allein aus dem Vergleich mit den anerkannten Fällen schuldrechtlicher Veräußerungsbeschränkungen lässt sich daher nicht die Zulässigkeit schuldrechtlicher Verfallbestimmungen ableiten.

1. Entgeltliche Rückübertragung als unzulässige Einlagenrückgewähr

Eine entgeltliche Rückübertragung stellt keinen zulässigen Eigenerwerb im Sinne von § 71 AktG dar und verstößt daher gegen das Verbot der Einlagenrückgewähr.[456] Grundsätzlich sanktioniert § 57 Abs. 1 AktG i.V.m. § 134 BGB nicht nur die Leistung im Rahmen des Vollzugsgeschäfts, sondern bereits das

---

454 Barz in: Großkommentar zum Aktiengesetz, § 68 Anm. 2; Bayer in: Münchener Kommentar zum Aktiengesetz, § 68 Rn. 41; Böttcher/Beinert/Hennerkes, DB 1971, 1998, 199.

455 BayObLG DB 1989, 214, 216f.; Lutter in: Kölner Kommentar, § 68 Rn. 23; Lutter/Schneider, ZGR 1975, 182, 187.

456 Vgl. oben Zweiter Teil D. I. 5. c).

Verpflichtungsgeschäft.[457] Daher sind schuldrechtliche Vereinbarungen über eine entgeltliche Rückübertragung der Aktien auf die Gesellschaft gemäß § 57 Abs. 1 AktG i.V.m. § 134 BGB nichtig.

Anstelle einer schuldrechtlichen entgeltlichen Rückübertragungspflicht auf die Gesellschaft können Gesellschaft und Mitarbeiteraktionär jedoch eine Verfallklausel mit dem Inhalt vereinbaren, dass die Gesellschaft bei Beendigung des Anstellungsverhältnisses berechtigt sein soll, die Aktien für den Aktionär zu veräußern und den Erlös in bestimmter Weise zu verwenden. Eine solche Veräußerungsermächtigung nach § 185 BGB verstößt nicht gegen §§ 71 Abs. 4 S. 2, 57 Abs. 1 AktG.[458] Ebenfalls im Einklang mit §§ 71 Abs. 4 S. 2, 57 Abs. 1 AktG kann schuldrechtlich die Pflicht des Mitarbeiters vereinbart werden, seine aufgrund des Aktienoptionsprogramms bezogenen Aktien lediglich an bestimmte Erwerber zu übertragen,[459] z.B. an seinen „Nachfolger" im Unternehmen. Nur ein „Umweg" über den entgeltlichen Erwerb der Aktien durch die Gesellschaft ist wegen Verstoßes gegen die §§ 71, 57 AktG nicht zulässig. Wirksam ist allein eine schuldrechtliche Vereinbarung über eine unentgeltliche Rückübertragung der Aktien gemäß § 71 Abs. 1 Nr. 4 AktG.

2. Rückübertragungspflicht als Verstoß gegen die §§ 64, 54, 55 AktG?

Schuldrechtliche Rückübertragungspflichten für den Fall der Beendigung des Anstellungsverhältnisses könnten eine unzulässige Verknüpfung von Sonderpflichten mit dem Fortbestand der Aktionärsstellung darstellen. Nach herrschender Meinung dürfen schuldrechtliche Verpflichtungen, die der Aktionär zusätzlich zu seiner Mitgliedschaft eingeht, nur freiwillig und nicht unter wirtschaftlichem Zwang übernommen werden.[460] Ist die Nichterfüllung der zusätzlichen Verpflichtung mit einer Kaduzierung nach § 64 AktG oder einer „vergleichbaren Sanktion" bedroht, stellt dies eine unzulässige Umgehung der §§ 64, 54, 55 AktG dar.[461] Schuldrechtliche Sondervereinbarungen dürfen nur

---

457 RGZ 77, 71, 72 f.; 121, 99, 106; 149, 385, 400; Lutter in: Kölner Kommentar, § 57 Rn. 62, 67; Hüffer, § 57 Rn. 23; Henze in: Großkommentar zum Aktiengesetz, § 57 Rn. 201; a.A. Schmidt, Gesellschaftsrecht, S. 892 mwN.

458 Lutter in: Kölner Kommentar, § 64 Rn. 47; Gehrlein in: Großkommentar zum Aktiengesetz, § 64 Rn. 6.

459 BayObLG DB 1989, 214, 216; Bayer in: Münchener Kommentar zum Aktiengesetz, § 68 Rn. 41; Lutter in: Kölner Kommentar, § 68 Rn. 23.

460 RGZ 52, 287, 293 f.; 80, 81, 85 f.; Hüffer, § 54 Rn. 9; Lutter in: Kölner Kommentar, § 54 Rn. 33; Bungeroth in: Münchener Kommentar zum Aktiengesetz, § 54 Rn. 29.

461 Hüffer, § 54 Rn. 9 mwN.

mit den Mitteln des allgemeinen Schuldrechts durchgesetzt werden.[462] Dies gilt selbst dann, wenn der Aktionär sich der Möglichkeit eines Ausschlusses, einer Zwangseinziehung oder „ähnlichen Sanktion" für den Fall der Verletzung schuldrechtlicher Pflichten freiwillig unterworfen hat.[463] Der Gesellschaft ist es gemäß § 64 AktG verwehrt, dem Aktionär mit dem Verlust der Mitgliedschaft zu drohen, um weitergehende Leistungen einzufordern.[464]

Die Pflicht zur Rückübertragung der Aktien bei vorzeitiger Beendigung des Anstellungs- bzw. Dienstverhältnisses führt trotz ihrer formellen Eingliederung ins allgemeine Schuldrecht zu einer Sanktion, die im Ergebnis der Kaduzierung bei Verletzung der Einlagepflicht gemäß § 64 AktG nahe kommt: Die schuldrechtliche Verfallklausel verknüpft besondere Umstände, die außerhalb des Aktionärsverhältnisses stehen, mit dem Fortbestand der Mitgliedschaft. Will der Mitarbeiteraktionär den Verlust seiner Mitgliedschaft vermeiden, ist er gezwungen, ein bestimmtes Verhalten zu zeigen, nämlich das Anstellungsverhältnis fortzuführen bzw. sich so zu verhalten, dass er der Gesellschaft keinen Kündigungsgrund bietet. Dies spricht auf den ersten Blick dafür, schuldrechtliche Übertragungspflichten für den Fall der Beendigung des Anstellungsverhältnisses als Umgehung der §§ 64, 54, 55 AktG zu werten.

Die schuldrechtliche Pflicht zur Rückübertragung der Aktien als Sanktion unterscheidet sich allerdings von einer Kaduzierung nach § 64 AktG in einem wesentlichen Punkt: Sie ist nicht Teil eines aktienrechtlichen Instrumentariums, das zum Verlust der Mitgliedschaft aufgrund einseitigen Handelns der Gesellschaft führt. Für den Verlust der Mitgliedschaft ist nicht eine Verlustigerklärung nebst Bekanntmachung durch den Vorstand gemäß § 64 AktG entscheidend. Vielmehr verliert der Mitarbeiteraktionär seine Mitgliedschaft durch Erfüllung einer frei mit der Gesellschaft eingegangenen Vereinbarung. Der Weg, der zum Verlust der Mitgliedschaft führt, ist bei der Erfüllung einer schuldrechtlich vereinbarten Rückübertragungspflicht nicht mit einem Ausschluss oder einer Zwangseinziehung vergleichbar. Darüber hinaus lässt sich die Vereinbarung nach den allgemeinen Regeln des Schuldrechts beurteilen. Wie auch bei der Bewertung von schuldrechtlichen Halteklauseln bietet das Schuldrecht ausrei-

---

462 Lutter in: Kölner Kommentar, § 54 Rn. 21; Bungeroth in: Münchener Kommentar zum Aktiengesetz, § 54 Rn. 30 mwN.

463 Bungeroth in: Münchener Kommentar zum Aktiengesetz, § 54 Rn. 30; Lutter in: Kölner Kommentar, § 54 Rn. 21 mwN.

464 Zur Problematik von Verfallklauseln als unzulässiger Ausschluss vgl. oben Zweiter Teil D. I. 3.

chend Verbots- und Schutzgesetze, so dass die Anwendung der speziellen, für die aktienrechtlichen Instrumentarien vorgesehenen Vorschriften unter Umgehungsgesichtspunkten nicht notwendig ist.

3. Ergebnis

Verfallklauseln mit schuldrechtlicher Rückübertragungspflicht können aufgrund von §§ 57, 71 AktG nur wirksam vereinbart werden, wenn sie eine unentgeltliche Rückübertragung vorsehen. § 53 a AktG ist – da eine schuldrechtliche Sondervereinbarung vorliegt – nicht anwendbar; genauso wenig lässt sich die Rückübertragungspflicht als Umgehung der §§ 54, 55, 64 AktG qualifizieren.[465]

---

465 Zur Koppelung von Anstellungsverhältnis und Gesellschafterstellung ist außerdem eine Übertragung „alter Aktien" unter der auflösenden Bedingung der Beendigung des Anstellungsverhältnisses innerhalb eines bestimmten Zeitraums denkbar. Ein erneuter Erwerb durch die Gesellschaft, der an den Voraussetzungen von § 71 AktG zu messen wäre, erfolgt bei Eintritt der auflösenden Bedingung wegen § 158 Abs. 2 BGB nicht. Da die Parteien auf eine vom Gesetz zur Verfügung gestellte und einvernehmlich getroffene Gestaltungsmöglichkeit außerhalb des aktienrechtlichen Instrumentariums zurückgreifen, das anhand der vorrangigen zivilrechtlichen Vorschriften zu kontrollieren ist, ist eine Anwendung der §§ 54, 55, 64 AktG unter Umgehungsgesichtspunkten nicht erforderlich. Ist die Gesellschaft aufgrund Eintritts der Bedingung zur Rückzahlung des Kaufpreises verpflichtet, liegt nach dem oben Ausgeführten allerdings ein Verstoß gegen die §§ 53 a, 57 AktG vor.

DRITTER TEIL: SCHULDRECHTLICHE WIRKSAMKEIT VON HALTE- UND VERFALLKLAUSELN

Aus aktienrechtlicher Sicht begegnen optionsbezogenene Halte- und Verfallklauseln keinen durchgreifenden Bedenken. Aktienbezogene Halte- und Verfallklauseln können dagegen wegen Verstoßes gegen das Aktienrecht nicht als materielle Satzungsbestimmungen vereinbart werden. Schuldrechtliche aktienbezogene Halteklauseln stehen hingegen mit dem Aktienrecht in Einklang, ebenso schuldrechtliche aktienbezogene Verfallklauseln, soweit sie keine Rückzahlungs- bzw. Entschädigungspflicht der Gesellschaft vorsehen. Aufgabe des dritten Teils dieser Arbeit ist nun darzustellen, welche weitergehenden Wirksamkeitsprobleme das Schuldrecht, insbesondere das Dienst- und Arbeitsrecht, für die verschiedenen Bindungsklauseln aufwirft.

A. Schuldrechtliche Wirksamkeit optionsbezogener Halteklauseln

Optionsbezogene Halteklauseln, die die Übertragbarkeit von Optionen eine Zeit lang oder dauerhaft ausschließen, begegnen dann keinen schuldrechtlichen Bedenken, wenn die an Mitarbeiter gewährten Optionen ohnehin gemäß § 399 Fall 1 BGB nicht übertragbar sind. Nach der Gesetzesbegründung zum KonTraG sollen Optionen bereits kraft Natur der Sache auch ohne ausdrückliche Haltevereinbarung aufgrund der von den Parteien angestrebten Anreizwirkung nicht handelbar sein.[466] Spätestens ab Erreichen der Ausübungshürden, wenn die Option sich als Anreizinstrument bewährt hat, kann dieser argumentative Rückgriff auf die Natur der Sache allerdings nicht mehr überzeugen. Ähnlich wie der Gesetzgeber geht *Bork* im Hinblick auf allgemeine zivilrechtliche Optionen davon aus, dass sie auch ohne Vereinbarung regelmäßig nach § 399 Fall 1 BGB, also aufgrund ihres Leistungsinhalts, unübertragbar seien: Dem Optionsverpflichteten könne kein Vertragspartner aufgedrängt werden, den er nicht wolle.[467] Im Hinblick auf vergütungshalber gewährte Optionen können allein diese Bedenken nicht durchgreifen: Auch andere Vergütungsinstrumente mit Anreizwirkung, wie z.B. Gratifikationen, werden nicht als nach § 399 Fall 1 BGB unübertragbar eingestuft; ein Gläubigerwechsel ist grundsätzlich möglich.[468]

---

466 Begründung des Regierungsentwurfs zum KonTraG, BT-Drucks. 13/9712, S. 24.

467 Staudinger/Bork, Vorbem zu §§ 145 ff. Rn. 75.

468 Soweit Gratifikationen allerdings gemäß §§ 850 a ff. ZPO unpfändbar sind, können sie nach § 400 BGB auch nicht abgetreten werden.

Sind Halteklauseln vereinbart, lässt sich die Unübertragbarkeit der Optionen jedenfalls darauf stützen, dass eine wirksame Parteivereinbarung im Sinne von §§ 399 Fall 2, 413 BGB vorliegt: Das Gesetz erkennt in § 399 Fall 2 BGB einen Abtretungsausschluss an, der allein auf dem Willen der Parteien beruht. Aufgrund dieser gesetzlichen Wertung können regelmäßig keine Bedenken gegen die Zulässigkeit von Abtretungsausschlüssen geltend gemacht werden, insbesondere nicht unter dem Gesichtspunkt, dass das Interesse des Gläubigers an einer Verwertung seiner Rechtsposition beeinträchtigt wird. Bei Vereinbarungen, die nach §§ 399 Fall 2, 413 BGB die Abtretbarkeit ausschließen, kann daher lediglich im Einzelfall entweder eine abweichende interessengerechte Auslegung der Vereinbarung erforderlich oder eine unzulässige Rechtsausübung anzunehmen sein.[469]

Das Interesse der arbeitgebenden Gesellschaft an einer längerfristigen Bindung, Identifikation und Leistungssteigerung ihrer Mitarbeiter, das sie mit Hilfe des Optionsprogramms realisieren möchte, ist grundsätzlich schutzwürdig. Der Anreiz zur Leistungssteigerung, zur Identifikation mit den unternehmerischen Zielen des Arbeitgebers und zur Betriebstreue ist nun aber sicherlich größer, wenn der Mitarbeiter Inhaber der Option bleibt und sie nicht sofort nach Optionseinräumung an einen Dritten veräußern kann. Auch im Hinblick darauf, dass Optionen häufig unentgeltlich oder mit Rücksicht auf das Anstellungsverhältnis zu vergünstigten Konditionen eingeräumt werden, tritt das Interesse des Mitarbeiters an einer beliebigen Verwertbarkeit der Optionen zurück. Vor diesem Hintergrund und unter Berücksichtigung der gesetzlichen Wertung ist eine abweichende Auslegung optionsbezogener Halteklauseln zugunsten der nicht abtretungsberechtigten Mitarbeiter nicht erforderlich; allein das Geltendmachen des Abtretungsausschlusses stellt auch keine unzulässige Rechtsausübung dar.[470]

---

469 Roth in: Münchener Kommentar zum BGB, § 399 Rn. 34 f., für den Fall, dass kein schutzwürdiges Interesse des Schuldners am Ausschluss besteht oder das schutzwürdige Interesse des Gläubigers an der Abtretbarkeit vorrangig ist. Das kann bei längeren optionsbezogenen Halteklauseln möglicherweise dann der Fall sein, wenn die Option entgeltlich erworben wurde.

470 Aufgrund der gesetzlich verankerten Interessenabwägung in § 399 Fall 2 BGB fällt das Motivations- und Bindungsinteresse des Arbeitgebers hier auch nach Eintritt der Ausübungsreife stärker ins Gewicht als bei der Überprüfung von Verfallklauseln anhand der §§ 622 Abs. 6, 626, 612 a, 339 ff., 307 ff. BGB, § 74 Abs. 2 HGB.

B. Schuldrechtliche Wirksamkeit optionsbezogener Verfallklauseln

I. Anwendung arbeitsrechtlicher Vorschriften

Bei der Beurteilung optionsbezogener Verfallklauseln ist zunächst problematisch, welche Rechtsnormen des Schuldrechts auf die Optionsvereinbarung überhaupt Anwendung finden. Die Option kann durch separaten Vertrag zwischen Gesellschaft und Mitarbeiter begründet werden, aber auch im Anstellungs- bzw. Dienstvertrag oder in einer Vereinbarung kollektivrechtlicher Art wie einer Betriebsvereinbarung verankert sein.[471] Wie die Parteien den rechtlichen Rahmen ihres Optionsverhältnisses bezeichnen, ist grundsätzlich irrelevant für die Frage, welche Rechtsnormen Anwendung finden.

Die Einräumung einer Option ist im Vorfeld des endgültig wirksamen Aktienkauf- bzw. Zeichnungsvertrages und des Aktienerwerbs angesiedelt. Nach den verschiedenen dogmatischen Ansätzen begründet die Option einen durch eine Potestativbedingung aufschiebend bedingten Hauptvertrag, ein langfristiges Angebot der Gesellschaft auf Vertragsabschluss, ein Gestaltungsrecht oder auch einen Vertrag, der das Angebot zum Abschluss eines Kauf- bzw. Zeichnungsvertrages zum Vertragsinhalt hat. Denkbar ist die Aktienoption auch als Vorvertrag über den Erwerb von Aktien.[472] Anwendung könnten danach die allgemeinen schuldrechtlichen und eventuell die kaufrechtlichen Vorschriften finden. *Lück* spricht in diesem Zusammenhang von einem „nicht typisch arbeitsrechtlichen Vertrag".[473] In der Optionsvereinbarung werden jedoch regelmäßig auch Regelungen mit Bezug zum Anstellungsverhältnis getroffen, z.B. ein Optionsverfall mit Beendigung des Anstellungsverhältnisses. Bei einer Optionsgewährung durch den Arbeitgeber kommt daher auch die Anwendung arbeitsrechtlicher Vorschriften in Frage; bei einer Optionsgewährung durch eine Konzerngesellschaft ist der arbeitsvertragliche Bezug und damit die mögliche Anwendbarkeit arbeitsrechtlicher Normen weniger deutlich.

1. Optionsgewährung durch den Arbeitgeber

Die Optionsgewährung durch den Arbeitgeber hat – genau wie das Angebot auf Abschluss eines Mitarbeiterdarlehensvertrages oder eines Belegschaftskaufver-

471 Vgl. oben Erster Teil H.
472 Vgl. oben Erster Teil B.
473 Lück, S. 203; anders Zitzewitz, S. 221 f., der von einem schuldrechtlichen Austauschvertrag spricht, der dem Arbeitsrecht zuzuordnen sei, aber zugleich der Bereichsausnahme des Gesellschaftsrechts bei der Inhaltskontrolle vorformulierter Bedingungen unterfalle.

trages – ihre Grundlage im Anstellungsverhältnis. Durch die Optionseinräumung wird regelmäßig eine bereits im ursprünglichen Anstellungsvertrag enthaltene oder eine nachträglich durch Vertragsergänzung ausdrücklich oder stillschweigend getroffene Zusage auf Teilnahme am Optionsprogramm erfüllt.[474] Die Zusage ist dann arbeits-[475] bzw. dienstrechtlicher Natur. Dies spricht dafür, auch die Erfüllung der Zusage, insbesondere die Bedingungen der Optionsgewährung und -ausübung, an den Vorschriften und Grundsätzen des Arbeits- bzw. Dienstvertragsrechts zu messen.[476]

Für die Gewährung eines Arbeitgeberdarlehens bzw. die Abwicklung eines Personalkaufs gelten allerdings nach allgemeiner Auffassung grundsätzlich die Vorschriften zum Darlehens-[477] bzw. Kaufrecht.[478] Entsprechend könnten die Einräumungs- und Ausübungsbedingungen bei Optionen ausschließlich anhand des Kauf- bzw. Gesellschaftsrechts zu beurteilen sein. Auch wenn Optionen als Entgelt einzuordnen sein sollten,[479] bedeutet das noch nicht ohne weiteres, dass sämtliche arbeits- bzw. dienstvertraglichen Vorschriften anwendbar wären. Entgeltcharakter haben auch der Rabatt beim Personalkauf[480] und die Vergünstigungen beim Arbeitgeberdarlehen.[481]

---

474 Bauer/Göpfert/von Steinau-Steinrück, ZIP 2001, 1129, 1130; zu den verschiedenen arbeitsrechtlichen Möglichkeiten der Ausgestaltung der Optionsbedingungen und der Begründung eines Anspruchs auf Optionsgewährung siehe Legerlotz/Laber, DStR 1999, 1658 ff; Mohr/Bihn, N II Rn. 887 ff.

475 Bauer/Göpfert/von Steinau-Steinrück, ZIP 2001, 1129, 1130; Lembke, BB 2001, 1469, 1471; Kreßel, Münchener Handbuch zum Arbeitsrecht, Band 1, § 68 Rn. 102; Engelsing, S. 24.

476 Für eine Anwendung des allgemeinen Gleichbehandlungsgrundsatzes z.B. Bauer/von Steinau-Steinrück in: Hölters, Teil V Rn. 177 mwN.

477 Thomas in: Küttner, Arbeitgeberdarlehen (21) Rn. 2; Schaub in: Arbeitsrechtshandbuch, § 70 Rn. 15; für die Selbständigkeit von zwischen Arbeitgeber und Mitarbeiter geschlossenen Kauf-, Miet- und Darlehensverträgen gegenüber dem Anstellungsvertrag und damit für die Anwendbarkeit des AGB-Gesetzes: BAG AP Nr. 3 zu § 23 AGB-Gesetz mwN; dafür auch nach der Schuldrechtsreform Preis in: Erfurter Kommentar, § 611 Rn. 544.

478 Hanau in: Münchener Handbuch zum Arbeitsrecht, Band 1, § 70 Rn. 6 mwN.

479 So z.B. Bauer/Göpfert/von Steinau-Steinrück, ZIP 2001, 1129, 1130; Lembke, BB 2001, 1469, 1471; vgl. ausführlich unten Dritter Teil B. XI. 2. c) aa).

480 Hanau in: Münchener Handbuch zum Arbeitsrecht, Band 1, § 70 Rn. 6 mwN.

481 Nach Hanau in: Münchener Handbuch zum Arbeitsrecht, Band 1, § 71 Rn. 1, 4, hat das Arbeitgeberdarlehen Entgeltcharakter; Preis in: Erfurter Kommentar, § 611 Rn. 544, stellt die Darlehensgewährung der Entgeltzahlung im engeren Sinn gegenüber; nach Nebendahl in: Beck'sches Personalhandbuch, Band I Arbeitsrechtslexikon, Arbeitgeberdarlehen (25), kann das Arbeitgeberdarlehen u.a. den Zweck einer zusätzlichen Vergütung haben; für eine Einordnung zumindest unter den betriebsverfassungsrechtlichen Entgeltbegriff spricht sich Kania in: Arbeitsrechtsblattei SD 570 Rn. 17 aus.

Möglicherweise lässt sich das in den vergünstigten Vertragskonditionen liegende „Zuwendungselement“ als Bestandteil des Arbeitsverhältnisses qualifizieren, während das übrige Rechtsverhältnis nicht-arbeitsrechtlicher Natur ist. Das „Zuwendungselement“ würde dann – allein – dem Arbeitsrecht unterfallen.[482] Eine Aufspaltung des Optionsverhältnisses in ein arbeitsvertragliches und ein nicht-arbeitsvertragliches Rechtsverhältnis ist allerdings dann nicht nötig, wenn sich die Probleme, die aus der Verknüpfung von Anstellungs- und Optionsbzw. Gesellschaftsverhältnis resultieren, mit Hilfe der Dogmatik zu den sogenannten gemischten Verträgen erfassen lassen.

a) Optionsvertrag als gemischter Vertrag

Als gemischter Vertrag wird ein Vertrag bezeichnet, der sich aus verschiedenen Vertragstypen zusammensetzt.[483] Wesentliches Kennzeichen des gemischten Vertrages ist, dass die Einzelelemente der Vereinbarung erst in ihrer Gesamtheit eine nach dem Parteiwillen sinnvolle Vertragseinheit ergeben. Aus dem Vertragskomplex kann ein Bestandteil nicht isoliert herausgelöst werden, ohne dass das Gesamtgefüge unter Berücksichtigung des Vertragszwecks und des Parteiwillens zerstört werden würde.[484] Der gemischte Vertrag ist vom zusammengesetzten Vertrag zu unterscheiden: Der zusammengesetzte Vertrag besteht aus mehreren selbständigen, gedanklich trennbaren Teilen, die auch alleine sinnvoll bestehen könnten, jedoch nach dem Willen der Parteien voneinander abhängig sein sollen.[485] Vom zusammengesetzten Vertrag ist weiterhin der Fall zu unterscheiden, dass der eine Vertrag nicht Vertragsinhalt, sondern lediglich Geschäftsgrundlage[486] oder auflösende Bedingung für einen anderen Vertrag ist.[487]

In Betracht kommt, dass der Anstellungsvertrag mit der Optionsvereinbarung einen zusammengesetzten Vertrag darstellt; denn beide sind gedanklich ohne weiteres trennbar. Möglich ist auch, dass der Bestand des Anstellungsverhältnisses auflösende Bedingung[488] oder Geschäftsgrundlage[489] für die Optionsver-

---

482 Willemsen, Festschrift Wiedemann, S. 648 ff.
483 BAG AP Nr. 1 zu § 611 BGB Gemischter Vertrag; Staudinger/Löwisch, § 305 Rn. 25.
484 Palandt/Heinrichs, Überbl v § 311 Rn. 19; Heckelmann, Anmerkung zu BAG AP Nr. 2 zu § 611 BGB Gemischter Vertrag.
485 Staudinger/Löwisch, § 305 Rn. 45; Palandt/Heinrichs, Überbl v § 311 Rn. 19, Überbl v § 311 Rn. 17.
486 Zur Unterscheidung zwischen Vertragsinhalt und Geschäftsgrundlage vgl. Palandt/Heinrichs, § 313 Rn. 6.
487 Staudinger/Löwisch, § 305 Rn. 50.
488 Bauer/Göpfert/von Steinau-Steinrück, ZIP 2001, 1129, 1131.

einbarung darstellt. Davon unabhängig ist jedoch zu beurteilen, ob die Einigung über die Optionsgewährung selbst als gemischter Vertrag einzustufen ist.

Für die Beurteilung, ob ein gemischter Vertrag vorliegt, ist der Inhalt der Optionsvereinbarung entscheidend. Viele Stimmen in der Literatur ordnen die Optionsvereinbarung einer einzigen Vertragsart zu: Der auf die Gewährung von Optionen gerichtete Vertrag sei nach Ansicht von *Bauer/Göpfert/von Steinau-Steinrück* entweder kaufrechtlich oder gesellschaftsrechtlich zu qualifizieren.[490] Nach *Picot/Schnitker* sei es eine Frage der Auslegung, ob die Optionsgewährung Bestandteil des Arbeitsvertrags oder einer anderweitigen zivilrechtlichen Regelung sei. Um Rechte aus einem Arbeitsverhältnis handele es sich, wenn die Optionen als Vergütung bezeichnet oder durch Gehaltsumwandlung oder -verzicht erkauft würden.[491] Ähnlich differenzieren *Urban-Crell/Manger:* Hätten die Optionen ihre unmittelbare vertragliche Grundlage im Arbeitsvertrag oder in einer Betriebsvereinbarung, seien sie Rechte aus dem Arbeitsverhältnis; andernfalls beruhten sie auf einem gesellschafts- bzw. kaufrechtlichen Rechtsakt.[492] *Grimm/Walk* vertreten, dass der Teilnahme am Optionsprogramm eine arbeitsrechtlich zu qualifizierende Vergütungsabrede zugrunde liege.[493] Ähnlich geht *Lembke* davon aus, dass der schuldrechtliche Charakter der Optionsgewährung durch die arbeitsrechtliche Natur als Arbeitsentgelt überlagert wird.[494]

Gegen diese einseitige dogmatische Zuordnung der Optionsvereinbarung spricht allerdings, dass sie nicht nur – abhängig vom dogmatischen Ansatz – entweder einen durch eine Potestativbedingung aufschiebend bedingten Hauptvertrag darstellt, einen Vorvertrag, ein langfristiges Angebot der Gesellschaft auf Vertragsabschluss, ein Gestaltungsrecht oder einen Vertrag, der das Angebot zum Abschluss eines Kauf- bzw. Zeichnungsvertrages zum Vertragsinhalt hat. Die Optionsvereinbarung macht darüber hinaus eine bestimmte Dauer des Anstellungsverhältnisses durch die Festlegung von Wartezeit und optionsbezogenen Verfallregelungen zur Leistungsvoraussetzung. Dadurch wird nicht nur die Ausübung der Option unter eine aufschiebende Bedingung gestellt, sondern gleichzeitig auch die erbrachte Betriebstreue zur Gegenleistung des Mitarbei-

489 Kreßel in: Münchener Handbuch zum Arbeitsrecht, Band 1, § 68 Rn. 102, für den entgeltlichen Erwerb von Optionen.
490 Bauer/Göpfert/von Steinau-Steinrück, ZIP 2001, 1229, 1131.
491 Picot/Schnitker, Teil I Rn. 218.
492 Urban-Crell/Manger, NJW 2004, 125, 127.
493 Grimm/Walk, BB 2003, 577, 579.
494 Lembke, BB 2001, 1469, 1474.

ters.[495] Wie bei der Vereinbarung von Gratifikationen oder Tantiemen liegt in der Optionsvereinbarung nicht eine nur einseitige Leistung des Arbeitgebers, eine aufschiebend bedingte Schenkung. Die Annahme einer Schenkung würde dem Willen der Parteien nicht entsprechen:[496] Aktienoptionen sollen als Anreiz- und Vergütungsinstrument eingesetzt werden und dem Mitarbeiter im Hinblick auf die Betriebstreue, aber auch Leistung und Identifikation mit den unternehmerischen Zielen gerade mehr abverlangen als bisher. Die Optionsvereinbarung weist damit nicht nur kauf-, gesellschafts- oder allgemeine schuldrechtliche Bezüge auf, sondern regelt auch eine typische arbeitsvertragliche Leistung, die Erbringung von Betriebstreue, mit entsprechender honorierender Gegenleistung der Gesellschaft.

Werden vergünstigte Erwerbskonditionen eingeräumt, entnimmt *Fuchs* dem auf den Erwerb einer Beteiligung gerichteten Vertrag neben dem kaufrechtlichen Element das arbeitsvertragliche Element der Lohngewährung.[497] Auch die Einräumung – und schließlich Ausübung – von Aktienoptionen führt zum vergünstigten Erwerb von Aktien: Zwar beziehen die Mitarbeiter die Aktien zum Basispreis, der zuvor in der Optionsvereinbarung festgelegt wurde; insoweit besteht kein Unterschied zur Ausübung von Kaufoptionen, die auf dem freien Markt erworben wurden. Im Hinblick auf die angestrebte Motivationssteigerung wird allerdings der Basispreis in der Regel so gewählt werden, dass er aus Sicht der Mitarbeiter bei Ende der Wartezeit erreichbar ist und sogar vom Marktwert überschritten werden kann. Im Übrigen werden die Optionen regelmäßig unentgeltlich oder gegen einen vergünstigten Preis eingeräumt. Üben die Mitarbeiter ihre Optionen aus, wirkt sich die Vergünstigung damit mittelbar auch auf den Bezug der Aktien aus. Da die Optionsvereinbarung – unabhängig von ihrer rechtlichen Qualifizierung – auf den Erwerb einer Unternehmensbeteiligung gerichtet ist, würde sie nach den von *Fuchs* aufgestellten Anforderungen einen gemischten Vertrag darstellen.

495 Vgl. BAG AP Nr. 92, 93, 243 zu § 611 BGB Gratifikation; Schwerdtner, Anm. BAG AP Nr. 86 zu § 611 BGB Gratifikation; Preis in: Erfurter Kommentar, § 611 BGB Rn. 663; Hanau in: Münchener Handbuch zum Arbeitsrecht, Band 1, § 69 Rn. 231, für die Einstufung von Sondervergütungen wie Gratifikationen, Weihnachtsgeld etc. als Leistungen mit Entgeltcharakter.

496 Lipinski/Melms, BB 2003, 150, 151; gegen die Einstufung von Leistungen, die erbrachte Arbeitsleistung und Betriebstreue belohnen sollen, als zivilrechtliche Schenkung auch BAG AP Nr. 22 zu § 611 BGB Gratifikation mwN; Freitag, NZA 2002, 294.

497 Fuchs, S. 137 f.

Aber auch nach den allgemeinen Kriterien lässt sich die auf den Erwerb von Aktien gerichtete Optionsvereinbarung als gemischter Vertrag einstufen: Den Mitarbeitern werden aufgrund ihrer Anstellungsverhältnisse zu Sonderkonditionen Optionen eingeräumt, die als Anreizinstrument dienen. Die Optionsgewährung ist aufgrund der angestrebten Förderung von Leistung und Betriebstreue mit dem Anstellungsverhältnis verknüpft. Eine sinnvolle Trennung in einen auf den Abschluss eines Aktienkauf- bzw. Zeichnungsvertrags gerichteten Vertragsteil und einen rein arbeitsrechtlichen Vergütungsteil ist nicht möglich. Die aufgrund des Anstellungsverhältnisses gewährte Vergünstigung ist an den Bezug von Aktien gebunden; die Gesellschaft gewährt gerade nicht Bezugsrechte zu marktüblichen Konditionen und erbringt gleichzeitig eine anderweitige Sonderleistung. Vergünstigung und Optionsgewährung stellen unter Berücksichtigung des Vertragszwecks eine Einheit dar und lassen sich nicht sinnvoll trennen. Die im Hinblick auf das Arbeitsverhältnis eingeräumte Vergünstigung ist als Vergütungsregelung Vertragsinhalt. Dies gilt auch für den Fall, dass die Optionsvereinbarung auflösend bedingt durch die Beendigung des Arbeitsverhältnisses sein sollte:[498] Die Koppelung von Options- und Anstellungsverhältnis lässt sich nicht allein auf die Vereinbarung einer auflösenden Bedingung reduzieren.[499] Vertragsinhalt ist – unabhängig vom Vorliegen einer Bedingung – neben dem kauf- bzw. gesellschaftsrechtlichen Bezugselement das arbeitsvertragliche Vergütungselement.

b) Einschlägiges Vertragsregime bei gemischten Verträgen

Ist die Optionsvereinbarung demnach als gemischter Vertrag einzustufen, knüpft sich die Frage an, welche Rechtsnormen Anwendung finden. Die herrschende Rechtslehre unterteilt gemischte Verträge in vier Arten der Typenmischung, um zu beurteilen, welche Normen für die Vereinbarung einschlägig sind.[500]

Nach Ansicht von *Fuchs* dominierten die Elemente eines auf den Erwerb einer Unternehmensbeteiligung gerichteten Vertrages die arbeitsvertraglichen Elemente, wenn der Arbeitnehmer über seine Arbeitsleistung hinaus eine Geldleistung erbringe, um die Beteiligung zu erwerben. Aber selbst wenn die Option gegen Zahlung eines Optionspreises, die Aktien gegen Zahlung des festgelegten

---

498 Für eine solche Bedingung Bauer/Göpfert/von Steinau-Steinrück, ZIP 1129, 1131.

499 So aber Picot/Schnitker, Teil I Rn. 218, für den Fall, dass die Optionen ausdrücklich „auf allgemeiner zivilrechtlicher Basis" eingeräumt seien.

500 Palandt/Heinrichs, Überbl v § 311 Rn. 20 ff.; Soergel/Wolf, § 305 Rn. 27 ff; Staudinger/Löwisch, § 305 Rn. 33 ff, Rn. 29 ff. mN zu abweichenden Auffassungen.

Basispreises erworben werden und der Beteiligungserwerb nach der Interessenlage[501] von Mitarbeiter und Gesellschaft im Vordergrund stehen sollte,[502], ist die Anwendung arbeitsrechtlicher Vorschriften entgegen *Fuchs* nicht ohne weiteres ausgeschlossen: Setzt sich eine Vereinbarung aus den Elementen verschiedener Vertragsarten zusammen und haben die Leistungen des einen Vertragstyps gegenüber den Leistungen des anderen Vertragstyps lediglich untergeordnete Bedeutung, ist es zwar grundsätzlich möglich, diese „einseitige Typenkumulation"[503] einheitlich nach dem Recht nur eines Vertragstyps zu beurteilen. Soweit Zweck und Eigenart des gesamten Vertrages nicht entgegenstehen, finden die Vorschriften des anderen Vertragstypus allerdings zusätzliche, entsprechende Anwendung.[504] Insbesondere zwingende Rechtsvorschriften, die dem Schutz eines Vertragspartners dienen, können ihrem Zweck nach Anwendung auf die gesamte Vereinbarung finden, auch wenn sie dem „untergeordneten" Vertragstypus angehören.[505]

Die arbeits- bzw. dienstrechtlichen Vorschriften könnten auf die Optionsvereinbarung auch dann Anwendung finden, wenn sie als einer der drei weiteren Fälle des gemischten Vertrages, als Typenverschmelzungs-, Kombinations- oder gekoppelter Vertrag, einzuordnen wäre:[506] Bei einem Typenverschmelzungsvertrag stellt sich ein untrennbarer Bestandteil des Vertrages zugleich als ein ande-

---

501 Zur Bedeutung der Interessen der Parteien und der besonderen Umstände des Einzelfalles für die Frage, welche Rechtsnormen auf einen gemischten Vertrag Anwendung finden, Staudinger/Löwisch, § 305 Rn. 29; Palandt/Heinrichs, Überbl v § 311 Rn. 25; Soergel/Wolf, § 305 Rn. 27 („Theorie der interessengerechten Rechtsanwendung").

502 Angesichts der Vereinbarung von Wartezeiten, Erfolgszielen und Verfallbestimmungen erscheint zweifelhaft, ob der Interessenschwerpunkt einer Optionsvereinbarung tatsächlich auf dem Beteiligungserwerb als solchem und nicht vielmehr auf der Veranlassung und Vergütung einer besonderen Mitarbeiterleistung liegt.

503 Die Terminologie variiert: Z.B. spricht Soergel/Wolf, § 305 Rn. 26, von einer einseitigen Typenkumulation; Staudinger/Löwisch, § 305 Rn. 39, umschreibt den Vertrag als gemischten Vertrag mit aneinandergereihten Typen und Überwiegen des einen Typus; Palandt/Heinrichs, Überbl v § 311 Rn. 20, bezeichnet den Vertrag als typischen Vertrag mit andersartiger Nebenleistung.

504 Staudinger/Löwisch, § 305 Rn. 39; Staudinger/Richardi, Vorbem zu §§ 611 ff. Rn. 85; Soergel/Wolf, § 305 Rn. 28; für eine direkte Anwendung Palandt/Heinrichs, Überbl v § 311 Rn. 25 f.

505 Staudinger/Löwisch, § 305 Rn. 32; Schelp, Festschrift Herschel, S. 87, 96; Soergel/Wolf, § 305 Rn. 31, für die Anwendung sozialer Schutzvorschriften bei der Typenkumulation; gegen die Anwendung des Arbeitsrechts auf die Optionsvereinbarung Willemsen/Müller-Bonanni, ZIP 2003, 1177, 1181 mwN; gegen die Anwendung des Arbeitsrechts auf Optionen ohne „arbeitsvertraglichen Verpflichtungsgrund" auch Urban-Crell/Manger, NJW 2004, 125, 127.

506 Zu den weiteren verschiedenen Formen des gemischten Vertrages vgl. Staudinger/Löwisch, § 305 Rn. 34 ff.; Soergel/Wolf, § 305 Rn. 28 ff.; Palandt/Heinrichs, Überbl v § 311 Rn. 20 ff.

rer (vollständiger) Vertragstypus dar.[507] Hier könnte der Abschluss des auf den Beteiligungserwerb gerichteten Optionsvertrages zugleich Teil der im Rahmen des Arbeitsverhältnisses geschuldeten Vergütung und damit untrennbarer Bestandteil des Arbeitsvertrages sein.[508] Beim Kombinationsvertrag verpflichtet sich mindestens eine der Vertragsparteien zu mehreren, gleichwertigen Leistungen, die unterschiedlichen Vertragstypen angehören.[509] Die Optionsvereinbarung könnte den Mitarbeiter in diesem Sinne zur Betriebstreue, Arbeitsleistung, ggf. zur Zahlung eines Optionspreises, zum Halten der Optionen und ggf. auch der Aktien verpflichten. Unter einem gekoppelten Vertrag versteht man einen Vertrag, bei dem die Leistung der einen Partei dem einen Vertragstypus angehört, während die Leistung der anderen Partei einen anderen Vertragstypus prägt.[510] Soweit der Mitarbeiter für die Einräumung der Option und die Übertragung der Aktien seine Betriebstreue und Arbeitsleistung schuldet, weist die Optionsvereinbarung auch Elemente eines gekoppelten Vertrages auf.

Sowohl bei der Typenverschmelzung als auch bei Kombinations- und gekoppeltem Vertrag besteht Einigkeit, dass auf jede Vertragsleistung die Normen des jeweils zugehörigen Vertragstyps Anwendung finden. Im Falle einer Kollision der Vorschriften ist unter Berücksichtigung der einschlägigen Schutznormen eine Lösung zu entwickeln, die dem Vertragszweck am besten Rechnung trägt.[511] Für alle Typen von gemischten Verträgen gilt also, dass der Zweck einer Schutznorm und ihr Charakter als zwingende oder nachgiebige Norm darüber entscheidet, ob und, wenn ja, auf welche Vertragselemente sie Anwendung findet.

2. Optionsgewährung durch eine Konzerngesellschaft

Im Konzern können Optionen auch auf Aktien der Muttergesellschaft – oder einer anderen Konzerngesellschaft – an die Mitarbeiter der (Tochter-)Gesellschaft ausgegeben werden. Neben einer Optionsvereinbarung zwischen Mutter- und Tochtergesellschaft als Vertrag zugunsten Dritter oder einer Verpflichtung

---

507 Staudinger/Löwisch, § 305 Rn. 41; Soergel/Wolf, § 305 Rn. 32; Palandt/Heinrichs, Überbl v § 311 Rn. 23.

508 So Kreßel in: Münchener Handbuch zum Arbeitsrecht, Band 1, § 68 Rn. 102, für die unentgeltliche Optionsgewährung.

509 Staudinger/Löwisch, § 305 Rn. 34; Soergel/Wolf, § 305 Rn. 31; Palandt/Heinrichs, Überbl v § 311 Rn. 21.

510 Staudinger/Löwisch, § 305 Rn. 44; Soergel/Wolf, § 305 Rn. 34; Palandt/Heinrichs, Überbl v § 311 Rn. 22.

511 Staudinger/Löwisch, § 305 Rn. 34 f., 41 ff.; Soergel/Wolf, § 305 Rn. 31 ff.; Palandt/Heinrichs, Überbl v § 311 Rn. 25 ff.

der Tochtergesellschaft im Arbeitsvertrag kommt außerdem der Abschluss einer Optionsvereinbarung direkt zwischen Muttergesellschaft und dem begünstigten Mitarbeiter der Tochtergesellschaft in Betracht.[512] Auch in diesem Fall weist die Optionsvereinbarung sowohl kauf- bzw. gesellschaftsrechtliche als auch arbeitsrechtliche Elemente auf: Die Optionsvereinbarung mit ihren Warte- und Verfallklauseln sowie Erfolgszielen ist nicht nur auf den Erwerb einer gesellschaftsrechtlichen Beteiligung gerichtet, sondern auch auf Ziele, die wie die Förderung von Betriebstreue und Mitarbeitermotivation in einem Anstellungsverhältnis relevant sind.

Für den Fall eines Betriebsübergangs hat das *Bundesarbeitsgericht* entschieden, dass der zwischen Konzernmutter und Mitarbeitern einer Tochtergesellschaft geschlossene Optionsvertrag rechtlich selbständig neben dem Arbeitsvertrag stehe. Auf diese Konstellation sei die arbeitsrechtliche Vorschrift des § 613 a BGB nicht anwendbar, da die gewährten Optionen keine „Rechte aus dem Arbeitsverhältnis" seien.[513] Ähnlich argumentieren *Annuß/Lembke*: Die Leistung eines Dritten, die angesichts des Anstellungsverhältnisses versprochen werde, könne keine arbeitsrechtliche Beziehung zwischen Mitarbeiter und Drittem begründen. Die mit der Arbeitgeberstellung verbundenen Lasten seien nur durch die persönliche Abhängigkeit des Arbeitnehmers und seine Einordnung in die vom Arbeitgeber beherrschte Organisation gerechtfertigt.[514] Diese Argumentation steht einer Einstufung des Optionsvertrages zwischen Konzernmutter und Mitarbeitern einer Tochtergesellschaft als gemischtem Vertrag allerdings nicht entgegen. Auch gemischte Verträge sind rechtlich selbständig; sie weisen lediglich Elemente verschiedener Vertragstypen auf. Bei der dogmatischen Einordnung der zwischen Mitarbeiter und Konzerngesellschaft geschlossenen Vereinbarung geht es nicht darum, dem Optionsvertrag seine rechtliche Selbständigkeit abzusprechen oder die Konzerngesellschaft als Arbeitgeber zu qualifizieren, sondern allein darum, ob auf die zwischen Mitarbeiter und Konzerngesellschaft getroffene Optionsvereinbarung nach den Grundsätzen der gemischten Verträge auch (vereinzelt) arbeitsrechtliche Vorschriften Anwendung finden.

---

512 Kessler/Suchan in: Handbuch Stock Options, O II 2 d) Rn. 1246 ff. mwN.

513 BAG AP Nr. 243 zu § 613 a BGB; dieser Entscheidung folgen Willemsen/Müller-Bonanni, ZIP 2003, 1177, 1180; Urban-Crell/Manger, NJW 2004, 126; Lembke, BB 2003, 1071, 1072; Annuß/Lembke, BB 2230, 2234; von Steinau-Steinrück, NZA 2003, 473, 474.

514 Annuß/Lembke, BB 2003, 2230, 2234.

Wie bei einer Optionsvereinbarung zwischen Mitarbeiter und arbeitgebender Gesellschaft ist eine sinnvolle Trennung in einen auf den Abschluss eines Aktienkauf- bzw. Zeichnungsvertrags gerichteten Vertragsteil und einen reinen Vergütungsteil nicht möglich. Den Mitarbeitern werden aufgrund ihrer Anstellungsverhältnisse zu Sonderkonditionen Optionen eingeräumt, die als Anreizinstrument dienen. Daran ändert auch die Tatsache nichts, dass ihre Anstellungsverhältnisse zu einer anderen Konzerngesellschaft gehören. Die Optionsgewährung ist aufgrund der angestrebten Förderung von Leistung und Betriebstreue mit dem Anstellungsverhältnis verknüpft. Vergünstigung und Optionsgewährung stellen unter Berücksichtigung des Vertragszwecks die für einen gemischten Vertrag typische Einheit dar. Nach den für gemischte Verträge entwickelten Grundsätzen hängt es also auch bei der Optionsgewährung durch die Konzernmutter vom Zweck der arbeitsrechtlichen Schutznorm und ihrem Charakter als zwingende oder nachgiebige Norm ab, ob sie auf die Optionsvereinbarung Anwendung findet.[515]

II. Unzulässige Kündigungserschwerung

Die Optionsbedingungen machen in der Regel die Ausübung der Optionen davon abhängig, dass im Zeitpunkt der Ausübung ein (ungekündigtes) Anstellungsverhältnis besteht. Kündigt der Mitarbeiter vor Optionsausübung, „verfällt“ seine Option. Solche optionsbezogenen Verfallklauseln können den Verlust der Optionen ausnahmslos für jeden Fall der Beendigung des Anstellungsverhältnisses vorsehen. Die Klauseln können aber auch zwischen verschiedenen Beendigungsgründen differenzieren: So sind Ausnahmen vom Verfall für die betriebsbedingte Kündigung durch den Arbeitgeber, die außerordentliche wirksame Kündigung des Arbeitnehmers oder eine Vertragsbeendigung nach Ausübungsreife möglich. Ein Verfall kann ausdrücklich als Folge einer Vertragsbeendigung nicht nur aufgrund Kündigung, sondern auch aufgrund Aufhebungsvertrags oder Betriebsübergangs vereinbart werden. Als weitere Möglichkeit können die Parteien eine bestimmte Ausübungsfrist nach der Beendigung des Anstellungsverhältnisses vorsehen. Inwieweit Verfallklauseln im Hinblick auf

515 Z.B. sprechen sich für die Pflicht der Konzernmutter zur Beachtung des Gleichbehandlungsgrundsatzes aus: BAG AP Nr. 51 zu § 16 BetrAVG (bei konzerneinheitlichen Leistungen des herrschenden Unternehmens und schutzwürdigem Vertrauen der Begünstigten); Preis in: Erfurter Kommentar, § 611 BGB Rn. 729, und Richardi in: Münchener Handbuch zum Arbeitsrecht, Band 1, § 14 Rn. 11, § 32 Rn. 28 (jeweils für den Fall einer „Verteilungskompetenz“ der Konzernspitze); Willemsen, Festschrift Wiedemann, S. 645, 661 ff. (für den Fall, dass der Arbeitgeber dem Leistungsplan eines Dritten im Betrieb Geltung verschaffe).

das Kündigungsrecht des Arbeitnehmers zulässig sind, soll im folgenden Abschnitt untersucht werden.

1. Ordentliche Kündigung durch den Arbeitnehmer

Für die Kündigung des Arbeitsverhältnisses durch den Arbeitnehmer darf gemäß § 622 Abs. 6 BGB keine längere Frist vereinbart werden als für die Kündigung durch den Arbeitgeber. Die ordentliche Kündigung durch den Arbeitnehmer darf im Verhältnis zu der des Arbeitgebers nicht erschwert werden; daher ist eine Abrede unwirksam, die für den Fall einer Kündigung durch den Arbeitnehmer einen Vermögensnachteil vorsieht, nicht jedoch für den Fall einer Kündigung durch den Arbeitgeber.[516] Derartige faktische Kündigungsbeschränkungen wirken sich zwar nicht unmittelbar auf die Wirksamkeit einer Kündigungserklärung aus, wohl aber auf die vorherige Entscheidung des Arbeitnehmers, ob er kündigt oder nicht.[517] Allerdings besteht auch Einigkeit, dass nicht jede Klausel unwirksam ist, die bei (vorzeitiger) Kündigung des Mitarbeiters einen Vermögensnachteil vorsieht wie z.B. die Rückzahlung von Gratifikationen, Ausbildungskosten oder den Verfall von Betriebsrentenansprüchen.[518] Der Arbeitgeber kann ein schutzwürdiges Interesse daran haben, dass ein Mitarbeiter, der das Anstellungsverhältnis löst, nicht dieselben Leistungen erhält wie die im Unternehmen verbleibenden Mitarbeiter. Welche faktischen Einflüsse auf die Kündigungsentscheidung nach § 622 Abs. 6 BGB als unzulässig zu werten sind, ist anhand von Gesetzeszweck und einer Abwägung der widerstreitenden Interessen festzustellen.

In der Literatur werden Bedenken geäußert, ob optionsbezogene Verfallregelungen im Hinblick auf das Verbot faktischer Kündigungshindernisse nach § 622 Abs. 6 BGB überhaupt Bestand haben können.[519] Der gemischte Charakter der Optionsgewährung steht einer (entsprechenden) Anwendung von § 622 Abs. 6 BGB auf Verfallklauseln nicht entgegen. Auch Vereinbarungen, die

---

516 BAG AP Nr. 9, 12 zu § 622 BGB; BAG AP Nr. 15 zu § 611 BGB Gratifikation; Müller-Glöge in: Erfurter Kommentar, § 622 BGB Rn. 101; Linck in: Großkommentar zum Kündigungsrecht, § 622 BGB Rn. 173; Spilger in: Gemeinschaftskommentar zum KSchG, § 622 BGB Rn. 119, 146; Stahlhacke/Preis/Vossen, Rn. 519; Staudinger/Preis, § 622 Rn. 53; Erman/Belling, § 622 Rn. 21; Zwanziger in: Kittner/Däubler/Zwanziger, § 622 Rn. 51.

517 Spilger in: Gemeinschaftskommentar zum KSchG, § 622 BGB Rn. 119.

518 Baeck/Diller, DB 1998, 1405, 1408; vgl. zu den Voraussetzungen zulässiger Rückzahlungsklauseln bei Gratifikationen BAG AP Nr. 22, 150, 176 zu § 611 Gratifikation; vgl. auch die Verfallklausel in § 1 BetrAVG.

519 Lembke, BB 2001, 1469, 1473; Mechlem/Melms, DB 2000, 1614 f.

nicht nur arbeitsvertragliche Zwecke verfolgen und nicht nur arbeitsrechtlichen Vorschriften unterstehen, können einen Bezug zur Beendigung des Anstellungsverhältnisses herstellen und an die Beendigung Nachteile knüpfen. Diese Konstellation wird vom Verbot faktischer Kündigungserschwerungen ebenfalls erfasst:[520] Denn für den Arbeitnehmer ist unerheblich, ob die Nachteile aus einer rein arbeitsvertraglichen oder gemischten Vereinbarung resultieren.

Nach *Baeck/Diller*, *Legerlotz/Laber* und *Buhr/Radtke* stellt § 622 Abs. 6 BGB allerdings nicht den richtigen Anknüpfungspunkt für die Überprüfung optionsbezogener Verfallklauseln dar. Vielmehr sei eine Abwägung im Rahmen der allgemeinen Inhaltskontrolle arbeitsvertraglicher Vereinbarungen vorzunehmen.[521] Auch die Rechtsprechung zieht für den vergleichbaren Fall einer Verpflichtung zur Rückzahlung von Aus- und Fortbildungskosten den Grundsatz von Treu und Glauben unter Berücksichtigung der arbeitsplatzbezogenen Berufswahlfreiheit des Arbeitnehmers gemäß Art. 12 Abs. 1 S. 1 GG heran.[522] Andererseits stützt sich die Rechtsprechung zu Rückforderungsklauseln bei Gratifikationen auf den Gesichtspunkt der unzulässigen faktischen Kündigungserschwerung.[523]

Der Mitarbeiter wird in seine Kündigungsüberlegungen regelmäßig einbeziehen, wie hoch der bei Ausübung der Option erwartete Vermögensvorteil ausfallen wird und ob er nicht die Kündigung hinauszögern sollte, um ihn realisieren zu können. Sollen nach Sinn und Zweck von § 622 Abs. 6 BGB faktische Kündigungserschwerungen zu Lasten des Arbeitnehmers vermieden werden, stellt die Vorschrift den sachnäheren Anknüpfungspunkt dar als die von *Baeck/Diller*, *Legerlotz/Laber* und *Buhr/Radtke* vorgeschlagene Inhaltskontrolle anhand der §§ 242, 138 BGB. Dasselbe gilt für den Ansatz, Einschränkungen des Kündi-

---

520 Für die Anwendbarkeit von § 622 Abs. 6 BGB auf den Fall, dass ein Arbeitgeberdarlehen bei Vertragsbeendigung durch den Mitarbeiter sofort rückzahlbar sein soll: Nebendahl in: Arbeitsrechtslexikon, Arbeitgeberdarlehen S. 4; Schaub in: Arbeitsrechtshandbuch, § 70 Rn. 15.

521 Baeck/Diller, DB 1998, 1405, 1407; Legerlotz/Laber, DStR 1999, 1658, 1664; Ruhr/Radtke, DB 2001, 1882, 1886.

522 BAG AP Nr. 3, 32 zu § 611 BGB Ausbildungsbeihilfe.

523 BAG AP Nr. 15 zu § 611 BGB Gratifikation, unter Hinweis auf § 67 Abs. 1 HGB; ähnlich auch die Entscheidung BAG Nr. 82, 106 zu § 611 BGB Gratifikation, in der das BAG darauf abstellt, ob die Gratifikation ihrer Höhe nach ein angemessener Preis für die aufgeopferten Kündigungsmöglichkeiten ist; in späteren Entscheidungen, z.B. BAG AP Nr. 150 zu § 611 BGB Gratifikation, werden diese Begründungsansätze jedoch nicht mehr genannt; für eine Überprüfung von Rückzahlungsklauseln anhand von § 622 Abs. 6 BGB auch Spilger in: Gemeinschaftskommentar zum KSchG, § 622 BGB Rn. 119; Erman/Belling, § 622 Rn. 21.

gungsrechts an Art. 12 Abs. 1 S. 1 GG zu messen:[524] Art. 12 Abs. 1 GG findet auf das Arbeitsverhältnis keine unmittelbare Anwendung; die Wertungen der Grundrechte sind lediglich bei der Anwendung ausfüllungsbedürftiger Generalklauseln des Arbeitsrechts zu beachten.[525] Eine Überprüfung von Verfallklauseln am Maßstab von § 622 Abs. 6 BGB schließt im Übrigen eine zusätzliche Inhaltskontrolle nicht aus.[526]

In der Literatur werden optionsbezogene Verfallfristen in Anlehnung an § 624 BGB bis zu einer Dauer von fünf Jahren überwiegend als zulässig angesehen.[527] § 624 BGB gewährt dem Dienstverpflichteten, der ein Dienstverhältnis auf Lebenszeit oder für mehr als fünf Jahre abgeschlossen hat, eine Kündigungsmöglichkeit mit sechsmonatiger Frist. Trotz abweichender vertraglicher Vereinbarung ist der Dienstverpflichtete damit längstens für die Dauer von fünfeinhalb Jahren an ein Dienstverhältnis gebunden. § 15 Abs. 4 TzBfG enthält für Arbeitsverträge eine entsprechende Regelung. Lässt sich aus § 624 BGB und § 15 Abs. 4 TzBfG tatsächlich ein Orientierungspunkt für die Beurteilung von Verfallklauseln entnehmen, könnten daher genau genommen auch längere als die bisher von der Literatur anerkannten fünfjährigen Verfallfristen – nämlich Fristen von fünf Jahren und sechs Monaten – als zulässig gewertet werden.

Abweichend von diesem Ansatz vertreten *Legerlotz/Laber* und *Lingemann/Diller/Mengel*, dass der ersatzlose Verfall einer Option sogar ohne zeitliche Grenze zulässig sei, wenn der Mitarbeiter vor Ablauf der Wartefrist ausscheide. Denn die Option sei von vornherein an das Bestehen des Anstellungsverhältnisses geknüpft.[528] *Legerlotz/Laber* sowie *Lingemann/Diller/Mengel* be-

---

524 BAG AP Nr. 4 zu § 87 a HGB; LAG Düsseldorf DB 2003, 1580 f.

525 Vgl. zur Grundrechtswirkung im Arbeitsrecht Dieterich in: Erfurter Kommentar, EinL GG Rn. 15 ff., 33 ff.

526 Für eine Überprüfung von Verfallbestimmungen anhand von § 622 Abs. 6 BGB sprechen sich Klahold, S. 41, und Mechlem/Melms, DB 2000, 1614 f., aus. Mohr/Bihn in: Handbuch Stock Options, N IV 1 b) Rn. 947, und Tepass/Lenzen in: Harrer, S. 132, lassen die Entscheidung zwischen § 622 Abs. 6 BGB und §§ 138, 242 BGB als Prüfungsmaßstab offen.

527 Baeck/Diller, DB 1998, 1405, 1408; Mechlem/Melms, DB 2000, 1614, 1615; Buhr/Radtke, DB 2001, 1182, 1186; Lembke, BB 2001, 1469, 1473; Friedrichsen, S. 193; Röder/Göpfert, BB 2001, 2002, 2004; für eine Begrenzung auf fünf Jahre auch Mohr/Bihn in: Handbuch Stock Options, N IV 5 Rn. 968 ff., unter der Voraussetzung, dass ein Verfall grundsätzlich zulässig ist; gegen eine pauschale Zulässigkeit von fünfjährigen Verfallklauseln Tepass/Lenzen in: Harrer, S. 132.

528 Legerlotz/Laber, DStR 1999, 1658, 1664; Lingemann/Diller/Mengel, NZA 2000, 1191, 1195; auch Klahold, S. 41 f., orientiert sich nicht an der zeitlichen Grenze von § 624 BGB, spricht sich allerdings auch nicht abschließend für die Wirksamkeit von Verfallklauseln aus.

urteilen die Wirksamkeit einer Verfallklausel damit nicht in Abhängigkeit von ihrer Dauer, sondern in Abhängigkeit vom Ablauf der Wartefrist.

Etwas anders differenzieren *Tepass/Lenzen*[529] und *Mohr/Bihn*,[530] nach denen die Zulässigkeit von Verfallklauseln maßgeblich von dem mit der Optionsgewährung verfolgten Zweck abhängen soll. Würden Optionen zum Zweck der Vergütung gewährt, sei ein Verfall bei Ausscheiden aus dem Unternehmen ohne Entschädigung unzulässig, da der Mitarbeiter bereits eine Gegenleistung erbracht habe.[531] Würden Optionen (auch) zum Zweck der Förderung der zukünftigen Betriebstreue eingeräumt, sei hingegen ein Verfall noch nicht ausübbarer Optionen zulässig. Bereits ausübungsreife Optionen dürften nach der nächsten Ausübungsmöglichkeit, z.B. dem nächstfolgenden Ausübungszeitfenster, verfallen.[532]

a) Kündigung vor Ablauf der Wartezeit

Die in der Literatur vertretenen Ansätze sind grundsätzlich sachgerecht; es ist jedoch notwendig, sie noch weiter aufzugliedern und zu kombinieren: Bei der Beurteilung der Wirksamkeit von Verfallbestimmungen ist im Sinne von *Legerlotz/Laber* und *Lingemann/Diller/Mengel* zwischen den verschiedenen Stadien des Optionsprogramms zu unterscheiden. Die von *Tepass/Lenzen* und *Mohr/Bihn* vorgeschlagene Berücksichtigung des Zwecks der Optionsgewährung trifft auf die Schwierigkeit, dass der Arbeitgeber mit der Festlegung einer Verfallklausel sein Interesse an einer Bindung der Mitarbeiter zeigt. Sobald eine Verfallklausel vereinbart ist, wird die Option daher regelmäßig (auch) zum Zweck der Förderung der zukünftigen Betriebstreue eingeräumt. Dem von *Tepass/Lenzen* und *Mohr/Bihn* eingebrachten Gedanken der Gegenleistung des Mitarbeiters lässt sich aber durch eine Differenzierung, ob die Option entgeltlich oder unentgeltlich eingeräumt wurde, Rechnung tragen. Das Entgelt kann in Gestalt eines Optionspreises oder auch durch Umwandlung fester Gehaltsbestandteile geleistet werden. Die Umwandlung kann sich dabei auf bereits erdiente Vergütungsbestandteile,[533] eine feststehende Gehaltserhöhung oder bei Beginn des Anstellungsverhältnisses auf einen Teil der Gesamtvergütung beziehen, die ohne Gewährung der Optionen höher ausfallen würde. Bei der Beur-

529 Tepass/Lenzen in: Harrer, S. 132.
530 Mohr/Bihn in: Handbuch Stock Options, N IV Rn. 938.
531 Mohr/Bihn in: Handbuch Stock Options, N IV 1 b) Rn. 947.
532 Mohr/Bihn in: Handbuch Stock Options, N IV Rn. 953 ff., 966 ff; Tepass/Lenzen in: Harrer, S. 133.
533 Klahold, S. 41 f.

teilung der schuldrechtlichen Wirksamkeit optionsbezogener Verfallbestimmungen spielt außerdem die Position des Mitarbeiters eine entscheidende Rolle.

aa) Verlust einer Gewinnmöglichkeit bei unentgeltlich eingeräumten Optionen

(1) Verfallklauseln als Stichtagsklauseln

Ein Vergleich mit den in der Rechtsprechung und Literatur anerkannten Stichtagsklauseln spricht dafür, dass der Verfall unentgeltlich eingeräumter Optionen bis zum Ende der Wartezeit mit § 622 Abs. 6 BGB in Einklang steht. Stichtagsklauseln werden regelmäßig bei der Gewährung von Sonderleistungen, z.B. einer Gratifikation, vereinbart. Sie sind zulässig, wenn der Stichtag mit Blick auf die mit der Leistung verfolgten Ziele des Arbeitgebers sachgerecht gewählt ist.[534]

Der Stichtag stellt das Ende des Bezugszeitraumes dar, für den die Sondervergütung gewährt wird. Die Gewährung der Sonderleistung hängt daher grundsätzlich vom Bestehen eines (ungekündigten) Anstellungsverhältnisses zum Stichtag ab. Der genaue Inhalt und die Auslegung einer Stichtagsklausel werden durch den Zweck der Sondervergütung bestimmt:[535] Eine Sondervergütung mit reinem Entgeltcharakter entfällt bei Ausscheiden des Arbeitnehmers vor dem Stichtag nicht vollständig, sondern ist im Verhältnis der Dauer des Anstellungsverhältnisses zum gesamten Bezugszeitraum zu gewähren.[536] Soll aber die Sondervergütung neben der Arbeitsleistung auch oder sogar ausschließlich die Betriebstreue des Mitarbeiters belohnen, die dieser bis zum Stichtag zeigt, bedeutet eine vorzeitige Beendigung des Anstellungsverhältnisses, dass die Anspruchsvoraussetzungen nicht erfüllt sind.[537] Ein Anspruch entsteht vor diesem Zeitpunkt gar nicht. Der Mitarbeiter erleidet keine Minderung seines aktuellen Vermögens, sondern verliert lediglich die Chance, zukünftig sein Vermögen zu vermehren. Soweit Sonderleistungen (auch) die Betriebstreue honorieren, werden Stichtagsregelungen daher weder in der Literatur noch in der Rechtsprechung als problematisch oder gar als unvereinbar mit § 622 Abs. 6 BGB angesehen.[538] Gewährt der Arbeitgeber freiwillige, zusätzliche Leistungen, kann er

---

534 BAG AP Nr. 165 zu § 242 Ruhegehalt.

535 Zu den verschiedenen Formen von Sondervergütungen siehe Staudinger/Richardi, § 611 Rn. 636.

536 Preis in: Erfurter Kommentar, § 611 BGB Rn. 675.

537 Preis in: Erfurter Kommentar, § 611 BGB Rn. 676 f.

538 BAG AP Nr. 7, 58, 73 zu § 611 BGB Gratifikation; Preis in: Erfurter Kommentar, § 611 Rn. 670; Staudinger/Richardi, § 611 Rn. 643; nach Legerlotz/Laber, DStR 1999,

grundsätzlich auch frei die Anspruchsvoraussetzungen festlegen. Insbesondere kann er den Empfängerkreis nach einer bestimmten Dauer des Arbeitsverhältnisses abgrenzen bzw. den Anspruch vom Erreichen eines bestimmten Stichtages abhängig machen.[539]

Auch der Optionsverfall infolge der Beendigung des Anstellungsverhältnisses vor Ablauf der Wartezeit hat die Wirkung einer Stichtagsregelung. Da der Arbeitgeber mit der Einräumung von Aktienoptionen regelmäßig nicht nur einen Leistungsanreiz bieten, sondern darüber hinaus qualifizierte Mitarbeiter binden und ihre Betriebstreue honorieren will, hat die Optionseinräumung keinen reinen Entgeltcharakter. Daher verliert der Mitarbeiter beim Verlust einer unentgeltlich eingeräumten Option vor Ablauf der Wartezeit keinen Vermögensbestandteil; lediglich seine Hoffnung auf einen Vermögenszuwachs wird enttäuscht.[540]

(2) Anforderungen an ein Umgehungsgeschäft zu § 622 Abs. 6 BGB

Die Zulässigkeit eines Verfalls vor Ablauf der Wartezeit lässt sich nicht nur mit Hilfe eines Vergleichs mit anderen Stichtagsklauseln bejahen. Auch die Grundsätze zu Umgehungsgeschäften zeigen, dass der Verfall einer unentgeltlichen Option infolge einer Vertragsbeendigung vor Ablauf der Wartezeit nicht im Widerspruch zu § 622 Abs. 6 BGB steht.

Ein Rechtsgeschäft, das zwar nicht unmittelbar gegen eine Verbotsnorm verstößt, letztlich aber mit anderen rechtlichen Gestaltungsmöglichkeiten denselben umfassend untersagten Erfolg bewirkt wie das unmittelbar verbotene Rechtsgeschäft, ist als Umgehungsgeschäft nichtig oder mit der entsprechenden Rechtsfolge der umgangenen Norm belegt.[541] Die Sanktionierung als Umgehungsgeschäft hängt nach herrschender Auffassung nicht davon ab, dass die Parteien gerade die Absicht verfolgen, das Gesetz zu umgehen.[542]

1658, 1661, und Mohr/Bihn, N III 6 Rn. 921, muss die Festlegung des Stichtags allerdings auf sachlichen Kriterien beruhen.

539 BAG AP Nr. 7, 58, 73 zu § 611 BGB Gratifikation.

540 BFHE 195, 102, 106.

541 RGZ 155, 138, 146; BGH LM Nr. 19 zu § 134 BGB; BAGE 10, 65, 70; Mayer-Maly/Armbrüster in: Münchener Kommentar zum BGB; § 134 Rn. 11 ff.; Staudinger/Sack, § 134 Rn. 144 ff.

542 BAGE 10, 65, 70; BGH NJW 1990, 1474; Staudinger/Sack, § 134 Rn. 145; Soergel/Hefermehl, § 134 Rn. 40, Palandt/Heinrichs, § 134 Rn. 28, Larenz/Wolf, § 40 Rn. 26; ablehnend Mayer-Maly/Armbrüster in: Münchener Kommentar zum BGB, § 134 Rn. 18.

§ 622 Abs. 6 BGB soll den Arbeitnehmer davor schützen, dass er durch einzelvertragliche Vereinbarungen länger an das Anstellungsverhältnis gebunden ist als der Arbeitgeber.[543] Der Arbeitnehmer kann zum einen in rechtlicher Hinsicht dadurch gebunden werden, dass die Wirksamkeit seiner Kündigung durch längere Kündigungsfristen[544] bzw. beschränkte Kündigungstermine[545] hinausgezögert wird. Zum anderen wird der Arbeitnehmer in tatsächlicher Hinsicht gebunden, wenn ihm infolge der Kündigung solche Nachteile entstehen, dass eine Kündigung vor einem bestimmten Zeitpunkt für ihn unzumutbar ist. Sind die Nachteile lediglich tatsächlicher Natur, bleibt die Wirksamkeit der Kündigung zwar unberührt. Die einseitig längere Bindung des Arbeitnehmers, die § 622 Abs. 6 BGB gerade vermeiden will, wird durch die Androhung unzumutbarer Nachteile jedoch genauso bewirkt wie über die Vereinbarung längerer Fristen oder begrenzter Kündigungstermine.

Schwierigkeiten bereitet die Frage, unter welchen Voraussetzungen eine Kündigung wegen des Eintritts faktischer Nachteile unzumutbar ist. Möglich erscheint, dass sich – wie im Fall der Rückzahlung von Gratifikationen – abhängig vom Wert der verfallenden Option feste Grenzen für die Länge der Verfallfrist ziehen lassen, die über die Unzumutbarkeit oder Zumutbarkeit des Verfalls entscheiden.

Gratifikationsvereinbarungen sollen den Mitarbeiter für einen bestimmten Zeitraum zur Betriebstreue motivieren. Dies ist nur dann möglich, wenn die Sonderzuwendung im Fall der vorzeitigen Beendigung des Anstellungsverhältnisses zurückzuzahlen ist. Die Rechtsprechung hat anhand der Höhe der Gratifikation zeitliche Grenzen für die Bindung entwickelt, bei deren Überschreitung die wirtschaftliche Belastung des Mitarbeiters durch die Rückzahlung zu einer unzumutbaren Kündigungserschwerung führt.[546] Je geringer die Sonderzuwendung ausfällt, umso weniger ist nach allgemeiner Ansicht dem Mitarbeiter eine Rückzahlung zumutbar. Denn geringe Beträge würden schnell ausgegeben; der Mitarbeiter brauche auf sie im Rahmen seiner Kündigungsentscheidung keine

---

543 BAG EzA § 622 BGB Nr. 6; Müller-Glöge in: Erfurter Kommentar, § 622 BGB Rn. 101; Linck in: Großkommentar zum Kündigungsrecht, § 622 BGB Rn. 173; Spilger in: Gemeinschaftskommentar zum KSchG, § 622 BGB Rn. 146 mwN.

544 Dieser Fall wird unmittelbar von § 622 Abs. 6 BGB erfasst.

545 BAG EzA § 622 BGB Nr. 6; Müller-Glöge in: Erfurter Kommentar, § 622 BGB Rn. 100; Preis/Kramer, DB 1993, 2125, 2128.

546 BAG AP Nr. 22, 69, 108, 110 zu § 611 BGB Gratifikation; BAG AP Nr. 68 zu § 611 BGB Abhängigkeit.

Rücksicht zu nehmen.[547] Je höher die Sonderzuwendung wiederum sei, umso eher stelle sie ein angemessenes Äquivalent für die Nichtausübung des Kündigungsrechts dar.[548] Diese Erwägungen zu den Rückzahlungsbedingungen einer Gratifikation sind auf optionsbezogene Verfallbestimmungen – zumindest vor Eintritt der Ausübungsreife – allerdings nicht übertragbar:[549] Die Verpflichtung zur Rückzahlung einer Sonderzuwendung ist mit dem Verlust der Option nicht vergleichbar. Anders als Rückzahlungsklauseln verpflichten Verfallbestimmungen den Mitarbeiter nicht, eine Geldzahlung aus seinem Vermögen aufzubringen. Vielmehr geht es um den Verlust einer Chance zur Vermögensmehrung. Im Gegensatz zur Interessenlage bei Rückzahlungsklauseln steht auch, dass dem Mitarbeiter der Verlust der Chance umso eher zumutbar ist, je geringer der Wert der Option ist.

Möglicherweise lassen sich die zur Rückzahlung von Ausbildungskosten entwickelten Gesichtspunkte auf den Verfall einer Option übertragen. Auch die Verpflichtung, die vom Arbeitgeber in eine Aus-, Fort- bzw. Weiterbildung des Mitarbeiters investierten Kosten „zurückzuzahlen", falls das Anstellungsverhältnis vor Ablauf einer bestimmten Zeit endet, berührt das Recht zur freien Wahl des Arbeitsplatzes und stellt eine Kündigungserschwerung dar.[550] Nach allgemeiner Auffassung kann das Recht zur freien Wahl des Arbeitsplatzes durch eine Rückzahlungs- bzw. Erstattungsverpflichtung der Ausbildungskosten nur dann eingeschränkt werden, wenn die Bindung aufgrund einer Güter- und Interessenabwägung nach Maßgabe des Verhältnismäßigkeitsgrundsatzes und unter Berücksichtigung aller Umstände des Einzelfalles tragbar erscheint.[551] Rechtsprechung und Literatur definieren hier also keine festen Wert- oder zeitlichen Bindungsgrenzen, sondern stellen auf die Umstände des konkreten Anstellungsverhältnisses ab.

---

547 BAG AP Nr. 22, 110 zu § 611 BGB Gratifikation.

548 BAG AP Nr. 72, 82, 106 zu § 611 BGB Gratifikation.

549 A.A. und für eine grundsätzliche Anwendbarkeit der zu Gratifikationen entwickelten Grundsätze, im Ergebnis jedoch ähnlich, Mohr/Bihn in: Handbuch Stock Options, N IV 2 Rn. 956 ff.

550 Vgl. Preis in: Erfurter Kommentar, § 622 BGB Rn. 105 mwN.

551 BAG AP Nr. 18, 19, 20, 31 zu § 611 BGB Ausbildungsbeihilfe; Preis in: Erfurter Kommentar, § 611 BGB Rn. 555, und Reinecke in: Küttner, Rückzahlungsklausel (360) Rn. 6 f., jeweils unter Hinweis auf den generalisierenden Maßstab von § 307 BGB bei vorformulierten Verträgen; Spilger in: Gemeinschaftskommentar zum KSchG, § 622 BGB Rn. 120; Hormadka/Maschmann, § 10 Rn. 431; Schaub in: Arbeitsrechtshandbuch, § 176 Rn. 18.

Dass die Unzumutbarkeit einer Vertragsbindung nicht abstrakt, sondern anhand der Verhältnisse des konkreten Falles zu bestimmen ist, lässt sich auch aus der Auslegung des an anderer Stelle normierten Begriffs der Unzumutbarkeit ableiten. In § 626 Abs. 1 BGB ist die Unzumutbarkeit der Fortführung des Anstellungsverhältnisses – das Pendant zur Unzumutbarkeit der Beendigung des Anstellungsverhältnisses – geregelt. Zur Ausfüllung des Begriffs der Unzumutbarkeit im Sinne von § 626 Abs. 1 BGB ist eine umfassende auf den Einzelfall bezogene Güter- und Interessenabwägung unter Berücksichtigung des Verhältnismäßigkeitsgrundsatzes notwendig.[552] Auch die Frage, ob Verfallklauseln zur Unzumutbarkeit der Vertragsbeendigung führen und damit als faktische Kündigungserschwerung gemäß §§ 622 Abs. 6, 134 BGB unzulässig sind, ist demnach anhand einer umfassenden Abwägung der Interessen des kündigungswilligen Mitarbeiters und des optionsgewährenden Arbeitgebers zu beantworten.[553]

(3) Interessenabwägung

Wesentlich ist, welche Interessen in die Abwägung einzubeziehen und wie sie zu gewichten sind. *Klahold* zieht in Erwägung, dass Bindungsklauseln im Rahmen von Aktienoptionsprogrammen die Grenze zu unzulässigen Kündigungserschwerungen überschreiten können, sobald die wirtschaftliche Existenzgrundlage des Mitarbeiters berührt werde.[554] Dabei seien auch der Umfang einer eventuellen Rückzahlungs- bzw. Entschädigungspflicht sowie der Rang des Mitarbeiters zu berücksichtigen. Was die wirtschaftliche Existenzgrundlage ausmacht und wann sie „berührt" wird, lässt *Klahold* allerdings offen. Ähnlich wie *Klahold* stellen *Mohr/Bihn* auf die „Größenordnung" eines möglichen Anspruchs auf Rückgewähr des erzielten Beteiligungsgewinns und eine „existenzbedrohende" Zahlungsverpflichtung ab, die den Mitarbeiter vom Ausspruch einer Kündigung abhalten könnte.[555] Gegen diesen Ansatz spricht allerdings, dass eine Focussierung allein auf das wirtschaftliche Interesse des Mitarbeiters an

552 BAG AP Nr. 63, 70, 81, 83 zu § 626 BGB; Staudinger/Preis, § 626 Rn. 73; Schwerdtner in: Münchener Kommentar zum BGB, § 626 Rn. Rn. 53; Palandt/Putzo, § 626 Rn. 40; Schaub in: Arbeitsrechtshandbuch, § 125 Rn. 43 ff.; Hromadka/Maschmann, § 10 Rn. 114.

553 Mechlem/Melms, DB 2000, 1614; im Ergebnis aufgrund einer vertraglichen Inhaltskontrolle auch Baeck/Diller, DB 1998, 1405, 1407; Legerlotz/Laber, DStR 1999, 1658, 1664; Buhr/Radtke, DB 2001, 1882, 1886; ohne konkreten dogmatischen Anknüpfungspunkt Lingemann/Diller/Mengel, NZA 2000, 1191, 1195; Tepass/Lenzen in: Harrer, S. 132.

554 Klahold, S. 41 f.

555 Mohr/Bihn in: Handbuch Stock Options, N IV 1 b) Rn. 947.

der Sicherung seiner „Existenzgrundlage“ den Anforderungen an eine umfassende Interessenabwägung nicht genügen kann.

Im Rahmen der zur Ausfüllung des Begriffs der Unzumutbarkeit gebotenen Interessenabwägung ist zu beachten, dass die Verfallvereinbarung den Mitarbeiter nicht zu zusätzlichen oder anderen Leistungen verpflichtet als den ohnehin aufgrund des Anstellungsvertrages geschuldeten Leistungen. Der Mitarbeiter hat danach die Leistung zu erbringen, die er bei angemessener Anspannung seiner geistigen und körperlichen Kräfte zu leisten imstande ist.[556] Daraus folgt, dass derjenige, der zu überdurchschnittlichen Leistungen fähig ist, auch dementsprechend verpflichtet ist.[557] Der Verfall unentgeltlicher Optionen vor Ablauf der Wartefrist schafft lediglich einen Anreiz für die Mitarbeiter, ihre Leistung im Rahmen der vertraglichen Aufgaben eine bestimmte Zeit lang zu erbringen oder im Rahmen ihrer Möglichkeiten auch zu steigern; vertraglich nicht geschuldete Aufgaben werden nicht übertragen.

Bei der erforderlichen Interessenabwägung fällt außerdem wesentlich ins Gewicht, dass der Arbeitgeber den Zweck einer freiwilligen Sonderleistung im Rahmen der allgemeinen Rechtsgrundsätze und unter Wahrung des Gleichbehandlungsgebotes frei festlegen kann.[558] Die grundsätzlich freie Zweckbestimmung bei freiwilligen Leistungen ist Ausfluss der unternehmerischen Freiheit.[559] Der Arbeitgeber kann vergangenheits- und zukunftsbezogene Zweckbestimmungen miteinander verbinden und Sonderleistungen gleichzeitig als Entgelt für geleistete Arbeit und für zukünftig erwartete Betriebstreue und das Unterlassen einer Kündigung ausgestalten.[560]

Das Ziel des Arbeitgebers, die Betriebstreue seiner Mitarbeiter und ihre Arbeitsmotivation zu fördern, lässt sich grundsätzlich nur mit Hilfe von Warte- und Verfallbestimmungen erreichen. Die Festlegung einer Wartezeit bedeutet, dass der Mitarbeiter vor Ablauf der Wartezeit keinerlei wirtschaftliche Verfügungsmöglichkeit über die Option besitzt: Die Option ist nicht übertragbar und damit bis zum Ablauf der Wartefrist für den Mitarbeiter unverwertbar. Sie enthält lediglich die Chance, unter bestimmten ungewissen Voraussetzungen einen

---

556 Preis in: Erfurter Kommentar, § 611 BGB Rn. 794; Schaub in: Arbeitsrechtshandbuch, § 52 Rn. 5.

557 Preis in: Erfurter Kommentar, § 611 BGB Rn. 795.

558 BAG AP Nr. 1, 81 zu § 611 BGB Gratifikation.

559 Die unternehmerische Freiheit erstreckt sich auch auf Fragen der Beschäftigung von Mitarbeitern, vgl. BSGE 20, 52, 56 f.; Jarass/Pieroth, Art. 12 Rn. 8.

560 BAG AP Nr. 81, 84 zu § 611 BGB Gratifikation.

Gewinn zu realisieren.[561] An der fehlenden wirtschaftlichen Verfügbarkeit für den Mitarbeiter ändert sich auch dadurch nichts, dass Optionen grundsätzlich bewertbare Vermögensgegenstände sind.[562] Vor Ausübung der Option hat der Arbeitnehmer noch nicht einmal einen schuldrechtlichen Anspruch gegen den Arbeitgeber auf Übertragung der Aktien.

Auch ist der Verfall unentgeltlich eingeräumter Optionen während der Wartezeit nicht mit der Pflicht zur Rückzahlung von Gratifikationen oder Ausbildungskosten bei Überschreiten der zulässigen Bindungsgrenzen vergleichbar: In diesen Fällen wird das frei verfügbare Vermögen des Arbeitnehmers gemindert; der Arbeitnehmer erleidet einen messbaren Vermögensnachteil. Anders verhält es sich beim Verfall von Optionen: Der Mitarbeiter verliert vor Ablauf der Wartezeit nicht einen Teil seines Vermögens, sondern lediglich die Chance auf zukünftige Vermögensmehrung.

Als Ergebnis der Interessenabwägung lässt sich festhalten, dass der Arbeitgeber bei der Gewährung von unentgeltlichen Optionen sein Interesse an einer Förderung der Betriebstreue und Motivation der begünstigten Mitarbeiter zulässigerweise durch einen Optionsverfall vor Ablauf der Wartezeit verfolgen kann. Ein Verfall unentgeltlich eingeräumter Optionen vor Ablauf der Wartezeit stellt keine unzumutbare Kündigungserschwernis im Sinne von § 622 Abs. 6 BGB dar, die einer einseitig verlängerten Kündigungsfrist im Sinne der Vorschrift gleichzustellen wäre. Daher bedarf es auch nicht der von einem Teil der Literatur an § 624 BGB orientierten zeitlichen Begrenzung von optionsbezogenen Verfallklauseln.

bb) Vermögenseinbuße bei entgeltlich eingeräumten Optionen

Der Verfall einer entgeltlich eingeräumten Option führt ohne Rückzahlungs-, Rückwandlungs- oder Entschädigungsklausel dazu, dass der Optionspreis bzw. der umgewandelte Gehaltsbestandteil ohne weiteren Nutzen für den Mitarbeiter verloren geht. Ein Vergleich mit den als unzulässig anerkannten Kündigungshindernissen in Gestalt einer Vertragsstrafe oder eines Kautionsverlustes zeigt genauso wie eine umfassende Interessenabwägung, dass der Verfall entgeltlicher Optionen anders zu beurteilen ist als der Verfall unentgeltlich eingeräumter Optionen.

---

561 BFHE 195, 102.

562 BFHE 195, 102, 107.

(1) Vergleichbarkeit mit Vertragsstrafe und Kautionsverlust

Für den Fall der ordnungsgemäßen Kündigung durch den Arbeitnehmer darf nach übereinstimmender Auffassung im Hinblick auf § 622 Abs. 6 BGB nicht vereinbart werden, dass er eine Vertragsstrafe verwirkt.[563] Ebensowenig kann der Verfall einer vom Arbeitnehmer gestellten Kaution vorgesehen werden.[564] Es bietet sich an, diese Erwägungen auf den Verfall entgeltlich erworbener Optionen und den damit einhergehenden Verlust von Optionspreis bzw. Gehaltsbestandteil zu übertragen: Der Verfall darf für den Mitarbeiter nicht zu einem Vermögensnachteil führen.[565]

Zwar mag zweifelhaft sein, ob der Verlust des Optionspreises oder des umgewandelten Gehaltsbestandteils eine Vertragsstrafe darstellt. Denn schließlich ist der Verfall des bereits geleisteten Optionspreises nicht wie eine Vertragsstrafe im Sinne von § 339 S. 1 BGB auf die Zahlung einer Geldsumme nach Verletzung einer strafbewehrten Pflicht gerichtet.[566] Wirtschaftlich steht jedoch der Verlust einer im Voraus erbrachten Geldzahlung bzw. geldwerten Leistung der nachträglichen Verwirkung einer Vertragsstrafe gleich; der Schuldner erleidet in beiden Fällen eine endgültige Vermögenseinbuße. Der Verlust einer im Voraus erbrachten Leistung mag den Schuldner sogar noch schwerer treffen als die nachträgliche Verwirkung einer Vertragsstrafe: Er musste sein Geld frühzeitig binden, ohne dass sich die Investition nun auszahlt.[567] Der Verfall des Optionspreises bzw. eines umgewandelten Gehaltsbestandteils lässt sich auch mit dem Verlust einer Kaution vergleichen, der in Rechtsprechung und Literatur als Fall eines unzulässigen faktischen Kündigungshindernisses anerkannt ist.[568]

---

563 BAG AP Nr. 12 zu § 622 BGB; Müller-Glöge in: Erfurter Kommentar, § 622 BGB Rn. 102; Spilger in: Gemeinschaftskommentar zum KSchG, § 622 BGB Rn. 119; Linck in: Großkommentar zum Kündigungsrecht, § 622 BGB Rn. 174; als Ergebnis einer vertraglichen Inhaltskontrolle auch Legerlotz/Laber, DStR 1999, 1658, 1664; Baeck/Diller, DB 1998, 1405, 1408.

564 BAG AP Nr. 9 zu § 622 BGB; Müller-Glöge in: Erfurter Kommentar, § 622 BGB Rn. 102; Spilger in: Gemeinschaftskommentar zum KSchG, § 622 BGB Rn. 119; Linck in: Großkommentar zum Kündigungsrecht, § 622 BGB Rn. 174.

565 Legerlotz/Laber, DStR 1999, 1658, 1664.

566 Zur Qualifizierung des Verfalls von Rechten als Vertragsstrafe siehe unten Dritter Teil B. IV. 1. c).

567 Zur Anwendbarkeit der §§ 339 ff. BGB auf Verfallbestimmungen vgl. unten Dritter Teil B. IV 1. c).

568 Vgl. die Hinweise in Fn. 564.

(2) Interessenabwägung

Dogmatisch lässt sich die Unzulässigkeit des Verfalls entgeltlicher Optionen als Rechtsfolge einer Umgehung von § 622 Abs. 6 BGB begründen.

Anders als beim Verfall einer unentgeltlich eingeräumten Option ist hier im Rahmen der Interessenabwägung zu berücksichtigen, dass der Verlust von Optionspreis oder umgewandeltem Gehaltsbestandteil vor Ablauf der Wartefrist dazu führt, dass der Mitarbeiter nicht nur die Chance auf einen Gewinn, sondern auch einen Teil seines Vermögens endgültig verliert. Der Arbeitgeber hingegen, der Optionen zu Bindungs- und Motivationszwecken einräumen will, kann diese Ziele genauso mit für den Mitarbeiter weniger einschneidenden Maßnahmen erreichen: Es bieten sich z.B. eine entsprechende Gestaltung der Wartezeit, des Verfalls einer unentgeltlichen Option oder eine Verlängerung der beidseitigen Kündigungsfristen bis zur Grenze von § 624 BGB an.

Vor dem Hintergrund des Motivationszwecks eines Optionsprogramms erscheint es zudem wenig sinnvoll, einen an sich kündigungswilligen Mitarbeiter dadurch zum Bleiben bewegen zu wollen, dass ihm der Verlust eines Teils seines Vermögens angedroht wird. Der Verlust des Optionspreises oder umgewandelten Gehaltsbestandteils stellt in dieser Situation eine Sanktion dar, aufgrund der Kündigungsbereitschaft des Mitarbeiters wahrscheinlich jedoch kein Instrument zur Motivation des Mitarbeiters. Damit sind die Interessen des Arbeitgebers am Verfall eines Optionspreises bzw. umgewandelten Gehaltsbestandteils weniger schützenswert als die des kündigungswilligen Mitarbeiters am Erhalt seines Vermögens.[569]

Besondere Erwägungen gelten allerdings für „Bagatellfälle“, in denen der Optionspreis oder der umgewandelte Gehaltsbestandteil ausschließlich zur Deckung des Verwaltungsaufwandes des Arbeitgebers erhoben wird und – insbesondere im Verhältnis zur Vergütung des Mitarbeiters – so gering ist, dass ein maßgeblicher Einfluss auf die Kündigungsentscheidung regelmäßig ausscheidet. Hier steht das Interesse des Arbeitgebers, nutzlose Verwaltungsaufwendungen zu vermeiden, dem Interesse des Arbeitnehmers am Erhalt seines Vermögens ge-

---

569 Tepass/Lenzen in: Harrer, S. 133, für den Fall, dass die Optionsgewährung lediglich den Zweck der Vergütung des Mitarbeiters verfolge; im Ergebnis auch Maletzky, NZG 2003, 715, 716, aufgrund entsprechender Anwendung der Rechtsprechung zu arbeitsrechtlichen Sonderzahlungen, soweit die Optionen an die Stelle der fixen Vergütung getreten und fester Gehaltsbestandteil geworden sind; ähnlich auch Mohr/Bihn in: Handbuch Stock Options, N IV 3 Rn. 964.

genüber. Der Mitarbeiter hat durch seine Teilnahme am Optionsprogramm zumindest einen Teil der Verwaltungskosten veranlasst. Er kennt die Optionsbedingungen und damit das Interesse des Arbeitgebers, ihn durch die Einräumung der Option zu binden und zu motivieren. Bis zur Ausübungsreife der Option ist das Bindungs- und Motivationsinteresse des Arbeitgebers auch schutzwürdig. Der Arbeitnehmer wird also nicht unzumutbar in seiner Kündigungsfreiheit beeinträchtigt, wenn er die dem Umfang nach begrenzten Verwaltungskosten in Gestalt einer entsprechenden Optionsgebühr bzw. eines umgewandelten Gehaltsbestandteils bei einem vorzeitigen Ausscheiden selbst trägt.

(3) Zulässigkeit des Optionsverfalls bei Rückzahlungs- oder Rückwandlungsvereinbarung

Die Interessenabwägung fällt anders aus, wenn für den Verfall einer entgeltlich erworbenen Option die Rückzahlung des Optionspreises vereinbart ist.[570] Das Vermögen des Mitarbeiters wird dann nicht geschmälert. Auch mit der Verwirkung einer Vertragsstrafe ist dieser Fall nicht vergleichbar. Zwar mag sich für den Mitarbeiter ein gewisser Nachteil ergeben, wenn der Kaufpreis nach einer längeren Zeit nur unverzinst zurückgewährt werde sollte. Hier ist allerdings das Interesse der Gesellschaft zu beachten, den Verwaltungsaufwand beim Vollzug des Optionsprogramms möglichst niedrig zu halten. Der Optionspreis wurde außerdem nicht zum Zweck der Geldanlage, sondern der Teilnahme am Optionsprogramm gezahlt. Der Mitarbeiter hat sich bewusst zur Teilnahme am Optionsprogramm mit der entsprechenden finanziellen Verpflichtung entschieden. Der Zahlung des Optionspreises stand bis zur Vertragsbeendigung die Chance gegenüber, die Option bei Ausübungsreife gewinnbringend ausüben zu können.

Bei umgewandelten bzw. ersetzten Gehaltsbestandteilen können Rückwandlungs- und Auszahlungsvereinbarungen den für den Mitarbeiter unzumutbaren Vermögensverlust vermeiden. Einer Rückwandlungsvereinbarung bedarf es hingegen nicht, wenn der Mitarbeiter die Option nur erfüllungshalber für die primär geschuldeten festen Vergütungsbestandteile angenommen hat.[571] Entfällt

---

570 Für eine angemessene Entschädigung in Höhe der vom Mitarbeiter investierten Eigenmittel sprechen sich auch Mohr/Bihn in: Handbuch Stock Options, N IV 2 Rn. 961, aus.

571 Vgl. hierzu Röder/Göpfert BB 2001, 2002, 2005; Lück, S. 194; die Gewährung von Optionen erfüllungshalber ist aus Arbeitgebersicht im Hinblick auf die angestrebte Anreizwirkung von Optionen allerdings wenig attraktiv, daher kann ohne ausdrückliche vertragliche Abrede nur ausnahmsweise davon ausgegangen werden, dass Optionen erfüllungshalber gewährt werden, vgl. hierzu auch Lück, S. 192, der vorschlägt, die Festvergütung nur abzüglich eines Risikozuschlags zu zahlen.

die Option mit Vertragsbeendigung, lebt der Anspruch auf die umgewandelten bzw. ersetzten Gehaltsbestandteile wieder auf. Dass mit der Optionsgewährung keine Erfüllung bewirkt werden konnte, beruht auch nicht auf einem treuwidrigen und deshalb unbeachtlichen Verhalten des Mitarbeiters. Denn sein Recht zur Kündigung – innerhalb der einschlägigen Kündigungsfristen – ist durch Art. 12 Abs. 1 GG geschützt.

b) Kündigung und Verfall nach Ablauf der Wartezeit

Problematisch ist, ob ein Optionsverfall infolge einer Kündigung nach Ablauf der Wartefrist anders zu beurteilen ist als vor dem Ende der Wartefrist. Für den Verfall einer entgeltlichen Option enthält diese Konstellation keine Anhaltspunkte, die eine abweichende Beurteilung rechtfertigen: Das Interesse des Mitarbeiters am Schutz seines Vermögens überwiegt das Bindungs- und Motivationsinteresse des Arbeitgebers. Möglicherweise ist der Verfall unentgeltlicher Optionen nach dem Ende der Wartezeit allerdings anders zu beurteilen als vor deren Ablauf.

Friedrichsen,[572] *Lembke*[573] und *Harrer/Lenzen*[574] unterscheiden für die Zeit nach Ablauf der Wartefrist zwischen einem Verfall ohne Erfüllung der Ausübungsbedingungen auf der einen Seite und einem Verfall trotz Eintritts sämtlicher Ausübungsvoraussetzungen, insbesondere des Erfolgszieles, auf der anderen Seite. Sei ein Verfall bei Vertragsbeendigung auch nach Erfüllen sämtlicher Ausübungsvoraussetzungen vorgesehen, stelle dies eine unzulässige Kündigungserschwerung dar.[575] Vor Erreichen des Erfolgsziels hingegen sei ein Verfall der Option ohne weiteres zulässig. Denn im Zeitpunkt des Ausscheidens sei offen, ob das Erfolgsziel überhaupt jemals erreicht werde. Der Mitarbeiter habe sich einen eventuellen späteren Kursgewinn auch nicht anteilig erdient, da die Optionsnutzung an die vollständige Zielerreichung während des Bestehens des Anstellungsverhältnisses anknüpfe.[576]

---

572 Friedrichsen, S. 192 f.

573 Lembke, BB 2001, 1469, 1473 f.

574 Tepass/Lenzen in: Harrer, S. 132 f.

575 Lembke, BB 2001, 1469, 1473 f.; ähnlich auch Mohr/Bihn in: Handbuch Stock Options, N IV 2 Rn. 961, die in Abhängigkeit von der Ausübbarkeit der Optionen differenzieren.

576 Friedrichsen, S. 192; so auch Bauer/von Steinau-Steinrück in: Hölters, Teil V Rn. 180, für eine für den Fall eines Betriebsübergangs vereinbarte Verfallklausel.

aa) Ablauf der Wartezeit ohne Zielerreichung

Ein Verfall nach Ablauf der Wartefrist, jedoch vor Erreichen des Erfolgsziels, ähnelt der Interessenlage, wie sie vor Ablauf der Wartezeit besteht: Noch ist nicht sicher, ob die Optionen jemals ausgeübt werden können und ob sich das Auflegen des Optionsprogramms für die arbeitgebende Gesellschaft mit einer Steigerung des Unternehmenswertes „auszahlt". Die Gesellschaft kann daher auch in dieser Situation den Zweck verfolgen, die Betriebstreue der Mitarbeiter und ihre Arbeitsmotivation weiter zu fördern. Zugunsten der Gesellschaft ist zu berücksichtigen, dass der Arbeitgeber bei der Festsetzung des Zwecks einer freiwilligen Leistung, der Art der angestrebten Mitarbeitermotivation und der Länge der angestrebten Unternehmensbindung – im Rahmen der allgemeinen Rechtsgrundsätze und unter Beachtung des Willkürverbotes – frei ist.[577] Wird als Ziel eine über die Wartezeit hinausreichende Mitarbeiterbindung und -motivation verfolgt, liegt hierin auch kein Widerspruch zum Ziel, das der Arbeitgeber mit der Vereinbarung einer Wartefrist verfolgt: Die Wartefrist soll dafür sorgen, dass die Ausübung der Option nicht nur an das Erreichen bestimmter Erfolgsziele, sondern auch an eine Mindestbetriebszugehörigkeit gebunden ist. Die Förderung der Betriebszugehörigkeit steht nun aber nicht losgelöst vom Zweck der Steigerung des Unternehmenswertes: Mit Ablauf der Wartezeit kann die Option regelmäßig nur dann ausgeübt werden, wenn auch das Erfolgsziel erreicht ist. Der Zweck der Warteklausel schließt es nicht aus, eine weitergehende Betriebstreue und Motivation zu fördern, soweit das Erfolgsziel während der Wartezeit noch nicht verwirklicht worden ist. Vielmehr wird damit der Zusammenhang zwischen sachlichen und zeitlichen Ausübungsschranken beibehalten. Die Betriebstreue soll nur belohnt werden, wenn während der Betriebszugehörigkeit auch bestimmte Leistungsziele erreicht wurden, zu deren Erreichen die Arbeitsleistung und -motivation des Mitarbeiters zumindest beigetragen haben können.

Da vor Ausübungsreife nicht feststeht, ob die Optionen jemals ausgeübt werden können, und die Optionen grundsätzlich nicht übertragbar sind, verliert der ausscheidende Mitarbeiter im Übrigen durch den Optionsverfall vor Erreichen des Erfolgszieles auch nicht einen Teil seines aktuellen, frei verfügbaren Vermögens. Lediglich die ungewisse Chance auf zukünftige Vermögensmehrung ist berührt.[578] *Friedrichsen, Lembke* und *Harrer/Lenzen* ist daher zuzustimmen,

---

577 Vgl. oben Dritter Teil B. II. 1. a) aa) (1).

578 Optionen stellen nach Ablauf der Wartefrist mehr als eine bloße Chance auf Vermögensmehrung dar, wenn das Optionsprogramm keine Erfolgsziele setzt und der Aus-

dass Verfallklauseln auch nach Ablauf der Wartezeit und vor Erreichen des Erfolgszieles zulässig sind. Da eine unzumutbare faktische Kündigungserschwerung im Sinne von § 622 Abs. 6 BGB gerade nicht vorliegt, bedarf es auch hier keiner zeitlichen, an § 624 BGB orientierten Begrenzung der Verfallklauseln.

bb) Ablauf der Wartezeit und Zielerreichung

Tritt der Optionsverlust nach Ablauf der Wartezeit und nach Erreichen des Erfolgszieles ein, könnte die Abwägung zwischen Mitarbeiter- und Arbeitgeberinteressen anders ausfallen: Mit Ausübungsreife sind die Ausübungshindernisse durch eine entsprechende Betriebstreue des Mitarbeiters und das Erreichen der Erfolgsziele überwunden: Wenn er wollte, könnte er jederzeit vor Beendigung seines Anstellungsverhältnisses die Option im Einklang mit den Optionsbedingungen ausüben. Er mag jedoch nachvollziehbare Gründe haben, sein Vermögen erst später, bei einem anderen Kurswert, nach Beendigung des Anstellungsverhältnisses für den Aktienerwerb einzusetzen. Allein die Beendigung des Anstellungsverhältnisses ändert nichts an seinem Interesse, durch Optionsausübung und Aktienveräußerung einen Gewinn in Höhe der Differenz zwischen Ausübungspreis und Kurswert realisieren zu können.

(1) Option als Entgelt im engeren Sinn?

Friedrichsen lehnt einen Verfall der Optionen nach Ausübungsreife mit der Begründung ab, dass Optionen ab Erfolgseintritt Entgelt im engeren Sinne für die zum Erfolgseintritt führenden Dienste darstellten. In Entgelt im engeren Sinne dürfe nicht rückwirkend eingegriffen werden.[579] Ähnlich argumentiert *Lembke*: Mit Ablauf der Wartezeit und Erreichen des Erfolgszieles realisiere sich der Wert der Optionen; ihr Verfall bedeute daher eine unangemessene Benachteiligung des Mitarbeiters.[580]

Das Argument von *Friedrichsen*, die Optionen seien mit Ablauf der Wartefrist und Erreichen des Erfolgszieles als unentziehbares, erdientes Entgelt im engeren Sinn zu qualifizieren, vermag allein nicht zu überzeugen. Die Verfallklausel stellt die Optionsausübung gerade unter den Vorbehalt einer vorzeitigen Vertragsbeendigung. Im Übrigen handelt es sich bei den Optionen um Entgelt im

---

übungspreis so bestimmt ist, dass er unter dem jeweiligen Börsenkurs liegt, vgl. Zitzewitz, S. 46. Unabhängig von den aktienrechtlichen Bedenken, die eine solche Gestaltung aufwirft, ist sie nicht interessengerecht und dürfte daher in der Praxis regelmäßig nicht vereinbart werden.

579 Friedrichsen, S. 193.

580 Lembke, BB 2001, 1469, 1474.

weiteren Sinn: Unter Entgelt im arbeitsrechtlichen Sinn wird jede Leistung verstanden, die der Arbeitgeber dem Arbeitnehmer aufgrund des Arbeitsverhältnisses gewährt.[581] Gemäß § 611 Abs. 1 BGB ist Arbeitsentgelt die Gegenleistung des Arbeitgebers für die Arbeitsleistung des Arbeitnehmers, d.h. jeder als Gegenwert für die geschuldeten Dienste bestimmte geldwerte Vorteil.[582] Das Arbeitsentgelt kann an verschiedene Aspekte der Arbeitsleistung anknüpfen und verschiedene Zwecke verfolgen. Entsprechend dem Entgeltzweck wird zwischen Arbeitsentgelt im engeren und weiteren Sinne unterschieden: Arbeitsentgelt im engeren Sinne dient ausschließlich dazu, die Arbeitsleistung zu entlohnen. Entgelt im weiteren Sinn wird hingegen als Sonderzuwendung (auch) zur Verfolgung sonstiger Zwecke gewährt, z.B. zur Förderung der Betriebstreue, und ist damit zwar auch Gegenleistung für die Leistung des Arbeitnehmers, steht aber außerhalb des vertraglichen Synallagmas.[583] Wird ein ergebnis- oder gewinnorientierter Vergütungsbestandteil allein an der individuellen Leistung des Mitarbeiters gemessen, die dieser in der Vergangenheit erbracht hat, handelt es sich um Entgelt im engeren Sinn.[584] Knüpft die ergebnisorientierte Vergütung hingegen an ein Ziel an, das auch von anderen Faktoren als der Arbeitsleistung des betroffenen Mitarbeiters abhängt, steht die Vergütung außerhalb des vertraglichen Synallagmas und ist Entgelt im weiteren Sinn.[585]

Aktienoptionen werden Mitarbeitern gerade aufgrund ihres Anstellungsverhältnisses mit der Gesellschaft eingeräumt; Dritte können sich am Optionsprogramm nicht beteiligen. Soweit Warte- und Verfallklauseln in Optionsprogrammen vereinbart sind, soll die Einräumung von Aktienoptionen regelmäßig auch die Betriebstreue der begünstigten Mitarbeiter fördern. Darüber hinaus ist das in Optionsprogrammen vereinbarte Erfolgsziel nicht allein von der Arbeitsleistung eines einzelnen begünstigten Mitarbeiters abhängig. Den Begünstigten des Optionsprogramms ist es in der Regel nicht möglich, ausschließlich durch ihr Engagement Einfluss auf die Entwicklung des Börsenkurses ihres Unternehmens und damit auf die Erfolgsziele und Ausübungsreife ihrer Optionen zu

---

581 Hanau in: Münchener Handbuch zum Arbeitsrecht, Band 1, § 62 Rn. 1; Schaub in: Arbeitsrechtshandbuch , § 66 Rn. 4, 6; Zöllner/Loritz, S. 185 f.

582 Hanau in: Münchener Handbuch zum Arbeitsrecht, Band 1, § 62 Rn. 1.

583 BAG AP Nr. 135 zu § 611 BGB Gratifikation; Lembke, BB 2001, 1469, 1470.

584 BAG AP Nr. 81 zu § 611 BGB Gratifikation; BAG AP Nr. 16 zu § 620 BGB Probearbeitsverhältnis; Ricken, NZA 1999, 236, 237.

585 Lembke, BB 2001, 1469, 1471.

nehmen.[586] Die Gewährung von Aktienoptionen stellt daher – außerhalb des eigentlichen Synallagmas – Entgelt im weiteren Sinn dar.[587]

Der Charakter der Option als Entgelt im weiteren Sinn ändert sich mit Ablauf der Wartezeit und Zielverwirklichung nicht; die Optionen werden nach wie vor auch für die Betriebstreue gewährt. In Entgelt im weiteren Sinn kann nun allerdings u.U. auch dann eingegriffen werden, wenn es dem Mitarbeiter bereits gewährt worden ist. Dies verdeutlicht die Rechtsprechung zur Rückforderung von Gratifikationen.[588] Vor diesem Hintergrund vermag auch die Argumentation *Lembkes* nicht zu überzeugen, dass sich der Wert der Option mit Ausübungsreife realisiert habe und damit einem Verfall entgegenstehe.

(2) Zumutbarkeit aufgrund Vorhersehbarkeit?

Nach *Bauer/Göpfert/von Steinau-Steinrück* sei ein Verfall dann zulässig, wenn die Möglichkeit des Verfalls für den optionsberechtigten Mitarbeiter von vornherein erkennbar sei.[589] Auch dieser Gedanke führt im Rahmen der Interessenabwägung allerdings nicht weiter. Die Vorhersehbarkeit allein führt noch nicht zur Zulässigkeit des Verfalls. Zwar bedeutet die Vorhersehbarkeit des Verfalls, dass der Optionsverlust durch entsprechende Dispositionen des Mitarbeiters auch vermeidbar ist. Der Nachteil des Optionsverlusts ist möglicherweise weniger auf die Beendigung des Anstellungsverhältnisses als vielmehr – oder zumindest genauso – auf das Unterlassen der Optionsausübung durch den Mitarbeiter zurückzuführen. Dem Mitarbeiter wird für die Optionsausübung lediglich eine zeitliche Grenze gesetzt; dies ist ihm im Voraus bekannt. Er kann grundsätzlich sein Verhalten vor Beendigung des Anstellungsverhältnisses so ausrichten, dass die Option nicht verfällt. Schließlich kann auch das Laufzeitende eines Optionsprogrammes dazu führen, dass trotz Ablaufs der Wartezeit und Erreichens des Erfolgszieles eine Optionsausübung unmöglich wird. Dennoch begründet allein die Vorhersehbarkeit des Verfalls keinen Gesichtspunkt, der bei der Frage der Unzumutbarkeit zu berücksichtigen wäre und der das Interesse des Mitarbeiters am Erhalt der Option überwiegen könnte. Über die Anspruchs- bzw. Verfallvoraussetzungen einer Leistung müssen sich die Parteien grunsätzlich einigen; der Verfall wäre damit immer bekannt und vorhersehbar und nach der Argumentation von *Bauer/Göpfert/von Steinau-Steinrück* ohne weitere Dif-

586 Schnitker/Grau, BB 2002, 2497, 2498.
587 Etwas anderes gilt nach Lück, S. 140, wenn die Vertragsparteien die Gewährung von Optionen ausdrücklich in das Synallagma des Arbeitsvertrages einbezogen haben.
588 Siehe BAG AP Nr. 22, 110, 150 zu § 611 BGB Gratifikation.
589 Bauer/Göpfert/von Steinau-Steinrück, ZIP 2001, 1129, 1132.

ferenzierung zumutbar. Käme es nur auf die Vorhersehbarkeit an, wäre z.B. jede Rückzahlungs- bzw. Erstattungsverpflichtung von Gratifikationen oder Aus- bzw. Fortbildungskosten als wirksam anzusehen und die differenzierende Auffassung in Rechtsprechung und Literatur überflüssig.

(3) Förderung der Betriebstreue als schutzwürdiges Interesse?

Die Gesellschaft kann sich nach Eintritt der Ausübungsreife grundsätzlich nicht mehr darauf berufen, die Betriebstreue der Mitarbeiter fördern zu wollen. Denn dieses Ziel ist mit Ablauf der Wartezeit bereits erreicht. Von Mitarbeitern, die ihre Option nach Eintritt der Ausübungsreife ausgeübt haben, verlangt die Gesellschaft keine weitergehende Betriebstreue: Sie erleiden keinen Nachteil, wenn sie ihr Anstellungsverhältnis beenden.[590] Wäre für die Gesellschaft weiterhin die Förderung der Betriebstreue relevant, würde sie – abhängig vom Zeitpunkt der Optionsausübung – je nach Mitarbeiter ganz unterschiedliche Maßstäbe setzen. Verlassen Mitarbeiter nach Ausübungsreife, jedoch ohne Optionsausübung das Unternehmen, würde ihre Betriebstreue in keiner Weise honoriert, selbst wenn sie länger dem Untenehmen angehört haben als die Mitarbeiter, die erst nach einer Optionsausübung die Gesellschaft verlassen haben. Nach Eintritt der Ausübungsreife können die Ziele der Mitarbeiterbindung damit keine sachgerechten Interessen der Gesellschaft mehr darstellen.[591]

(4) Vergrößerung der Kapitalbasis als schutzwürdiges Interesse?

Möglicherweise hat die Gesellschaft ein berechtigtes Interesse daran, ihre Kapitalbasis durch Auflegung des Optionsprogramms zu vergrößern. Ein solches Interesse kommt in Betracht, soweit „junge" Aktien geschaffen werden, um die Optionen zu erfüllen. Die Kapitalerhöhung wäre dann nicht nur der Weg zur Erfüllung der Ansprüche, sondern zugleich das Ziel der Gesellschaft. Das Ziel der Kapitalbeschaffung wird allerdings nur ausnahmsweise mit der Auflegung eines Aktienoptionsprogramms verfolgt, z.B. bei jungen, eigenkapitalschwachen Gesellschaften.[592] Häufig wird die Gesellschaft eine Kapital- und Gesell-

---

590 Ist allerdings der Verfall von Aktien oder die Rückzahlung der Differenz zwischen Ausübungspreis und Aktienkurs bei einer Vertragsbeendigung vor einem bestimmten Zeitpunkt vereinbart, fordert die Gesellschaft auch von diesen Mitarbeitern eine längere Betriebstreue. Auch solche Bestimmungen sind bei Mitarbeitern ohne maßgeblichen Einfluss auf den „Shareholder Value" aber unwirksam, vgl. unten Dritter Teil D. II. 1.

591 A.A. im Ergebnis aber ähnlich Maletzky, NZG 2003, 715, 716, demzufolge eine Verfallklausel nicht ohne das Hinzutreten besonderer Umstände nach § 622 Abs. 6 BGB unwirksam sein könne, der allerdings den Verfall ausübungsreifer Optionen als unangemessene Benachteiligung im Sinne von § 307 BGB einstuft.

592 Vgl. oben Erster Teil D. I.

schaftermehrung und die damit einhergehende Kapitalverwässerung lediglich als notwendigen Nebeneffekt der Ziele der Mitarbeiterbindung und -motivation im Sinne einer Steigerung des „Shareholder Value“ sehen. Ob eine Gesellschaft mit der Einführung eines Optionsprogramms maßgeblich die Vergrößerung ihrer Eigenkapitalbasis verfolgt, lässt sich aus den Optionsbedingungen – wie z.B. der Anzahl der Optionsberechtigten, der Länge der Warte- und Programmlaufzeit und der Gestaltung der Erfolgsziele – ableiten.

Scheiden Mitarbeiter nach Ausübungsreife, aber vor Optionsausübung aus dem Unternehmen aus, ist eine spätere Optionsausübung und Mehrung des Eigenkapitals zwar nicht ausgeschlossen, aber auch nicht sicher. Doch auch das Ziel einer verbesserten Eigenkapitalbasis kann einen Verfall nach Ausübungsreife mit Beendigung des Anstellungsverhältnisses nicht rechtfertigen. Der Bestand des Anstellungsverhältnisses ist für das Ziel einer Vergrößerung der Kapitalbasis unerheblich; entscheidend ist lediglich, dass die Optionen überhaupt, ggf. bis zu einem bestimmten Zeitpunkt, ausgeübt werden. Dies kann jedoch außerhalb genauso gut geschehen wie innerhalb eines bestehenden Anstellungsverhältnisses.

(5) Rechtssicherheit als schutzwürdiges Interesse?

Möglicherweise kann sich die arbeitgebende Gesellschaft auf ein Interesse daran berufen, frühzeitig Rechtssicherheit über die Anzahl der Aktien zu erlangen, die zur Erfüllung der Ansprüche aus dem Optionsprogramm erforderlich sind. Verfallbestimmungen ähneln den in Arbeitsverträgen häufig aufgenommenen Ausschlussklauseln. Ausschlussklauseln regeln das Erlöschen von Ansprüchen, die nach Ablauf einer bestimmten Frist nicht mehr geltend gemacht werden sollen.[593] Sie dienen dem Rechtsfrieden und der Rechtssicherheit:[594] Der Schuldner weiß nach Ablauf der Ausschlussfrist, ob und welche Forderungen gegen ihn erhoben werden; er kann darauf vertrauen, ab einem bestimmten Zeitpunkt nicht mehr in Anspruch genommen zu werden. Arbeitsvertragliche Ausschlussbestimmungen sind grundsätzlich gerade auch für den Fall der Beendigung des Anstellungsverhältnisses anerkannt.[595]

Optionsbezogene Verfallbestimmungen sind solchen Ausschlussklauseln vergleichbar: Zwar sind die Rechtsfolgen von Verfall- und Ausschlussklauseln

---

593 Preis in: Erfurter Kommentar, §§ 194-218 BGB Rn. 32 f. mwN.
594 Preis in: Erfurter Kommentar, §§ 194-218 BGB Rn. 32 mwN.
595 BAG AP Nr. 2 zu § 241 BGB; Preis in: Erfurter Kommentar, §§ 194-218 BGB Rn. 32.

nicht völlig identisch. Ausschlussklauseln führen zum Erlöschen bereits entstandener Ansprüche, während Verfallklauseln verhindern, dass ein Anspruch auf Übertragung der Aktien infolge Ausübung einer Option überhaupt entsteht. Interessenlage und Ergebnis sind allerdings vergleichbar: Der Arbeitgeber hat in beiden Fällen Gewissheit, dass gegen ihn ab einem bestimmten Zeitpunkt keinerlei Ansprüche mehr erhoben werden können; der ehemalige Mitarbeiter kann nicht mehr mit Erfolg Ansprüche gegen ihn geltend machen.

Gegen das Kriterium der Rechtssicherheit als schutzwürdiges Interesse des Arbeitgebers spricht allerdings, dass Optionsprogramme regelmäßig eine feste Programmlaufzeit von mehreren Jahren aufweisen. Dadurch wird die Ausübung der Optionen für alle – auch für die im Unternehmen verbleibenden – Mitarbeiter zeitlich begrenzt. Mit der Festlegung einer Laufzeit zeigt der Arbeitgeber, dass es ihm genügt, bis zu dem gewählten Laufzeitende zu wissen, wieviele Aktien insgesamt er bereitzustellen und zu übertragen hat.

Den Mitarbeitern, die im Unternehmen verbleiben, steht es frei, ihre Optionen erst am Ende der Programmlaufzeit auszuüben. Der Arbeitgeber verlangt von ihnen eine definitive Entscheidung über die Ausübung der Optionen erst zum Ende der Laufzeit; eventuelle vorherige Unsicherheiten über das Ausmaß der zu beschaffenden Aktien nimmt er damit in Kauf. Verfolgt der Arbeitgeber mit der Bestimmung einer Laufzeit das Ziel der Rechtssicherheit, bindet er sich selbst durch die gewählte zeitliche Festlegung. Es ist für die Rechtssicherheit des Arbeitgebers irrelevant, ob der potenzielle Anspruch auf Aktienübertragung vor Ende der Laufzeit von einem aktiven oder ehemaligen Mitarbeiter des Unternehmens geltend gemacht wird. Das Interesse an Rechtssicherheit kann damit einen Optionsverfall nach Ausübungsreife nicht rechtfertigen.

(6) Verwaltungsvereinfachung als schutzwürdiges Interesse?

Auch die durch Ausschlussklauseln regelmäßig bewirkte Verwaltungsvereinfachung kann bei Verfallbestimmungen nicht entsprechend als sachliche Rechtfertigung herangezogen werden: Die Personalverwaltung wird für den Arbeitgeber nicht allein dadurch einfacher, dass Optionen mit Beendigung des Anstellungsverhältnisses verfallen: Der Arbeitgeber muss z.B. die Bedingungen des Optionsprogramms bzw. der Optionsvereinbarung sowie Informationen über die Erfüllung der Ausübungsvoraussetzungen so lange bereit halten, bis der letzte optionsberechtigte Mitarbeiter seine Optionen ausgeübt hat oder die Laufzeit des Programms beendet ist. Der durch das Vorhalten der Informationen entstehende Verwaltungsaufwand lässt sich lediglich dann durch eine Verfallklausel reduzieren, wenn mit dem Mitarbeiter individuelle Ausübungskonditionen vereinbart sind. Dies wird nur ausnahmsweise der Fall sein.

(7) Verknüpfung von Leistung und konkretem Vorteil zu Motivationszwecken

Verfallklauseln können trotz Ausübungsreife zulässig sein, wenn es sachgerecht ist, dass die Gesellschaft einen Zusammenhang zwischen der Leistung des Mitarbeiters und dem konkreten Vorteil herstellt, den der Mitarbeiter verwirklichen möchte.

Der Gewinn realisiert sich für die optionsbegünstigten Mitarbeiter im Zeitpunkt der Optionsausübung. Er besteht in Höhe der Differenz zwischen Ausübungspreis und tatsächlichem Kurswert. Ist die Vertragsbeendigung für eine Optionsausübung nach Ausübungsreife unschädlich, können die Mitarbeiter von einem Gewinn profitieren, dessen Höhe und Zeitpunkt maßgeblich nach ihrem Ausscheiden durch den Einfluss der Arbeitsleistung anderer Mitarbeiter bestimmt worden ist. Ihre Optionsausübung „verwässert" dann den Kurswert, ohne dass ihre Arbeitsleistung entsprechend zum Ausgleich der „Verwässerung", der Steigerung des „Shareholder Value" in seiner jeweiligen Höhe und zum jeweiligen Zeitpunkt, beigetragen hat. Müssen die Optionen hingegen vor Vertragsbeendigung ausgeübt werden, können die Mitarbeiter nur den Gewinn realisieren, zu dem sie selbst während des Anstellungsverhältnisses beigetragen haben können. Ihre Arbeitsleistung und der von ihnen angestrebte konkrete Vorteil bzw. die „Verwässerung" werden so miteinander verknüpft: Die Mitarbeiter erzielen den Vorteil nur, wenn ihre Arbeitsleistung nicht allein auf das Erreichen des Erfolgsziels, sondern auch auf den konkreten Kurswert im Zeitpunkt der Ausübung Einfluss gehabt haben kann. Sie haben ihre Arbeitsleistung als Gegenleistung für den vergünstigten Bezug der Aktien bis zur Realisierung des jeweiligen Vorteils zu erbringen.

Eine solche Verknüpfung von Arbeitsleistung und konkretem Gewinn zu Motivationszwecken ist bei den Mitarbeitern sachgerecht, die mit ihrer Arbeitsleistung den Shareholder Value maßgeblich beeinflussen können. Bei ihnen dient die Gewährung von Aktienoptionen nicht nur der Förderung von Betriebstreue und Arbeitsmotivation im Sinne eines allgemeinen Wohlverhaltens zugunsten der Gesellschaft. Vielmehr soll die Optionseinräumung diese Mitarbeiter gezielt motivieren, ihre Leistung so zu erbringen, dass der „Shareholder Value" gesteigert wird. Aus diesem Grund berechtigen Optionen, die Mitarbeitern mit maßgeblichem Einfluss auf die Entwicklung des „Shareholder Value“ eingeräumt werden, auch zum Bezug einer weit größeren Zahl von Aktien als die Optionen für Mitarbeiter, deren Betriebstreue und „allgemeines Wohlverhalten“ gegenüber der Gesellschaft gefördert werden soll.

Mit einer entsprechenden Verfallklausel können die Mitarbeiter mit maßgeblichem Einfluss auf die Entwicklung des „Shareholder Value“ auch nach Ablauf der Wartefrist und Erreichen des Erfolgsziels zu einer nachhaltigen Leistungssteigerung zur Verbesserung des „Shareholder Value“ motiviert werden. Auf einen hohen Gewinn durch einen entsprechend hohen Kurswert, den nach ihrem Ausscheiden die Arbeitsleistung anderer Mitarbeiter maßgeblich beeinflusst hat, können sie dagegen nicht spekulieren. Im Zeitpunkt der Optionsausübung muss die Möglichkeit bestehen, dass sie selbst mit ihrer Arbeitsleistung zu dem Gewinn beigetragen haben, den sie realisieren wollen. Dieses Interesse der Gesellschaft an einer Verknüpfung der Arbeitsleistung des Mitarbeiters mit dem angestrebten Vorteil ist berechtigt, soweit die Mitarbeiter tatsächlich Einfluss auf den Unternehmenswert nehmen können.

Anderen Mitarbeitern gegenüber ist dieses Interesse der Gesellschaft nicht sachgerecht; sie können durch die Optionsausgabe nicht zur Beeinflussung des „Shareholder Value“, sondern nur zu einer längeren Betriebstreue und zu einem „allgemeinen Wohlverhalten“ motiviert werden. Für die Mitarbeiter würden hier in Abhängigkeit vom Zeitpunkt der Vertragsbeendigung ganz unterschiedliche Anforderungen gelten. Mitarbeiter könnten ihre Optionen verlieren, selbst wenn der „Shareholder Value“ bei Vertragsbeendigung höher ist als der durch das Erfolgsziel für die Ausübungsreife vorgegebene Wert. Für Mitarbeiter ohne maßgeblichen Einfluss auf die Steigerung des „Shareholder Value“ wirkt sich eine entsprechende Verfallklausel nicht als Leistungsanreiz, sondern als Sanktion der Vertragsbeendigung aus.

Zu den Mitarbeitern, die maßgeblichen Einfluss auf den „Shareholder Value“ haben, zählen regelmäßig die Vorstandsmitglieder und – je nach Vertragsgestaltung und konkretem Aufgabenbereich – zusätzlich weitere Mitarbeiter, z.B. die der nachgeordneten Führungsebenen. Zwar ist zu beachten, dass sie regelmäßig nur einen „Miteinfluss“ haben, da zahlreiche Bestimmungsfaktoren für den „Shareholder Value“ wie Auf- und Abwärtstrends des gesamten Marktes, Konjunkturzyklus, Wechselkurse etc. der Kontrolle der Mitarbeiter entzogen sind und der teilweise irrationalen Einschätzung durch den Kapitalmarkt unterliegen können. Dennoch wird der „Shareholder Value" wesentlich von den Unternehmensdaten zumindest mitbestimmt, für die das Management verantwortlich ist.

Das Ziel einer über die Ausübungsreife hinausgehenden nachhaltigen Förderung der Motivation stellt angesichts der besonderen Position der Mitarbeiter und ihrer Einflussmöglichkeiten auf den „Shareholder Value" keine Sanktion der Vertragsbeendigung, sondern als Ausgleich für die mögliche „Verwässerung" des Aktienkurses durch die erheblichen Chancen ein berechtigtes Interesse der Gesellschaft dar. Zwar unterliegt dieser Kreis von Mitarbeitern dann strengeren Ausübungsvoraussetzungen als diejenigen Mitarbeiter, die ohne maßgeblichen Einfluss auf die Kursentwicklung sind. Dies ist allerdings durch die unterschiedlichen Aufgabenbereiche der Mitarbeiter bedingt. Erfasst das Optionsprogramm alle oder zumindest eine große Zahl von Mitarbeitern, erhalten die Mitarbeiter der Führungsebenen oder Mitarbeiter mit vergleichbarem Einfluss auf den „Shareholder Value" regelmäßig auch das Recht zum Bezug weit größerer Mengen an Aktien. Aus diesem Grund ist es auch sachlich gerechtfertigt, wenn die Gesellschaft mit einer entsprechenden Verfallklausel das Interesse einer nachhaltigen Beeinflussung des „Shareholder Value" zum Ausgleich der „Verwässerung" verfolgt.

Die Regelungen des Aktiengesetzes sprechen ebenfalls dafür, dass eine Differenzierung nach Aufgabenbereich und Einflussmöglichkeit bei der Gewährung von Aktienoptionen zulässig ist: Gemäß § 87 Abs. 1 S. 1 AktG hat der Aufsichtsrat dafür zu sorgen, dass die Gesamtbezüge der einzelnen Vorstandsmitglieder in einem angemessenen Verhältnis zu ihren jeweiligen Aufgaben und zur Lage der Gesellschaft stehen. Zu den Aufgaben des Vorstands gehört als Teil der Geschäftsführung nicht die Erbringung einer Arbeitsleistung im Sinne eines „allgemeinen Wohlverhaltens", sondern die Steigerung des Unternehmenswerts.[596] Werden Vorstandsmitgliedern Optionen gewährt, müssen sich zum einen der Umfang der Optionsausgabe und die Höhe der Optionsgebühr für jedes einzelne Vorstandsmitglied gemäß § 87 AktG im Rahmen des Angemessenen halten.[597] Aufgrund der Vorgaben des § 87 Abs. 1 S. 1 AktG rückt zum anderen aber auch das Interesse der Gesellschaft an der Vereinbarung weitreichender Verfallklauseln stärker in den Vordergrund als bei Mitarbeitern ohne

---

596 Kort in: Großkommentar zum Aktiengesetz, § 76 Rn. 54; zu den möglichen Zielvorgaben für das Handeln des Vorstands vgl. Hüffer, § 76 Rn. 12 f.; Zitzewitz, S. 54 ff.

597 Engelsing, S. 38 f.; Wulff, S. 19 ff; allerdings hat § 87 Abs. 1 S. 1 AktG nur Richtliniencharakter mit der Folge, dass die Vereinbarung unangemessener Bezüge bis zur Grenze von § 138 BGB gültig ist, vgl. Mertens in: Kölner Kommentar, § 87 Rn. 3.

entsprechende Aufgaben und Einfluss auf den Unternehmenswert. Auch wenn § 87 Abs. 1 S. 1 AktG nicht in jedem Fall den Optionsverlust bei Beendigung des Anstellungsverhältnisses fordert,[598] spricht die Vorschrift zumindest für die Zulässigkeit von Verfallklauseln, soweit sie vereinbart sein sollten.

Das Interesse der Gesellschaft an einer Koppelung von Aufgabenbereich, Einflussmöglichkeiten auf den „Shareholder Value" und Höhe der Vergütung ist zwar gesetzlich nur im Rahmen der Vergütung von Vorstandsmitgliedern anerkannt. Allerdings lässt sich dem Gesetz auch nicht entnehmen, dass ein entsprechendes Interesse bei anderen Mitarbeitern mit ähnlich maßgeblichem Einfluss auf den Unternehmenswert nicht schützenswert ist. Im Rahmen der nach § 622 Abs. 6 BGB erforderlichen Interessenabwägung steht dem Koppelungsinteresse der Gesellschaft zwar das Interesse des Mitarbeiters gegenüber, nach Ausübungsreife auch einen möglichst großen Gewinn zu realisieren. Diesem Interesse wird durch die Verfallbestimmung allerdings lediglich eine zeitliche Grenze gesetzt. Bis zur Vertragsbeendigung ist es ihm grundsätzlich jederzeit möglich, einen Gewinn durch Ausübung der Optionen zu realisieren. Gewichtige Interessen können das – für Vorstandsmitglieder gesetzlich verankerte – Interesse der Gesellschaft an einer nachhaltigen Motivation der Mitarbeiter mit Einfluss auf den Shareholder Value damit nicht verdrängen.

cc) Verfall nach Ausübungsreife und Auslauffrist

Verfallklauseln können dadurch „abgemildert" werden, dass die Optionen nicht sofort mit Vertragsbeendigung verfallen, sondern dem Mitarbeiter noch eine Frist nach Beendigung des Anstellungsverhältnisses verbleibt, innerhalb der er seine Option ausüben kann. *Tepass/Lenzen* halten eine Auslauffrist für unbedenklich, die dem Mitarbeiter sechs bis zwölf Monate zur Ausübung der Option belässt.[599] Auch *Friedrichsen* und *Mohr/Bihn* sprechen sich für die Zulässigkeit solch abgemilderter Verfallklauseln aus: Die Ausübung der Optionen müsse zumindest noch in demjenigen Ausübungsfenster möglich sein, das dem Ausscheiden aus dem Anstellungsverhältnis folge.[600]

Auslauffristen allein können nicht dazu führen, dass ein Optionsverfall zulässig ist. Zwar bleibt dem Mitarbeiter infolge einer Auslauffrist etwas mehr Zeit für seine Vermögensdisposition. Unverändert ist jedoch die Interessenlage der Ge-

598 Vgl. oben Zweiter Teil A. II. 2. b).
599 Tepass/Lenzen in: Harrer, S. 133.
600 Friedrichsen, S. 193; Mohr/Bihn in: Handbuch Stock Options, N IV 2 Rn. 961.

sellschaft: Soweit der Verfall nicht Mitarbeiter mit maßgeblichem Einfluss auf den Unternehmenswert betrifft, besteht auch nach Ende einer Auslauffrist kein sachgerechtes Interesse der Gesellschaft, das bei der Interessenabwägung nach § 622 Abs. 6 BGB das wirtschaftliche Interesse des Mitarbeiters an Realisierung des versprochenen Gewinns überwiegen könnte.

c) Rechtsfolge der Umgehung

Rechtsfolge einer unzulässigen Umgehungsvereinbarung ist gemäß §§ 622 Abs. 6, 134 BGB die Nichtigkeit der Verfallklausel.[601] Ist der Verfall einer entgeltlich eingeräumten Option vereinbart, wird sich in der Regel im Wege der ergänzenden Vertragsauslegung nach § 157 BGB feststellen lassen, dass die Parteien – hätten sie Kenntnis von der Unwirksamkeit der Verfallbestimmung gehabt – einen Verfall der Option nur gegen Rückzahlung des Optionspreises bzw. Rückwandlung des umgewandelten Gehaltsbestandteils gewollt hätten. Folgt die Nichtigkeit daraus, dass ein Optionsverfall auch für die Zeit nach Ausübungsreife vorgesehen ist, wird eine ergänzende Vertragsauslegung regelmäßig dazu führen, dass der Verfall ab Ausübungsreife auf Mitarbeiter mit maßgeblichem Einfluss auf den „Shareholder Value" beschränkt sein soll. Da die Bindung des Mitarbeiters und seine Motivationsförderung für den Erfolg eines Optionsprogramms wesentlich sind, wird der Arbeitgeber auf einen Optionsverfall nicht verzichten wollen, soweit er zulässig ist.

2. Außerordentliche Kündigung durch den Arbeitnehmer

Verfallbestimmungen betreffen nicht nur die ordentliche, sondern auch die außerordentliche Kündigung. Das Recht zur außerordentlichen Kündigung nach § 626 BGB ist unabdingbar: Es kann weder eingeschränkt noch ausgeschlossen werden.[602] Das außerordentliche Kündigungsrecht darf z.B. nicht dadurch begrenzt werden, dass dem Kündigenden infolge seiner wirksamen außerordentlichen Kündigung Nachteile drohen. Führen solche faktischen Kündigungserschwerungen dazu, dass die Ausübung des außerordentlichen Kündigungsrechts

---

601 Da Rechtsfolge eines unmittelbaren Verstoßes gegen § 622 Abs. 6 BGB die Nichtigkeit der Vereinbarung gemäß § 134 BGB ist, braucht hier nicht entschieden zu werden, ob sich die Rechtsfolge eines Umgehungsgeschäftes durch extensive Auslegung der maßgeblichen Verbotsnorm mit entsprechender Rechtsfolge, im Wege der Analogie, gemäß § 138 BGB oder als Nichtigkeitsfolge aus einem Rechtsinstitut eigener Art ableiten lässt, vgl. hierzu Erster Teil A. II. 3. c) aa).

602 BAG AP Nr. 1, 2 zu § 626 BGB Kündigungserschwerung; Müller-Glöge in: Erfurter Kommentar, § 626 BGB Rn. 240; Schwerdtner in: Münchener Kommentar zum BGB, § 626 Rn. 65; Staudinger/Preis, § 626 Rn. 38.

dem Kündigungsberechtigten unzumutbar wird, ist die Regelung unwirksam.[603] Der Verlust einer entgeltlichen Option ohne Rückzahlungs- oder Rückwandlungsklausel würde den Mitarbeiter in diesem Sinne unzumutbar benachteiligen.[604] Dasselbe gilt bei unentgeltlich eingeräumten Optionen, wenn der Optionsverfall infolge einer außerordentlichen Kündigung nach Ausübungsreife nicht nur Mitarbeiter mit maßgeblichem Einfluss auf den „Shareholder Value“ betrifft.[605]

Ist der Mitarbeiter aufgrund des vertragswidrigen Verhaltens des Arbeitgebers zur außerordentlichen Kündigung des Anstellungsverhältnisses berechtigt, kann im Verhalten des Arbeitgebers u.U. auch eine treuwidrige Herbeiführung der Vertragsbeendigung als auflösende Bedingung der Optionsvereinbarung liegen.[606] Ein Verhalten ist im Sinne von § 162 Abs. 2 BGB treuwidrig, wenn es den vereinbarten Pflichten oder der nach Treu und Glauben zu erwartenden Loyalität gegenüber den Interessen des Vertragspartners widerspricht.[607] Rechtsfolge wäre dann zwar nicht die Unwirksamkeit des Verfalls, aber die Bedingung, d.h. die Beendigung des Anstellungsverhältnisses, würde gemäß § 162 Abs. 2 BGB hinsichtlich der Optionsvereinbarung als nicht eingetreten gelten.

3. Kündigung durch ein Vorstandsmitglied

a) Unmittelbare Anwendung von § 622 Abs. 6 BGB

Die Interessenabwägung im Rahmen von § 622 Abs. 6 BGB hat für Mitarbeiter mit Einfluss auf den „Shareholder Value“ ergeben, dass ein Verfall unentgeltlich eingeräumter Optionen selbst nach Ausübungsreife zulässig ist. Kündigt ein Vorstandsmitglied, ist der Verlust unentgeltlicher Optionen daher regelmäßig unproblematisch. Für diese Konstellation braucht die Frage, ob § 622 Abs. 6 BGB auch auf Anstellungsverhältnisse von Vorstandsmitgliedern Anwendung findet, nicht entschieden zu werden. Noch offen ist jedoch, ob der Verfall ent-

---

603 BAG AP Nr. 1, 2 zu § 626 BGB Kündigungserschwerung; Schwerdtner in: Münchener Kommentar zum BGB, § 626 Rn. 70; Staudinger/Preis, § 626 BGB Rn. 41; Fischermeier in: Gemeinschaftskommentar zum KSchG, § 626 BGB Rn. 64; Dörner in: Großkommentar zum Kündigungsrecht, § 626 BGB Rn. 12; Müller-Glöge in: Erfurter Kommentar, § 626 Rn. 234 mwN auch zur Gegenansicht.

604 Vgl. oben Dritter Teil B. II. 1. a) cc).

605 Im Ergebnis ähnlich, allerdings ohne Differenzierung nach der Ausübungsreife bzw. Entgeltlichkeit der Optionen Maletzky, NZG 2003, 715, 717, der Verfallklauseln bei Beendigung des Anstellungsverhältnisses aufgrund Vertragsverletzung durch die Gesellschaft als unzumutbare Benachteiligung im Sinne von § 307 BGB ansieht.

606 Maletzky, NZG 2003, 715, 716.

607 Westermann in: Münchener Kommentar zum BGB, § 162 Rn. 9 mwN.

geltlich eingeräumter Optionen bei Vorstandsmitgliedern wie bei den übrigen Mitarbeitern an § 622 Abs. 6 BGB scheitert.

Die Anwendung von § 622 Abs. 6 BGB auf Anstellungsverträge von Vorstandsmitgliedern ist problematisch: § 622 Abs. 6 BGB bezieht sich seiner Formulierung nach auf die Kündigung des Arbeitsverhältnisses eines Arbeitnehmers, der in § 622 Abs. 1 BGB als Arbeiter oder Angestellter umschrieben wird. Der Wortlaut spiegelt die von der allgemeinen Auffassung vertretene Untergliederung der Arbeitnehmer – abhängig von der ausgeübten Tätigkeit und der Verkehrsanschauung – in die Gruppen der Angestellten und Arbeiter wider.[608] Arbeitnehmer sind danach entweder Arbeiter oder Angestellte.[609] Eine ausreichende Definition des Arbeitnehmerbegriffs liefern die Bezeichnungen als Arbeiter und Angestellter allerdings nicht; vielmehr ist gerade andersherum für die Bestimmung von Angestellten und Arbeitern Voraussetzung, dass bei ihnen die Arbeitnehmereigenschaft vorliegt.[610]

Wesentlich für die Abgrenzung von Arbeitnehmern und selbständigen Dienstleistern ist nach herrschender Meinung die persönliche Abhängigkeit des Arbeitnehmers bei der Erbringung seiner Dienste.[611] Diese Abhängigkeit äußert sich insbesondere darin, dass der Arbeitnehmer in eine fremdbestimmte Arbeitsorganisation eingegliedert und dadurch an die Weisungen des Arbeitgebers gebunden ist, wie, wo und wann er seine Arbeitsleistung zu erbringen hat.[612] Ob jemand in dieser Weise bei der Erbringung von Diensten weisungsgebunden ist, lässt sich der vertraglichen Ausgestaltung und der tatsächlichen Handhabung des Vertragsverhältnisses entnehmen.[613] Soweit Vorstandsmitglieder nicht als Mehrheitsgesellschafter oder über eine Sperrminorität an der Gesellschaft beteiligt sind, sind eine vertragliche Verankerung der inhaltlichen, örtlichen und

---

608 Zöllner/Loritz, S. 57; Schaub in: Arbeitsrechtshandbuch, § 13 Rn. 1; Preis in: Erfurter Kommentar, § 611 BGB Rn. 125; Richardi in: Münchener Handbuch zum Arbeitsrecht, Band 1, § 25 Rn. 1.

609 Richardi in: Münchener Handbuch zum Arbeitsrecht, Band 1, § 25 Rn. 1.

610 Richardi in: Münchener Handbuch zum Arbeitsrecht, Band 1, § 24 Rn. 4.

611 BAG AP Nr. 6, 10, 26 zu § 611 BGB Abhängigkeit; Hueck/Nipperdey, Arbeitsrecht I, § 9 II, III; Schaub in: Arbeitsrechtshandbuch, § 8 Rn. 17 ff.; Preis in: Erfurter Kommentar, § 611 BGB Rn. 44 ff., insbesondere Rn. 75, 79.; Gamillscheg, S. 159 ff.; a.A. Richardi in: Handbuch zum Arbeitsrecht, Band 1, § 24 Rn. 48, der die Relativität des Arbeitnehmerbegriffs in Abhängigkeit vom Schutzzweck der jeweiligen Norm betont.

612 Ständige Rechtsprechung BAG AP Nr. 90, 102 zu § 611 BGB Abhängigkeit; BAG AP Nr. 10 zu § 35 GmbHG; Preis in: Erfurter Kommentar zum Arbeitsrecht, § 611 BGB Rn. 75, 79; vgl. auch Gamillscheg, S. 161.

613 BAG AP Nr. 23, 37, 90, 97 mwN zu § 611 BGB Abhängigkeit; Richardi in: Münchener Handbuch zum Arbeitsrecht, Band 1, § 24 Rn. 58 f.

zeitlichen Weisungsgebundenheit und eine entsprechende Handhabung grundsätzlich denkbar.[614]

Auch wenn man mit einem anderen Ansatz bei der Abgrenzung von selbständigen Dienstleistern und abhängig beschäftigten Arbeitnehmern das Merkmal des Unternehmerrisikos in den Vordergrund rückt,[615] erscheint die Arbeitnehmereigenschaft eines Vorstandsmitglieds je nach Fallgestaltung möglich. Nach diesem Ansatz spricht für die Qualifizierung als selbständiges Dienstverhältnis, wenn die Dienste unter Übernahme eines unternehmerischen Risikos bei entsprechenden unternehmerischen Chancen erbracht werden.[616] Das unternehmerische Risiko fehlt, wenn jemand dauerhaft für eine einzige Person tätig wird, ohne sich der Hilfe anderer, eigenen Kapitals und einer eigenen Arbeitsorganisation zu bedienen.[617] In der Regel erbringen Vorstandsmitglieder ihre Dienste nur für ein einziges Unternehmen; hierbei greifen sie nicht auf eigenes Personal, sondern das der Gesellschaft zurück. Von der Ausgestaltung ihrer Vergütung, insbesondere vom Verhältnis der festen zu den erfolgsorientierten Gehaltsbestandteilen hängt ab, ob eine signifikante unternehmerische Gewinnchance oder eher ein für Arbeitnehmer typischer vertraglicher Besitzstand vorliegt.

aa) Möglichkeit der persönlichen Abhängigkeit trotz Organstellung

Möglicherweise steht – unabhängig von der vertraglichen Ausgestaltung bzw. konkreten Handhabung des Vertragsverhältnisses – bereits die Organstellung des Vorstandsmitglieds einer Qualifizierung seines Vertragsverhältnisses als Arbeitsverhältnis zwingend entgegen. Gegen eine Einordnung als Arbeitnehmer lässt sich anführen, dass der Vorstand gemäß § 78 Abs. 1 AktG gegenüber den übrigen Mitarbeitern die Arbeitgeberfunktion aus ihren Arbeitsverhältnissen mit der Gesellschaft wahrnimmt.[618] An diesem Argument ist überzeugend, dass Ar-

614 BAG AP Nr. 46 zu § 5 ArbGG; BAG AP Nr. 10 zu § 35 GmbHG für den GmbH-Geschäftsführer; Kamanabrou, DB 2002, 146, 147, und Schaub in: Arbeitsrechtshandbuch, § 14 Rn. 5, für den GmbH-Geschäftsführer; Henssler, RdA 1992, 289, 292.

615 So insbesondere Wank, NZA 1999, 225, 227 f; Wank, S. 127 ff.

616 Wank, NZA 1999, 227.

617 BAG AP Nr. 111 zu § 611 BGB Abhängigkeit; Wank, NZA 1999, 227 f; Hümmerich, NJW 1998, 2625, 2632.

618 U.a. aus diesem Grund gegen eine Arbeitnehmereigenschaft von Vorstands- bzw. generell Organmitgliedern BGHZ 10, 187, 191; 12, 1, 8; 36, 142, 143; 49, 30, 31; 91, 1, 3; BGH NJW-RR 1990, 349, 350; Zöllner/Loritz, S. 47; Bauer/Gragert, ZIP 1997, 2177, 2178; Boemke ZfA 1998, 209, 213 f.; G. Hueck, Festschrift Hilger/Stumpf, S. 365, 376 ff.; Richardi in: Münchener Handbuch zum Arbeitsrecht, Band 1, § 24 Rn. 114; Nägele, BB 2001, 305, 306; Zöllner in: Baumbach/Hueck, Kommentar zum GmbHG, § 35 Rn. 97; Müller-Glöge in: Münchener Kommentar zum BGB, § 611 Rn. 113 mwN.

beitnehmer- und Arbeitgebereigenschaft Gegenpole sind, die sich gegenseitig ausschließen: Arbeitgeber ist derjenige, der die Leistungen des Arbeitnehmers beanspruchen kann. Allerdings gilt zum einen das „Entweder-oder-Prinzip" nur für ein und dasselbe Vertragsverhältnis; zwingende Schlüsse für die Qualifizierung des Vertragsverhältnisses zwischen Vorstandsmitglied und Gesellschaft lassen sich aus der Funktionsverteilung in den anderen Vertragsverhältnissen der Gesellschaft nicht ableiten.[619] Zum anderen ist zu beachten, dass weder der Vorstand noch das einzelne Vorstandsmitglied Arbeitgeber in dem Sinne sind, dass sie selbst die Leistungen der Arbeitnehmer beanspruchen können. Der Vorstand nimmt lediglich die Arbeitgeberrechte und -pflichten gegenüber den übrigen Mitarbeitern für die Gesellschaft wahr; Arbeitgeberin ist die Gesellschaft.[620] Im Übrigen verleiht die Organstellung lediglich dem Vorstand als Organ und nicht dem einzelnen Vorstandsmitglied die Repräsentationsbefugnis. Deutlich wird dies beim Mehrpersonenvorstand, bei dem die gesetzliche aktive Vertretungsmacht gemäß § 78 Abs. 2 S. 1 AktG grundsätzlich nur sämtlichen Vorstandsmitgliedern gemeinsam zusteht. Die Organstellung vermittelt in diesem Fall dem einzelnen Vorstandsmitglied keinerlei Arbeitgeberbefugnisse. Erst aufgrund entsprechender Satzungsbestimmung gemäß § 78 Abs. 2 S. 1, Abs. 3 S. 1 HS. 1 AktG, eines Aufsichtsratsbeschlusses auf der Grundlage einer entsprechenden Ermächtigung in der Satzung gemäß § 78 Abs. 3 S. 2 AktG oder einer Einzelermächtigung durch die übrigen zur Gesamtvertretung befugten Vorstandsmitglieder gemäß § 78 Abs. 4 S. 1 AktG kann ein Mitglied eines Mehrpersonenvorstands selbst Arbeitgeberfunktionen wahrnehmen.[621] Soweit die Arbeitgeberbefugnisse derartig abgeleitet werden, ist in dieser Hinsicht die Stellung des Vorstandsmitglieds der eines leitenden Angestellten vergleichbar, der Arbeitgeberbefugnisse aufgrund rechtsgeschäftlicher Vollmacht gemäß

---

619 Ähnlich Schaub in: Arbeitsrechtshandbuch, § 14 Rn. 5, nach dessen Ansicht Organmitglieder juristischer Personen funktional Arbeitnehmer und Arbeitgeber in einer Person sein könnten; vgl. auch Eckardt, ZfA 1987, 467, 470, nach dem es logisch nicht ausgeschlossen sei, dass Organstellung und Arbeitnehmereigenschaft zusammen treffen.

620 Diese Konstellation wird mit den Begriffen „abstrakter" und „konkreter Prinzipal" umschrieben, vgl. Hueck/Nipperdey, § 15 II; allein die Begrifflichkeit lässt keinen Rückschluss auf die Rechtsnatur des Anstellungsverhältnisses zu; vgl. zusammenfassend zur Kritik an der Lehre vom konkreten Prinzipal: Groß, DB 1984, 1447, 1452.

621 Die Einzelermächtigung nach § 78 Abs. 4 AktG stellt nach h.M. keine rechtsgeschäftliche Bevollmächtigung dar, vgl. Mertens in: Kölner Kommentar, § 78 Rn. 56; Habersack in: Großkommentar zum AktG, § 78 Rn. 49 f. jeweils mwN. Über den Anwendungsbereich von § 78 Abs. 4 AktG hinaus scheidet nach h.M. grundsätzlich eine gewillkürte Vertretung durch einzelne Vorstandsmitglieder aus, vgl. Mertens in: Kölner Kommentar, § 78 Rn. 73; Habersack in: Großkommentar zum AktG, § 78 Rn. 60.

§§ 164 ff. BGB, §§ 48 ff., 54 ff. HGB wahrnimmt.[622] Bei leitenden Angestellten führt die Ausübung von abgeleiteten Arbeitgeberfunktionen nun aber unstreitig nicht dazu, dass ihre Vertragsverhältnisse zwingend als selbständige Dienstverhältnisse einzuordnen wären.[623] Dem Gesetz lassen sich keine Anhaltspunkte entnehmen, dass und warum dies bei kraft Satzung, Aufsichtsratsbeschlusses oder Einzelermächtigung befugten Vorstandsmitgliedern anders sein sollte.

Mit der Organstellung des Vorstandes verbunden ist die Kompetenz, die unternehmerischen Entscheidungen gemäß § 76 Abs. 1 AktG in eigener Verantwortung zu treffen. Das Gesetz überträgt dem Vorstand die Geschäftsführungsbefugnis umfassend; sie kann allerdings im Einzelnen durch Beschränkungen aufgrund Aufsichtsrats- oder Hauptversammlungsbeschlusses gemäß § 82 Abs. 2 AktG begrenzt werden. Auch diese nach dem Gesetz grundsätzlich weisungsfreie Stellung des Vorstands könnte die Arbeitnehmereigenschaft seiner Mitglieder ausschließen.[624] Arbeits- und unternehmensbezogene Weisungen sind nun aber genauso wie das schuldrechtliche Anstellungsverhältnis und die gesellschaftsrechtliche Organstellung zu unterscheiden.[625] Entsprechend beziehen sich die Beschränkungen im Sinne von § 82 Abs. 2 AktG nicht auf die inhaltliche, örtliche und zeitliche Erbringung der vertraglich geschuldeten Dienste, sondern auf die aus der Bestellung resultierende Befugnis zum unternehmerischen Handeln. Genauso wenig wie Weisungen bezüglich der Geschäftsführungsbefugnis notwendig zur persönlichen Abhängigkeit im Sinne des Arbeitnehmerbegriffs führen,[626] schließt die Freiheit von unternehmerischen Weisungen von vornherein aus, dass Weisungen im Hinblick auf den Ort, die Zeit oder die Art und Weise der Arbeitsleistung erteilt werden könnten.[627] Das gesetzliche Leitbild der unternehmerischen Weisungsfreiheit bedeutet nicht zwingend,

---

622 Aus diesem Grund generell für eine vergleichbare Schutzbedürftigkeit von GmbH-Fremdgeschäftsführer und leitenden Angestellten: Scholz/Schneider, GmbHG, § 35 Rn. 161 a; a.A. Bauer/Gragert, ZIP 1997, 2177, 2178; Hueck, ZfA 1985, 25, 31; Hümmerich, NJW 1995, 1177, 1178.

623 Leitende Angestellte zählen zu den Arbeitnehmern: Preis in: Erfurter Kommentar, § 611 BGB Rn. 127; Richardi in: Münchener Handbuch zum Arbeitsrecht, Band 1, § 26 Rn. 8 f.; Röller in: Küttner, Arbeitnehmer (Begriff) (24) Rn. 23.

624 So Wiesner in: Münchener Handbuch des Gesellschaftsrechts, Band 4, § 21 Rn. 5.

625 BGHZ 79, 38, 41; 89, 48, 52; DB 1984, 104; BAG AP Nr. 54 zu § 611 BGB Abhängigkeit; Hueck, ZfA 1985, 25, 29 f.; Eckardt, ZfA 1987, 467, 472; Mertens in: Kölner Kommentar, § 84 Rn. 2; Henssler, RdA 1992, 289, 294; Grumann/Gillmann, DB 2003, 770; nach Wank, S. 364, unterliegen Organmitglieder juristischer Personen in ihrer Geschäftsführerstellung dem Gesellschaftsrecht und in ihrer Quasi-Arbeitnehmer-Stellung dem Arbeitsrecht.

626 Hueck, ZfA 1985, 25, 29 f.; Nägele, BB 2001, 305, 306.

627 Schaub in: Arbeitsrechtshandbuch, § 14 Rn. 5.

dass die Arbeitnehmereigenschaft von Vorstandsmitgliedern stets zu verneinen wäre.

Zweifelhaft ist, ob sich aus den Vorschriften des Aktiengesetzes zur Organstellung nicht ohnehin ein genereller Vorrang der aktienrechtlichen gegenüber den arbeitsrechtlichen Regeln ableiten lässt. Eine genaue Qualifizierung der Rechtsnatur des Anstellungsverhältnisses wäre dann überflüssig. Die §§ 84, 87 AktG und die Satzungsautonomie der Gesellschafter könnten einen Anhaltspunkt für einen solchen „Vorrang des Organverhältnisses" bieten:[628] Die Pflichten aus dem Anstellungsverhältnis werden durch die aus Gesetz und Satzungsbestimmungen ableitbaren Pflichten als Geschäftsleiter geprägt.[629] Außerdem ist die Höchstdauer des Anstellungsvertrages gemäß § 84 Abs. 1 S. 5 AktG an die Höchstdauer der Bestellung gebunden.[630] Kommt es zu einer wesentlichen Verschlechterung in den Verhältnissen der Gesellschaft, trifft sie nicht – wie grundsätzlich im Arbeitsrecht – das Wirtschaftsrisiko;[631] sie ist vielmehr gemäß § 87 Abs. 2 S. 1 AktG zu einer angemessenen Herabsetzung der Bezüge des Vorstandsmitglieds berechtigt. Allerdings werden anhand von §§ 84, 87 AktG auch die Grenzen des gesellschaftsrechtlichen Vorrangs deutlich: Die vorzeitige Beendigung der Bestellung ist gemäß § 84 Abs. 3 S. 5 AktG nicht automatisch an die vorzeitige Beendigung des Anstellungsverhältnisses gekoppelt.[632] Über das einseitige Gestaltungsrecht in § 87 Abs. 2 S. 1 AktG hinaus ist die Gesellschaft nicht befugt, auf Inhalt oder Bestand des Anstellungsvertrages einzuwirken. Der Vorrang der Organstellung geht lediglich punktuell so weit, wie die entsprechenden Bestimmungen der Satzung bzw. §§ 84 Abs. 1 S. 5, 87 Abs. 2 S. 1 AktG reichen.[633] Aus der Satzungsautonomie und den §§ 84, 87 AktG lässt sich im Übrigen nur der Vorrang der gesellschaftsrechtlichen Bestimmungen ableiten; die Frage, ob der Vorrang sich auf dienst- oder arbeitsrechtliche Vorschriften bezieht, ist damit nicht geklärt.

---

628 BGH DB 1989, 1865; Martens, Festschrift Hilger/Stumpf, S. 437, 442 f.; ähnlich G. Hueck, ZfA 1985, 25, 33 f., nach dem einerseits die Organstellung Struktur und Inhalt des Anstellungsverhältnisses präge und andererseits der Anstellungsvertrag auf die Ausfüllung der Organpflichten gerichtet sei.

629 Hueck, ZfA 1985, 25, 33 f.; Henssler, RdA 1992, 289, 293.

630 Mertens in: Kölner Kommentar, § 84 Rn. 50; Hefermehl/Spindler in: Münchener Kommentar zum Aktiengesetz, § 84 Rn. 55.

631 BAG AP Nr. 28 zu § 615 BGB Betriebsrisiko; Ascheid in: Erfurter Kommentar, § 2 KSchG Rn. 64; Stahlhacke/Preis/Vossen, Rn. 1272.

632 Mertens in: Kölner Kommentar, § 84 Rn. 94; Hefermehl/Spindler in: Münchener Kommentar zum Aktiengesetz, § 84 Rn. 127.

633 Ähnlich Henssler, RdA 1992, 289, 293, nach dem sich der Vorrang des Gesellschaftsrechts auf den Bereich beschränkt, in dem ein Gleichlauf von Bestellung und Anstellung unverzichtbar ist.

bb) Maßgeblichkeit der Umstände des Einzelfalls

Die aktienrechtliche Ausgestaltung der Organstellung des Vorstands steht einer Qualifizierung von Vorstandsmitgliedern als Arbeitnehmer damit nicht entgegen. Vielmehr sind die allgemeinen Kriterien zur Abgrenzung von Dienst- und Arbeitsverhältnis und damit die konkreten Umstände des Einzelfalls maßgeblich.[634] Für diesen Ansatz sprechen auch die negativen gesetzlichen Fiktionen einiger arbeitsrechtlicher Vorschriften: Gemäß § 5 Abs. 1 S. 3 ArbGG, § 5 Abs. 2 Nr. 1 BetrVG, §§ 14 Abs. 1 Nr. 1, 17 Abs. 5 Nr. 1 KSchG, § 3 Abs. 1 S. 2 MitbestG, § 1 Abs. 3 lit. a 5. VermBG gelten die gesetzlichen Vertreter einer juristischen Person bzw. die Mitglieder des gesetzlichen Vertretungsorgans im Anwendungsbereich der jeweiligen Vorschriften nicht als Arbeitnehmer. Die Vorschriften enthalten weder eine positive noch eine negative Regelung des Arbeitnehmerstatus; sie stehen einer Subsumtion unter den Arbeitnehmerbegriff damit nicht entgegen; genauso wenig erzwingen sie die Erstreckung der übrigen arbeitsrechtlichen Vorschriften auf Organmitglieder. Sie sind pauschal von den jeweiligen arbeitsrechtlichen Schutzbestimmungen ausgeschlossen; die negativen Fiktionen greifen zum Zweck der Rechtssicherheit unabhängig davon ein, ob ihr Anstellungsverhältnis als freies Dienstverhältnis oder als Arbeitsverhältnis einzustufen ist.[635] Der ausdrückliche Anwendungsausschluss wäre für den Fall überflüssig, dass das Gesetz Organmitgliedern grundsätzlich den Arbeitnehmerstatus absprechen würde. Der negativen Fiktion kommt ausschließlich Bedeutung zu, wenn überhaupt die Möglichkeit besteht, Organmitglieder als Arbeitnehmer einzuordnen oder diesen gleichzustellen. Zu den Grundsätzen der Gesetzesauslegung gehört nun aber, dass Normen so auszulegen sind, dass ihnen auch ein tatsächlicher Anwendungsbereich zukommt und sie nicht überflüssig sind.[636]

Legt man die allgemeinen Abgrenzungskriterien für die Einordnung des Vertragsverhältnisses eines Vorstandsmitglieds zugrunde, ist entscheidend, ob das Vorstandsmitglied in eine fremde Arbeitsorganisation eingegliedert und dadurch arbeitsbegleitenden und verfahrensorientierten Weisungen unterliegt. Das

---

634 Unklar Bauer, DB 1992, 1413, der die Arbeitnehmereigenschaft von Vorstandsmitgliedern als „arbeitgeberähnliche Personen" verneint, aber die Möglichkeit einer persönlichen Abhängigkeit von der Gesellschaft je nach Ausgestaltung des Anstellungsvertrages bejaht.

635 BAG AP Nr. 6, 27, 46 zu § 5 ArbGG 1979; BAGE 49, 81, 88; 55, 137, 144; Henssler, RdA 1992, 289, 293; Rost in: Gemeinschaftskommentar zum KSchG, § 14 KSchG Rn. 3, 6; a.A. Schaub in: Arbeitsrechtshandbuch, § 14 Rn. 6, der aus den Bestimmungen ableitet, dass der Gesetzgeber Organmitglieder als Arbeitnehmer ansieht.

636 Wank, Auslegung von Gesetzen, S. 81; Schmalz, Rn. 252.

Merkmal der Eingliederung in eine fremde Arbeitsorganisation kann im Einzelfall durchaus mit der Stellung als Vorstandsmitglied vereinbar sein. Zwar übt der Vorstand gegenüber den übrigen Betriebsangehörigen Arbeitgeberfunktionen aus. Dies führt jedoch nicht automatisch bei jedem einzelnen Vorstandsmitglied unabhängig von seinem konkreten Einfluss auf die Arbeitsorganisation dazu, dass die Betriebsorganisation als seine eigene zu qualifizieren wäre.[637] Da aus dem Merkmal der fremden Arbeitsorganisation regelmäßig die Weisungsgebundenheit folgt,[638] kommt es für die Fremdheit weder auf die eigentumsrechtliche Zuordnung der Organisation[639] noch auf den durch die Gesellschafter bestimmten unternehmerischen Rahmen,[640] sondern auf die Fremdbestimmtheit der Arbeitsorganisation, auf den tatsächlichen Einfluss auf ihre konkrete Ausgestaltung an.[641] Soweit das Vorstandsmitglied die Arbeitsorganisation, insbesondere Arbeitsabläufe und Aufgabenbereiche z.B. durch Organisations-, Dienst- und Produktionspläne[642] allein oder ausschlaggebend (mit-)bestimmt, ist es nicht in eine fremde Arbeitsorganisation eingegliedert. Unterliegt das Vorstandsmitglied (deshalb) auch keinen Weisungen im Hinblick auf das Verfahren und die Modalitäten seiner Arbeitsleistung, besteht keine persönliche Abhängigkeit im Sinne des Arbeitnehmerbegriffs. Eventuelle gesellschaftsrechtliche Weisungen, die sich auf die Unternehmenspolitik beziehen, sind rechtlich aufgrund der Trennung von Organ- und Anstellungsverhältnis auf die persönliche Abhängigkeit ohne Einfluss.[643] Rückt man die Beteiligung am unternehmerischen Risko bzw. an den unternehmerischen Chancen in den Vordergrund, spricht es für das Vorliegen eines freien Dienstverhältnisses, wenn ein

---

637 So aber Hueck, ZfA 1985, 25, 31.

638 BAG AP Nr. 74 zu § 611 BGB Abhängigkeit; Preis in: Erfurter Kommentar, § 611 BGB Rn. 61.

639 Zu diesem Ansatz Groß, S. 238, Fn. 123, für den GmbH-Geschäftsführer. Groß äußert allerdings Zweifel, ob sich allein aus der eigentumsrechtlichen Situation die Fremdheit der Arbeitsorganisation ableiten lässt.

640 Groß, S. 238, für den GmbH-Geschäftsführer, mit der Begründung, dass die Gesellschaft aus Sicht des Geschäftsführers eine Zweckveranstaltung Dritter, nämlich der Gesellschafter sei; auch Kamanabrou, DB 2002, 146, 147, befürwortet, dass der GmbH-Geschäftsführer in eine fremde Arbeitsorganisation eingegliedert sei, da Geschäftsführung und Gesellschaft als Arbeitgeberin abgrenzbar seien.

641 Röller in: Küttner, Arbeitnehmer (Begriff) (24) Rn. 9, 12.

642 Preis in Erfurter Kommentar, § 611 BGB Rn. 87, nennt die Einordnung in Organisations-, Dienst- und Produktionspläne als Indizien für eine Eingliederung in die Arbeitsorganisation des Arbeitgebers.

643 Faktisch sind Einschränkungen der unternehmerischen Entscheidungsfreiheit allerdings häufig mit engeren persönlichen Bindungen des Organmitglieds verknüpft. Umgekehrt ist die Ausgestaltung des Anstellungsverhältnisses als Arbeitsverhältnis umso unwahrscheinlicher, je umfassender dem Organmitglied Arbeitgeber- und Unternehmerfunktionen zustehen, vgl. hierzu Henssler, RdA 1992, 289, 291.

erheblicher Teil der Vergütung des Vorstandsmitglieds an den Erfolg bzw. Wert des Unternehmens gekoppelt ist. Unter Beachtung und ggf. Kombination dieser allgemeinen Abgrenzungskriterien wird sich regelmäßig feststellen lassen, dass das Anstellungsverhältnis des Organmitglieds als freies Dienst- und nicht als Arbeitsverhältnis ausgestaltet ist.[644]

Sollte ein Vorstandsmitglied allerdings ausnahmsweise anhand des Merkmals der persönlichen Abhängigkeit bzw. aufgrund fehlender unternehmerischer Chancen und Risiken als Arbeitnehmer zu qualifizieren sein, gilt für sein Anstellungsverhältnis die Vorschrift des § 622 Abs. 6 BGB unmittelbar. Soweit das Vorstandsverhältnis nicht als Arbeitsverhältnis zu qualifizieren ist, stellt sich die Frage einer analogen Anwendung von § 622 Abs. 6 BGB.

b) Analoge Anwendung von § 622 Abs. 2 BGB auf Anstellungsverträge von Vorstandsmitgliedern

Die Frage einer analogen Anwendung von § 622 Abs. 6 BGB auf Organmitglieder hat die Rechtsprechung bisher nicht entschieden; allerdings wendet sie zumindest § 622 Abs. 1 BGB auf Organmitglieder dann entsprechend an, wenn die Organmitglieder die Gesellschaft nicht zugleich als Gesellschafter beherrschen.[645] Im Schrifttum gehen die Meinungen über eine analoge Anwendung von § 622 BGB auseinander: Die Stimmen reichen von der vollständigen Ablehnung einer Analogie[646] über die Befürwortung einer entsprechenden Anwendung zumindest von § 622 Abs. 1 BGB,[647] ggf. auch Abs. 2[648] bis zu einer Analogie von § 622 BGB insgesamt.[649] *Bauer/Diller*[650] sowie *Gru-*

---

644 BAG AP Nr. 10 zu § 35 GmbHG; Henssler, RdA 1991, 289, 291; Kamanabrou, DB 2002, 146, 148.

645 Für den GmbH-Fremdgeschäftsführer BGHZ 79, 291, 293; BGHZ 91, 217, 219 f.; BGH DB 1989, 1865; OLG München WM 1984, 896, 897; BAG AP Nr. 2 zu § 1 Angestelltenkündigungsschutzgesetz und LAG Hamm DB 1980, 596, für die Anwendbarkeit von § 1 AngKSchG; für Vorstandsmitglieder einer Aktiengesellschaft BGH DB 1981, 1661, 1662; a.A. OLG Düsseldorf GmbHR 1977, 132, 133.

646 Hümmerich, NJW 1995, 1177, 1180.

647 Schwerdtner in: Münchener Kommentar zum BGB, § 622 Rn. 9; Grumann/Gillmann, DB 2003, 770, 772.

648 Hüffer, § 84 Rn. 17; Müller-Glöge in: Erfurter Kommentar, § 621 BGB Rn. 6; Preis in: Stahlhacke/Preis/Vossen, Rn. 493.

649 Bauer, BB 1994, 855, 856; Wiesner in: Münchener Handbuch des Gesellschaftsrechts, Band 4, § 21 Rn. 11, nach dem insbesondere die verlängerten Kündigungsfristen des § 622 BGB entsprechend gelten.

650 Bauer/Diller, GmbHR 1998, 809, 812 f.

mann/Gillmann[651] sprechen eine analoge Anwendung von § 622 Abs. 6 BGB ausdrücklich an; lassen die Frage aber letztlich offen.

Ob eine Analogie in Frage kommt, richtet sich nach dem Zweck der Vorschrift.[652] § 622 Abs. 1, 2 BGB – und die Ergänzungen in den Absätzen drei bis fünf – dienen dazu, dem Arbeitnehmer ausreichend Zeit einzuräumen, damit er sich auf berufliche Veränderungen einstellen kann. Die gegenüber § 621 BGB längeren Fristen sollen es dem Arbeitnehmer erleichtern, möglichst ohne wirtschaftliche Nachteile – ohne Entgeltausfall nach Ablauf der Kündigungsfrist – einen neuen Arbeitsplatz zu finden.[653] Typischerweise stellt der Arbeitnehmer seine Arbeitskraft lediglich einem einzigen Arbeitgeber zur Verfügung. Aus den Einkünften dieses Vertragsverhältnisses bestreitet er seinen Lebensunterhalt. Der durch die Beendigung des Arbeitsverhältnisses bedingte Ausfall des Arbeitsentgelts wird regelmäßig nicht durch andere Dienstleistungsverhältnisse aufgefangen. Dies gilt in der Regel auch für die Beendigung des Anstellungsverhältnisses eines Vorstandsmitglieds. Insoweit unterscheiden sich Arbeitnehmer im Sinn des allgemeinen Arbeitnehmerbegriffs und Organmitglieder wesentlich von anderen Dienstleistungsverpflichteten, die typischerweise zeitgleich mehrere und häufig wechselnde Vertragsbeziehungen eingehen. Zwar werden Organmitglieder regelmäßig höhere Gehälter beziehen, so dass sie weniger schwerwiegende wirtschaftliche Schwierigkeiten mit Beendigung des Anstellungsverhältnisses erwarten. § 622 Abs. 2 BGB bemisst die Länge der Kündigungsfrist jedoch nicht anhand der Höhe des Entgelts, sondern allein anhand der Dauer der Betriebszugehörigkeit. Die Bedeutung der Betriebszugehörigkeit und Einbindung in das Unternehmen ist für Vorstandsmitglieder nun aber grundsätzlich nicht anders zu beurteilen als für Arbeitnehmer: Es erscheint nicht ohne weiteres gerechtfertigt, dass ein Unternehmen einem seit 20 Jahren tätigen Arbeitnehmer nur unter Einhaltung einer Frist von sieben Monaten zum Monatsende kündigen, sich von einem seit 20 Jahren beschäftigten Vorstandsmitglied hingegen schon mit einer Frist von 15 Tagen zum Monatsende lösen kön-

651 Grumann/Gillmann, DB 2003, 770, 773.

652 Dies gilt auch, wenn man einen „relativen Arbeitnehmerbegriff" vertritt, vgl. Richardi in: Münchener Handbuch zum Arbeitsrecht, Band 1, § 24 Rn. 48, oder eine „Gleichstellung" von Arbeitnehmern und Organmitgliedern befürwortet, soweit die Schutzbedürftigkeit von Personen im Vordergrund steht, die eine persönliche Dienstleistung erbringen, vgl. BGHZ 10, 187, 190 f.; 49, 30, 31 f.; 91, 217, 219 f.; BGH WM 1963, 159; NJW 1981, 2465, 2466; Fleck, ZHR 1985 (149), 387, 400.

653 Müller-Glöge in: Erfurter Kommentar, § 622 BGB Rn. 1; Schwerdtner in: Münchener Kommentar zum BGB, § 622 Rn. 1 mwN.

nen soll.[654] Unter Berücksichtigung des Schutzzwecks und der Interessenlage könnten daher bei § 622 Abs. 1, 2 BGB – und den Ergänzungen in den Absätzen drei bis fünf – die Voraussetzungen einer Analogie vorliegen.

Selbst wenn man eine analoge Anwendung von § 622 Abs. 1, 2 BGB auf Vorstandsmitglieder mit der Rechtsprechung und einem Teil der Literatur bejaht, bedeutet dies allerdings nicht zwangsläufig, dass auch § 622 Abs. 6 BGB analoge Anwendung finden müsste. Anders als § 622 Abs. 1, 2 BGB verfolgt § 622 Abs. 6 BGB nicht den Zweck, dem Dienstverpflichteten ausreichend Zeit für eine berufliche Neuorientierung einzuräumen. § 622 Abs. 6 BGB sorgt dafür, dass der Arbeitgeber seine Mitarbeiter nicht durch einseitig lange Kündigungsfristen an sich binden und für die eigene Kündigung gleichzeitig kürzere Fristen nutzen kann. Eine Bindung, die über die gesetzliche Kündigungsfrist des § 622 Abs. 1 BGB hinausgeht, ist allerdings nicht per se unzulässig, sondern nur eine einseitig längere Bindung zu Ungunsten des Arbeitnehmers: Gemäß § 624 BGB kann der Arbeitgeber seine Mitarbeiter bis zu einer Zeit von fünfeinhalb Jahren zulässigerweise, z.B. durch eine sachlich gerechtfertigte Befristung oder entsprechend lange beidseitige Kündigungsfristen, an das Arbeitsverhältnis binden. Voraussetzung ist jedoch stets, dass für den Arbeitgeber mindestens eine genauso lange Bindung wie für den Arbeitnehmer besteht. Der Arbeitgeber kann seinen Mitarbeiter nur über die Frist des § 622 Abs. 1 BGB hinaus bis zur zeitlichen Grenze des § 624 BGB „halten“, wenn er ihm gleichzeitig im Gegenzug eine mindestens ebenso lange Arbeitsplatzsicherheit gewährt. Er darf nicht von einer möglichst kurzen Frist für die eigene Kündigung und gleichzeitig einer möglichst langen Frist für die Kündigung des Mitarbeiters profitieren. § 622 Abs. 6 BGB geht davon aus, dass das Interesse des Arbeitgebers an einer Bindung seines Mitarbeiters nicht schutzwürdiger ist als das Interesse des Arbeitnehmers an einem Arbeitsplatzwechsel; umgekehrt ist das Interesse des Arbeitgebers an einer möglichst zügigen Vertragsbeendigung nicht schutzwürdiger als das Interesse des Arbeitnehmers an einer möglichst langen Frist zur beruflichen Neuorientierung. § 622 BGB sorgt für „Waffengleichheit“ bei Kündigungsfristen und -terminen.

Entscheidend für eine Analogie ist, ob das gesetzlich verankerte Interesse an einer ausgeglichenen Vertragsbindung von Arbeitnehmer und Arbeitgeber auf das Anstellungsverhältnis von Vorstandsmitgliedern übertragbar ist. Bei Vor-

[654] Hümmerich, NJW 1995, 1177, 1180, unter Hinweis auf einen möglichen Verstoß gegen Art. 3 Abs. 1 GG.

standsmitgliedern könnte das Interesse der Gesellschaft an einer schnellen Möglichkeit zur Vertragsbeendigung ausgeprägter sein als bei Arbeitnehmern im Sinne der allgemeinen Definition; dasselbe gilt für das Bindungsinteresse der Gesellschaft: Für den Erfolg des Unternehmens ist die Geschäftsführung durch die Vorstandsmitglieder entscheidend. Aus Sicht der Gesellschaft ist es daher wesentlich, die Zusammensetzung des Vorstands relativ kurzfristig ändern bzw. kurzfristige Wechsel auf Initiative der Vorstandsmitglieder verhindern zu können. Dieses Interesse ist allerdings primär auf die Geschäftsführung bezogen; es wird daher auch auf gesellschaftsrechtlicher – und nicht schuldrechtlicher – Ebene durch die Vorschriften zur Bestellung und Abberufung der Vorstandsmitglieder geschützt: Die Gesellschaft kann die Zusammensetzung des Vorstands dadurch ändern, dass sie – vertreten durch den Aufsichtsrat – die Bestellung zum Vorstandsmitglied gemäß § 84 Abs. 3 S. 1 AktG aus wichtigem Grund vorzeitig widerruft. Ihr Interesse an der Kontinuität der Geschäftsführung wird dadurch gewahrt, dass das Vorstandsmitglied selbst – bei Ausschluss der Kündigung des Anstellungsvertrages – sein Amt nur aus wichtigem Grund niederlegen kann.[655]

Für den anstellungsvertraglichen Bereich hingegen misst das Gesetz – anders als für den gesellschaftsrechtlichen Bereich – der exponierten Stellung des Vorstandsmitglieds keine besondere Bedeutung bei: § 84 Abs. 3 S. 5 AktG hält ausdrücklich fest, dass – auch bei vorzeitigem Widerruf der Bestellung – für die Beendigung des Anstellungsverhältnisses die allgemeinen Vorschriften gelten. Ein wirksamer Widerruf beendet ausschließlich die organschaftliche Bestellung, nicht jedoch das schuldrechtliche Anstellungsverhältnis.[656] Auch liegt nicht in jedem wichtigen Grund für den Widerruf der Bestellung zugleich ein wichtiger Grund im Sinne von § 626 Abs. 1 BGB zur außerordentlichen Kündigung des Anstellungsvertrages.[657] Ein mögliches Interesse der Gesellschaft an einer einfacheren Vertragslösung oder auch an einer längeren Vertragsbindung als bei einem Arbeitnehmer findet im Gesetz keine ausdrückliche Anerkennung.

Vorstandsmitglieder wiederum sind sicherlich nicht weniger stark als Arbeitnehmer an einem möglichst ungehinderten Arbeitsplatzwechsel interessiert. Da sie regelmäßig ihre volle Arbeitskraft der Gesellschaft zur Verfügung stellen

---

655 Hefermehl/Spindler in: Münchener Kommentar zum Aktiengesetz, § 84 Rn. 165; Mertens in: Kölner Kommentar, § 84 Rn. 162.

656 Mertens in: Kölner Kommentar, § 84 Rn. 94.

657 BGHZ 15, 71, 75; Hefermehl/Spindler in: Münchener Kommentar zum Aktiengesetz, § 84 Rn. 140; Grumann/Gillmann, DB 2003, 770, 773 f. mwN.

müssen, ist vor der Aufnahme einer anderweitigen Tätigkeit Voraussetzung, dass sie ihr Vertragsverhältnis beenden. Genau wie Arbeitnehmer beziehen sie ihre Einkünfte in der Regel aus einem einzigen Anstellungsverhältnis, so dass sie an einer möglichst langen Frist für eine Kündigung durch die Gesellschaft interessiert sind. Dieser Aspekt mag dafür sprechen, die längeren Kündigungsfristen des § 622 Abs. 2 BGB analog auf Vorstandsmitglieder anzuwenden. Ein Bedürfnis, „Waffengleichheit" zwischen Vorstandsmitgliedern und Gesellschaft hinsichtlich der Kündigungsfristen und -termine zu garantieren, lässt sich daraus allerdings nicht ableiten. Aufgrund ihrer gegenüber einem Arbeitnehmer regelmäßig stärkeren Verhandlungsposition ist es Vorstandsmitgliedern bei den Vertragsverhandlungen in der Regel möglich, die gewünschte Kündigungsfrist sicherzustellen. Auch das Gesetz erkennt ein solches Interesse des Vorstandsmitglieds – oder aber der Gesellschaft – an der Herstellung eines Verhandlungsgleichgewichts nicht an. Soweit Vorstandsmitglieder aufgrund selbständigen Dienstvertrages tätig werden, behandelt das Gesetz sie genau wie andere Dienstverpflichtete. Auch andere Dienstverpflichtete können verpflichtet sein, ihre Arbeitskraft ausschließlich im Rahmen eines einzigen Vertragsverhältnisses zur Verfügung zu stellen. Ihrer Stellung trägt das Gesetz aber nur durch die verlängerte Kündigungsfrist des § 621 Nr. 5 BGB Rechnung: Allein wenn die Vergütung in einem solchen Dienstverhältnis nicht nach Zeitabschnitten bemessen ist, greift eine längere, zweiwöchige Kündigungsfrist ein. Selbst diese Regelung ist allerdings dispositiv und kann durch eine kürzere Frist zu Ungunsten des Dienstverpflichteten ersetzt werden. Wird die Erwerbstätigkeit eines Dienstverpflichteten vollständig von einem einzigen Dienstverhältnis in Anspruch genommen, ist das Verhandlungsgleichgewicht also weder durch spezielle Vorschriften noch durch eine generelle Gleichstellung mit Arbeitnehmern, sondern allein durch die §§ 138, 242 BGB gesichert. Auch sonst zeigt das Gesetz, dass es Vorkehrungen zur Sicherung der „Waffengleichheit" von Vorstandsmitgliedern und Gesellschaft nicht für notwendig erachtet: Vorstandsmitglieder sind z.B. gemäß § 5 Abs. 2 Nr. 1 BetrVG ausdrücklich von der kollektiven Vertretung durch die Betriebsverfassungsorgane, die bei Arbeitnehmern das Verhandlungsgleichgewicht sichern soll,[658] ausgenommen.

Das in § 622 Abs. 6 BGB anerkannte Interesse der „Waffengleichheit" ist bei Vorstandsmitgliedern nicht genauso schutzwürdig wie bei persönlich abhängigen Arbeitnehmern. Die Voraussetzungen für eine analoge Anwendung von § 622 Abs. 6 BGB liegen damit nicht vor.

---

658 Vgl. Eisemann in: Erfurter Kommentar, § 1 BetrVG Rn. 1; Fitting, § 1 Rn. 1.

c) Verstoß gegen § 626 BGB

Wie bei der außerordentlichen Kündigung eines Arbeitnehmers steht die unabdingbare Vorschrift des § 626 BGB einer Einschränkung des außerordentlichen Kündigungsrechts des Vorstandsmitglieds entgegen.[659] Der Verlust einer entgeltlich eingeräumten Option ohne Rückzahlungs- bzw. Rückwandlungsklausel würde das Vorstandsmitglied unzumutbar benachteiligen. Allein der Verfall ausübungsreifer Optionen stellt hingegen – anders als bei Mitarbeitern ohne maßgeblichen Einfluss auf den „Shareholder Value" – keine unzulässige Einschränkung des Kündigungsrechts dar.

III. Optionsbezogene Verfallklauseln als unzulässiges Wettbewerbsverbot

Verfallen die eingeräumten Optionen mit Beendigung des Anstellungsverhältnisses, hat dies nicht nur Auswirkungen auf den Entschluss des Mitarbeiters, sein Anstellungsverhältnis überhaupt zu beenden. Auch seine Entscheidung, ein neues Anstellungsverhältnis mit einem anderen Arbeitgeber zu begründen, z.B. mit einem Konkurrenzunternehmen, oder sich als Konkurrent selbständig zu machen, ist betroffen. Dass allein die Beendigung des Anstellungsverhältnisses häufig nicht der ausschlaggebende Grund für die Vereinbarung einer Verfallbestimmung ist, wird deutlich, wenn Optionsprogramme die Beendigung des Anstellungsverhältnisses infolge Ruhestandes oder Todes von der Rechtsfolge des Verfalls ausnehmen. Die Auswirkungen von Verfallklauseln auf die Wahl einer alternativen Berufstätigkeit werfen Bedenken im Hinblick auf die gesetzlichen Regelungen zum nachvertraglichen Wettbewerbsverbot auf. Wie auch bei der Problematik faktischer Kündigungserschwerungen spielt es für die Schutzbedürftigkeit des Arbeitnehmers keine Rolle, ob er durch eine rein arbeitsvertragliche oder durch eine gemischte Regelung, die mehrere Vertragsregime betrifft, in seiner nachvertraglichen Wettbewerbsfreiheit beschränkt wird.

Legerlotz/Laber und *Lembke* qualifizieren solche Verfallklauseln als unwirksam, die den Verlust der Aktienoptionen ausdrücklich für den Fall vorsehen, dass der Mitarbeiter zu einem Konkurrenzunternehmen wechselt oder eine Konkurrenztätigkeit als Selbständiger aufnimmt.[660] Eine derartige Bestimmung sei ein indirektes Wettbewerbsverbot, das als Umgehung der gesetzlichen Voraussetzungen der §§ 74 ff. HGB nicht zum Verlust der Optionen führen kön-

---

659 Vgl. oben Dritter Teil B. II. 2.

660 Legerlotz/Laber, DStR 1999, 1658, 1664 f.; Lembke, BB 2001, 1469, 1474; ohne ausdrückliche Stellungnahme Baeck/Diller, DB 1998, 1405, 1408.

ne.[661] *Mohr/Bihn* verlangen für die Zulässigkeit von Verfallklauseln, die an eine Wettbewerbstätigkeit nach Beendigung des Anstellungsverhältnisses anknüpfen, dass sie in ihrem gegenständlichen, räumlichen und zeitlichen Verbotsumfang den Vorgaben der §§ 74 ff. HGB genügen und insbesondere das Fortkommen des Arbeitnehmers nicht unbillig erschweren.[662] Mit diesen Wertungen beziehen sich *Legerlotz/Laber, Lembke* und *Mohr/Bihn* allerdings lediglich auf Klauseln, die die Aufnahme einer Konkurrenztätigkeit explizit regeln. Im Folgenden soll untersucht werden, inwieweit Bestimmungen, die einen Verfall unterschiedslos für jeden Beendigungsgrund vorsehen oder nur wenige Beendigungsgründe (Ruhestand, Tod) vom Verfall ausnehmen, im Widerspruch zu den §§ 74 ff. HGB stehen.

1. Anwendungsbereich der §§ 74 ff. HGB

Zulässigkeit und Grenzen nachvertraglicher Wettbewerbsverbote sind in den §§ 74 ff. HGB geregelt. Ihrem Wortlaut nach gelten sie unmittelbar nur für Handlungsgehilfen im Sinne von § 59 HGB. Nach §§ 6 Abs. 2, 110 S. 2 GewO finden die §§ 74 ff. HGB allerdings entsprechend auch auf alle übrigen Arbeitnehmer Anwendung.[663] Gemäß § 74 Abs. 1 HGB ist unter einem nachvertraglichen Wettbewerbsverbot eine Vereinbarung zu verstehen, die den Mitarbeiter für die Zeit nach Beendigung des Dienstverhältnisses in seiner gewerblichen Tätigkeit beschränkt. Entscheidendes Merkmal ist damit die Auswirkung der Vereinbarung: Ein nachvertragliches Wettbewerbsverbot liegt nicht nur dann vor, wenn eine konkurrierende nachvertragliche Tätigkeit explizit Gegenstand des Verbots ist.[664] Auch Vereinbarungen, die eine Pflicht zur Wettbewerbsunterlassung nicht ausdrücklich begründen, sich aber faktisch auf den nachvertraglichen Wettbewerb zwischen Arbeitgeber und ehemaligem Mitarbeiter auswirken, können dem Anwendungsbereich der §§ 74 ff. HGB unterfallen.[665]

---

661 Legerlotz/Laber, DStR 1999, 1658, 1665; Lembke, BB 2001, 1469, 1474.

662 Mohr/Bihn in: Handbuch Stock Options, N V 2 b) Rn. 1037.

663 Seit Inkrafttreten des Dritten Gesetzes zur Änderung der Gewerbeordnung und sonstiger gewerberechtlicher Vorschriften am 1. Januar 2003 kodifiziert § 110 S. 2 GewO die von der Rechtsprechung (vgl. z.B. BAG AP Nr. 24 zu § 611 BGB Konkurrenzklausel) und der übereinstimmenden Literatur (vgl. z.B. Bauer/Diller, Wettbewerbsverbote, Rn. 42 ff.; v. Hoyningen-Huene in: Münchener Kommentar zum Handelsgesetzbuch, § 74 Rn. 8 mwN) bisher praktizierte Analogie.

664 Bauer/Diller, DB 1995, 426; dieselben in: Wettbewerbsverbote, Rn. 167.

665 Bauer/Diller, DB 1995, 426; dieselben in: Wettbewerbsverbote, Rn. 166 ff; Gaul, DB 1995, 874.

Bei optionsbezogenen Verfallklauseln, die jegliche Vertragsbeendigung unabhängig von der Aufnahme einer späteren Konkurrenztätigkeit erfassen, ist allerdings die Anwendbarkeit der §§ 74 ff. HGB unter folgendem Gesichtspunkt problematisch: Dem Wortlaut nach betrifft § 74 Abs. 1 HGB lediglich Beschränkungen der gewerblichen Tätigkeit, die der Mitarbeiter nach Beendigung seines Anstellungsverhältnisses ausübt. Voraussetzung einer Wettbewerbsabrede im Sinne von § 74 Abs. 1 HGB ist damit grundsätzlich, dass sich die Vereinbarung auf das berufliche Verhalten des Mitarbeiters nach Vertragsbeendigung bezieht. Verfallbestimmungen können – und sollen – den Mitarbeiter nun jedoch bereits in seinem beruflichen Verhalten im aktuellen Anstellungsverhältnis beeinflussen. Verfallklauseln wirken sich lediglich mittelbar auf die Entscheidung für oder gegen eine Konkurrenztätigkeit nach Vertragsbeendigung aus. Sie berühren nicht vorrangig die Wahl zwischen einer späteren nicht-konkurrierenden Berufstätigkeit und einer Konkurrenztätigkeit, sondern die Entscheidung für oder gegen den aktuellen Arbeitsplatz: Hat sich der Mitarbeiter erst einmal für die Beendigung des Anstellungsverhältnisses entschieden, ist die Wahl zwischen einer konkurrierenden oder nicht-konkurrierenden Tätigkeit ohne Einfluss auf den bereits allein durch die Vertragsbeendigung ausgelösten Optionsverlust. Zieht es der Mitarbeiter allerdings angesichts des drohenden Optionsverlustes vor, sein Anstellungsverhältnis fortzuführen und dadurch bedingt keine konkurrierende Tätigkeit aufzunehmen, berührt dies notwendig auch seine wettbewerbliche Freiheit. Denkbar ist nun, unter Umgehungsgesichtspunkten die §§ 74 ff. HGB auch bei solchen Vereinbarungen zu berücksichtigen, die eine Entscheidung des Mitarbeiters gegen eine mögliche Konkurrenztätigkeit dadurch vorgeben, dass ihm eine Beendigung des aktuellen Anstellungsverhältnisses – zumindest für eine gewisse Zeit – unzumutbar ist.

2. Umgehung der §§ 74 ff. HGB durch optionsbezogene Verfallklauseln

a) Faktisches Wettbewerbsverbot nach dem Ansatz von *Bauer/Diller*

Den Zusammenhang zwischen Kündigungserschwerungen und nachvertraglichen Wettbewerbsverboten greifen *Bauer/Diller* auf: Sie stufen solche Klauseln als Wettbewerbsverbote ein, die den Mitarbeiter mit Beendigung des Anstellungsverhältnisses unabhängig vom Beendigungsgrund verpflichten, erhebliche Fortbildungskosten an den Arbeitgeber „zurückzuzahlen". Soweit sich der Mitarbeiter dadurch ein Ausscheiden finanziell nicht mehr leisten könne, liege ein faktisches, zeitlich unbegrenztes Wettbewerbsverbot vor.[666] *Bauer/Diller* leiten

---

666 Bauer/Diller, DB 1995, 426, 428; dieselben in: Wettbewerbsverbote, Rn. 177 a.

das nachvertragliche Wettbewerbsverbot hier also aus der Unzumutbarkeit der Vertragsbeendigung ab. Obwohl sie derartige „Rückzahlungsklauseln" als faktische Wettbewerbsverbote einordnen, messen *Bauer/Diller* sie nicht unter Umgehungsgesichtspunkten am Maßstab der §§ 74 ff. HGB, sondern an Art. 12 Abs. 1 GG, §§ 138, 242 BGB: Die faktische Erschwerung eines Arbeitsplatzwechsels sei lediglich ungewollte Nebenfolge; dem Arbeitgeber gehe es eigentlich darum, einen dem Arbeitnehmer zunächst zugewendeten Vorteil zurückzuerhalten.[667] Bedenken daran, die Wertungen der §§ 74 ff. HGB in Konstellationen außer Acht zu lassen, in denen es um den Verlust eines Vorteils geht, ergeben sich allerdings insoweit, als es nach dem Wortlaut von § 74 Abs. 1 HGB entscheidend auf die objektive Beschränkung der gewerblichen Tätigkeit ankommt.[668] Auch hängt eine unzulässige Gesetzesumgehung nach herrschender Auffassung nicht von der subjektiven Zielsetzung der Parteien, insbesondere nicht von der Intention der durch die Umgehung begünstigten Partei ab.[669] Letztlich erscheint es nicht konsequent, ein Wettbewerbsverbot zu bejahen, die Anwendung der §§ 74 ff. HGB aber abzulehnen. So prüfen Bauer/Diller auch den Optionsverfall während der Wartefrist im Hinblick auf die §§ 74 ff. HGB, lehnen ein mittelbares Wettbewerbsverbot aber ab: Es gehe für den Mitarbeiter lediglich um den hinnehmbaren Verlust eines in Aussicht gestellten Vorteils.[670]

b) Kein Umkehrschluss aus § 75 d S. 2 HGB

Gegen eine Anwendung des Umgehungsgedankens auf Verfallklauseln als Vertragsbindungsklauseln könnte allerdings § 75 d S. 2 HGB sprechen. Der Arbeitgeber kann sich danach nicht auf solche Vereinbarungen berufen, die das gesetzliche Mindestmaß der Entschädigung umgehen. Möglicherweise lässt sich im Wege eines Umkehrschlusses folgern, dass sonstige Abweichungen von den §§ 74 ff. HGB keine unzulässige Umgehung darstellen. Allerdings ist nicht ersichtlich, dass die Vorschrift eine abschließende Regelung trifft, die für einen Umkehrschluss notwendig ist: Zum einen stellt das Verbot von Umgehungsgeschäften einen allgemeinen Rechtsgrundsatz dar.[671] Zum anderen normiert § 75 d S. 2 HGB eine spezielle Rechtsfolge, für die auch neben der Anwendung des allgemeinen Umgehungsgedankens auf Vertragsbindungsklauseln ein eigenständiger Regelungsbereich verbleibt: Nach § 75 d S. 2 HGB führt eine Umgehung der Regelung zur Mindestentschädigung nicht zur Nichtigkeit, son-

---

667 Bauer/Diller, DB 1995, 426, 428; dieselben in: Wettbewerbsverbote, Rn. 177 a.
668 Vgl. oben Dritter Teil B. III. 1.
669 Vgl. oben Zweiter Teil A. II. 3. c) aa).
670 Bauer/Diller in: Wettbewerbsverbote, Rn. 179.
671 Vgl. oben Zweiter Teil A. II. 3. c) aa).

dern zur einseitigen Unverbindlichkeit und einem Wahlrecht des Arbeitnehmers. Anhaltspunkte für die Behandlung sonstiger Umgehungstatbestände lassen sich § 75 d S. 2 HGB nicht entnehmen.

c) Kein Vorrang des Verbots von Kündigungserschwerungen nach § 622 Abs. 6 BGB

Gegen eine Anwendung der §§ 74 ff. HGB auf faktische Vertragsbindungen ließe sich allerdings anführen, dass sich das Verbot von Kündigungserschwerungen bereits aus § 622 Abs. 6 BGB ableiten lässt. Dieses Verbot könnte der speziellere und alleinige Maßstab für die Wirksamkeit faktischer Vertragsbindungen sein. Allerdings ist auch das Verbot unzumutbarer Kündigungserschwerungen nicht normiert, sondern beruht auf dem allgemeinen Gedanken, dass ein durch Rechtsvorschrift verbotener Erfolg nicht mit einem Umgehungsgeschäft sanktionslos erreicht werden darf. Im Hinblick auf die dogmatische Herleitung wären damit das Verbot von Kündigungserschwerungen nach § 622 Abs. 6 BGB und ein mögliches Verbot einer unangemessenen Vertragsbindung als Umgehung der §§ 74 ff. HGB gleichwertig.

Allein die Möglichkeit, dass eine Vertragsbestimmung (auch) nach § 622 Abs. 6 BGB unwirksam sein kann, rechtfertigt im Übrigen nicht, dem Arbeitnehmer den Schutz der §§ 74 ff. HGB zu versagen. Die § 622 Abs. 6 BGB einerseits und die §§ 74 ff. HGB andererseits enthalten keine sich widersprechenden Regelungen; ihren Regelungsbereichen ist vielmehr eine gewisse Überschneidung immanent: Zwar betrifft § 622 Abs. 6 BGB die Beendigung des Vertragsverhältnisses, während sich die §§ 74 ff. HGB auf eine Tätigkeit nach Vertragsbeendigung beziehen. Ist der Arbeitnehmer aber in seinem nachvertraglichen Wettbewerbsverhalten beschränkt, wird dies regelmäßig auch seine Entscheidung beeinflussen, ob er das Vertragsverhältnis überhaupt beenden soll. Für viele Arbeitnehmer kommt ein Arbeitsplatzwechsel lediglich innerhalb der bisherigen Industrie- oder Dienstleistungsbranche in regional begrenztem Umfang in Betracht. Je spezialisierter der Arbeitnehmer ist, umso eher wird sich eine nachvertragliche Wettbewerbsbeschränkung als faktisches Kündigungshindernis darstellen. Dies gilt umso mehr, je niedriger die vereinbarte Karenzentschädigung ist. Die Vereinbarung eines nachvertraglichen Wettbewerbsverbotes schützt den Arbeitgeber in diesem Fall nicht nur vor Konkurrenz, sondern sichert auch sein Interesse, gute Mitarbeiter an sich zu binden.[672]

[672] Konzen/Weber in: Großkommentar zum Handelsgesetzbuch, § 74 a Rn. 4.

d) Orientierung am Gesetzeszweck

Wesentlich für die Einstufung eines Rechtsgeschäfts als Umgehungsgeschäft sind Sinn und Zweck der Norm, die ihrem Wortlaut nach nicht unmittelbar einschlägig ist.[673] Für die Beurteilung von optionsbezogenen Verfallklauseln ist daher entscheidend, ob die §§ 74 ff. HGB auch solche Vereinbarungen erfassen, die erst über die Entscheidung zur Vertragsbeendigung mittelbar die spätere, nachvertragliche Tätigkeit des Mitarbeiters berühren.

Die §§ 74 ff. HGB dienen dem Arbeitnehmerschutz.[674] Sie sollen einen Ausgleich zwischen den Interessen des Arbeitnehmers und den gegenläufigen Interessen des Arbeitgebers herstellen: Der Arbeitnehmer ist daran interessiert, sich beruflich frei zu betätigen, auf seinen beruflich erworbenen Kenntnissen und Fähigkeiten auch im Rahmen einer neuen Tätigkeit aufbauen und sich weiter entwickeln zu können. Der Arbeitgeber hingegen möchte sich vor der Konkurrenz desjenigen schützen, der von der vorherigen Tätigkeit für ihn und den hierbei erlangten Kenntnissen, Fähigkeiten und Kontakten maßgeblich profitieren kann.[675] Dem Mitarbeiter ist es bei Kündigungserschwerungen genauso unmöglich wie bei nachvertraglichen Wettbewerbsverboten, die im Rahmen des Anstellungsverhältnisses erworbenen Kenntnisse, Fähigkeiten und Kontakte anderweitig zu nutzen. Denn gemäß § 60 HGB dürfen Handlungsgehilfen im Sinne von § 59 HGB während des Arbeitsverhältnisses keine Konkurrenztätigkeit zum Nachteil des Arbeitgebers ausüben. Für andere Arbeitnehmer gilt dies aufgrund nebenvertraglicher Treuepflicht entsprechend.[676] Demgegenüber führt nach Vertragsende allein die vorherige vertragliche Beziehung nicht dazu, dass eine anderweitige berufliche Tätigkeit des Mitarbeiters unter Nutzung der erworbenen Kenntnisse und Fähigkeiten vom ehemaligen Arbeitgeber beliebig untersagt werden könnte.[677]

Ein nachvertragliches Wettbewerbsverbot im Sinne von § 74 Abs. 1 HGB räumt dem Arbeitgeber nun die Möglichkeit ein, auch nach einer Vertragsbeendigung sein Interesse am Schutz von Geschäftsgeheimnissen und Kundenbeziehungen

---

673 Vgl. oben Zweiter Teil A. II. 3. c) aa).

674 Boecken in: Ebenroth/Boujong/Joost, § 74 Rn. 2; v. Hoyningen-Huene in: Münchener Kommentar zum Handelsgesetzbuch, § 75 d Rn. 1.

675 Boecken in: Ebenroth/Boujong/Joost, § 74 Rn. 1; v. Hoyningen-Huene in: Münchener Kommentar zum Handelsgesetzbuch, § 74 Rn. 4; Konzen/Weber in: Großkommentar zum HGB, Vor § 74 Rn. 2.

676 BAG AP Nr. 10 zu § 611 BGB Treuepflicht; Preis in: Erfurter Kommentar, § 611 BGB Rn. 882 mwN.

677 Konzen/Weber in: Großkommentar zum HGB, Vor § 74 Rn. 1.

zu wahren. Mit Hilfe eines nachvertraglichen Wettbewerbsverbots erreicht der Arbeitgeber eine Verlängerung des Wettbewerbsverbots über den Bestand des Anstellungsverhältnisses hinaus. Eine solche Verlängerung ist jedoch nicht notwendig, wenn das Anstellungsverhältnis aufgrund von Kündigungserschwerungen erst gar nicht beendet wird. Der Arbeitgeber könnte mit Hilfe von Kündigungserschwerungen seine wettbewerblichen Interessen schützen, ohne das Interesse des Arbeitnehmers am beruflichen Fortkommen im von den §§ 74 ff. HGB abgesteckten Rahmen zu berücksichtigen. Auch wenn der Arbeitgeber mit der Vereinbarung von Kündigungserschwerungen nicht vorrangig das Ziel verfolgt, sich vor Wettbewerb zu schützen, ist aus Sicht des Arbeitnehmers der Schutzzweck der §§ 74 ff. HGB berührt: Wie bei einem nachvertraglichen Wettbewerbsverbot ist es dem Arbeitnehmer bei einer unzulässigen faktischen Kündigungserschwerung unmöglich, die erworbenen Kenntnisse und Fähigkeiten außerhalb des Anstellungsverhältnisses einzusetzen.

Soweit Optionsbedingungen den Verfall entgeltlich eingeräumter Optionen oder bei Mitarbeitern ohne entscheidenden Einfluss auf die Entwicklung des „Shareholder Value“ den Verfall auch unentgeltlich eingeräumter Optionen nach Eintritt der Ausübungsreife bewirken, stellen sie unzulässige faktische Kündigungserschwerungen dar. Sie kommen in ihrer wettbewerblichen Auswirkung einem nachvertraglichen Wettbewerbsverbot gleich und sind damit anhand der §§ 74 ff. HGB zu überprüfen. Die übrigen Verfallkonstellationen wirken sich nicht als unzumutbare Kündigungshindernisse aus und sind damit für die Frage einer Umgehung der §§ 74 ff. HGB irrelevant.

e) Grenzen der §§ 74 ff. HGB

Eine Verlängerung des wettbewerblichen Arbeitgeberschutzes über das Vertragsende hinaus unter gleichzeitiger Beschränkung des beruflichen Fortkommens des Arbeitnehmers ist allein in den von den §§ 74 ff. HGB abgesteckten Grenzen möglich: Das Arbeitnehmerinteresse am beruflichen Fortkommen kann durch das Arbeitgeberinteresse am Schutz vor Wettbewerb lediglich in billiger Weise und bei berechtigtem Interesse des Arbeitgebers (§ 74 a Abs. 1 S. 1, 2 HGB) und nur gegen Zahlung einer Entschädigung (§ 74 Abs. 2 HGB) eingeschränkt werden. Geschützt ist zudem nur das Interesse des Arbeitgebers an der Wahrung von Betriebsgeheimnissen und vor einem Einbruch in den Kunden-

oder Lieferantenstamm.[678] Der Arbeitgeber darf nicht allein das Ziel verfolgen, seine Konkurrenz einzuschränken.[679]

Verfallklauseln dienen dem Arbeitgeber nun aber nicht dazu, Betriebsgeheimnisse oder Kundenbeziehungen zu sichern. Selbst wenn bei der Beurteilung von Vertragsbindungsklauseln als Umgehung der §§ 74 ff. HGB weitergehende Interessen des Arbeitgebers als bei unmittelbar unter die §§ 74 ff. HGB fallenden Wettbewerbsvereinbarungen anzuerkennen wären, wie z.B. die Steigerung von Motivation oder Betriebstreue, wird der Schutzzweck der §§ 74 ff. HGB durch die o.g. Kündigungserschwerungen in unzulässiger Weise umgangen: Denn auch für die Ziele der Mitarbeitermotivation und Betriebstreue stellen ein Optionsverfall nach Ausübungsreife bei Mitarbeitern ohne Einfluss auf den „Shareholder Value“ und ein Verfall entgeltlicher Optionen keinen sachgerechten Weg dar.

f) Ergebnis

Dieser Lösungsansatz gewährleistet, dass nicht jeder Bindungsversuch tatsächlich die Intensität einer nach dem Gesetzeszweck erheblichen „Beschränkung“ der Wettbewerbsfreiheit erreicht. Vielmehr kann weiterhin einem berechtigten Interesse des Arbeitgebers an einer Vertragsbindung Rechnung getragen werden. So bleiben beispielsweise für die Beurteilung der im Arbeitsleben üblichen und von der Rechtsprechung anerkannten Rückzahlungsklauseln bei Gratifikationen oder Ausbildungskosten flexible Lösungsmöglichkeiten.[680] Soweit keine unzulässige Vertragsbindung vorliegt, stellt die Rückzahlungsklausel auch kein Umgehungsgeschäft zu den §§ 74 ff. HGB dar.[681]

---

678 BAG EzA § 74 a HGB Nr. 13 mwN; Etzel in: Gemeinschaftskommentar zum HGB, §§ 74-75 d Rn. 48.

679 BAG EzA § 74 a HGB Nr. 13; Etzel in: Gemeinschaftskommentar zum HGB, §§ 74-75 d Rn. 48.

680 Vgl. oben Dritter Teil B. II. 1. a) aa) (2).

681 Droht dem Mitarbeiter infolge der Verfallbestimmung ein Nachteil, sobald er das Anstellungsverhältnis beendet, und soll er dadurch an das Anstellungsverhältnis gebunden werden, ist außerdem ein Verstoß gegen das Verbot sittenwidriger Knebelungsgeschäfte im Sinne von § 138 Abs. 1 BGB denkbar. Dies gilt insbesondere dann, wenn der Mitarbeiter einen größeren Teil seiner Festvergütung in Optionen „umgewandelt“ hat. Der Nichtigkeitsgrund der sittenwidrigen Knebelung nach § 138 BGB wird allerdings von § 74 Abs. 2 HGB als lex specialis verdrängt, vgl. BAG AP Nr. 24 zu § 611 BGB Konkurrenzklausel; aufgrund ähnlicher Schutzrichtung muss dasselbe für faktische Kündigungserschwerungen gelten, die entsprechend § 622 Abs. 6 BGB unzulässig sind. Bei optionsbezogenen Verfallbestimmungen wird die Anwendbarkeit von § 138 BGB daher durch die entsprechende Anwendung von § 74 Abs. 2 HGB und § 622 Abs. 6 BGB ausgeschlossen, soweit die Verfallregelung unter Berücksichtigung

Im Ergebnis ist unerheblich, ob Verfallklauseln, die den Verlust entgeltlicher Optionen bzw. von Optionen nach Ausübungsreife auch bei Mitarbeitern ohne maßgeblichen Einfluss auf den „Shareholder Value" betreffen, als Rechtsfolge der Umgehung unverbindlich oder nichtig[682] sind. Auch eine Unverbindlichkeit entsprechend § 75 a Abs. 1 HGB würde bedeuten, dass der Arbeitgeber sich auf den Verfall nicht berufen könnte. Dahinstehen kann damit, welche Voraussetzungen der §§ 74 ff. HGB im Einzelnen umgangen sind und wie die Rechtsfolge eines Umgehungsgeschäfts dogmatisch zu qualifizieren ist.[683] In Betracht kommt aber wieder eine ergänzende Vertragsauslegung.[684]

3. Unzulässige Wettbewerbsbeschränkung für Vorstandsmitglieder?

Soweit Vorstandsmitglieder ausnahmsweise als Arbeitnehmer im Sinne der allgemeinen Arbeitnehmerdefinition zu qualifizieren sind, finden die §§ 74 ff. HGB gemäß §§ 6 Abs. 2, 110 S. 2 GewO Anwendung. Da Vorstandsmitglieder regelmäßig Einfluss auf die Entwicklung des „Shareholder Value" haben, steht ein Verfall unentgeltlicher Optionen allerdings selbst nach Ausübungsreife nicht in Widerspruch zu § 622 Abs. 6 BGB und damit zu den §§ 74 ff. HGB. Bei persönlich abhängigen Vorstandsmitgliedern begründet nur der Verfall entgeltlicher Optionen ein faktisches Kündigungshindernis und ist als Umgehung der §§ 74 ff. HGB zu qualifizieren.

Sind Vorstandsmitglieder im Rahmen ihres Anstellungsverhältnisses nicht persönlich abhängig, kommt allenfalls eine analoge Anwendung der §§ 74 ff. HGB in Frage. Dafür ist zum einen der Zweck der §§ 74 ff. HGB entscheidend; zum anderen das Vorliegen einer planwidrigen Regelungslücke.[685]

---

des Umgehungsgedankens als unzulässige Beschränkung der Berufsfreiheit anzusehen ist.

682 Wettbewerbsverbote ohne Karenzentschädigung sind nach h.M. nichtig, vgl. BAG AP Nr. 24 zu § 611 BGB Konkurrenzklausel; Etzel in: Gemeinschaftskommentar zum HGB, §§ 74-75 d Rn. 34; Grunsky NZA 1988, 713, lässt offen, ob ein Wettbewerbsverbot infolge fehlender Entschädigung „nicht verbindlich" oder nichtig ist.

683 Vgl. zum dogmatischen Streit über die Rechtsfolge eines Umgehungsgeschäfts oben Zweiter Teil A. II. 3. c) aa).

684 Vgl. oben Dritter Teil, B II. 1. c).

685 Für eine Analogie bei einem Geschäftsführer, der sich „faktisch in der Rolle und der Funktion eines Angestellten" befand: LG Köln, AP Nr. 2 zu § 37 GmbHG; OLG Stuttgart, BB 1980, 527, aufgrund entsprechender Gestaltung des Anstellungsvertrages; Bauer/Diller, BB 1995, 1134, 1135; für Organmitglieder, die weniger als 50 % der Gesellschaftsanteile besitzen, auch Etzel in: Gemeinschaftskommentar zum HGB, §§ 74-75d Rn. 2.

Ob die Verankerung eines Interessenausgleichs für Vorstandsmitglieder genauso notwendig ist wie für Arbeitnehmer, kann auch in diesem Zusammenhang wieder bezweifelt werden. Zumindest liegt im Hinblick auf den persönlichen Anwendungsbereich der Vorschriften zum nachvertraglichen Wettbewerbsverbot keine planwidrige Regelungslücke vor. Dies folgt aus der Gesetzgebungsgeschichte zu § 110 GewO.[686] Die durch das Dritte Gesetz zur Änderung der Gewerbeordnung und sonstiger gewerberechtlicher Vorschriften eingeführte Vorschrift soll die Rechtsprechung zur analogen Anwendung der §§ 74 ff. HGB normieren und ausdrücklich alle Arbeitnehmer in den Schutzbereich der §§ 74 ff. HGB einbeziehen.[687] Der Gesetzgeber hat die Neuregelung nicht zum Anlass genommen, die Vorschriften zum nachvertraglichen Wettbewerbsverbot auf Organmitglieder auszudehnen. Aus den §§ 74 ff. HGB lassen sich damit keine Anhaltspunkte entnehmen, die für die Unzulässigkeit eines Verfalls entgeltlicher Optionen bei Vorstandsmitgliedern sprechen würden.

IV. Wirksamkeitsanforderungen an Verfallklauseln als Vertragsstrafe

Sollten Verfallklauseln als Vertragsstrafen zu werten sein, würden sie den strengen Anforderungen der §§ 339 ff. BGB unterfallen. Sanktioniertes Verhalten könnte z.B. die Kündigung durch den Mitarbeiter oder ein Verhalten des Mitarbeiters sein, das die Gesellschaft zur ordentlichen oder außerordentlichen Kündigung berechtigt.

1. Verfallklausel als Vertragsstrafe

Vertragsstrafen sind von Schadens- bzw. Aufwendungsersatzpauschalen und Reugeldvereinbarungen im Sinne von § 359 BGB zu unterscheiden.

a) Abgrenzung von Reugeldvereinbarungen

Ob die Parteien eine Vertragsstrafenvereinbarung getroffen haben, ist im Wege der Auslegung gemäß §§ 133, 157 BGB unter Berücksichtigung der primären Zielsetzung der Parteien zu ermitteln.[688] Nach herrschender Auffassung verfolgen die Parteien mit der Vereinbarung einer Vertragsstrafe zwei Ziele: Vorrangig soll die Vertragsstrafe den Schuldner zur ordnungsgemäßen Erbringung seiner vertraglichen Leistungen oder auch zur Erbringung oder Unterlassung einer

---

686 § 110 GewO wurde durch das Dritte Gesetz zur Änderung der Gewerbeordnung und sonstiger gewerberechtlicher Vorschriften, BGBl. 2003 I, 3412 (gemäß Art. 10 zum 1. Januar 2003 in Kraft getreten) geändert.
687 BT-Drucks. 14/8796, S. 26.
688 BGH NJW 1992, 2625.

nicht geschuldeten Handlung anhalten. Neben dieser Funktion als Druckmittel ermöglicht sie dem Gläubiger im Schadensfall eine leichtere Schadloshaltung, da er seinen Schaden nicht im Einzelnen nachweisen muss.[689]

Während die Vertragsstrafe zum Ziel hat, die Vertragspartei zur Durchführung des Vertrages anzuhalten, stellt das Reugeld im Sinne von § 359 BGB eine Gegenleistung für das Recht zur Vertragsbeendigung dar. Die Vertragspartei soll nicht bestraft werden, sie soll sich vielmehr nach eigenem Belieben freikaufen können.[690] Die §§ 339 ff. BGB sind auf eine Reugeldvereinbarung nicht anzuwenden.[691]

Mit Hilfe eines Optionsprogrammes strebt die Gesellschaft in der Regel eine höhere Bindung und Motivation der Mitarbeiter sowie eine Steigerung des „Shareholder Value“ an, ausnahmsweise auch eine Erhöhung des Eigenkapitals; mit diesen Zielen ist es unvereinbar, wenn es den Mitarbeitern freisteht, sich jederzeit nach freiem Belieben von den Bedingungen des Programms lösen zu können. Verfallbestimmungen eines Optionsprogramms sind daher unter Berücksichtigung der Parteiinteressen nicht als Reugeldvereinbarungen auszulegen.

b) Abgrenzung von Schadensersatz- und Aufwandsersatzpauschalen

Die Unterscheidung zwischen Schadensersatzpauschalen und Vertragsstrafeabreden ist gesetzlich im Rahmen der Kontrolle vorformulierter Vertragsbedingungen in § 309 Nr. 5, 6 BGB verankert. Ob eine Schadensersatzpauschale oder eine Vertragsstrafe festgesetzt ist, ist durch Auslegung der Vereinbarung gemäß §§ 133, 157 BGB zu ermitteln. Der Wortlaut der Vereinbarung mag erste Hinweise für die Abgrenzung geben;[692] entscheidend sind jedoch die Interessenlage

---

689 BGHZ 49, 84, 89; 63, 256, 259; 85, 305, 312 f.; 105, 24, 27; BGH NJW 1993, 2993, 2994; Gottwald in: Münchener Kommentar zum BGB, Vor § 339 Rn. 6; Staudinger/Rieble, Vorbem zu §§ 339 ff. Rn. 12 ff; Palandt/Heinrichs, § 276 Rn. 26; Wolf in: Wolf/Horn/Lindacher, § 11 Nr. 5 Rn. 7; a.A. Lindacher, S. 150 f.; Soergel/Lindacher, Vor § 339 Rn. 5; Eggert, Anmerkung zu OLG Nürnberg, Urt. v. 22.2.1973, NJW 1974, 241, 242; Fikentscher, S. 98, die sich für einen monofunktionalen Begriff der Vertragsstrafe ohne schadensersatzrechtliche Funktion aussprechen.

690 Staudinger/Rieble, Vorbem zu §§ 339 ff Rn. 29; Gottwald in: Münchener Kommentar zum BGB, Vor § 339 Rn. 38.

691 Gottwald in: Münchener Kommentar zum BGB, Vor § 339 Rn. 38 mwN.

692 BGHZ 49, 84, 89; BGH NJW 1970, 29, 32; 1992, 2625; Palandt/Heinrichs, § 276 Rn. 26; Wolf in: Wolf/Horn/Lindacher, § 11 Nr. 5 Rn. 8.

der Parteien und der von ihnen verfolgte Zweck.[693] Anders als eine Vertragsstrafe mit ihrer doppelten Zielrichtung soll eine Schadensersatzpauschale allein eine Berechnungserleichterung für die vereinfachte Abwicklung von Ersatzansprüchen bieten, deren Bestehen die Parteien voraussetzen. Für die Qualifizierung einer Klausel als Schadensersatzpauschale spricht daher, wenn es sich bei der Abrede um eine antizipierte Schätzung des typischerweise zu erwartenden Schadens handelt.[694]

Vor diesem Hintergrund lassen sich optionsbezogene Verfallbestimmungen nicht als Schadensersatzpauschalen einstufen: Der Gesellschaft ist mit einer vereinfachten Berechnung eines möglichen Schadens allein nicht gedient. Bei Verfallbestimmungen steht die auf eine längere Betriebstreue und Leistungssteigerung gerichtete Anreizfunktion im Vordergrund.

Eine Qualifizierung als Schadensersatzpauschale weist im Übrigen auch rechtliche Schwierigkeiten auf: Schadensersatzpauschalen beziehen sich auf die Höhe des zu erwartenden Schadens; Regelungen zum Anspruchsgrund stellen keine Schadensersatzpauschalen dar.[695] Verfallbestimmungen sehen nun aber als Rechtsfolge die Rückabwicklung der Optionsvereinbarung vor. Solche Vereinbarungen sind nicht Gegenstand von Schadensersatzpauschalen, sondern stellen vertraglich vereinbarte Rücktrittsrechte dar. Soweit der Mitarbeiter mit dem Verfall einer entgeltlichen Option auch den geleisteten Optionspreis oder umgewandelten Gehaltsbestandteil verliert, liegt zwar eine pauschale Regelung vor. Allerdings kann sich die Gesellschaft insoweit nicht auf die Abgeltung eines Schadens berufen: Da sie bereits durch den Verfall der Option selbst von ihren Pflichten aus dem Optionsvertrag befreit wird, treten keine weiteren Vermögenseinbußen ein. Zwar können der Gesellschaft im Rahmen des Optionsprogramms Verwaltungskosten entstehen, für deren pauschale Abgeltung auch der Optionspreis oder der umgewandelte Gehaltsbestandteil gedacht sein mögen. Vertragsaufwendungen sind gemäß § 284 BGB[696] bzw. nach den

---

693 BGHZ 49, 84, 89; NJW 1992, 2625; Palandt/Heinrichs, § 276 Rn. 26; Erman/Roloff, § 309 Rn. 42; Wolf in: Wolf/Horn/Lindacher, § 11 Nr. 5 Rn. 8; Schwerdtner, Festschrift Hilger/Stumpf, S. 634.

694 Palandt/Heinrichs, § 276 Rn. 26; Basedow in: Münchener Kommentar zum BGB, § 309 Nr. 5 Rn. 6; OLG Köln NJW 1974, 1952; a.A. Wolf in: Wolf/Horn/Lindacher, § 11 Nr. 5 Rn. 9 mwN.

695 Zu vorformulierten Schadensersatzpauschalen: OLG München VersR 1978, 772, 773; OLG Karlsruhe BB 1983, 725, 727; Wolf in: Wolf/Horn/Lindacher, § 11 Nr. 5 Rn. 3.

696 Aufgrund Wortlaut, Systematik der §§ 280, 284 BGB und Begründung zum RegE BT-Drucks. 14/6040, S. 144, ist allerdings fraglich, ob der Ersatzanspruch nach § 284 BGB tatsächlich einen Anspruch auf Schadensersatz darstellt; Ernst in: Münchener

Grundsätzen der Rentabilitätsvermutung[697] jedoch nur dann zu ersetzen, wenn sie im Vertrauen auf den Erhalt der Leistung getätigt wurden, billigerweise gemacht werden durften und ausschließlich aufgrund der nicht ordnungsgemäßen Erfüllung des Vertrages nutzlos geworden sind. Eventuelle Verwaltungskosten der Gesellschaft zählen nicht zu den ersatzfähigen Vertragsaufwendungen in diesem Sinn: Denn die Kosten fallen nicht allein zum Erhalt von Leistungen des Mitarbeiters, sondern auch aufgrund der Erfüllungspflichten der Gesellschaft an. Verfallklauseln regeln daher die Voraussetzungen eines eigenständigen Anspruchs und stellen keine Schadensersatzpauschalen dar.

c) Tatbestandsmerkmale einer Vertragsstrafe

Ihrer Zielrichtung nach lassen sich Verfallbestimmungen damit als Vertragsstrafen einordnen. Allerdings ist problematisch, ob Verfallklauseln auch sämtliche in §§ 339 ff. BGB niedergelegten Voraussetzungen einer Vertragsstrafe erfüllen.

§ 339 BGB erfasst als Grundfall der Vertragsstrafe, dass der Schuldner dem Gläubiger eine Strafe verspricht, sollte er eine Verbindlichkeit nicht oder nicht ordnungsgemäß erfüllen. Das so genannte unselbständige Vertragsstrafeversprechen im Sinne von § 339 BGB setzt also das Bestehen einer rechtlichen Verbindlichkeit voraus. Knüpft die Verfallklausel an ein vertragswidriges Verhalten des Mitarbeiters, das den Arbeitgeber zur ordentlichen oder außerordentlichen Kündigung berechtigt,[698] liegt eine verletzte Verbindlichkeit im Sinne von § 339 BGB vor. Im Fall der betriebs- oder personenbedingten Kündigung hingegen setzt der Verfall weder eine Verbindlichkeit noch eine anderweitige Handlung des Mitarbeiters voraus. Für diese Konstellation bieten die §§ 339 ff. BGB daher nicht den passenden Beurteilungsmaßstab. Auch wenn Verfallklauseln die Vertragsbeendigung durch den Mitarbeiter erfassen, ist die Anwendbarkeit der §§ 339 ff. BGB nicht eindeutig: Ist die Beendigung des Anstel-

---

Kommentar zum BGB, § 284 Rn. 8, spricht von einer „Sonderform der Schadlosstellung".

697 Zu der vor Inkrafttreten des Gesetzes zur Modernisierung des Schuldrechts entsprechend praktizierten Rentabilitätsvermutung vgl. BGHZ 57, 78, 80; 71, 234, 238 f.; Staudinger/Schiemann, § 249 Rn. 126; zum Verhältnis von § 284 BGB zur Rentabilitätsvermutung vgl. Palandt/Heinrichs, § 284 Rn. 4, der vertritt, dass § 284 lediglich für Verträge gelte, die nicht zur Gewinnerzielung, sondern zu einem ideellen oder konsumptiven Zweck abgeschlossen seien; auf die übrigen kommerziellen Verträge sei weiterhin die Rentabilitätsvermutung anwendbar.

698 Vgl. die Regelung bei Achleitner/Wollmert, Stock Options, § 7 (1) (iii) des Stock Option-Plan (Muster I).

lungsverhältnisses nicht Verbotsinhalt, sondern Bedingung für den Verlust der Optionen, begründen Verfallklauseln in diesem Fall keine Rechtspflicht. Allerdings folgt aus § 343 Abs. 2 BGB, dass auch das Strafversprechen für den Fall der Vornahme oder des Unterlassens einer nicht geschuldeten Handlung eine Vertragsstrafe darstellt,[699] bzw. die Vorschriften zum unselbständigen Strafversprechen mit Ausnahme der §§ 339, 342 BGB Anwendung finden. Ob eine Verfallklausel tatsächlich die Pflicht des Mitarbeiters begründet, das Anstellungsverhältnis nicht zu beenden, oder lediglich eine Bedingung setzt, kann daher für die Anwendung der Vorschriften über Vertragsstrafen offen bleiben.

Problematisch ist allerdings, ob die Rechtsfolge einer Verfallklausel der Rechtsfolge eines Vertragsstrafeversprechens entspricht. Nach der Definition von § 339 BGB verpflichtet das Vertragsstrafeversprechen den Schuldner zur Zahlung einer Geldsumme oder zur Erbringung einer anderen Leistung (§ 342 BGB). Optionsbezogene Verfallklauseln führen dazu, dass die Optionen, ggf. auch Optionspreis oder umgewandelte Gehaltsbestandteile, zum Nachteil des Mitarbeiters verloren gehen; zu einer gesonderten Zahlung oder Leistung wird er jedoch nicht verpflichtet. Allerdings sind die §§ 339 ff. BGB ihrem Zweck nach zumindest entsprechend auf Verfallklauseln anzuwenden.[700] Es ist lediglich ein rechtstechnischer Unterschied, ob der Schuldner infolge eines bestimmten Ereignisses etwas leisten muss oder ob ihm etwas genommen wird.[701] Im Hinblick auf die Schutzbedürftigkeit des Schuldners und die Wirkung als Zwangsmittel unterscheiden sich strafweise Verfallbestimmungen nicht wesentlich von strafbewehrten Leistungspflichten. Der automatische Verfall mag den Schuldner sogar noch stärker belasten; die Strafe entsteht nicht nur mit Bedingungseintritt, sondern wird unmittelbar „vollstreckt".[702] Der Verfall von Rechten entspricht schließlich im Ergebnis einer anderen Leistung im Sinne von § 342 BGB, die entweder darauf gerichtet ist, dass der Schuldner die Rechte zurücküberträgt oder dass er es dauerhaft unterlässt, sie geltend zu machen. Im Übrigen ließen sich die Vorschriften zur Vertragsstrafe leicht umgehen, wenn

---

699 Für diesen einheitlichen Begriff der Vertragsstrafe Basedow in: Münchener Kommentar zum BGB, § 309 Nr. 6 BGB Rn. 4; Medicus, Schuldrecht I, Allgemeiner Teil, Rn. 470; Künzl in: Kasseler Handbuch zum Arbeitsrecht, Band 1, 2.1 Rn. 213; Staudinger/Rieble, Vorbem zu §§ 339 BGB Rn. 5 ff. mwN auch zur Gegenansicht.

700 RGZ 68, 41, 42, unter Hinweis auf § 342 BGB; BGH AP Nr. 6 zu § 339 BGB; BGH NJW 1960, 1568; 1968, 1625; BAGE 10, 187, 189 f.; Staudinger/Rieble, Vorbem zu §§ 339 ff Rn. 170; Müller-Glöge in: Erfurter Kommentar, §§ 339-345 BGB Rn. 4; Gottwald in: Münchener Kommentar zum BGB, Vor § 339 Rn. 32 mwN.

701 Staudinger/Rieble, Vorbem zu §§ 339 ff. Rn. 170; Müller-Glöge in: Erfurter Kommentar, §§ 339-345 BGB Rn. 4; Schwerdtner, Festschrift Hilger/Stumpf, S. 633 f.

702 Staudinger/Rieble, Vorbem zu §§ 339 ff. Rn. 171.

der Strafschuldner als Kaution für sein ordnungsgemäßes Verhalten bereits im Voraus eine Leistung – wie z.B. einen Optionspreis oder umgewandelten Gehaltsbestandteil – erbringen müsste und im Straffall nicht deren Rückforderung beanspruchen könnte.[703]

Als nächstes stellt sich die Frage, ob eine Verfallklausel auch bei einem Optionsverlust vor Ausübungsreife den für eine Vertragsstrafe notwendigen Strafcharakter aufweist. Nicht jeder Verlust einer Leistung ist als Vertragsstrafe zu qualifizieren.[704] Die Optionseinräumung stellt bis zur Ausübungsreife lediglich das Versprechen eines möglichen Vorteils dar; bis zu diesem Zeitpunkt ist unsicher, ob sich der in Aussicht gestellte Vorteil überhaupt jemals realisieren lässt. Zweck einer Strafabrede ist nun aber, das Verhalten des Versprechenden durch das Androhen von Nachteilen zu steuern. Auf das Verhalten einer Person kann zwar auch durch positive Anreize und das Inaussichtstellen von Vorteilen eingewirkt werden; eine solche Vereinbarung begründet jedoch keine Strafabrede: Die Belohnung stellt als weiteres Mittel zur Verhaltenssteuerung gerade das Gegenstück zur Vertragsstrafe dar.[705] Die Voraussetzungen der Gewährung einer Belohnung sind nicht anhand der §§ 339 ff. BGB zu kontrollieren.[706] Da dem Mitarbeiter beim Verlust noch nicht ausübbarer Optionen lediglich ein in Aussicht gestellter Vorteil, eine Belohnung, entgeht, liegt eine Vertragsstrafe nicht vor. Soweit die Verfallklausel den Verlust von Optionspreis, umgewandelten Gehaltsbestandteilen oder bereits ausübbaren Optionen betrifft, werden dem Mitarbeiter bei Beendigung des Anstellungsverhältnisses hingegen Nachteile in Aussicht gestellt.

2. Grenzen einer Vertragsstrafe

Verfallbestimmungen betreffen nicht nur das Schicksal der Rechte aus dem Optionsvertrag, sondern gleichzeitig das Schicksal einer arbeitsvertraglichen Vergütungszusage. Zwar steht im Arbeitsrecht der Schutz des Arbeitnehmers im Vordergrund; dennoch ist auch im Arbeitsverhältnis die Vereinbarung von Vertragsstrafen grundsätzlich zulässig.[707]

703 Staudinger/Rieble, Vorbem zu §§ 339 ff. Rn. 170.

704 Z.B. wird die Verpflichtung zur Erstattung von Aus- und Fortbildungskosten bei vorzeitiger Kündigung nicht anhand der §§ 339 ff., 309 Nr. 6 BGB gemessen, zur Überprüfung anhand von §§ 138, 242 BGB vgl. Gotthardt, Rn. 324 mwN.

705 Staudinger/Rieble, Vorbem zu §§ 339 ff. Rn. 14.

706 Staudinger/Rieble, Vorbem zu § 339 ff. Rn. 14.

707 BAG AP Nr. 9 zu § 339 BGB; Staudinger/Rieble, § 339 Rn. 66; Müller-Glöge in: Erfurter Kommentar, §§ 339-345 BGB Rn. 11 f., a.A. Soergel/Lindacher, Vor § 339 Rn. 17 unter Hinweis auf § 888 Abs. 2 ZPO; Langheid, DB 1980, 1219, 1220; für eine

Schwierigkeiten können Verfallbestimmungen im Hinblick auf die Frage der angemessenen Höhe einer Vertragsstrafe im Sinne von § 343 BGB aufwerfen. Ist eine Vertragsstrafe unverhältnismäßig hoch, führt dies nicht zur Unwirksamkeit der Vereinbarung. Die Strafe ist lediglich auf Antrag der belasteten Vertragspartei durch Gestaltungsurteil herabzusetzen.[708] Die Strafhöhe ist angemessen, wenn der durch die Strafe Begünstigte gemäß § 343 Abs. 1 S. 2 BGB ein berechtigtes Interesse an ihrer Durchsetzung hat. Dabei sind sämtliche Umstände des Einzelfalles miteinander abzuwägen.[709] Ist jede Bestrafung unverhältnismäßig, kommt auch eine Herabsetzung der Strafe auf Null in Betracht.[710]

Das Interesse des Arbeitgebers am Verfall wird maßgeblich durch die Ziele des Optionsprogramms – Mitarbeiterbindung sowie Motivations- und Leistungssteigerung – geprägt. Der Arbeitgeber hat ein berechtigtes Interesse am Verfall unentgeltlich eingeräumter Optionen, wenn vor Erreichen sämtlicher Ausübungsvoraussetzungen das Anstellungsverhältnis beendet wird. Nach diesem Zeitpunkt besteht für einen Verfall nur insoweit ein schutzwürdiges Interesse, als Vorstandsmitglieder oder Mitarbeiter mit vergleichbar großem Einfluss auf den „Shareholder Value“ betroffen sind. Im Übrigen stellt der Optionsverfall eine unangemessen hohe Vertragsstrafe dar, für die keinerlei berechtigtes Interesse des Arbeitgebers im Sinne von § 343 Abs. 1 S. 2 BGB anzuerkennen ist. Dies gilt selbst für den Fall einer Vertragsbeendigung durch verhaltensbedingte Kündigung des Arbeitgebers. Die durch die Wahl des Erfolgsziels und Wartefrist maßgeblichen Ausübungsbedingungen bleiben auch dann erfüllt, wenn dem Mitarbeiter im Anschluss wirksam gekündigt wird.

3. Sittenwidrigkeit der Zahlungsverpflichtung?

Bei der Beurteilung, ob eine Vertragsstrafe sittenwidrig ist, ist die Möglichkeit einer geltungserhaltenden Reduktion der Vertragsstrafe gemäß § 343 BGB zu berücksichtigen: Nicht allein die unverhältnismäßige Höhe einer Vertragsstrafe kann daher ihre Sittenwidrigkeit begründen; hinzu kommen müssen vielmehr weitere nach § 138 BGB relevante Umstände wie z.B. Knebelung des Schuld-

---

weitergehende allgemeine Angemessenheitskontrolle von Individualstrafabreden und das Erfordernis eines berechtigten Interesses des Arbeitgebers spricht sich Schwerdtner, Festschrift Hilger/Stumpf, S. 642 u. S. 645, aus.

708 Gottwald in: Münchener Kommentar zum BGB, § 343 Rn. 1 mwN.

709 Vgl. zu den Abwägungskriterien Staudinger/Rieble, § 343 Rn. 70 ff.; Gottwald in: Münchener Kommentar zum BGB, § 343 Rn. 17.

710 Gottwald in: Münchener Kommentar zum BGB, § 343 Rn. 20; Staudinger/Rieble, § 343 Rn. 86.

ners.[711] Die Vereinbarung eines Optionsverfalls nach Ausübungsreife bzw. unter Verlust des Optionspreises oder umgewandelten Gehaltsbestandteils führt daher nicht ohne weiteres zur Sittenwidrigkeit; entscheidend sind die Umstände des konkreten Einzelfalles. Soweit eine Knebelung des Mitarbeiters darin gesehen werden kann, dass bei einer Eigenkündigung des Anstellungsverhältnisses Nachteile in Gestalt des Optionsverlustes eintreten, stellen § 74 HGB und § 622 Abs. 6 BGB die spezielleren Anknüpfungspunkte dar.

V. Maßregelungsverbot

Verfallklauseln, die an die wirksame Kündigung des Mitarbeiters anknüpfen, könnten mit dem Maßregelungsverbot nach § 612 a BGB in Konflikt stehen. Die Vorschrift enthält ein allgemeines Diskriminierungsverbot:[712] Übt ein Arbeitnehmer in zulässiger Weise seine Rechte aus, darf der Arbeitgeber ihn aus diesem Grund nicht benachteiligen. Das Benachteiligungsverbot erstreckt sich auf einseitige Maßnahmen des Arbeitgebers genauso wie auf Vereinbarungen zwischen Arbeitgeber und Arbeitnehmer.

Die Vereinbarung einer Verfallklausel stellt grundsätzlich eine Vereinbarung im Sinne von § 612 a BGB dar. Auch Vereinbarungen, die nicht rein arbeitsrechtlicher Natur sind, können Nachteile an eine zulässige Rechtsausübung des Arbeitnehmers knüpfen. Nach seinem Schutzzweck findet das Maßregelungsverbot des § 612 a BGB daher auch auf Optionsvereinbarungen mit ihrem gemischten Vertragscharakter Anwendung.

Kündigt der Mitarbeiter rechtmäßig, wird er infolge dieser zulässigen Rechtsausübung durch den ausgelösten Verfall seiner Optionen benachteiligt. Allerdings könnte zweifelhaft sein, ob § 612 a BGB überhaupt Vereinbarungen erfasst, die ihre Wirkung in Gestalt eines Leistungsausschlusses im Anschluss an eine bestimmte Rechtsausübung entfalten.[713] Die Leistung ist dann von vornherein auf den Fall beschränkt, dass das Recht nicht ausgeübt wird. Eine gesonderte Benachteiligung infolge der Rechtsausübung tritt bei dieser Betrach-

---

711 Gottwald in: Münchener Kommentar zum BGB, § 343 Rn. 8; Palandt/Heinrichs, § 343 Rn. 3.

712 BAGE 61, 151, 161; BAG AP Nr. 20 zu § 1 KSchG 69 Krankheit; Staudinger/Richardi, § 612 a Rn. 4; Preis, S. 172.

713 Gegen eine Anwendung von § 612 a BGB in diesen Fällen: Thüsing, NZA 1994, 728, 731; derselbe, Anmerkung zu BAG AP Nr. 18 zu § 611 BGB Anwesenheitsprämie; Wiedemann, § 1 TVG Rn. 498; Palandt/Putzo, § 612 a Rn. 1; a.A. Preis, S. 172; Gaul, NJW 1994, 1025, 1027.

tung gerade nicht ein;[714] lediglich die Leistungsvoraussetzungen sind dann nicht erfüllt. So leuchtet z.B. ein, dass nicht jede Rückforderung von Gratifikationen oder Ausbildungskosten bei einer Kündigung durch den Arbeitnehmer am Maßregelungsverbot des § 612 a BGB scheitern kann. Ist der Leistungsausschluss als solcher – z.B. aufgrund Verstoßes gegen ein Verbotsgesetz – allerdings bereits aus anderen Gründen unzulässig, greift diese Argumentation nicht. Denn dann muss die Leistung grundsätzlich ohne die getroffene Einschränkung gewährt werden. Knüpft der bereits aus anderen Gründen unzulässige Leistungsausschluss zugleich an eine zulässige Rechtsausübung durch den Arbeitnehmer an, ist neben dem weiteren Unwirksamkeitsgrund Raum für die Anwendung von § 612 a BGB. Verfallklauseln, die im Widerspruch zu § 622 Abs. 6 BGB, §§ 74 ff. HGB stehen, müssen sich daher auch an § 612 a BGB messen lassen.

Das Maßregelungsverbot i.S.v. § 612 a BGB greift ein, wenn das rechtmäßige Verhalten des Arbeitnehmers den tragenden Beweggrund für die Benachteiligung bildet: Zusätzlich zur Kausalität zwischen Rechtsausübung und Benachteiligung ist ein subjektiv-finales Verhalten des Arbeitgebers erforderlich. Es reicht nicht aus, wenn das Verhalten des Arbeitnehmers lediglich äußerer Anlass für die Benachteiligung ist.[715] An diesem Kriterium wird deutlich, dass es sich bei § 612 a BGB um eine Ausprägung des allgemeinen Diskriminierungsverbots handelt. Die Rechtsausübung des Arbeitnehmers ist regelmäßig nicht maßgebliches Motiv, sondern lediglich äußerer Anstoß für die Benachteiligung, wenn sie wegen eines sachlichen Grundes erfolgt.[716]

Soweit Verfallklauseln einen Optionsverlust vor Ausübungsreife bewirken, kann der Arbeitgeber sich auf einen sachlichen Rechtfertigungsgrund berufen: Mit Hilfe der Frist versucht er den Mitarbeiter an das Unternehmen zu binden und zu einer Leistungssteigerung zu motivieren. Maßgebliches Motiv für den Verfall ist nicht, dass der Arbeitnehmer kündigt. Denn der Verfall tritt auch

---

714 So für ein tarifvertragliches Maßregelungsverbot BAG AP Nr. 35 zu § 611 BGB Gratifikation; allgemeiner: LAG Köln NZA 1987, 746, 747; Thüsing, NZA 1994, 728, 731.

715 BAGE 55, 190, 197; LAG Hamm DB 1988, 917; LAG Düsseldorf DB 1989, 685; Staudinger/Richardi, § 612 a Rn. 12; Däubler in: Kittner/Däubler/Zwanziger, § 612 a Rn. 17; Thüsing, NZA 1994, 728, 732; a.A. Marhold/Beckers, Anm. zu BAG EzA Nr. 106 zu Art. 9 GG Arbeitskampf, S. 14, die unter Hinweis darauf, dass § 612 a BGB eine besondere Ausprägung des Schikaneverbots in § 226 BGB sei, lediglich eine objektive Benachteiligung für erforderlich halten.

716 So Staudinger/Richardi/Annuß, § 613 a Rn. 250, zum tragenden Beweggrund des Betriebsübergangs beim Kündigungsverbot nach § 613 a Abs. 4 BGB.

dann ein, wenn der Arbeitgeber selbst das Anstellungsverhältnis rechtmäßig beendet oder beide einen Aufhebungsvertrag schließen. Tragender Beweggrund für den Verlust der Optionsrechte ist vielmehr, dass der Mitarbeiter aufgrund der Beendigung des Anstellungsverhältnisses weder zu einer nachhaltigen Betriebstreue noch zu einer Leistungssteigerung motiviert werden kann. Das Beendigungsverhalten des Mitarbeiters ist nicht Motiv, sondern äußerer Anlass.

Soweit Verfallklauseln allerdings zu einem Optionsverlust nach Ausübungsreife infolge der Beendigung des Anstellungsverhältnisses führen, kann die Verknüpfung von Leistung und konkreter Vergütung nur bei Mitarbeitern mit maßgeblichem Einfluss auf den Unternehmenswert als sachlicher Beweggrund anerkannt werden. Bei anderen Mitarbeitern ist der Verfall allein Sanktion für die Beendigung des Anstellungsverhältnisses und damit bei einer Kündigung durch den Arbeitnehmer Sanktion für ein rechtmäßiges Verhalten. Dasselbe gilt für den Verfall einer entgeltlich erworbenen Option ohne Rückzahlungs- bzw. Rückwandlungsklausel.

VI. Unzulässige Kreditierung des Optionserwerbs?

Gemäß § 107 Abs. 2 S. 2 GewO darf der Arbeitgeber seinen Arbeitnehmern keine Waren auf Kredit überlassen. Die Vorschrift soll verhindern, dass der Arbeitnehmer durch Verschuldung seinem Arbeitgeber gegenüber in zusätzliche Abhängigkeit gerät.[717] Nun führt eine Verfallklausel dazu, dass der Mitarbeiter die Option nur dann behält, wenn er während der gesamten Verfallfrist seine Arbeitsleistung für den Arbeitgeber erbringt. Diese Konstellation könnte sich als Kreditierung im Sinne von § 107 Abs. 2 S. 2 GewO darstellen.

Unmittelbare Anwendung findet die Vorschrift zwar nicht, da Optionen keine Waren darstellen; Waren sind lediglich bewegliche Gegenstände.[718] Soll durch das Kreditierungsverbot jedoch eine zur persönlichen Abhängigkeit hinzutretende wirtschaftliche Abhängigkeit des Arbeitnehmers von seinem Arbeitgeber verhindert werden, ist eine analoge Anwendung auch auf sonstige vom Arbeit-

---

717 Begründung der Bundesregierung zum Entwurf eines Dritten Gesetzes zur Änderung der Gewerbeordnung und sonstiger gewerberechtlicher Vorschriften, BT-Drucks. 14/8796, S. 24 f.; Düwell, FA 2003, 2, 4; BVerfG AP Nr. 5 zu § 115 GewO a.F.

718 Neumann in: Landmann/Rohmer, § 107 Rn. 42; Boemke, § 107 Rn. 21; Stahlhacke in: Leinemann, § 115 Anm. IV, zur entsprechenden Vorschrift der GewO vor Inkrafttreten des Dritten Gesetzes zur Änderung der Gewerbeordnung und sonstiger gewerberechtlicher Vorschriften.

geber empfangene Leistungen denkbar, die nicht unter den Warenbegriff des § 107 GewO fallen.

Gegen eine Anwendung des Kreditierungsverbotes auf Optionen sprechen jedoch folgende Erwägungen: Seiner gesetzlichen Überschrift nach betrifft § 107 GewO die Berechnung und Zahlung des Arbeitsentgelts. Das Auszahlungsgebot des § 107 Abs. 1 GewO soll sicherstellen, dass der Arbeitnehmer über den geschuldeten Geldlohn verfügen kann:[719] Zum einen darf die Entgeltschuld nicht einfach durch Hingabe einer sonstigen Leistung an Erfüllungs statt getilgt werden.[720] Zum anderen soll der Arbeitgeber nicht seine Waren an die Mitarbeiter auf Kredit veräußern und die kreditierten Forderungen mit dem Arbeitslohn verrechnen können.[721] Eine Anrechnung auf den Arbeitslohn darf lediglich unter den strengen Voraussetzungen der § 107 Abs. 2 S. 3, 5 GewO erfolgen. Der Arbeitnehmer soll nicht zum Festhalten am Arbeitsverhältnis gezwungen sein, allein um seine Schulden gegenüber dem Arbeitgeber tilgen zu können.

Verfallklauseln räumen dem Mitarbeiter nun jedoch keinen Aufschub zur Zahlung einer Geldschuld ein, sondern fordern als Gegenleistung die Erbringung der Arbeitsleistung über einen längeren Zeitraum. Die von § 107 Abs. 2 S. 2 GewO erfasste Interessenlage ist nicht mit derjenigen vergleichbar, die bei einer solchen „Streckung" der Arbeitsleistung als Gegenleistung für die Möglichkeit der Optionsausübung besteht. Der Arbeitnehmer muss seine Arbeitsleistung nicht erbringen, um Schulden zu tilgen, sondern kann sie erbringen, um sein Vermögen zu mehren. Im Hinblick auf die Intention des Gesetzes ist die Vereinbarung einer optionsbezogenen Verfallklausel dem gesetzlich geregelten Fall der Kreditierung nicht vergleichbar. Die Voraussetzungen einer Analogie liegen damit nicht vor.[722]

---

719 Boemke, § 107 Rn. 2.

720 Stahlhacke in: Leinemann, § 115 Anm. I.

721 BVerfG AP Nr. 5 zu § 115 GewO.

722 Ein Verstoß gegen § 107 GewO kommt jedoch dann in Betracht, wenn die zum Options- oder Aktienkauf erforderliche Geldsumme vom Gehalt abgezogen wird oder die Optionsgewährung an die Stelle des geschuldeten Arbeitsentgelts im engeren Sinne tritt; vgl. hierzu und zu weiteren Auswirkungen der gewerberechtlichen Vorschriften auf Aktienoptionsvereinbarungen Lembke, BB 2001, 1469, 1476, und Lück, S. 178 ff.

VII. Allgemeiner arbeitsrechtlicher Gleichbehandlungsgrundsatz

1. Inhalt des Gleichbehandlungsgrundsatzes

Der allgemeine arbeitsrechtliche Gleichbehandlungsgrundsatz gehört zu den elementaren Grundsätzen des Arbeitsrechts. Er ist rechtstechnisch allerdings weniger als Gebot gleicher Behandlung, sondern eher als Verbot unsachlicher Differenzierung, als Willkürverbot, zu verstehen.[723] Der allgemeine Gleichbehandlungsgrundsatz greift, sobald der Arbeitgeber nach einer bewusst getroffenen, erkennbaren Regel handelt und seine Maßnahmen bzw. Entscheidungen einen kollektiven Bezug haben.[724] Behandelt der Arbeitgeber unter diesen Voraussetzungen einzelne Arbeitnehmer oder Gruppen von Arbeitnehmern ohne sachlichen Grund schlechter als andere, nimmt er sie z.B. von allgemeinen begünstigenden Regelungen aus, ist der Gleichbehandlungsgrundsatz verletzt.[725]

Eine derartige Ungleichbehandlung kann im Rahmen eines gemischten Vertragsverhältnisses genauso erfolgen wie im Rahmen des eigentlichen Arbeitsvertrages. Aus Sicht des Arbeitnehmers ist es irrelevant, ob ihn die Ungleichbehandlung bei einer rein arbeitsvertraglichen Vereinbarung trifft oder bei einer arbeitsvertraglichen Regelung, die in untrennbarem Zusammenhang zur Regelung eines anderen Vertragsregimes steht. Nach den allgemeinen Regeln zu gemischten Verträgen findet der arbeitsrechtliche Gleichbehandlungsgrundsatz daher auch auf Optionsvereinbarungen Anwendung.[726]

Bei freiwilligen Leistungen ist im Rahmen der Beurteilung einer Ungleichbehandlung zu beachten, dass dem Arbeitgeber zur Verwirklichung seiner Unternehmensziele ein Ermessensspielraum zusteht.[727] Dazu gehört, dass der Arbeitgeber auch in seiner Entscheidung frei ist, ob, zu welchem Zweck und an welche Mitarbeiter er eine freiwillige Leistung gewährt.[728] Allerdings ist auch bei

---

723 BAG AP Nr. 4 zu § 242 BGB Gleichbehandlung; Zöllner/Loritz, S. 220; Richardi in: Münchener Handbuch zum Arbeitsrecht, Band 1, § 14 Rn. 1; a.A. Marhold/Beckers in: AR-Blattei SD, Gleichbehandlung im Arbeitsverhältnis I Rn. 65, die unter Hinweis auf BAG AP Nr. 69 zu Art. 3 GG im Gegensatz zum reinen Willkürverbot das Erfordernis eines vernünftigen, sachgerechten Differenzierungsgrundes betonen.

724 Preis in: Erfurter Kommentar, § 611 BGB Rn. 720.

725 Preis in: Erfurter Kommentar, § 611 BGB Rn. 730.

726 Vgl. im Ergebnis auch Willemsen, Festschrift Wiedemann, S. 650, der allerdings den arbeitsvertraglichen Charakter des „Zuwendungselements" in Sondervereinbarungen betont; für eine Anwendung des Gleichbehandlungsgrundsatzes auch Bauer/von Steinau-Steinrück in: Hölters, Teil V Rn. 177 mwN; vgl. auch die Nachweise in Fn. 515 zur Beachtung des Gleichbehandlungsgrundsatzes im Konzernverhältnis.

727 Zöllner/Loritz, S. 220; Fastrich, RdA 2000, 65, 71 f.

728 BAG Nr. 207 zu § 611 BGB Gratifikation mwN.

freiwilligen Leistungen eine Ungleichbehandlung unzulässig, wenn die Unterscheidung nach dem vom Arbeitgeber gewählten Zweck der Leistung unsachlich ist.[729]

2. Unzulässige Ungleichbehandlung in Abhängigkeit vom Zeitpunkt des Verfalls

Trotz des grundsätzlich anzuerkennenden unternehmerischen Ermessensspielraums stellt sich auch bei Verfallklauseln die Frage einer sachgerechten Differenzierung. Mitarbeiter, die mit Ausscheiden aus dem Anstellungsverhältnis ihre Optionen verlieren, werden anders behandelt als diejenigen Mitarbeiter, die bei der Gesellschaft verbleiben. Sind die Optionen vor Beendigung des Anstellungsverhältnisses bereits ausübungsreif, sehen sich die Mitarbeiter gezwungen, die Optionen zu einem bestimmten Zeitpunkt auszuüben, wenn sie die Chance zur Vermögensmehrung nicht verlieren wollen.

a) Beendigung des Anstellungsverhältnisses vor Ausübungsreife

Die Beendigung des Anstellungsverhältnisses stellt für die Differenzierung einen sachlichen Grund dar, solange die Ausübungsvoraussetzungen zu diesem Zeitpunkt noch nicht erfüllt sind. Der Arbeitgeber hat ein berechtigtes Interesse am Verfall unentgeltlicher noch nicht ausübungsreifer Optionen: Die Gewährung von Optionen soll die Mitarbeiter zu Betriebstreue und Leistungssteigerung motivieren. Diese Ziele lassen sich nur erreichen, wenn die Optionsgewährung an den Bestand des Anstellungsverhältnisses gekoppelt ist. Diese Erwägungen gelten selbst für den Fall, dass der Kündigungsgrund – wie z.B. bei der betriebsbedingten Kündigung – aus der Sphäre des Arbeitgebers stammt. Auch dann können die vom Arbeitgeber als maßgeblich festgelegten Ziele der Mitarbeiterbindung und -motivation nicht erreicht werden.[730] Weitere Nachteile wie der Verlust eines Optionspreises oder umgewandelten Gehaltsbestandteils sind hingegen nicht erforderlich, um diese Ziele zu erreichen; ein entsprechend sanktioniertes Interesse des Arbeitgebers vermag eine Ungleichbehandlung nicht zu rechtfertigen.

---

729 BAG AP Nr. 11 zu BetrAVG § 1 Gleichbehandlung; Preis in: Erfurter Kommentar, § 611 BGB Rn. 731.

730 Vgl. BAG AP Nr. 147, 214 zu § 611 BGB Gratifikation und Preis in: Erfurter Kommentar, § 611 BGB Rn. 676, zur Zulässigkeit des Verfalls von Gratifikationen bei vorzeitiger betriebsbedingter Beendigung des Anstellungsverhältnisses.

b) Beendigung des Anstellungsverhältnisses nach Ausübungsreife

Auch bei einem Verfall nach Eintritt der Ausübungsreife liegt eine Ungleichbehandlung vor: Mitarbeiter, die vorzeitig aus dem Anstellungsverhältnis ausscheiden, werden anders behandelt als Mitarbeiter, die zwar ebenfalls ihre Optionen noch nicht ausgeübt haben, aber zum selben Zeitpunkt noch im Unternehmen sind. Der Arbeitgeber kann sich nur soweit auf ein sachliches Interesse berufen, wie der Verfall die Koppelung von Leistung und Vergütung sicherstellen kann und ausschließlich unentgeltliche Optionen von Mitarbeitern mit maßgeblichem Einfluss auf den „Shareholder Value" betrifft.[731]

c) Zustimmung der Mitarbeiter

Fraglich ist, ob die von einem unzulässig differenzierenden Verfall betroffenen Mitarbeiter der nachteiligen Ungleichbehandlung zustimmen bzw. auf die Wahrung des Gleichbehandlungsgrundsatzes verzichten können.

Eine sachlich nicht gerechtfertigte Ungleichbehandlung durch den Arbeitgeber ist grundsätzlich zulässig, wenn der Arbeitnehmer zustimmt: Der Grundsatz der Vertragsfreiheit hat Vorrang vor dem Grundsatz der Gleichbehandlung.[732] Für eine wirksame Zustimmung ist allerdings eine einzelvertragliche Regelung zwischen Arbeitgeber und Arbeitnehmer – als Ausdruck der Vertragsfreiheit – erforderlich.[733] Allein das Fehlen eines Vorbehalts des Arbeitnehmers, mit der Verfallklausel nicht einverstanden zu sein, vermag eine Zustimmung im Sinne einer solchen Regelung nicht zu begründen: Schweigen kommt im Rechtsverkehr grundsätzlich kein Erklärungswert zu.[734]

Die Mitarbeiter könnten einer Ungleichbehandlung mit einer einzelvertraglichen Regelung zustimmen, wenn die Optionen durch Individualvertrag und nicht nur durch Gesamtzusage, Betriebsvereinbarung oder Tarifvertrag gewährt werden. Sind die Verfallbestimmungen Bestandteil eines solchen Vertrags, liegt im Vertragsschluss gleichzeitig eine Zustimmung zur Ungleichbehandlung. Ein individueller Vertragsschluss kommt insbesondere dann in Betracht, wenn der Mitarbeiter die Option nur gegen Entgelt bzw. gegen Verzicht auf einen ande-

---

731 Vgl. oben Dritter Teil B. II. 1. b) bb) (7).

732 BAG AP Nr. 32 zu § 242 BGB Gleichbehandlung; Preis in: Erfurter Kommentar, § 611 BGB Rn. 715; Zöllner/Loritz, S. 216 f.; Richardi in: Münchener Handbuch zum Arbeitsrecht, Band 1, § 14 Rn. 34 mwN.

733 Preis in: Erfurter Kommentar, § 611 BGB Rn. 715; Zöllner/Loritz, S. 216 f.; Richardi in: Münchener Handbuch zum Arbeitsrecht, Band 1, § 14 Rn. 34 mwN.

734 Palandt/Heinrichs, Einf v. § 116 Rn. 7 mwN.

ren Gehaltsbestandteil erhält. Wird dem Mitarbeiter einzelvertraglich allerdings lediglich das Recht zum Optionsbezug nach den zukünftigen Bedingungen eines noch aufzulegenden Optionsprogramms eingeräumt, liegt mangels Kenntnis von der konkreten Ungleichbehandlung auch keine Zustimmung vor.

Problematisch ist, ob eine Zustimmung zur verfallsbedingten Ungleichbehandlung überhaupt wirksam ist. Die vertragliche Einigung, die die Schlechterstellung eines Arbeitnehmers rechtfertigen könnte, darf nicht gegen ein gesetzliches Verbot verstoßen.[735] Zwar geht die Vertragsfreiheit dem Grundsatz der Gleichbehandlung vor – allerdings kann die Vertragsfreiheit durch zwingende gesetzliche Vorschriften eingeschränkt sein. Liegt ein Verstoß gegen ein gesetzliches Verbot vor, ist die Abrede gemäß § 134 BGB nichtig; der Gleichbehandlungsgrundsatz kann dann nicht durch eine privatautonome Regelung verdrängt werden.

Verbotsgesetze greifen auch bei einer Ungleichbehandlung in Form einer Verfallklausel ein, die für eine Vertragsbeendigung nach Ausübungsreife gilt: § 612 a BGB[736] und § 622 Abs. 6 BGB[737] sind zwingend; ein Wettbewerbsverbot ohne Karenzentschädigung kann ebenfalls zur Nichtigkeit der Vereinbarung führen.[738] Soweit die Zustimmung zu einer in einer Verfallklausel bestehenden Ungleichbehandlung als Umgehungsgeschäft zu § 622 Abs. 6 BGB und §§ 74 ff. HGB nichtig ist und zu § 612 a BGB in Widerspruch steht, bleibt der Verstoß gegen den Gleichbehandlungsgrundsatz damit beachtlich.

d) Verfall nach Wartezeit und Auslauffrist

Auch die von *Tepass/Lenzen* und *Friedrichsen* für wirksam gehaltenen Auslauffristen[739] können nicht dazu führen, dass ein Optionsverfall zulässig ist. Selbst wenn Optionen erst am Ende einer Auslauffrist verfallen, werden die Mitarbeiter mit noch nicht ausgeübten Optionen anders behandelt als diejenigen Mitarbeiter, die im Unternehmen verbleiben, aber auch anders als diejenigen, die ihre

---

[735] BAG AP Nr. 32 zu § 242 BGB Gleichbehandlung, Hueck, Anmerkung zu BAG AP Nr. 32 zu § 242 BGB Gleichbehandlung; Hueck/Nipperdey, Erster Band, S. 424; Preis in: Erfurter Kommentar, § 611 BGB Rn. 717.

[736] Preis in: Erfurter Kommentar, § 612 a BGB Rn. 2.

[737] Palandt/Putzo, § 622 Rn. 5.

[738] BAG AP Nr. 24 zu § 611 BGB Konkurrenzklausel; Etzel in: Gemeinschaftskommentar zum HGB, §§ 74-75 d Rn. 34; Grunsky, NZA 1988, 713, lässt offen, ob die Vereinbarung als Rechtsfolge der fehlenden Entschädigung „nicht verbindlich" oder nichtig ist.

[739] Vgl. oben Dritter Teil B. II. 1. b) cc).

Optionen frühzeitig vor ihrem Ausscheiden realisiert haben. Ein sachliches Interesse des Arbeitgebers an der Ungleichbehandlung liegt nur bei Mitarbeitern mit Einfluss auf den „Shareholder Value“ vor. Im Unterlassen der Optionsausübung während einer Auslauffrist kann auch keine Zustimmung zur Ungleichbehandlung gesehen werden. Dem Schweigen des Mitarbeiters kommt hier – wie auch sonst nach dem allgemeinen zivilrechtlichen Grundsatz[740] – kein Erklärungswert zu.

e) Ergebnis

Ist ein Optionsverlust für den Fall der Vertragsbeendigung nach Ausübungsreife vereinbart, lässt sich eine sachgerechte Differenzierung im Sinne des allgemeinen Gleichbehandlungsgrundsatzes nur bei Mitarbeitern mit maßgeblichem Einfluss auf den „Shareholder Value“ begründen. Hier ist das Interesse des Arbeitgebers an einer Koppelung von Leistung und Vergütung schutzwürdig; der Arbeitgeber kann zulässigerweise zwischen ausscheidenden und im Unternehmen verbleibenden Mitarbeitern differenzieren.

Soweit die Ungleichbehandlung sachlich nicht gerechtfertigt ist, kann sie weder durch eine Auslauffrist noch durch eine einzelvertragliche Zustimmung des Mitarbeiters zulässig werden. Der Wirksamkeit solcher Vereinbarungen stehen die zwingenden Regelungen der §§ 612 a, 622 Abs. 6 BGB, § 74 HGB entgegen. Dieselben Erwägungen gelten, wenn der Optionsverfall nach Erreichen der Wartefrist und Erfüllung der Ausübungsvoraussetzungen nicht in den Bedingungen des Optionsprogrammes geregelt ist, aber aufgrund einer allgemeinen Ausschlussklausel im Anstellungsvertrag eintreten würde. Sind im Optionsprogramm Wartezeiten und Erfolgsziele für die Ausübungsreife vorgesehen, muss sich der Arbeitgeber auch im Hinblick auf den Gleichbehandlungsgrundsatz an diesen speziellen Bestimmungen festhalten lassen.

Rechtsfolge einer Verletzung des Gleichbehandlungsgrundsatzes ist, dass der Arbeitnehmer Beseitigung der Rechtsbeeinträchtigung und Gleichstellung mit den übrigen Arbeitnehmern verlangen kann.[741] Bei einer unzulässig differenzierenden Verfallbestimmung können sich die ausscheidenden Mitarbeiter daher darauf berufen, dass ihre Optionen erst zum Ende der Programmlaufzeit verfallen, die auch für die im Unternehmen verbleibenden Mitarbeiter gilt.

---

740 BGHZ 1, 353, 355; OLG Koblenz NJW 2001, 1948, 1949; Flume, AT II, § 5 2; Larenz/Wolf, § 28 Rn. 67; Palandt/Heinrichs, vor § 116 Rn. 7

741 Richardi in: Münchener Handbuch zum Arbeitsrecht, Band 1, § 14 Rn. 38.

3. Anwendung des allgemeinen Gleichbehandlungsgrundsatzes auf Vorstandsmitglieder

Bei Vorstandsmitgliedern stellt ein Verfall unentgeltlich erworbener Optionen selbst nach Ausübungsreife keine unzulässige Ungleichbehandlung dar, da sie regelmäßig zu den Mitarbeitern mit maßgeblichem Einfluss auf den „Shareholder Value" zählen. Für diese Konstellation kann die Anwendbarkeit des allgemeinen Gleichbehandlungsgrundsatzes auf Vorstandsmitglieder dahinstehen. Anders liegt der Fall bei entgeltlich eingeräumten Optionen.

Der Gleichbehandlungsgrundsatz setzt einen kollektiven Bezug bei der Gewährung von Leistungen voraus; auf eine individuelle Leistung ohne generalisierende Bezugsvoraussetzungen findet der Gleichbehandlungsgrundsatz keine Anwendung.[742] Zwar wird der Anstellungsvertrag zwischen einem Vorstandsmitglied und der Gesellschaft regelmäßig individuell ausgehandelt; für eine Gleichbehandlung bleibt jedoch Raum, soweit einzelne Leistungen einen kollektiven Bezug haben.[743] Bei der Gewährung von Optionen liegt ein solcher kollektiver Bezug vor, wenn die Optionsbedingungen nicht für jedes Vorstandsmitglied unterschiedlich, sondern generell oder zumindest für bestimmte Gruppen von ihnen einheitlich geregelt sind.

a) Anwendung auf Arbeitsverhältnisse

Problematisch ist allerdings, dass der allgemeine Gleichbehandlungsgrundsatz zu den elementaren Grundsätzen des Arbeitsrechts und nicht zu denen des Dienstvertragsrechts gehört. Der Gleichbehandlungsgrundsatz erfasst das Anstellungsverhältnis von Vorstandsmitgliedern daher dann, wenn es ausnahmsweise als Arbeits- und nicht als selbständiges Dienstverhältnis einzuordnen ist. Das Vorstandsmitglied ist dann mit anderen Vorstandsmitgliedern, die ebenfalls – ausnahmsweise – als Arbeitnehmer einzuordnen sind, unmittelbar vergleichbar im Sinne des allgemeinen Gleichbehandlungsgrundsatzes. Soweit die Optionsbedingungen einen Verfall unentgeltlich erworbener Optionen mit Beendigung des Anstellungsverhältnisses nach Eintritt der Ausübungsreife vorsehen, ist der allgemeine Gleichbehandlungsgrundsatz verletzt.[744]

Die rechtliche Gestaltung und praktische Durchführung des Vertragsverhältnisses eines Vorstandsmitglieds als Arbeitsverhältnis kann allerdings auch eine

---

742 Preis in: Erfurter Kommentar, § 611 BGB Rn. 715 f., 719 mwN.

743 BGH WM 1973, 506; OLG Düsseldorf nv Urt. v. 23. Mai 1990, Az: 6 U 227/89.

744 Vgl. oben Dritter Teil B. VII 2. b).

Vergleichbarkeit mit den Arbeitsverhältnissen leitender Angestellter begründen. Dies ist möglich, soweit das Vorstandsmitglied im Wesentlichen als leitender, wenn auch mit besonderen Funktionen betrauter Angestellter, als „primus inter pares“ behandelt wird, und sein Anstellungsvertrag sich lediglich im Hinblick auf die durch die Einräumung der Geschäftsführungsbefugnis bedingten Sonderbestimmungen von den Verträgen der leitenden Angestellten unterscheidet.[745] Sind die Optionsbedingungen für leitende Angestellte und die als Arbeitnehmer einzustufenden Vorstandsmitglieder dieselben, begründet der Verfall einer entgeltlichen Option auch in dieser Hinsicht eine Verletzung des Gleichbehandlungsgrundsatzes.

b) Anwendung auf Anstellungverhältnisse von Vorstandsmitgliedern

Problematischer ist, ob der Gleichbehandlungsgrundsatz auch für Vorstandsmitglieder gilt, die nicht im Sinne einer persönlichen Abhängigkeit oder aufgrund fehlender Unternehmerchancen als Arbeitnehmer einzuordnen sind. Dass der arbeitsrechtliche Gleichbehandlungsgrundsatz ein elementarer Aspekt des Arbeitsrechts ist, bedeutet nicht zwingend, dass er im Dienstvertragsrecht nicht auch gelten könnte. Entscheidend ist, ob die dogmatische Begründung des Gleichbehandlungsgebotes auf den Bereich des Arbeitsrechts begrenzt ist oder auch in anderen Bereichen herangezogen werden kann.[746]

Die Herleitung des allgemeinen Gleichbehandlungsgrundsatzes ist umstritten. Im Arbeitsrecht mag sich eine präzise dogmatische Herleitung mit dem Hinweis vermeiden lassen, der allgemeine Gleichbehandlungsgrundsatz stelle mittlerweile Gewohnheitsrecht dar;[747] für die freien Dienstverhältnisse von Vorstandsmitgliedern gilt dies mangels einschlägiger Rechtsprechung nicht. Auf Art. 3 Abs. 1 GG lässt sich der Grundsatz nicht stützen:[748] Die Grundrechte

745 BGH LM § 35 GmbHG Nr. 23 für den GmbH-Geschäftsführer; Henssler, RdA 1992, 289, 300; gegen eine Gleichbehandlung von Vorstandsmitgliedern mit anderen Betriebsangehörigen BGH WM 1973, 506, allerdings mit der Begründung, dass die Anstellungsverträge von Vorstandsmitgliedern regelmäßig individuell ausgestaltet seien; OLG Düsseldorf, nv, Urt. v. 23. Mai 1990, Az: 6 U 227/89; OLG München WM 1984, 896, 897.

746 Dies gilt unabhängig davon, ob man wie z.B. Richardi einen relativen Arbeitnehmerbegriff verfolgt, vgl. Richardi in: Münchener Handbuch zum Arbeitsrecht, Band 1, § 24 Rn. 48, oder wie z.B. der BGH eine Gleichstellung von Arbeitnehmern und Organmitgliedern befürwortet, wenn die Schutzbedürftigkeit von Personen im Vordergrund steht, die eine persönliche Dienstleistung erbringen, vgl. BGH WM 1963, 159; BGH NJW 1981, 2465, 2466; BGHZ 10, 187, 190 f.; 49, 30, 31 f.; 91, 217, 219 f., oder die Möglichkeit einer Analogie prüft.

747 Marhold/Beckers in: AR-Blattei SD, Gleichbehandlung im Arbeitsverhältnis I Rn. 46.

748 So aber Gamillscheg, AcP 164, 385, 409; ähnlich Hanau/Adomeit, B II.3 Rn. 69.

sind in privatrechtlichen Vertragsverhältnissen nicht unmittelbar anwendbar; zudem stellt sich die Frage, warum der Gleichbehandlungsgrundsatz das ebenfalls grundrechtlich verankerte Prinzip der Privatautonomie verdrängen sollte. Auch der Hinweis auf ein „allgemeines Gebot der Gerechtigkeit", Gleiches auch im Privatrecht gleich zu behandeln,[749] bietet keine befriedigende Lösung: Die Grundsätze der Privatautonomie und Vertragsfreiheit gehören ebenfalls zu den elementaren Prinzipien des Privatrechts.[750] Zum Teil wird darauf abgestellt, dass sich der Arbeitgeber beim Vollzug einer selbst gesetzten Norm, nach der er Leistungen gewährt, auch an der Norm festhalten lassen müsse.[751] Dieser Ansatz kann jedoch nicht erklären, warum der Arbeitgeber, wenn er eine Norm selbst setzen kann, diese im Einzelfall nicht auch wieder ändern, aufheben oder so gestalten kann, dass nicht alle Mitarbeiter von ihr gleich betroffen sind. Als weitere mögliche Rechtsgrundlage wird die Fürsorgepflicht des Arbeitgebers genannt.[752] Die arbeitsvertragliche Fürsorgepflicht vermag jedoch keine Ordnungsfunktion innerhalb einer Gruppe zu entfalten. Sie betrifft unmittelbar nur das Verhältnis zwischen Arbeitgeber und Arbeitnehmer, das „Prinzip der Austauschgerechtigkeit", nicht jedoch das Verhältnis der Mitarbeiter zueinander bzw. den Aspekt der „Verteilungsgerechtigkeit".[753] Dasselbe gilt für den Begründungsversuch, der § 315 BGB in den Mittelpunkt rückt:[754] Auch § 315 BGB regelt nur die ausgleichende Gerechtigkeit im Verhältnis zwischen Arbeitgeber und Arbeitnehmer.[755] Ein anderer Ansatz führt die „Machtunterworfenheit" gegenüber dem Arbeitgeber als entscheidendes Kriterium der Gleichbehandlung an.[756] Dagegen spricht jedoch, dass eine „Machtunterworfenheit" im übrigen Privatrecht regelmäßig nicht zu der Konsequenz führt, dass der Grundsatz der Vertragsautonomie zwangsläufig durch das Gebot zur Gleichbehandlung verdrängt werden würde.[757]

---

749 Preis in: Erfurter Kommentar, § 611 BGB Rn. 713; Frey, ArbuR 1961, 234 ff.; Müller-Glöge in: Münchener Kommentar zum BGB, § 611 Rn. 449.

750 Hueck/Nipperdey, Erster Band, S. 418 mwN.

751 Bötticher, RdA 1953, 161, 162; RdA 1957, 317, 318 f.

752 BAG AP Nr. 10 zu § 242 BGB Ruhegehalt; AP Nr. 3 zu § 242 BGB Gleichbehandlung; AP Nr. 10 zu Art. 3 GG.

753 Marhold/Beckers in: AR-Blattei SD, Gleichbehandlung im Arbeitsverhältnis I Rn. 37.

754 Söllner/Waltermann, S. 287.

755 Zöllner/Loritz, S. 216; Marhold/Beckers in: AR-Blattei SD, Gleichbehandlung im Arbeitsverhältnis I Rn. 27.

756 Zöllner/Loritz, S. 216, die gleichzeitig auf die Machtunterworfenheit und den Gemeinschaftsbezug der Arbeitsverhältnisse abstellen.

757 A.A. Henssler, RdA 1992, 289, 299 f., und Groß, S. 353, die diesen Begründungsansatz auf das Vertragsverhältnis von Geschäftsführern übertragen, allerdings mit Ausnahme des „vorstandsähnlichen Geschäftsführers" und des Gesellschafter-Geschäftsführers mit herrschendem Einfluss.

Als Begründungsansatz bietet sich weiterhin das aus § 242 BGB abgeleitete Gebot der Verteilungsgerechtigkeit an. Dieser Ansatz stützt sich darauf, dass die Arbeitsverhältnisse nicht isoliert nebeneinander stehen, sondern einen Gemeinschaftsbezug aufweisen, der auch in der Betriebsverfassung beispielsweise durch den Gleichbehandlungsgrundsatz in § 75 BetrVG anerkannt ist.[758] Betriebsgemeinschaft und Einzelarbeitsverhältnis stehen in enger Wechselwirkung: Gewährt der Arbeitgeber allen Mitarbeitern oder einer Gruppe von ihnen eine Leistung nach generellen Kriterien, knüpft er zum einen an den Bestand der Betriebsgemeinschaft bzw. Gruppe an, zum anderen an die Gleichheit der Mitarbeiter innerhalb der Betriebsgemeinschaft bzw. Gruppe. Denkbar ist, dass die Gewährung der kollektiven Leistung nach allgemeinen Kriterien die konkludente Erklärung enthält, alle Arbeitnehmer in Bezug auf die Leistungsgewährung gleich behandeln zu wollen, sofern kein sachlicher Differenzierungsgrund vorliegt. Geht man von einer entsprechenden (konkludenten) Annahmeerklärung des Arbeitnehmers aus, der sich auf die Gleichbehandlung beruft, vermag dieser Ansatz auch die anspruchsbegründende Wirkung des Gleichbehandlungsgrundsatzes zu erklären. Selbst wenn eine solche Erklärung nicht vorliegen sollte, ist es zumindest treuwidrig, wenn der Arbeitgeber bei Gewährung derselben Leistung die zuvor postulierte Gleichheit an anderer Stelle negiert und sachwidrig differenziert. Das treuwidrige Verhalten des Arbeitgebers fällt unter die im Rahmen der unzulässigen Rechtsausübung nach § 242 BGB anerkannte Fallgruppe des widersprüchlichen Verhaltens *(venire contra factum proprium)*.[759]

Überträgt man diesen Gedanken auf Organmitglieder, könnte der allgemeine Gleichbehandlungsgrundsatz auch auf ihre Anstellungsverhältnisse grundsätzlich Anwendung finden: Die Organmitglieder einer juristischen Person sind gemäß § 5 Abs. 2 Nr. 1 BetrVG von der Geltung der Betriebsverfassung ausdrücklich ausgenommen und werden damit nicht wie die Arbeitnehmer als Betriebsgemeinschaft vom Betriebsrat repräsentiert und daher im Gesetz nicht als

---

758 Richardi in: Münchener Handbuch zum Arbeitsrecht, Band 1, § 14 Rn. 8; Hueck/Nipperdey, Erster Band, S. 420; zum Charakter der Belegschaft als tatsächliche, nicht rechtliche Gemeinschaft vgl. Richardi, BetrVG, Einleitung Rn. 86 ff. mwN auch zu abweichenden Ansätzen.

759 Zu den verschiedenen Fallgruppen, die im Rahmen von § 242 BGB als unzulässige Rechtsausübung zusammengefasst werden, vgl. Palandt/Heinrichs, § 242 Rn. 38 ff., zur Fallgruppe des *venire contra factum proprium* vgl. Palandt/Heinrichs, § 242 Rn. 55 ff.

Gemeinschaft anerkannt.[760] Allein der kollektive Ausschluss von der Betriebsgemeinschaft und vom Anwendungsbereich einiger arbeitsrechtlicher Schutzvorschriften verleiht den Vorstandsmitgliedern noch nicht ohne weiteres einen der Betriebsgemeinschaft vergleichbaren Gemeinschaftsbezug. Dennoch lässt sich die zu § 242 BGB entwickelte Argumentation auf die Anstellungsverhältnisse von Vorstandsmitgliedern in leicht abgewandelter Form übertragen: Die einzelnen Vorstandsmitglieder sind nach §§ 77 Abs. 1, 78 Abs. 2 AktG grundsätzlich nur gemeinschaftlich zur Geschäftsführung und Vertretung befugt. Gesellschaftsrechtlich ist damit durchaus ein Gemeinschaftsbezug im Gesetz verankert. Dies gilt selbst dann, wenn Einzelgeschäftsführungs- und –vertretungsbefugnis vereinbart sind. Die Vorstandsmitglieder sind Teil des einen Organs Vorstand, der gemäß § 76 Abs. 1 AktG die Aufgabe hat, die Gesellschaft zu leiten. Im Hinblick auf die einheitliche Aufgabe der Geschäftsleitung, die sich allen Vorstandsmitgliedern als Teil des Leitungsorgans stellt, kann anstatt von einer Betriebsgemeinschaft von einer Betriebsleitungsgemeinschaft gesprochen werden. Dieser im Gesellschaftsrecht verankerte Gemeinschaftsbezug ist auch für die Anstellungsverhältnisse von Bedeutung:[761] Die gesellschaftsrechtlichen Aufgaben und Befugnisse der Organmitglieder prägen und konkretisieren ihre Pflichten aus dem Anstellungsverhältnis. Anstellungsvertraglich ist jedes Vorstandsmitglied verpflichtet, gemeinsam mit den anderen Vorstandsmitgliedern die Gesellschaft zu leiten. Die Vorstandsmitglieder stehen bei der Leistung ihrer Dienste nicht isoliert nebeneinander wie beliebige außenstehende Dienstleister, die ohne inneren Bezug zueinander ihre Leistungen für die Gesellschaft erbringen.

Gewährt die Gesellschaft Aktienoptionen als Entgelt für die Leitung der Gesellschaft an den gesamten Vorstand oder zumindest eine Gruppe von Vorstandsmitgliedern zu identischen Konditionen, knüpft sie an die Einheit der Betriebsleitergemeinschaft und die Gleichheit ihrer Mitglieder an. Hieran müsste sie sich – ist der Ansatz zur Leistungsgewährung an Mitglieder der Betriebsgemeinschaft übertragbar – nach Treu und Glauben festhalten lassen; sachwidrige Differenzierungen wären unzulässig. Der Verlust einer entgeltlich erworbenen Option begründet eine unzulässige Differenzierung zwischen Vorstandsmitgliedern, die vor Vertragsbeendigung ihre Option bereits ausgeübt haben, und sol-

---

760 Wie die Rechtstellung des Betriebsrats gegenüber der Betriebsgemeinschaft zu charakterisieren ist, ist umstritten, vgl. hierzu Kraft in: Gemeinschaftskommentar zum BetrVG, Band 1, § 1 Rn. 50 ff.

761 Auch Henssler, RdA 1992, 289, 299 f., geht ohne nähere Begründung von einem Gemeinschaftscharakter der Anstellungsverhältnisse aus.

chen, die für die Optionsausübung einen Zeitpunkt nach Vertragsbeendigung wünschen.

Bei Verfallklauseln können letztlich die genaue dogmatische Begründung des Gleichbehandlungsgrundsatzes und die Frage seiner Übertragbarkeit auf Anstellungsverhältnisse von Organmitgliedern dahinstehen, wenn Organmitglieder auf eine Behandlung entsprechend dem Gleichbehandlungsgrundsatz durch Abschluss der Verfallvereinbarung ohnehin wirksam verzichten.

c) Wirksamer Verzicht auf den Gleichbehandlungsgrundsatz

Anders als Mitarbeiter ohne maßgeblichen Einfluss auf den „Shareholder Value“ können Vorstandsmitglieder wirksam einer unsachlichen Ungleichbehandlung zustimmen; ein Verstoß gegen Verbotsgesetze kommt bei ihnen nicht in Betracht. Da die Optionen Vorstandsmitgliedern durch Individualvertrag und nicht nur durch Gesamtzusage, Betriebsvereinbarung oder Tarifvertrag gewährt werden, liegt im Vertragsschluss gleichzeitig eine Zustimmung zur Ungleichbehandlung. Wird dem Vorstandsmitglied allerdings lediglich das Recht zum Optionsbezug nach den zukünftigen Bedingungen eines noch aufzulegenden Optionsprogramms eingeräumt, liegt mangels Kenntnis von der konkreten Ungleichbehandlung auch keine Zustimmung vor.

VIII. Ungleichbehandlung befristet Beschäftigter gemäß § 4 Abs. 2 TzBfG

Möglicherweise führen Verfallklauseln bei befristet angestellten Mitarbeitern zu einer nicht gerechtfertigten Ungleichbehandlung.[762] Ist die Verfallfrist so lang bemessen, dass der befristet angestellte Mitarbeiter bereits vor ihrem Ende aus dem Anstellungsverhältnis ausscheidet, besteht für ihn keine Möglichkeit, die eingeräumten Optionen jemals auszuüben. Ein befristet Beschäftigter hat unter diesen Voraussetzungen nicht dieselbe Chance wie ein unbefristet angestellter Mitarbeiter, Aktien seines Arbeitgebers zu vergünstigten Konditionen zu erwerben. Ist der befristet beschäftigte Mitarbeiter nicht von vornherein aus dem Begünstigtenkreis des Optionsprogramms ausgenommen,[763] erhält er die Aktienoption zwar unter denselben Voraussetzungen wie seine unbefristet be-

---

762 Ob und unter welchen Voraussetzungen auch Vorstandsmitglieder unter den Begriff der befristet beschäftigten Arbeitnehmer im Sinne von § 3 Abs. 1 TzBfG fallen oder eine analoge Anwendung von § 4 Abs. 2 TzBfG in Frage kommt, kann dahinstehen, wenn Verfallklauseln auch bei Arbeitnehmern im engeren Sinn nicht im Widerspruch zu den Vorschriften des TzBfG stehen.

763 Diese Variante soll im Folgenden jedoch nicht näher untersucht werden, da ein Verfall gerade nicht eintritt.

schäftigten Kollegen. Auch für diese steht der Erwerb der Option unter der auflösenden Bedingung der Beendigung des Anstellungsverhältnisses vor Ablauf der Verfallfrist. Aber im Ergebnis ist die Optionsgewährung für den befristet Beschäftigten, dessen Anstellungsverhältnis aufgrund der Befristung vor dem Ende der Verfallfrist endet, wertlos. Diese unterschiedlichen Auswirkungen könnten im Widerspruch zum besonderen Schutz befristet Beschäftigter nach dem TzBfG stehen.

1. Befristete Beschäftigung und Diskriminierungsverbot

Gemäß § 4 Abs. 2 S. 1 TzBfG dürfen befristet Beschäftigte im Verhältnis zu fest angestellten Mitarbeitern nicht ohne sachlichen Grund unterschiedlich behandelt werden. Dieses allgemeine Diskrimierungsverbot wird im Hinblick auf das Arbeitsentgelt und andere teilbare geldwerte Leistungen, die für einen bestimmten Bemessungszeitraum gewährt werden, durch § 4 Abs. 2 S. 2 TzBfG ergänzt: Dem befristet beschäftigten Arbeitnehmer ist das Entgelt oder die Leistung mindestens[764] in dem Umfang zu gewähren, der dem Anteil seiner Beschäftigungsdauer am Bemessungszeitraum entspricht. Für sonstige nicht teilbare geldwerte Leistungen gilt das allgemeine Differenzierungsverbot des § 4 Abs. 2 S. 1 TzBfG. Umstritten ist, ob es sich bei § 4 Abs. 2 S. 2 TzBfG um eine Konkretisierung von § 4 Abs. 2 S. 1 TzBfG[765] oder um eine Ausnahme zu § 4 Abs. 2 S. 1 TzBfG und damit um ein absolutes Differenzierungsverbot[766] handelt.

2. Aktienoptionen als Entgelt oder sonstige teilbare geldwerte Leistungen im Sinne von § 4 Abs. 2 S. 2 TzBfG?

Unterfällt die Gewährung von Aktienoptionen dem Entgelt- bzw. Leistungsbegriff im Sinne von § 4 Abs. 2 S. 2 TzBfG und stellt die Vorschrift ein abschließendes, absolutes Differenzierungsverbot dar, dürfen befristet Beschäftigte durch eine Verfallklausel nicht schlechter gestellt werden als unbefristet angestellte Mitarbeiter. Da nach § 4 Abs. 2 S. 2 TzBfG Entgelt in dem Umfang zu gewähren ist, der dem Anteil der Beschäftigungsdauer am Bemessungszeitraum entspricht, müssten befristet Beschäftigte zum einen in dem Umfang berücksichtigt werden, der dem Verhältnis ihrer Beschäftigungsdauer zur Programm-

---

764 Zur Problematik des Begriffs vgl. Ring, § 4 Fn. 72.

765 So Hanau, NZA 2001, 1168, 1173; Lindemann/Simon, BB 2001, 146, 147; Hartwig, FA 2001, 34, 35; Meinel/Heyn/Herms, § 4 Rn. 42.

766 So Buschmann/Dieball/Stevens-Bartol, TZA, § 4 TzBfG Rn. 43; Blanke, AiB 2000, 729, 730; Schüren in: Münchener Handbuch zum Arbeitsrecht, Ergänzungsband, § 161 Rn. 108; Rolfs, RdA 2001, 129, 131; Däubler, ZIP 2000, 1961, 1962.

laufzeit entspricht. Zum anderen könnte die Verfallklausel keine Anwendung finden, da anteilige Entgeltansprüche andernfalls ausgeschlossen wären.

Aktienoptionen werden Mitarbeitern gerade aufgrund des Anstellungsverhältnisses mit der Gesellschaft eingeräumt. Soweit Warte- und Verfallklauseln vereinbart sind, soll die Einräumung von Aktienoptionen auch die Betriebstreue der begünstigten Mitarbeiter fördern. Nach der allgemeinen Definition stellt die Einräumung von Optionen als geldwerter Vorteil die Gegenleistung für die anstellungsvertraglich geschuldeten Dienste und damit Arbeitsentgelt dar.[767]

Gegen eine Übertragung des allgemeinen Entgeltbegriffs und gegen eine Qualifizierung der Gewährung von Aktienoptionen als Entgelt im Sinne von § 4 Abs. 2 S. 2 TzBfG sprechen allerdings folgende Erwägungen: Legt man § 4 Abs. 2 S. 2 TzBfG die weite Fassung des allgemeinen Entgeltbegriffs zugrunde, ist die Abgrenzung zu den sonstigen teilbaren geldwerten Leistungen im Sinne von § 4 Abs. 2 S. 2 TzBfG nicht eindeutig. Für den Anwendungsbereich von § 4 Abs. 2 S. 2 TzBfG ist letztlich die Abgrenzung zur nicht teilbaren geldwerten Leistung entscheidend, die unter § 4 Abs. 2 S. 1 TzBfG fällt. Eine Leistung ist teilbar, wenn sie sich ohne Wertminderung und ohne Beeinträchtigung des Leistungszwecks real teilen lässt. Teilbare Leistungen sind u.a. Gattungsleistungen, die Lieferung oder Herausgabe von Geld oder anderen vertretbaren Sachen.[768] Im Hinblick auf Sinn und Zweck von § 4 Abs. 2 S. 2 TzBfG ist die dort geregelte Leistung des Arbeitgebers nur teilbar, wenn sie für einen Bruchteil des Bemessungszeitraums auch in entsprechend reduziertem Umfang gewährt werden kann. Daher stellt zum Beispiel der Zugang zu einem Betriebskindergarten oder zu anderen Sozialeinrichtungen sowie zu verbilligten Arbeitgeberdarlehen eine nicht teilbare geldwerte Leistungen dar.[769]

Eine Option verleiht das Recht, eine bestimmte Anzahl von Aktien zu erwerben. Dieses Recht wird den Mitarbeitern entweder unentgeltlich oder zu Konditionen eingeräumt, die günstiger als die marktüblichen sind. Die Optionseinräumung ist damit dem Zugang zu einem verbilligten Arbeitgeberdarlehen vergleichbar: Die vergünstigte Einräumung des Rechts selbst ist nicht teilbar: Entweder gewährt der Arbeitgeber seinem Mitarbeiter kostengünstig das Recht, einen Vertrag über den Bezug von Aktien durch spätere einseitige Erklärung zustande zu

767 Vgl. oben Zweiter Teil B. II. 1. b) bb) (1).
768 Palandt/Heinrichs, § 266 Rn. 3, Staudinger/Selb, § 266 Rn. 3.
769 Schiefer, S. 14; Meinel/Heyn/Herms, § 4 Rn. 43.

bringen, oder er gewährt dieses Recht nicht. Ein „halbes“ Bezugsrecht gibt es nicht. Erst die Übertragung der Aktien auf den Mitarbeiter nach Ausübung der Option kann als teilbare Leistung eingeordnet werden. Die Einräumung einer Aktienoption stellt damit weder Entgelt noch eine sonstige teilbare Leistung im Sinne von § 4 Abs. 2 S. 2 TzBfG dar.[770] Die unterschiedliche Bedeutung der Einräumung von Aktienoptionen für befristet und unbefristet angestellte Mitarbeiter ist damit anhand des allgemeinen Verbots unsachlicher Differenzierungen nach § 4 Abs. 2 S. 1 TzBfG zu überprüfen.

3. Ungleichbehandlung und Kausalitätserfordernis gemäß § 4 Abs. 2 S. 1 TzBfG

Gemäß § 4 Abs. 2 S. 1 TzBfG ist eine unterschiedliche Behandlung befristet beschäftigter Arbeitnehmer, die wegen der Befristung des Arbeitsvertrages erfolgt, nur dann zulässig, wenn ein sachlicher Grund für die Ungleichbehandlung gegenüber vergleichbaren unbefristet Beschäftigten vorliegt. Die Abgrenzung von Ungleichbehandlung, Kausalitätserfordernis und sachlicher Rechtfertigung ist fließend.[771] Beruht die Ungleichbehandlung allein auf der Befristung des Anstellungsvertrages, liegt grundsätzlich keine sachliche Rechtfertigung vor. Erfolgt die Ungleichbehandlung nicht (nur) aufgrund der unterschiedlichen Länge der Anstellungsverhältnisse, kann der (weitere) Grund durchaus ein sachlicher Grund im Sinne von § 4 Abs. 2 S. 1 TzBfG sein.[772]

Nach der Rechtsprechung stellt das Kausalitätserfordernis eine eher formelle Tatbestandsvoraussetzung dar. Im Hinblick auf die Ungleichbehandlung Teilzeitbeschäftigter hat das *Bundesarbeitsgericht* entschieden, dass eine Ungleichbehandlung „wegen der Teilzeitarbeit“ immer dann vorliege, wenn zur Unterscheidung an die Dauer der Arbeitszeit angeknüpft werde.[773] Auf den Fall der befristeten Beschäftigung übertragen ist das Kausalitätserfordernis erfüllt, wenn die differenzierende Behandlung an die Befristung als solche anknüpft. Im Rahmen von Verfallklauseln ist entscheidend, ob ein unbefristet Beschäftigter,

---

770 A.A. Lück, S. 99, der Aktienoptionen ebenso wie Personalrabatte als andere teilbare geldwerte Leistung wertet, wenn die Optionen in bestimmten Bemessungszeiträumen gewährt werden; wohl auch Mohr/Bihn, Handbuch Stock Options, N III 7 Rn. 924 ff., die das Vorliegen eines sachlichen Grundes im Rahmen von § 4 Abs. 2 S. 2 TzBfG prüfen.

771 Meinel/Heyn/Herms, § 4 Rn. 27; BAGE 91, 262, 268 mwN.

772 Vor diesem Hintergrund tritt das Merkmal der Ungleichbehandlung befristet Beschäftigter hinter das Kausalitätserfordernis zurück, vgl. Schüren in: Münchener Handbuch zum Arbeitsrecht, Ergänzungsband, § 161 Rn. 55 zum Teilzeit-Anstellungsverhältnis.

773 BAGE 91, 262, 268.

der zum selben Zeitpunkt wie der befristet Beschäftigte aus dem Anstellungsverhältnis ausscheidet, anders behandelt wird.[774] Ist dies nicht der Fall und trifft die Stichtagsregelung auf beide zu, liegt keine Ungleichbehandlung vor; die Behandlung knüpft außerdem nicht an die Befristung als solche an, sondern an die Beendigung des Anstellungsverhältnisses zu einem bestimmten Zeitpunkt – gleich aus welchem Grund.

So liegt der Fall auch bei Klauseln, nach denen Optionen aufgrund der Beendigung des Anstellungsverhältnisses verfallen. Ob das Anstellungsverhältnis wegen einer von vornherein vereinbarten Befristung oder aus sonstigem Grund endet, ist für das Eingreifen der Verfallabrede nicht maßgeblich.[775] Setzt eine freiwillige zusätzliche Leistung des Arbeitgebers voraus, dass das Anstellungsverhältnis zu einem bestimmten Zeitpunkt besteht und gilt dies für alle Mitarbeiter, liegt kein Verstoß gegen § 4 Abs. 2 S. 1 TzBfG vor.[776]

IX. Missverhältnis zwischen Leistung und Gegenleistung im Sinne von § 138 Abs. 2 BGB?

Die Vereinbarung langer Wartefristen mit entsprechender Verfallmöglichkeit wirkt sich negativ auf den Wert von Aktienoptionen aus. Dies gilt insbesondere dann, wenn im Hinblick auf die Position des Mitarbeiters und seine berufliche Entwicklung ein Wechsel des Anstellungsverhältnisses nach gewisser Zeit üblich ist. Hängt ein Vergütungsbestandteil von einer bestimmten Dauer der Betriebszugehörigkeit ab, wird vertreten, dass zwischen der Länge des für den Bezug des Vergütungsbestandteils relevanten Dienstleistungszeitraums und der Höhe des durch ein vorzeitiges Ausscheiden eintretenden Vergütungsverlustes kein Missverhältnis bestehen dürfe.[777] Unter diesem Gesichtspunkt kommt auch bei Verfallklauseln eine Überprüfung anhand von § 138 BGB auf ein auffälliges Missverhältnis zwischen Leistung und Gegenleistung in Betracht.

Ein Missverhältnis im Sinne von § 138 Abs. 2 BGB liegt nicht bereits dann vor, wenn den Mitarbeiter aufgrund der Verfallklausel ein gewisses Verdienstrisiko trifft. Zwar wird ein Arbeitnehmer – anders als ein selbständiger Dienstverpflichteter – als Glied einer fremden Organisation in persönlicher Abhängigkeit tätig. Er trägt damit grundsätzlich nicht die wirtschaftlichen Risiken und Chan-

774 Ring, § 4 Rn. 33.
775 Im Ergebnis auch Lück, S. 100, unter Hinweis darauf, dass der Grund für die unterschiedliche Behandlung „befristungsneutral" sei.
776 Ring, § 4 Rn. 33.
777 Kittner in: Kittner/Däubler/Zwanziger, Einleitung Rn. 791.

cen seiner Tätigkeit. Allerdings ist als Ausdruck der unternehmerischen Freiheit das Interesse des Arbeitgebers an einem Vergütungsinstrumentarium anzuerkennen, mit dem er die Betriebstreue seiner Mitarbeiter honorieren kann.

Steht dem Verdienstrisiko eine entsprechende, tatsächlich realisierbare Verdienstchance gegenüber, besteht außerdem kein Missverhältnis zwischen Leistung und Gegenleistung.[778] Dem Risiko, die Aktienoptionen durch vorzeitiges Ausscheiden aus dem Anstellungsverhältnis zu verlieren, steht die Möglichkeit ihrer Realisierung bei Fortführen des Anstellungsverhältnisses und Erreichen der übrigen Ausübungshürden gegenüber. Der Mitarbeiter ist in seiner Entscheidung frei, das Anstellungsverhältnis erst nach Ausübungsreife zu beenden und die Optionen noch rechtzeitig vor Beendigung des Anstellungsverhältnisses auszuüben. Umgekehrt steht die Entscheidung des Arbeitgebers, das Anstellungsverhältnis zu beenden, nicht in seinem Belieben, sondern ist durch die strengen Regelungen zum Kündigungsschutz begrenzt.[779]

X. Verfall bei Kündigung der Gesellschaft als Verstoß gegen §§ 620 Abs. 2, 622, 626 Abs. 1 BGB

Kündigt die Gesellschaft das Anstellungsverhältnis wirksam vor Ausübungsreife, ist ein Verfall unentgeltlicher Optionen regelmäßig zulässig. Eine wirksame Kündigung durch den Arbeitgeber stellt insbesondere regelmäßig kein treuwidriges Verhalten dar, das im Wege der Ausübungskontrolle gemäß §§ 242, 162 BGB als unzulässig zu qualifizieren wäre. Denn das Recht zur wirksamen Kündigung ist in § 1 KSchG, §§ 622, 626 BGB ausdrücklich verankert.[780] Insbesondere im Anwendungsbereich des Kündigungsschutzgesetzes wird eine wirksame Kündigung kaum als treuwidrige Verhinderung des Bedingungseintritts gewertet werden können. Rechtsfolge einer treuwidrigen Verhinderung des Be-

778 BAG AP Nr. 47 zu § 138 BGB; LAG Berlin AP Nr. 14 zu § 65 HGB; Preis in: Erfurter Kommentar, §§ 305-310 BGB Rn. 79; Röder/Göpfert, BB 2001, 2002, 2005; Gotthardt, Rn. 321.

779 Die sachlichen Anwendungsvoraussetzungen von § 23 KSchG sind bei Unternehmen, die Aktienoptionsprogramme entweder selbst auflegen oder die Teilnahme am Programm einer Konzerngesellschaft ermöglichen, regelmäßig erfüllt; zur Sittenwidrigkeit wegen unzulässiger Überwälzung des Unternehmerrisikos durch Gewährung von Optionen allgemein vgl. Lück, S. 153 ff; ein weitergehender Vermögensverlust, wie der Verlust eines umgewandelten festen Gehaltsbestandteils, steht allerdings mit dem erforderlichen Gleichgewicht von Chance und Risiko nicht im Einklang.

780 Mechlem/Melms, DB 2000, 1614, 1615; Lingemann/Diller/Mengel, NZA 2000, 1191, 1196; Lembke, BB 2001, 1469, 1474; Maletzky, NZG 2003, 715, 716; jeweils unter Berufung auf die Rechtsprechung zum Verlust von Sonderleistungen; a.A. für die betriebsbedingte Kündigung Busch, BB 2000, 1294, 1296.

dingungseintritts wäre im Übrigen nicht die Unwirksamkeit der Klausel; vielmehr würde die Bedingung, der Fortbestand des Arbeitsverhältnisses, zumindest im Hinblick auf diesen Beendigungsgrund als eingetreten gelten.

Ein Verfall nach Ausübungsreife infolge Arbeitgeberkündigung verstößt bei Mitarbeitern ohne maßgeblichen Einfluss auf die Entwicklung des „Shareholder Value" allerdings gegen die §§ 620 Abs. 2, 622, 626 Abs. 1 BGB: Die Kündigung stellt eine rechtsgestaltende Willenserklärung dar, die das Arbeitsverhältnis nur mit Wirkung für die Zukunft, ggf. unter Einhaltung einer Kündigungsfrist, auflösen kann.[781] Die Kündigung kann das Anstellungsverhältnis daher nicht mit Wirkung für die Vergangenheit beenden; Pflichten zur Rückabwicklung des vollzogenen Arbeitsverhältnisses kommen nicht in Betracht. Eine Kündigung der Gesellschaft kann damit auch keinen Eingriff in bereits erdientes Gehalt des Mitarbeiters rechtfertigen. Da Mitarbeitern ohne maßgeblichen Einfluss auf die Entwicklung des „Shareholder Value" die Option mit Ausübungsreife nicht mehr entzogen werden kann, verstößt eine Verfallvereinbarung insoweit gegen §§ 620 Abs. 2, 622, 626 Abs. 1 BGB. Dasselbe gilt für entgeltlich gewährte Optionen, soweit die Verfallklausel keine Rückzahlungs- bzw. Rückwandlungsvereinbarung vorsieht. Die Kündigung als auf das Anstellungsverhältnis bezogene Gestaltungserklärung rechtfertigt keinen Eingriff in das Vermögen der Mitarbeiter.

XI. Verfall bei Betriebsübergang als Verstoß gegen § 613 a Abs. 1 BGB?

Optionsbedingungen können ausdrücklich regeln, welche Folgen ein Betriebsübergang für die Optionsgewährung haben soll. Denkbar ist eine Regelung, die den Verfall der Optionen im Zeitpunkt des Betriebsübergangs[782] oder die Begrenzung des Ausübungsrechts auf einen bestimmten Zeitraum, z.B. das nächste Ausübungsfenster, vorsieht.[783] Für den Fall eines Betriebsübergangs infolge Umwandlung ist eine Regelung möglich, nach der das Bezugsrecht auf die untergegangenen Aktien durch ein Recht auf den Bezug der ggf. an ihre Stelle ge-

---

781 Linck in: Arbeitsrechtshandbuch, § 123 Rn. 1; Schwerdtner in: Münchener Kommentar zum BGB, Vor § 620 Rn. 63 mwN.

782 Mohr/Bihn in: Handbuch Stock Options, VI 2 Rn. 1063; Bauer/Göpfert/von Steinau-Steinrück, ZIP 2001, 1129; Tappert, NZA 2002, 1188, 1192, unter Hinweis auf Verfallklauseln in angelsächsischen Aktienoptionsprogrammen.

783 So die Optionsbedingungen bei Achleitner/Wollmert, Stock Option-Plan (Muster I), § 7 (2) (i); auch Schnitker/Grau, BB 2002, 2497, 2502, schlagen für ausübungsreife Optionen eine solche Regelung vor.

tretenen Beteiligungsrechte ersetzt wird.[784] In Betracht kommt auch, dass der Fall eines Betriebsübergangs nicht ausdrücklich geregelt, aber im Wege der ergänzenden Vertragsauslegung von einer Klausel mit erfasst wird, die generell einen Optionsverfall bei Beendigung des Anstellungsverhältnisses vorsieht.[785] Denn obwohl das Arbeitsverhältnis in seinem Fortbestand und Inhalt nach § 613 a BGB geschützt wird, führt der Betriebsübergang dazu, dass der betriebsveräußernde Arbeitgeber aus dem Arbeitsverhältnis mit dem Arbeitnehmer ausscheidet und die bisherige arbeitsvertragliche Beziehung zwischen beiden endet.[786]

Problematisch ist, ob der Verfall von Optionen infolge eines Betriebsübergangs mit § 613 a Abs. 1 S. 1 BGB in Einklang steht. Als Rechtsfolge eines Betriebsübergangs sieht § 613 a Abs. 1 S. 1 BGB vor, dass der Betriebserwerber in die Rechte und Pflichten aus den bestehenden Arbeitsverhältnissen eintritt. So hat der neue Betriebsinhaber z.B. das mit dem bisherigen Arbeitgeber vereinbarte Arbeitsentgelt zu zahlen; damit korrespondiert das Recht, vom Arbeitnehmer die geschuldete Arbeitsleistung zu verlangen. Der Übergang kann allerdings dann zu Problemen führen, wenn die Rechte und Pflichten auf die besonderen Verhältnisse des Betriebsveräußerers zugeschnitten sind und diese weder auf den Betriebserwerber übergehen noch in vergleichbarer Form bei ihm vorliegen.

§ 613 a BGB stellt zwingendes Recht dar, die Rechtsfolgen der Vorschrift können nicht zu Lasten des Arbeitnehmers ausgeschlossen oder abgeändert werden.[787] Trotz ihres Charakters als gemischter Vertrag ist § 613 a BGB auf die Optionsvereinbarung damit grundsätzlich anwendbar.[788]

---

784 Janssen in: Harrer, Annex: Mustervereinbarung § 4 Abs. 4; § 6 (1) der Optionsvereinbarung von Bredow, DStR 1998, 380, 382.

785 Bauer/Göpfert/von Steinau-Steinrück, ZIP 2001, 1129, 1132; Schnitker/Grau, BB 2002, 2497, 2499; zweifelnd Nehls/Sudmeyer, ZIP 2002, 201, 205.

786 Vgl. BAG AP Nr. 125 zu § 4 TVG Ausschlussfristen zur Erstreckung einer allgemeinen Ausschlussfrist auf den Fall eines Betriebsübergangs.

787 BAG AP Nr. 2, 27 zu § 613 a BGB; BAG AP Nr. 14 zu § 1 BetrAVG Betriebsveräußerung; Preis in: Erfurter Kommentar, § 613 a BGB Rn. 82; Staudinger/Richardi/Annuß, § 613 a Rn. 31.

788 Stehen optionsbezogene Verfallklauseln im Einklang mit § 613 a Abs. 1 S. 1 BGB, bedarf es keiner Entscheidung, ob auch die Anstellungsverhältnisse von Vorstandsmitgliedern von § 613 a BGB (analog) erfasst werden; ablehnend BAG AP Nr. 24 zu § 611 BGB Organvertreter.

1. Stand der Rechtsprechung und Literatur

Für die Beurteilung einer optionsbezogenen Verfallklausel anhand von § 613 a BGB stellen Literatur und Rechtsprechung entscheidend darauf ab, ob es sich bei Optionen um Rechte aus dem Arbeitsverhältnis im Sinne von § 613 a BGB handelt.

a) Kauf- bzw. gesellschaftsrechtlicher Charakter der Optionsgewährung

Einige Stimmen in der Literatur gehen davon aus, dass Aktienoptionen keine Rechte aus dem Arbeitsverhältnis im Sinne von § 613 a Abs. 1 S. 1 BGB begründen:[789] Der auf die Gewährung von Optionen gerichtete Vertrag sei nach Ansicht von *Bauer/Göpfert/von Steinau-Steinrück* kaufrechtlich bzw. gesellschaftsrechtlich zu qualifizieren; die Optionen würden aufgrund besonderen Rechtsakts allenfalls „im Zusammenhang mit dem Arbeitsverhältnis", jedoch nicht „aus dem Arbeitsverhältnis" gewährt.[790] Nach *Picot/Schnitker* ergebe eine Auslegung des Optionsprogramms, ob die Optionsgewährung Bestandteil des Arbeitsvertrags oder auf einer anderweitigen zivilrechtlichen Basis erfolgt sei. Um Rechte aus einem Arbeitsverhältnis im Sinne von § 613 a Abs. 1 S. 1 BGB handele es sich, wenn die Optionen als Vergütung bezeichnet oder durch Gehaltsumwandlung oder -verzicht erkauft würden.[791] Ähnlich differenzieren *Urban-Crell/Manger*: Hätten die Optionen ihre unmittelbare vertragliche Grundlage im Arbeitsvertrag oder in einer Betriebsvereinbarung, seien sie Rechte aus dem Arbeitsverhältnis im Sinne von § 613 a BGB.[792]

Fuchs unterscheidet im Hinblick auf § 613 a Abs. 1 S. 1 BGB zwischen den Rechten aus einem bereits zustande gekommenen Bezugsvertrag und dem vorgelagerten Anspruch auf Einräumung einer Beteiligung.[793] Er stuft den auf den Erwerb einer gesellschaftsrechtlichen Beteiligung gerichteten Vertrag zwar nicht wie *Bauer/Göpfert/von Steinau-Steinrück* als eindeutig gesellschafts- oder kaufrechtlichen Vertrag, sondern als gemischten Vertrag ein. Das auf den Betei-

---

789 Bauer/Göpfert/von Steinau-Steinrück, ZIP 2001, 1229, 1130 f.; Bauer/von Steinau-Steinrück in: Hölters, Teil V Rn. 178.

790 Bauer/Göpfert/von Steinau-Steinrück, ZIP 2001, 1229, 1131.

791 Picot/Schnitker, Teil I Rn. 218; ähnlich formal unterscheiden Urban-Crell/Manger, NJW 2004, 125, 127, nach denen ein eigenständiger Aktienoptionsvertrag nicht vom Betriebsübergang berührt werde, die unmittelbar im Arbeitsvertrag oder einer Betriebsvereinbarung begründete Optionszusage hingegen als „Recht aus dem Arbeitsverhältnis" zu qualifizieren sei.

792 Urban-Crell/Manger, NJW 2004, 125, 127.

793 Fuchs, S. 137 ff.

ligungserwerb gerichtete Moment überwiege allerdings im Verhältnis zum arbeitsrechtlichen Charakter, wenn der Arbeitnehmer über seine Arbeitsleistung hinaus eine weitere Leistung erbringe, z.B. eine Geldzahlung, um die Beteiligung zu erlangen. Rechte aus solchen Bezugsverträgen gingen daher nicht nach § 613 a Abs. 1 S. 1 BGB auf den Erwerber über.[794] Anders beurteilt *Fuchs* Ansprüche auf Einräumung einer Beteiligung, wenn ein Bezugsvertrag noch nicht zustande gekommen ist. Das Recht zum Bezug von Aktien werde grundsätzlich vom Betriebsübergang erfasst; es könne allerdings aufgrund des „Identitätserfordernisses“[795] nach dem Betriebsübergang lediglich auf die Verschaffung von Aktien des Betriebserwerbers als Arbeitgeber gerichtet sein. Trotz dieser Einstufung von Bezugsrechten als übergangsfähige Rechte aus dem Arbeitsverhältnis lehnt *Fuchs* im Ergebnis allerdings eine entsprechende Verpflichtung des Betriebserwerbers unter Hinweis auf Art. 14 Abs. 1 GG und eine verfassungskonforme Auslegung von § 613 a Abs. 1 S. 1 BGB ab.[796]

Das Bundesarbeitsgericht hat bisher über die Anwendbarkeit von § 613 a BGB lediglich in dem Fall entschieden, dass Optionen auf Aktien der Konzernmutter aufgrund Vereinbarung zwischen Konzernmutter und den Mitarbeitern der Tochtergesellschaft gewährt wurden. Das Gericht differenziert in seiner Entscheidung anhand der formalen Kriterien der Arbeitgeberstellung und des Arbeitsverhältnisses: § 613 a BGB erfasse ausschließlich die arbeitsvertragliche Beziehung des Betriebsveräußerers, nicht jedoch (sonstige) vertragliche Beziehungen zwischen seinen Mitarbeitern und Dritten.[797] Eine zwischen Konzernmutter und Mitarbeitern der Tochtergesellschaft geschlossene Optionsvereinbarung stehe selbständig neben dem Arbeitsvertrag mit der Tochtergesellschaft; dies gelte jedenfalls dann, wenn der Anstellungsvertrag keinen ausdrücklichen Bezug auf den Optionsplan der Konzernmutter enthalte.[798] Über die Anwendbarkeit von § 613 a BGB auf Optionen, die direkt vom Arbeitgeber aufgrund Vereinbarung mit seinen Mitarbeitern gewährt werden, hat das Bundesarbeitsgericht bislang nicht entschieden. Allerdings hat das Gericht in seiner Entscheidung zur Optionsgewährung durch die Konzernmutter ausgeführt, dass es auch möglich sei, Optionen arbeitsvertraglich als Teil der geschuldeten Vergütung zu vereinbaren.[799]

794 Fuchs, S. 137 f.
795 Fuchs, S. 85 ff.
796 Fuchs, S. 138 ff.
797 BAG AP Nr. 243 zu § 613 a BGB.
798 BAG AP Nr. 243 zu § 613 a BGB.
799 BAG AP Nr. 243 zu § 613 a BGB.

b) Optionen als arbeitsvertragliches Entgelt

Den bedingungslosen Übergang von Aktienoptionen gemäß § 613 a Abs. 1 S. 1 BGB vertritt *Tappert* mit dem Vorrang des Europarechts und den § 613 a BGB zugrunde liegenden Richtlinien: § 613 a Abs. 1 S. 1 BGB sei europarechtskonform in der Weise auszulegen, dass Aktienoptionen als arbeitsvertragliche entgeltliche Rechte zu schützen seien und daher auf den Erwerber übergingen.[800] Auch *Lembke* stellt entscheidend auf den Entgeltcharakter von Aktienoptionen ab: Der schuldrechtliche Charakter der Aktienoption als mehrfach befristeter und bedingter Aktienkaufvertrag werde durch die arbeitsrechtliche Rechtsnatur überlagert. Da der neue Betriebsinhaber dieselbe Vergütung zu zahlen habe wie der alte, trete er gemäß § 613 a Abs. 1 S. 1 BGB in die Rechte hinsichtlich der gewährten und zukünftig zu gewährenden Aktienoptionen ein.[801] *Willemsen* geht von einem ersatzlosen Verfall der Aktienoptionen aus, soweit sie eine unwesentliche Zusatzleistung zum Zweck der allgemeinen Mitarbeitermotivation darstellten.[802] Machten Aktienoptionen einen wesentlichen Bestandteil der Gesamtvergütung von 25 % und mehr aus, seien aufgrund des in § 613 a Abs. 1 S. 1 BGB niedergelegten Prinzips der Vertragskontinuität vorrangig wesensgleiche oder ähnliche Berechtigungen einzuräumen.[803]

c) Differenzierung nach den Stadien des Optionsprogrammes

Die Anwendbarkeit von § 613 a Abs. 1 S. 1 BGB wird teilweise differenzierend in Abhängigkeit vom Stadium beurteilt, in dem sich das Aktienoptionsprogramm beim Betriebsübergang befindet: So qualifizieren *Schnitker/Grau* noch nicht ausübungsreife Optionen als übergangsfähige arbeitsvertragliche Rechte. Dies folge zum einen aus dem Vergütungscharakter von Aktienoptionen. Zum anderen stellten Optionen Rechte aus dem Arbeitsverhältnis im Sinne von § 613 a Abs. 1 S. 1 BGB dar, da die Optionszusage aufgrund von Bindungs- und Verfallklauseln an das Bestehen des Arbeitsverhältnisses gekoppelt sei.[804] Bereits ausübungsreife Optionen hingegen seien nicht übergangsfähig: Zwischen Mitarbeiter und Gesellschaft komme nach Überwinden der Ausübungs-

---

800 Tappert, NZA 2002, 1188, 1191 f.

801 Lembke, BB 2001, 1469, 1474.

802 Willemsen in: Willemsen/Hohenstatt/Schweibert/Seibt, G Rn. 185.

803 Willemsen in: Willemsen/Hohenstatt/Schweibert/Seibt, G Rn. 185; derselbe in: Festschrift Wiedemann, S. 652, für einen Übergang ohne weitere Differenzierung von arbeitsvertraglichen „Zuwendungselementen" in Sondervertragsverhältnissen; ähnlich auch Tepass/Lenzen in: Harrer, S. 135, für den Fall, dass die Optionen „einen wesentlichen Vergütungsbestandteil darstellen" oder der Arbeitnehmer mit seiner Arbeitsleistung die Ausübbarkeit der Optionen beeinflussen kann.

804 Schnittker/Grau, BB 2002, 2497, 2498.

hürden und nach Optionsausübung als Annahmeerklärung des Mitarbeiters ein Aktienkaufvertrag zustande. Dieser stelle kein übergangsfähiges arbeitsvertragliches Rechtsverhältnis im Sinne von § 613 a Abs. 1 S. 1 BGB dar. Aber auch vor Annahmeerklärung durch den Mitarbeiter werde die Option aus dem arbeitsvertraglichen Zusammenhang gelöst und wandle sich nach Eintritt der Ausübungsreife in ein kauf- bzw. aktienrechtliches Rechtsverhältnis um. Aus Arbeitgebersicht seien ab diesem Zeitpunkt alle für das Zustandekommen des Kaufvertrages erforderlichen Bedingungen erfüllt; der begünstigte Arbeitnehmer verfüge nach Eintritt der Ausübungsvoraussetzungen über ein unbedingtes Angebot auf Abschluss eines Aktienkaufvertrages. Mitarbeiter und Arbeitgeber stünden sich wie Käufer und Verkäufer gegenüber.[805]

Einen ähnlichen Ansatz verfolgen *Nehls/Sudmeyer*: Allerdings differenzieren sie in Abhängigkeit von einem noch früheren Stadium des Optionsprogramms: Bestehe im Zeitpunkt des Betriebsübergangs eine noch nicht erfüllte arbeitsvertragliche Zusage auf Gewährung von Optionen, müsse diese übergehen. Sei jedoch bereits ein Optionsvertrag geschlossen, blieben die Rechte und Pflichten aus diesem Rechtsverhältnis vom Betriebsübergang unberührt.[806] Auch *Willemsen* vertritt, dass lediglich die der Optionsgewährung zugrunde liegende Zusage des Arbeitgebers als Teil des Arbeitsvertrags gemäß § 613 a BGB auf den Betriebserwerber überginge.[807] *Lück* unterscheidet ebenfalls zwischen einem arbeitsvertraglichen Anspruch auf die Gewährung von Optionen und dem Anspruch aus der Optionsgewährung selbst.[808] Anders als *Nehls/Sudmeyer* und *Willemsen* bejaht er jedoch bei beiden Ansprüchen den Charakter als „Rechte aus dem Arbeitsverhältnis“ im Sinne von § 613 a Abs. 1 S. 1 BGB.[809] Lediglich soweit Optionen als freiwillige Zusatzleistung gewährt würden bzw. der Betriebsveräußerer einen Freiwilligkeitsvorbehalt erklärt habe, komme mangels Anspruchsqualität ein Übergang nicht in Frage.[810]

Zum Teil abweichend differenzieren *Mechlem/Melms*: Werde der Betrieb vor Ablauf der Wartezeit übertragen, sei ein Verfall zulässig; nach Ablauf der Wartezeit, aber vor Ausübung der Optionen hingegen müssten diese im Hinblick auf

805 Schnittker/Grau, BB 2002, 2497, 2499; so auch Tepass/Lenzen in: Harrer, S. 135, allerdings mit der in Fn. 803 genannten Ausnahme.
806 Nehls/Sudmeyer, ZIP 2002, 201, 202 ff.
807 Willemsen in: Willemsen/Hohenstatt/Schweibert/Seibt, G Rn. 196; ähnlich Willemsen/Müller-Bonanni, ZIP 2003, 1177, 1180.
808 Lück, S. 203.
809 Lück, S. 205 f., S. 219 ff.
810 Lück, S. 203.

die Kontinuitätsfunktion des § 613 a Abs. 1 S. 1 BGB zumindest bis zum nächsten Ausübungsfenster ausübbar sein.[811] Nicht klar ist dabei, ob *Mechlem/Melms* den Betriebsveräußerer oder -erwerber verpflichtet sehen.

2. Auslegung von § 613 a Abs. 1 S. 1 BGB – Rechte aus dem Arbeitsverhältnis

Ob die durch eine Optionsvereinbarung begründeten Rechte solche aus einem Arbeitsverhältnis im Sinne von § 613 a Abs. 1 S. 1 BGB sind, ist durch Auslegung der Vorschrift zu ermitteln.

a) Keine europarechtlichen Vorgaben für die Auslegung

Die Wahrung von Ansprüchen der Arbeitnehmer im Falle eines Betriebsüberganges ist nicht nur in § 613 a BGB geregelt, sondern auch europarechtlich durch die Richtlinie 2001/23/EG zur Angleichung der Rechtsvorschriften der Mitgliedstaaten über die Wahrung von Ansprüchen der Arbeitnehmer beim Übergang von Unternehmen, Betrieben oder Unternehmens- oder Betriebsteilen.[812] Soweit nationales Recht auf europarechtlichen Vorgaben beruht, sind bei der Auslegung des nationalen Rechts Wortlaut und Zweck der europäischen Rechtsvorschriften von entscheidender Bedeutung.[813] Vor diesem Hintergrund ist auch § 613 a BGB europarechtskonform auszulegen.[814] *Tappert* vertritt daher die Ansicht, dass der Option gemäß dem Grundsatz „in dubio pro communitate" größtmöglicher Schutz zukommen müsse.[815]

Die Richtlinie 2001/23/EG basiert gemäß Absatz 3 ihrer Präambel u.a. auf der Überlegung, dass die Arbeitnehmer eines Unternehmens bzw. Betriebs bei einem Inhaberwechsel geschützt und ihre Ansprüche gewahrt werden sollen. Zu diesem Zweck sieht Artikel 3 Absatz 1 der Richtlinie vor, dass die Rechte und Pflichten des Veräußerers aus einem zum Zeitpunkt des Übergangs bestehenden Arbeitsvertrag oder Arbeitsverhältnis auf den Erwerber übergehen. Allerdings

---

811 Mechlem/Melms, DB 2000, 1614, 1616.

812 Richtlinie 2001/23/EG, ABl. EG Nr. L 82/16 vom 22.03.2002; konsolidierte Fassung der RL 77/187/EWG vom 14.02.1977, ABl. EG Nr. L 61/26 vom 5.03.1977, geändert durch EG-RL 98/50 vom 29.06.1998, ABl. EG Nr. L 201/88 vom 17.07.1998.

813 EuGH, Urt. v. 13.11.1990 – Rs C-106/89, Slg. 1990 I-4156, 4159; EuGH, Urt. v. 14.7.1994 – Rs C-91/92, Slg. 1994 I-3347, 3357; BAGE 61, 209, 214; 71, 195, 205; AP Nr. 5 zu § 87 BetrVG 1972 Gesundheitsschutz; Fuchs, S. 60; Tappert, NZA 2002, 1188, 1192; Wank in: Hanau/Steinmeyer/Wank, § 9 Rn. 261 ff.

814 Preis in: Erfurter Kommentar, § 613 a BGB Rn. 1; Staudinger/Richardi/Annuß, § 613 a Rn. 37.

815 Tappert, NZA 2002, 1188, 1191 f.

bleibt gemäß Artikel 2 Absatz 2 der Richtlinie das einzelstaatliche Recht in Bezug auf die Bestimmung der Begriffe des Arbeitsvertrages oder des Arbeitsverhältnisses ausdrücklich unberührt. Für die Auslegung der Begriffe des Arbeitsverhältnisses bzw. der aus diesem herrührenden Rechte im Sinne von § 613 a Abs. 1 S. 1 BGB bestehen also keine europarechtlichen Vorgaben.

b) Vergleich mit dem Wortlaut anderer arbeitsrechtlicher Vorschriften

Der weit gefasste Terminus der „Rechte aus dem Arbeitsverhältnis" zeigt, dass sich der Übergang über die Rechte aus dem eigentlichen Arbeitsvertrag hinaus auf weitere Rechte erstrecken kann. Der Begriff ist weder in § 613 a Abs. 1 BGB noch an anderer Stelle gesetzlich definiert. Denkbar ist, dass die Verwendung ähnlicher Begriffe in anderen Vorschriften Rückschlüsse ermöglicht.

§ 2 ArbGG unterscheidet für die Zuständigkeit der Arbeitsgerichte in Urteilsverfahren u.a. zwischen Rechtsstreitigkeiten aus dem Arbeitsverhältnis im Sinne von § 2 Abs. 1 Nr. 3 a ArbGG und solchen, die gemäß § 2 Abs. 1 Nr. 4 a ArbGG in rechtlichem oder unmittelbarem wirtschaftlichen Zusammenhang zum Arbeitsverhältnis stehen. Ansprüche, die in wirtschaftlichem Zusammenhang zum Arbeitsverhältnis stehen, sind solche, die zwar nicht ihren unmittelbaren Rechtsgrund, aber zumindest ihre Grundlage im Austauschverhältnis von Arbeit und Entgelt haben.[816] Als derartige Zusammenhanganspruche sind besondere Leistungen des Arbeitgebers wie z.B. die Möglichkeit zum verbilligten Einkauf, die Bezahlung einer privaten Unfallversicherung oder die Gewährung eines Arbeitgeberdarlehens anerkannt.[817] Diese Differenzierung spricht für eine enge Auslegung des Begriffs „aus dem Arbeitsverhältnis"[818] und möglicherweise gegen eine Einstufung von Optionen als übergangsfähige Rechte.

Allerdings legen im Gegensatz zu § 2 ArbGG die Formulierungen anderer Vorschriften eine weniger enge Auslegung des Begriffs nahe: § 1 BetrAVG verwendet den Begriff „aus Anlass des Arbeitsverhältnisses" zugesagter Leistungen. § 1 BetrAVG unterscheidet damit zwischen Rechten aus dem Arbeitsverhältnis und sonstigen Rechten, deren Begründung durch das Arbeitsverhältnis lediglich motiviert ist. Allerdings besteht Einigkeit, dass selbst Versorgungsan-

---

816 Matthes in: Germelmann/Matthes/Prütting/Müller-Glöge, § 2 Rn. 85.

817 LAG Saarland LAGE § 9 AGBG Nr. 1; Matthes in: Germelmann/Matthes/Prütting/Müller-Glöge, § 2 Rn. 85; Ostrowicz/Künzl/Schäfer, 1.2.5.

818 Zur Überflüssigkeit der Differenzierung Grunsky, § 2 Rn. 110, der bereits durch den Terminus „aus dem Arbeitsverhältnis" alle Rechtsstreitigkeiten lückenlos für abgedeckt hält.

wartschaften, die „aus Anlass des Arbeitsverhältnisses" im Sinne von § 1 BetrAVG vom Betriebsveräußerer eingeräumt werden, gemäß § 613 a Abs. 1 S. 1 BGB als Rechte „aus dem Arbeitsverhältnis" auf den Betriebserwerber übergehen können.[819] § 14 SGB IV verwendet den Begriff der Einnahmen aus einer Beschäftigung. Auch dieser Begriff wird weit verstanden: Er umfasst alle Einnahmen bzw. geldwerten Vorteile, die mit dem Beschäftigungsverhältnis in Zusammenhang stehen.[820] § 19 Abs. 1 EStG spricht von den Einkünften aus (nichtselbständiger) Arbeit. Darunter fallen alle Einnahmen in Geld oder Geldeswert, die durch das Arbeitsverhältnis veranlasst sind. Ein Vorteil ist durch das Arbeitsverhältnis veranlasst, wenn er sich im weitesten Sinne als Gegenleistung für das Zurverfügungstellen der Arbeitskraft des Arbeitnehmers erweist.[821] Der Begriff der Einkünfte aus (nichtselbständiger) Arbeit wird also weit gefasst. Allein aus dem Wortlautvergleich mit ähnlich formulierten Vorschriften lässt sich nicht sicher schließen, wie eng oder wie weit der Begriff der Rechte aus einem Arbeitsverhältnis im Sinne von § 613 a Abs. 1 BGB zu fassen ist.

c) Inhalt des Arbeitsverhältnisses

Das Arbeitsverhältnis als Rechtsbeziehung zwischen Arbeitgeber und Arbeitnehmer zielt als Dauerschuldverhältnis auf den Austausch von Arbeitsleistung und Vergütung.[822] Hauptpflicht des Arbeitgebers ist die im Gegenseitigkeitsverhältnis stehende Pflicht zur Zahlung der Arbeitsvergütung, d.h. zur Leistung eines geldwerten Vorteils, für die bereits empfangenen oder noch geschuldeten Leistungen des Arbeitnehmers.[823] Das Rechtsverhältnis zwischen Arbeitgeber und Arbeitnehmer ist aber auch bei sonstigen Leistungen betroffen, die der Arbeitgeber gerade in seiner Rechtsstellung als Dienstberechtigter dem Arbeitnehmer als Dienstverpflichtetem gewährt: So finden auch Entgeltleistungen im weiteren Sinn ihren Rechtsgrund im Arbeitsverhältnis[824] bzw. im Arbeitsver-

---

819 BAG AP Nr. 6 zu § 613 a BGB; BAG AP Nr. 7, 14 zu § 1 BetrAVG Betriebsveräußerung; Preis in: Erfurter Kommentar, § 613 a BGB Rn. 73.

820 Seewald in: Kasseler Kommentar zum Sozialversicherungsrecht, Band 1, § 14 SGB IV Rn. 8.

821 BFH BStBL. II 1988, 726, 728 mwN; Barein in: Littmann/Bitz/Pust, § 19 Rn. 139 f.

822 Leinemann in: Kasseler Handbuch zum Arbeitsrecht, Band 1, 1.1. Rn. 4 ff.; Schaub in: Arbeitsrechtshandbuch, § 29 Rn. 9 f., Müller-Glöge in: Münchener Kommentar zum BGB, § 611 Rn. 125 ff., mit Nachweisen zum Streit zwischen Vertrags- und Eingliederungstheorie; zum faktischen Arbeitsverhältnis Schaub in: Arbeitsrechtshandbuch, § 35.

823 Staudinger/Richardi, § 611 Rn. 549; Preis in: Erfurter Kommentar, § 611 BGB Rn. 487; Müller-Glöge in: Münchener Kommentar zum BGB, § 611 Rn. 334.

824 Söllner/Waltermann, S. 264; Schwerdtner, Gemeinsame Anmerkung zu BAG AP Nr. 83, 84 und 86 zu § 611 BGB Gratifikation; Preis in: Erfurter Kommentar, § 611

trag.[825] Neben der Pflicht zur Entgeltleistung obliegen dem Arbeitgeber Nebenpflichten in Gestalt von Fürsorge-, insbesondere Schutzpflichten.[826] Ihr Inhalt und ihre Reichweite bestimmen sich maßgeblich nach dem allgemeinen Zweck von Nebenpflichten, der in der Gewährleistung einer erfolgreichen Vertragsdurchführung liegt.[827]

aa) Option als Entgelt

Als Nebenpflicht, die das Interesse der anderen Vertragspartei an einer erfolgreichen Durchführung des Arbeitsvertrages gewährleisten soll, lässt sich die Einräumung einer Option nicht einstufen. Vor dem Hintergrund der Zweiteilung arbeitsvertraglicher Pflichten des Arbeitgebers ist die Option als Recht aus dem Arbeitsverhältnis zu qualifizieren, wenn sie einen Anspruch auf Entgelt darstellt. Problematisch ist in diesem Zusammenhang, ob die zu beziehenden Aktien oder möglicherweise bereits die Option Entgelt darstellen. Sollte ausschließlich die Option als Entgelt zu qualifizieren sein, würde der Entgeltanspruch mit Optionseinräumung gemäß § 362 Abs. 1 BGB erlöschen und könnte damit bei einem Betriebsinhaberwechsel nicht auf den Erwerber übergehen.[828]

Auf den ersten Blick spricht viel dafür, nicht die Einräumung der Option, sondern ausschließlich den vergünstigten Erwerb der Aktien als Entgelt anzusehen. Für den Mitarbeiter ist letztlich entscheidend, dass er in den verbilligten Genuss der Aktien kommt. Ist ihm am Ende der Programmlaufzeit eine Optionsausübung nicht möglich, steht er nicht anders als ohne Optionseinräumung. Dennoch ist mit der allgemeinen Ansicht bereits der Optionsgewährung Entgeltcharakter beizumessen:[829] Aufgrund der Ausgestaltung des Optionsprogramms

---

BGB Rn. 663, Rn. 665 zu den möglichen Anspruchsgrundlagen für Sondervergütungen.

825 Staudinger/Richardi, § 611 Rn. 555.

826 Schaub in: Arbeitsrechtshandbuch, § 108 Rn. 1; Preis in: Erfurter Kommentar, § 611 BGB Rn. 753; Blomeyer in: Münchener Handbuch zum Arbeitsrecht, Band 1, § 94 Rn. 1.

827 Preis in: Erfurter Kommentar, § 611 Rn. 760; Müller-Glöge in: Münchener Kommentar zum BGB, § 611 Rn. 404.

828 Nehls/Sudmeyer, ZIP 2002, 201, 204; Schnitker/Grau, BB 2002, 2497, 2498; genereller für die Einstufung von Ansprüchen auf Verschaffung einer Unternehmensbeteiligung als Rechte im Sinne von § 613 a Abs. 1 S. 1 BGB Fuchs, S. 138, der jedoch § 613 a BGB anschließend im Hinblick auf Art. 14 Abs. 1 GG verfassungskonform reduzieren will. Soweit der Anspruch auf Einräumung der Option allerdings noch nicht erfüllt wäre, würde es sich um ein Recht auf Entgelt und damit um ein Recht aus dem Arbeitsverhältnis im Sinne von § 613 a Abs. 1 S. 1 BGB handeln.

829 Nehls/Sudmeyer, ZIP 2002, 201, 202; Bauer/Göpfert/von Steinau-Steinrück, ZIP 2001, 1129, 1130; Tappert, NZA 2002, 1188, 1191 f; Schnitker/Grau, BB 2002, 2497, 2498;

stellt zwar allein die Einräumung der Option für den Mitarbeiter nicht sofort einen realisierbaren Vorteil dar: Regelmäßig sind die Optionen nicht rechtsgeschäftlich übertragbar und für den Mitarbeiter insoweit nicht nutzbar. Sind jedoch die Erfolgsziele und sonstigen Ausübungshindernisse überwunden, hängt der Anspruch des Mitarbeiters auf einen vergünstigten Bezug von Aktien nur noch von seiner Erklärung ab. Bereits diese Position ist wirtschaftlich vorteilhaft und bewertbar.[830] Deutlich ist der Entgeltcharakter der Option auch, wenn die Option infolge Gehaltsumwandlung an die Stelle eines festen Gehaltsbestandteils getreten ist.

Zwar stellt allein das Versprechen einer Leistung durch den Arbeitgeber noch kein Arbeitsentgelt dar.[831] Kein Entgelt ist daher das Versprechen, einen bestimmten Monatslohn, eine Gratifikation, Erfolgsprämie oder Urlaubsgeld zu bezahlen; erst die Zahlung selbst hat Entgeltcharakter. Die Optionseinräumung geht aber regelmäßig über ein solches Versprechen hinaus: Unabhängig von ihrer dogmatischen Begründung berechtigen Optionen den Mitarbeiter, unter bestimmten Voraussetzungen von der Gesellschaft Aktien zu beziehen; die Gesellschaft gibt ein entsprechendes Leistungsversprechen ab. Die Einräumung der Option hat aber regelmäßig zugleich Leistungscharakter: Steht dem Mitarbeiter ein Anspruch auf Optionseinräumung zu, stellt die Einräumung auch bereits die Erfüllung dieses Anspruchs dar.[832]

Gegen eine Qualifizierung der Option als Arbeitsentgelt und damit als Recht aus dem Arbeitsverhältnis im Sinne von § 613 a Abs. 1 S. 1 BGB spricht auch nicht die gegenteilige Einstufung im Einkommensteuerrecht: Bei Aktienoptionen fließt Arbeitslohn im Sinne von § 38 Abs. 2 S. 2 EStG dem steuerpflichtigen Mitarbeiter nach herrschender Ansicht erst zu, wenn die Option ausgeübt

---

Willemsen in: Willemsen/Hohenstatt/Schweibert/Seibt, Rn. 197; Picot/Schnitker, Teil I Rn. 212 ff.; Röller in: Küttner, Aktienoptionen (5) Rn. 8; Lembke, BB 2001, 1469, 1471; LG Stuttgart, DB 1997, 2421, 2422; auch Ziffer 4.2.3. des Kodizes der Kommission zur Unternehmensleitung und -überwachung bezeichnet die Gewährung von Aktienoptionen als (variablen) Vergütungsbestandteil.

830 BFH DB 2001, 1173, 1175; Isensee, DStR 1999, 143, 144 f.; v. Braunschweig, DB 1998, 1831, 1835 f.; Peltzer, AG 1996, 307, 314 f.; Eschbach, BB 1999, 2484, 2485; Herzig, DB 1999, 1, 3; zweifelnd Feddersen, ZHR 161 (1997), 269, 280; Friedrichsen, S. 304.

831 BFH DB 2001, 1173 f., zum Zufluss des Arbeitslohnes als geldwerter Vorteil.

832 Nehls/Sudmeyer, ZIP 2002, 201, 202, stufen die Optionsgewährung als sachenrechtliches Verfügungsgeschäft ein.

wird und der Kurswert bei Ausübung den Basispreis übersteigt.[833] Abhängig vom Zweck des Rechtsgebiets ist der Arbeitsentgeltbegriff jedoch im Arbeits- und Einkommensteuerrecht unterschiedlich zu verstehen. Das Steuerrecht ist durch das „Fundamentalprinzip der Leistungsfähigkeit" gekennzeichnet, das insbesondere für den Zeitpunkt des Steuerzugriffs relevant ist.[834] Gemäß § 11 EStG wird nicht der Arbeitslohn besteuert, sondern nur der zugeflossene Arbeitslohn, der die wirtschaftliche Leistungfähigkeit des Arbeitnehmers prägt. Die wirtschaftliche Leistungsfähigkeit des Steuerpflichtigen ändert sich nun allerdings noch nicht im Zeitpunkt der Einräumung der Option: Der Zufluss eines möglichen Vorteils wird dadurch lediglich in Aussicht gestellt.[835] Im Arbeitsrecht hingegen ist der Begriff des Arbeitsentgelts für das Leistungsverhältnis zwischen Arbeitgeber und Arbeitnehmer relevant: Die genaue Festlegung des Arbeitsentgelts bestimmt, was der Arbeitnehmer beanspruchen kann und wann der Arbeitgeber durch Erfüllung nach § 362 Abs. 1 BGB, d.h. durch Bewirken des Leistungserfolgs,[836] oder durch sonstige Umstände von seinen Leistungspflichten frei wird. Für die Qualifizierung als arbeitsvertragliches Entgelt ist damit nicht der Zufluss entscheidend, sondern der Inhalt der Parteiabrede.

Aus Sicht von Arbeitgeber und Mitarbeiter liegt der Schwerpunkt der Arbeitgeberleistung auf der Optionseinräumung: Anders als bei der Durchführung eines Mitarbeiteraktienprogramms sollen dem Mitarbeiter im Rahmen von Optionsprogrammen die Aktien gerade nicht unmittelbar gewährt werden. Charakteristisch für die Vereinbarung ist vielmehr, dass dem Mitarbeiter das Recht eingeräumt wird, Aktien nur unter bestimmten Umständen zu beziehen. Unter Leistungs- und Motivationsgesichtspunkten soll der Mitarbeiter eine Übertragung der Aktien regelmäßig dann verlangen können, wenn bestimmte Erfolgsziele nach einem gewissen Zeitablauf erreicht sind. Die Aktien sind aber auch nicht automatisch mit Erreichen der Erfolgsziele zu vergünstigten Bedingungen an den Mitarbeiter zu übertragen. Vielmehr erhält der Mitarbeiter das Recht, unter Berücksichtigung seiner finanziellen Situation, der Entwicklungsmöglichkeiten des Aktienkurses und weiterer Erwägungen zu entscheiden, ob er investieren und vom günstigen Basispreis profitieren möchte.

---

833 BFHE 189, 403, 405 ff.; 195, 102, 105 ff. mwN; Heinicke in: Schmidt, EStG, § 11 Rn. 30 unter Option; Friedrichsen, S. 304; Thomas in: Küttner, Aktienoptionen (5) Rn. 15.

834 Tipke/Lang, § 4 Rn. 81 ff., 97 mwN.

835 Friedrichsen, S. 304, Fn. 1107.

836 BGHZ 12, 267, 268; 87, 156, 162; Palandt/Heinrichs, § 362 Rn. 1.

bb) Erfüllungszeitpunkt

Gegenstand der Optionsgewährung könnte nun das durch den Ablauf der Wartezeit und das Erreichen der Erfolgsziele bedingte Recht sein, die Verschaffung von Aktien zu verlangen. Erst mit Eintritt der Ausübungshürden würde der Erfolg eintreten, wäre das Vergütungsversprechen erfüllt und der arbeitsrechtliche Zusammenhang erloschen. Optionen würden bis zu ihrer Ausübungsreife gemäß § 613 a Abs. 1 BGB auf den Betriebserwerber übergehen.[837] Gegen diese Auslegung der Optionsgewährung spricht jedoch, dass der Mitarbeiter dann so lange keine Vergütung erhalten würde, wie die Ausübungsvoraussetzungen nicht erfüllt sind. Aus Sicht des Arbeitgebers stellt aber bereits die Optionseinräumung eine Leistung dar. Es ist nicht interessengerecht, die oft aufwändige und mehrjährige Durchführung des Optionsprogramms am Ende der Laufzeit vergütungsrechtlich auf Null zu reduzieren, wenn die Erfolgsziele nicht erreicht sind. Das Erreichen der Ausübungsvoraussetzungen ist Risiko und Chance des Mitarbeiters, nicht des Arbeitgebers. Den Interessen der am Optionsprogramm Beteiligten kommt daher die Annahme eines früheren Erfüllungszeitpunktes näher: Gegenstand des Vergütungsversprechens ist das Recht, die Verschaffung von Aktien mit Ablauf der Wartezeit und Erreichen des Erfolgsziels verlangen zu können. Die Einräumung des Bezugsrechts ist nicht bedingt, lediglich dessen Ausübbarkeit.[838] Mit Einräumung des Rechts erfüllt die arbeitgebende Gesellschaft ihr Vergütungsversprechen.

cc) Option auch als Anspruch auf Entgelt?

Ohne den Vergütungscharakter der Optionseinräumung und den entsprechenden Erfüllungszeitpunkt genau festzulegen, geht ein Teil der Literatur davon aus, dass der Betriebserwerber nach § 613 a Abs. 1 S. 1 BGB auch in die Pflichten aufgrund der bereits gewährten Optionen eintritt.[839] Dies erscheint – trotz Anerkennung des Vergütungs- und Erfüllungscharakters der Optionseinräumung –

---

837 Schnitker/Grau, BB 2002, 2497, 2499, nehmen zwar Erfüllung bereits mit Begebung der Option an, verneinen die Übergangsfähigkeit allerdings erst ab Ausübungsreife der Optionen.

838 Friedrichsen, S. 144; a.A. Frey in: Großkommentar zum Aktiengesetz, § 193 Rn. 62: bedingt sei die Einräumung der Bezugsrechte, nicht die Ausübung.

839 Lembke, BB 2001, 1469, 1474; Picot/Schnitker, Rn. 218 f., soweit die Option nicht auf allgemeiner zivilrechtlicher Grundlage gewährt werde; Tappert, NZA 2002, 1188, 1191 f.; Grimm/Walk, BB 2003, 577, 579; Schnitker/Grau, BB 2002, 2497, 2498, für den Fall noch nicht ausübungsreifer Optionen; ähnlich Lück, S. 220 ff., der einen fortwirkenden Entgeltcharakter der Aktienoption annimmt; a.A. Nehls/Sudmeyer, ZIP 2002, 201, 204, die nur den Anspruch auf Gewährung der Option für übergangsfähig halten.

möglich, wenn die Verschaffung der Aktien zusätzlich zur Einräumung der Option als Entgelt qualifiziert werden kann. In der Literatur wird allerdings zum Teil ausschließlich die Einräumung der Option als geschuldetes Entgelt eingestuft; das arbeitsvertragliche Vergütungsversprechen werde mit Begebung der Option und nicht der Aktien gemäß § 362 Abs. 1 BGB erfüllt.[840] Die Auffassung, die als Folge des Betriebsübergangs nicht nur einen Übergang der Rechte auf zukünftig zu gewährende Optionen, sondern auch der Rechte aus bereits gewährten Optionen befürwortet,[841] scheint allerdings von der Prämisse auszugehen, dass mit Einräumung der Option nicht bereits das gesamte Entgelt geleistet ist. Denn wäre der arbeitsrechtliche Entgeltanspruch im Zeitpunkt der Optionseinräumung bereits vollständig erfüllt, würde ein Betriebsübergang mangels übergangsfähiger Rechtsposition insoweit keinerlei Probleme bereiten.

Lück ist der Ansicht, dass die eigentliche Vergütungzusage zwar bereits durch Gewährung der Option erfüllt werde; der Arbeitsentgeltcharakter der Optionsgewährung wirke aber fort, bis der Mitarbeiter seine Option ausübe und die Aktien erhalte.[842] Auch die Ansprüche aus gewährten Optionen seien damit Ansprüche aus dem Arbeitsverhältnis gemäß § 613 Abs. 1 S. 1 BGB. *Lück* ist zwar zuzugeben, dass der arbeitsrechtliche Vergütungscharakter auch über den Zeitpunkt der Optionsgewährung hinaus Einfluss auf die Bewertung der Optionsbedingungen hat, z.B. im Rahmen der §§ 622 Abs. 6, 626, 612 a BGB. Die für den Erfüllungszeitpunkt maßgebliche Bewertung der Parteiinteressen zeigt allerdings, dass die für den Entgeltbegriff wesentliche Leistung des Arbeitgebers in der Optionseinräumung liegt und nicht in der Leistung einer fortwirkenden Optionsgewährung. Die Annahme eines fortwirkenden Entgeltcharakters bis zur Ausübung der Option steht damit grundsätzlich nicht im Einklang mit den Parteiinteressen.

Nichtsdestotrotz steht für den Arbeitnehmer wirtschaftlich das Interesse im Vordergrund, Aktien zu vergünstigten Konditionen zu beziehen, und nicht nur, eine Gewinnchance zu erhalten. Aus diesem Grund stellt möglicherweise auch der Bezug von Aktien Entgelt dar; die Bezugsansprüche könnten dann als Entgeltansprüche gemäß § 613 a Abs. 1 BGB auf den Betriebserwerber übergehen.

---

840 Bauer/Göpfert/von Steinau-Steinrück, ZIP 2001, 1129, 1130; Schnitker/Grau, BB 2002, 2497, 2499.

841 Lembke, BB 2001, 1469, 1474; Picot/Schnittker, Teil I Rn. 219 f.; Tappert, NZA 2002, 1188, 1192; einschränkend Schnitker/Grau, BB 2002, 2497, 2499, die lediglich den Übergang der Rechte aus gewährten, noch nicht ausübungsreifen Optionen befürworten.

842 Lück, S. 133 f., 221.

Unabhängig davon, ob man die Option als Anspruch aus einem aufschiebend bedingten und befristeten Hauptvertrag, aus einem Vorvertrag, als Gestaltungsrecht oder als Möglichkeit zur Annahme eines langfristigen Angebots der Gesellschaft versteht, könnte der Betriebserwerber diese Rechtsposition übernehmen. Denn der Betriebserwerber tritt – entgegen dem zu engen Wortlaut des § 613 a Abs. 1 S. 1 BGB – nicht in einzelne Pflichten ein, sondern in das gesamte Arbeitsverhältnis und übernimmt vollständig die Arbeitgeberstellung des Betriebsveräußerers.[843]

Fraglich ist allerdings, ob die Qualifizierung der Optionseinräumung als Entgelt den Entgeltcharakter der Aktiengewährung ausschließt. Schließlich stellt die Durchführung des Optionsprogramms wirtschaftlich einen einheitlichen Sachverhalt dar; charakteristisch für das Optionsprogramm ist die Einräumung einer Bezugsmöglichkeit, nicht die Verschaffung der Aktien. Diese Einstufung begründet den Entgeltcharakter der Option, führt jedoch nicht zwangsläufig dazu, dass die Verschaffung der Aktien in Erfüllung der Option nicht auch als Arbeitsentgelt qualifiziert werden könnte. Die allgemeine Definition, nach der Arbeitsentgelt jede Leistung des Arbeitgebers an den Arbeitnehmer aufgrund des Arbeitsverhältnisses ist, trifft auch auf die Leistung der vergünstigten Aktien zu. Allerdings ist zu beachten, dass die Gesellschaft unmittelbar aufgrund des Kauf- bzw. Zeichnungsvertrages, der mit Ausübung des Optionsrechts zustande kommt, zur Verschaffung der Aktien verpflichtet ist. Trotzdem hat der Vorteil, der sich für den Mitarbeiter beim Bezug der Aktien aus der Differenz zwischen Basis- und Marktpreis ergibt, seinen Grund auch im Arbeitsverhältnis. Fraglich ist nun, wie sich dieser doppelte Bezug zum Arbeitsrecht einerseits und zum Kauf- bzw. Gesellschaftsrecht andererseits im Rahmen von § 613 a BGB auswirkt.

d) Anwendbarkeit auf die Optionsvereinbarung als gemischter Vertrag

Möglicherweise handelt es sich beim Anspruch auf den Bezug von Aktien nur um einen Anspruch aufgrund des Arbeitsverhältnisses, aber nicht „aus dem Arbeitsverhältnis" im Sinne von § 613 a Abs. 1 S. 1 BGB. Aktienoptionen verschaffen dem Mitarbeiter das Recht, unter bestimmten Umständen Aktien von der Gesellschaft zu beziehen. Diese Rechtsposition lässt sich in Abhängigkeit von der Gestaltung des Gewährungsvertrages bzw. Optionsprogramms unterschiedlich auslegen. Möglich ist, dass ein mehrfach aufschiebend bedingter und

843 Schaub in: Münchener Kommentar zum BGB, § 613 a Rn. 95; Staudinger/Richardi/Annuß, § 613 a Rn. 144.

befristeter Kaufvertrag vorliegt, der u.a. unter der aufschiebenden Bedingung der Optionsausübung steht. Das Bezugsrecht stammt dann letztlich aus diesem gesonderten kaufrechtlichen Vertrag und nicht – zumindest nicht unmittelbar – aus dem Arbeitsvertrag. Genauso wird im Fall eines langfristig bindenden Angebots auf Abschluss eines Aktienkauf- bzw. Zeichnungsvertrages die Rechtsposition des bezugsberechtigten Mitarbeiters unmittelbar durch die Rechtsfolgen des bindenden Angebots und nicht durch die arbeitsrechtliche Beziehung begründet. Auch bei einem einseitig bindenden Vorvertrag oder bei einem Vertrag sui generis, der die Option als besonderes Gestaltungsrecht begründet, kann die Option einem gesonderten Rechtsverhältnis zugeordnet werden.

Diese dogmatischen Begründungsmöglichkeiten einer Option sprechen auf den ersten Blick – trotz des Entgeltcharakters – gegen eine Einordnung des Bezugsrechts als Recht aus dem Arbeitsverhältnis. Grundsätzlich gehen Rechte und Pflichten aus anderen Rechtsverhältnissen, die unabhängig vom Arbeitsverhältnis zwischen Arbeitgeber und Arbeitnehmer bestehen, nicht gemäß § 613 a Abs. 1 BGB auf den Betriebserwerber über.[844] Allerdings kann auch eine ausschließliche Zuordnung zum arbeitsrechtlichen Verhältnis einerseits bzw. zu einem kauf-, gesellschaftsrechtlichen oder sonstigen Rechtsverhältnis andererseits keine zufriedenstellende Lösung bieten. Denn der Abschluss der Optionsvereinbarung setzt voraus, dass zwischen der Gesellschaft und dem Bezugsberechtigten ein Arbeitsverhältnis besteht. Die Bezugsrechte folgen damit – zumindest mittelbar – aus dem Arbeitsverhältnis, selbst wenn sie nicht dessen Bestandteil, sondern Teil eines weiteren Rechtsverhältnisses sein sollten. Vor diesem Hintergrund erscheint eine strikte Trennung in Rechte aus dem Arbeitsverhältnis und solche aus dem Optionsverhältnis nicht sachgerecht. Die Option könnte vielmehr als ein Recht „auch aus dem Arbeitsverhältnis" qualifiziert werden.

Im Übrigen spielen bei Optionsvereinbarungen, die als gemischter Vertrag zu qualifizieren sind, auch einige andere arbeitsrechtliche Besonderheiten, z.B. das Verbot faktischer Kündigungserschwerungen, selbst nach Gewährung der Bezugsrechte eine Rolle. Eine zu enge Auslegung des Begriffs „aus dem Arbeitsverhältnis" würde die Anwendung von § 613 a BGB als zwingende Norm entgegen den allgemeinen Grundsätzen zur Behandlung gemischter Verträge von vornherein ausschließen. Erkennt man nun aber die Anwendbarkeit zwingender

844 Schaub in: Münchener Kommentar zum BGB, § 613 a Rn. 94, Staudinger/Richardi/Annuß, § 613 a Rn. 145.

Normen aus den jeweils betroffenen Rechtsgebieten in Abhängigkeit vom jeweiligen Normzweck an, kann die Anwendung einer Norm auf gemischte Verträge nicht allein mit dem Argument ausgeschlossen werden, dass sie sich auf ein ihrem jeweiligen Rechtsgebiet ausschließlich zuzuordnendes Vertragsverhältnis beschränke.[845]

Entscheidend für die Anwendbarkeit von § 613 a Abs. 1 BGB auf Optionen ist damit – nach den anerkannten Grundsätzen zur Behandlung gemischter Verträge – der Zweck der Vorschrift. Für § 613 a BGB gelten dieselben Regeln wie für die Anwendbarkeit der §§ 622 Abs. 6, 612 a BGB, §§ 74 ff. HGB. Dies gilt auch für die Optionsgewährung durch Dritte, z.B. die Konzernmutter.

aa) Zweck von § 613 a Abs. 1 S. 1 BGB

§ 613 a Abs. 1 S. 1 BGB will den Arbeitnehmer schützen: Er soll mit dem Verlust des betriebsveräußernden Arbeitgebers nicht auch seinen Arbeitsplatz und damit seinen sozialen Besitzstand verlieren; schließlich bleibt seine Arbeitsumgebung durch den Betriebsübergang unberührt.[846] Durch den gesetzlich angeordneten Arbeitgeberwechsel und das Kündigungsverbot nach § 613 a Abs. 4 BGB wird der Inhalt des Arbeitsverhältnisses geschützt. Der Arbeitnehmer soll allein durch den Betriebsübergang keine Nachteile erleiden, das Arbeitsverhältnis soll zu den bisherigen Bedingungen fortbestehen.[847] Die erworbenen Rechtspositionen sollen infolge des Betriebsübergangs nicht geschmälert werden.[848] Dieser Zweck steht auch im Vordergrund der Richtlinie 2001/23/EG. Nicht nur ihrem Titel,[849] sondern auch der Präambel nach zielt die Richtlinie darauf, dass die Mitgliedstaaten bei einem Betriebsinhaberwechsel insbesondere die Wahrung der Ansprüche der Arbeitnehmer zu gewährleisten haben. Im Hin-

845 So aber in der Argumentation für die Gewährung von Aktienoptionen durch die Konzernmutter BAG AP Nr. 243 zu § 613 a BGB; LAG Düsseldorf, NZA 1999, 981, 982; Hessisches LAG, DB 2002, 794; Picot/Schnitker, Teil I Rn. 217; Schnitker/Grau, BB 2002, 2497, 2499; Annuß/Lembke, BB 2003, 2230, 2234; Lück, S. 226; a.A. Lipinski/Melms, BB 2003, 150, 151 f.

846 Preis in: Erfurter Kommentar, § 613 a BGB Rn. 2; Willemsen in: Willemsen/Hohenstatt/Schweibert/Seibt, G Rn. 20 („Gleichlauf" von Arbeitsplatz und Arbeitsverhältnis); Staudinger/Richardi/Annuß, § 613 a Rn. 9 f.; Kreitner in: Küttner, Betriebsübergang (121) Rn. 2, auch zu den weiteren Zwecken von § 613 a BGB: Erhaltung des Betriebsrats und der kollektiv-rechtlichen Arbeitsbedingungen sowie Verteilung der Haftungsrisiken zwischen dem alten und dem neuen Betriebsinhaber.

847 BAG EzA Nr. 104 zu § 613 a BGB.

848 BAG AP Nr. 49 zu § 615 BGB; BAG AP Nr. 125 zu § 4 TVG Ausschlussfristen.

849 Richtlinie 2001/23/EG des Rates vom 12. März 2001 zur Angleichung der Rechtsvorschriften der Mitgliedstaaten über die Wahrung von Ansprüchen der Arbeitnehmer beim Übergang von Unternehmen, Betrieben oder Unternehmens- oder Betriebsteilen.

blick auf den Schutzgedanken der Richtlinie 2001/23/EG und des § 613 a Abs. 1 S. 1 BGB sind vom Übergang solche Rechte erfasst, die infolge des Betriebsübergangs ohne einen Schuldnerwechsel untergehen würden oder anderweitig, z.B. durch eine betriebsbedingte Kündigung, gefährdet wären und durch einen Anspruchsübergang gewahrt werden können.

Im Gegensatz zu einer am Gesetzeszweck orientierten Auslegung vertritt *Lück* eine strikte Trennung zwischen Übergang und Schicksal der Verpflichtung. Die Frage, ob sich der mit der Optionsgewährung verfolgte Zweck nach einem Anspruchsübergang noch erreichen lasse und der Anspruch überhaupt gewahrt werden könne, sei für den Rechtsübergang nicht entscheidend.[850] Diese Trennung mag beim Übergang von eindeutig arbeitsvertraglich zu beurteilenden Rechten und Pflichten richtig sein. Bei der Bewertung, ob § 613 a Abs. 1 S. 1 BGB auch den Übergang von Rechten und Pflichten aus einem gemischten Vertragsverhältnis erfasst, steht die von *Lück* befürwortete isolierte Betrachtungsweise allerdings im Widerspruch zu den anerkannten Regeln zur Behandlung gemischter Verträge. Entscheidend ist, ob sich der Betriebsübergang überhaupt auf die Option des Mitarbeiters auswirken würde, ein Anspruchsübergang die Option wahren kann und damit der Zweck von § 613 a BGB berührt ist.

bb) Optionen vor Ausübungsreife

Der Betriebsübergang wirkt sich auf die Option aus, wenn er mit einem Rechtsformwechsel der optionsgewährenden Gesellschaft oder ihrem Untergang, z.B. im Zuge der Verschmelzung auf einen anderen Rechtsträger, verknüpft ist. Der Anspruch auf Gewährung von Aktien der optionsausgebenden Gesellschaft wird dann unmöglich und geht gemäß § 275 Abs. 1 BGB unter. Dieser Sonderfall eines Betriebsübergangs soll hier nicht näher untersucht werden.[851]

Aber auch ohne Umwandlung der optionsausgebenden Gesellschaft hat der Betriebsübergang Einfluss auf die Option: Ein Betriebsübergang vor Ausübungsreife bedeutet, dass die Geschäftsgrundlage der Optionsvereinbarung entfällt.[852]

---

850 Lück, S. 206.

851 Ausführlich stellt Lück, S. 258, die Folgen von Umstrukturierungen durch gesellschaftsrechtliche Umwandlungen für Optionen dar.

852 Willemsen in: Willemsen/Hohenstatt/Schweibert, G 184 f.; Lembke, BB 2001, 1469, 1474; Tappert, NZA 2002, 1188, 1192; diese Lösung trägt auch dem von der herrschenden Meinung befürworteten Vorrang des Wegfalls der Geschäftsgrundlage vor der condictio ob rem Rechnung, vgl. hierzu BGHZ 84, 1, 10; Palandt/Heinrichs, § 313 RN. 27; Lieb in: Münchener Kommentar zum BGB, § 812 Rn. 165 ff. mwN.

(Subjektive) Geschäftsgrundlage sind die gemeinsamen Vorstellungen beider Parteien oder die einseitigen, der anderen Partei erkennbaren Vorstellungen nur einer Partei vom Vorhandensein bzw. Eintritt bestimmter Umstände, auf denen der Geschäftswille der Parteien aufbaut.[853] Zur (objektiven) Geschäftsgrundlage gehören auch diejenigen Umstände, denen sich die Parteien bei Vertragsabschluss nicht bewusst sind, die aber vorhanden sein bzw. fortdauern müssen, damit der Vertrag vor dem Hintergrund der Intention der Parteien noch sinnvoll fortgesetzt werden kann.[854]

Mit dem Abschluss der Optionsvereinbarung verfolgt die Gesellschaft in der Regel als vorrangiges Ziel, die Motivation und Bindung ihrer Mitarbeiter zu erhöhen. Der Optionsgewährung liegt damit die Vorstellung der Gesellschaft zugrunde, dass das Anstellungsverhältnis zumindest bis zur Ausübungsreife bestehen bleibt, bei Mitarbeitern mit maßgeblichem Einfluss auf den „Shareholder Value" auch darüber hinaus bis zur Optionsausübung. Diese Ziele sind für den Mitarbeiter durch die Vereinbarung von Warte- und Verfallklauseln auch erkennbar. Selbst wenn die Gesellschaft mit der Gewährung von Optionen weitere Ziele wie die Vergrößerung der Eigenkapitalbasis oder eine liquiditätsschonende Vergütung ihrer Mitarbeiter verfolgt, legt sie durch die Vereinbarung von Verfallklauseln zugleich ihr maßgebliches Interesse an einer Motivation und Bindung für den Mitarbeiter offen. Geht das Arbeitsverhältnis mit Betriebsübergang auf einen Dritten über, entfällt daher grundsätzlich die Geschäftsgrundlage für die Optionsgewährung.[855] Dem kann auch nicht entgegengehalten werden, dass § 613 a Abs. 1 S. 1 BGB die Kontinuität der Betriebszugehörigkeit gerade sichere und das Ziel der Betriebstreue durch den Betriebsübergang

853 Ständige Rechtsprechung RGZ 103, 328, 332; BGHZ 25, 390, 392; 128, 230, 236; BAGE 65, 290, 301; Palandt/Heinrichs, § 313 Rn. 4.

854 BGHZ 131, 209, 215; Larenz, Schuldrecht I, S. 324; Palandt/Heinrichs, § 313 Rn. 7; Roth in: Münchener Kommentar zum BGB, § 313 Rn. 49, 59 f.

855 Lembke, BB 2001, 1469, 1474; Tappert, NZA 2002, 1188, 1192; Willemsen in: Willemsen/Hohenstatt/Schweibert, G 184 f., 196, stuft die Gewährung von Aktienoptionen im Hinblick auf die Zwecke der Mitarbeitermotivation, Förderung der Betriebstreue, Partizipation und Förderung der Identität mit unternehmerischen Zielen als arbeitgebergebundene Leistung ein. Ein Wegfall der Geschäftsgrundlage mag dann nicht in Betracht kommen, wenn die Gesellschaft ausschließlich oder ganz vorrangig andere Zwecke als die Erhöhung der Mitarbeitermotivation und -bindung verfolgt: Nach Nehls/Sudmeyer, ZIP 2002, 201, 204, müssten die Ziele der Mitarbeitermotivation und -bindung im Rahmen von § 613 a Abs. 1 BGB generell in den Hintergrund treten; stets sei das Interesse der Gesellschaft an einer liquiditätsschonenden Vergütung vorrangig. Diese Wertung widerspricht allerdings den in aller Regel in den Optionsbedingungen vorgesehenen Warte- und Verfallklauseln.

daher nicht berührt werde.[856] Denn Geschäftsgrundlage ist nicht die Betriebszugehörigkeit als solche, sondern die Bindung an das Arbeitsverhältnis gerade mit dem Betriebsveräußerer als optionsgewährender Gesellschaft.

Fraglich ist, ob sich die betriebsveräußernde und optionsausgebende Gesellschaft oder aber auch der Betriebserwerber zulässigerweise auf den Wegfall der Geschäftsgrundlage berufen kann. Auf den Wegfall der Geschäftsgrundlage kann sich nach § 313 BGB nur berufen, wem unter Berücksichtigung der Risikoverteilung das Festhalten am (unveränderten) Vertrag unzumutbar ist. Entscheidend für die Risikoverteilung ist insbesondere, welche der Parteien das Risiko, das zum Wegfall der Geschäftsgrundlage geführt hat, beeinflussen und beherrschen kann bzw. ob eine der Parteien den Wegfall zurechenbar herbeigeführt hat.[857]

Der Betriebsübergang nach § 613 a BGB setzt einen rechtsgeschäftlichen Wechsel des Betriebsinhabers[858] und damit eine entsprechende Willensäußerung des bisherigen Betriebsinhabers voraus. Der durch den Betriebsübergang ausgelöste Wegfall der Geschäftsgrundlage ist damit der optionsausgebenden Gesellschaft als bisherigem Betriebsinhaber zurechenbar. Etwas weniger deutlich mag die Risikoverteilung sein, wenn der Betrieb veräußert wurde, um eine drohende Betriebsschließung oder Teilstillegung zu verhindern.

Maßgeblich für die Risikoverteilung ist weiterhin die vertragliche Ausgestaltung durch die Parteien.[859] Bis zur Ausübungsreife begründet die Option lediglich eine Chance auf Vermögensmehrung. Der Mitarbeiter kann davon profitieren, dass sich die Chance realisiert, trägt aber genauso das Risiko, dass sie sich nicht verwirklicht. Enthält die Optionsvereinbarung keine Sonderregelung für den Fall eines Betriebsübergangs, trägt daher der Mitarbeiter das Risiko, dass er seine Option bei vorzeitiger Beendigung des Anstellungsverhältnisses mit der optionsgewährenden Gesellschaft nicht ausüben kann.[860]

---

856 So aber Lück, S. 226.

857 Roth in: Münchener Kommentar zum BGB, § 313 Rn. 72 mwN.

858 Kreitner in: Küttner, Betriebsübergang (121) Rn. 22; Preis in: Erfurter Kommentar zum Arbeitsrecht, § 613 a BGB Rn. 2, 58 ff. mwN.

859 Roth in: Münchener Kommentar zum BGB, § 313 Rn. 67.

860 A.A. wohl Fuchs, S. 140 f., der in der Veranlassung eines Betriebsübergangs eine Pflichtverletzung der Gesellschaft sieht; dagegen Tappert, NZA 2002, 1188, 1194; Bauer/Göpfert/von Steinau-Steinrück, ZIP 2001, 1129, 1132 f.; ähnlich auch Picot/Schnitker, Teil I Rn. 217.

Der Wegfall der Geschäftsgrundlage führt gemäß § 313 Abs. 1 BGB allerdings nicht ohne weiteres zur automatischen Beendigung des Vertrages: Regelmäßig kann lediglich eine Vertragsanpassung verlangt werden, allerdings kommt gemäß § 313 Abs. 3 BGB auch eine Vertragsbeendigung infolge Rücktritts in Betracht. Entscheidend ist, welche Rechtsfolge die schutzwürdigen Interessen beider Seiten unter Berücksichtigung des verwirklichten Risikos und bei möglichst geringem Eingriff in die ursprüngliche Regelung in ein angemessenes Gleichgewicht bringen kann.[861] Verlieren Rechtsgeschäfte aufgrund des Wegfalls der Geschäftsgrundlage ihren Sinn, bleibt in der Regel nur ihre Aufhebung.[862]

Unter Berücksichtigung der Risikoverteilung und der schutzwürdigen Interessen der Optionsbeteiligten ist eine Anpassung und Fortführung der Optionsvereinbarung für die betriebsveräußernde Gesellschaft unzumutbar: Sie wäre bei Fortführung dazu gezwungen, Aktien zu vergünstigten Konditionen auszugeben und ihren Kurs zu verwässern, obwohl die Ziele der Mitarbeitermotivation und -bindung nicht erreicht werden konnten. Dem Mitarbeiter hingegen steht vor Ausübungsreife lediglich die Chance zu, sein Vermögen zu mehren. Ein Verlust der Option bedeutet keinen Eingriff in bereits erdientes Vermögen. Selbst wenn die Option entgeltlich eingeräumt worden sein sollte, stellt der Rücktritt wegen Wegfalls der Geschäftsgrundlage keinen Eingriff dar: Der Rücktritt hat gemäß § 346 Abs. 1 BGB zur Folge, dass der gezahlte Optionspreis bzw. der umgewandelte Gehaltsbestandteil zurückzuzahlen bzw. zurückzuwandeln ist. Ist ein Rücktritt von der Optionsvereinbarung wegen Wegfalls der Geschäftsgrundlage aus diesen Gründen also zulässig, kann eine vorweggenommene Rücktrittserklärung im Rahmen einer Verfallklausel grundsätzlich nicht mit § 613 a Abs. 1 S. 1 BGB in Konflikt stehen.

Ein Betriebsübergang führt damit zum Untergang oder zumindest zu einer Gefährdung der Option; die vom Schutzzweck des § 613 a Abs. 1 S. 1 BGB vorausgesetzte Rechtslage liegt grundsätzlich vor. Dennoch spricht der Gesetzeszweck letztlich gegen die Annahme, Optionen würden als Rechte im Sinne von § 613 a Abs. 1 S. 1 BGB auf den Betriebserwerber übergehen. Ein Anspruchsübergang macht im Hinblick auf die Schutzfunktion der Richtlinie 2001/23/EG bzw. von § 613 a Abs. 1 S. 1 BGB nur dann Sinn, wenn der Übergang tatsächlich dem Schutz der Arbeitnehmer dienen und zu einer Wahrung der bestehenden Rechtspositionen führen kann. Ein Anspruchsübergang auf den Betriebser-

861 Roth in: Münchener Kommentar zum BGB, § 313 Rn. 101 f.
862 Roth in: Münchener Kommentar zum BGB, § 313 Rn. 106.

werber hilft nicht, die Rechte aus der Optionsvereinbarung zu wahren: Auch beim Betriebserwerber würden nach einem Übergang der Pflichten aus der Optionsvereinbarung die Stellung als Arbeitgeber und optionsausgebende Gesellschaft auseinanderfallen; die Ziele der Mitarbeitermotivation und -bindung lassen sich auch beim Betriebserwerber nicht mehr mit Hilfe des Optionsprogramms verwirklichen. Der Betriebserwerber hätte daher gleichfalls die Möglichkeit, sich auf einen Wegfall der Geschäftsgrundlage zu berufen.[863] Denn mit dem Übergang der Option auf Aktien der betriebsveräußernden Gesellschaft gemäß § 613 a Abs. 1 S. 1 BGB würde auch die Optionsvereinbarung nebst ursprünglicher Geschäftsgrundlage für den Betriebserwerber relevant. Geschäftsgrundlage ist jedoch gerade, dass bis zur Ausübungsreife bzw. bei Mitarbeitern mit maßgeblichem Einfluss auf den „Shareholder Value" bis zur Optionsausübung ein Anstellungsverhältnis mit der options- und aktienausgebenden Gesellschaft besteht.

Das gilt selbst dann, wenn auch der Betriebserwerber in Form einer Aktiengesellschaft organisiert sein und möglicherweise ein eigenes Optionsprogramm aufgelegt haben sollte. Inhalt der eingeräumten Option ist der Bezug von Aktien des Betriebsveräußerers; die Option ist mit ihren Ausübungsbedingungen, insbesondere den Erfolgszielen, und der Höhe des Basispreises auf die konkreten Verhältnisse beim Veräußerer angepasst. § 613 a Abs. 1 BGB kann keine Inhaltsänderung bzw. Neubegründung einer Schuld bewirken, sondern lediglich den Übergang bestehender Rechte. Die Option wandelt sich also nicht in ein Recht zum Bezug von Aktien des Betriebserwerbers unter völlig anderen Bedingungen um.[864]

Der Arbeitnehmer stünde also bei einem Übergang der auf den Bezug der Aktien gerichteten Rechtposition nicht besser als ohne entsprechenden Übergang. Der Übergang würde nicht die Wahrung der bestehenden Rechte bewirken.

---

863 A.A. Lück, S. 234.

864 Tappert, NZA 2002, 1188, 1193; Nehls/Sudmeyer, ZIP 2002, 201, 203; Grimm/Walk, BB 2003, 577, 581; sowohl Picot/Schnitker, I 220, als auch Schnitker/Grau, BB 2002, 2497, 2501, gehen allerdings davon aus, dass eine Umwandlung in Rechte an einem vergleichbaren Mitarbeiterbeteiligungsplan als Vertragsanpassung in Frage komme; a.A. Willemsen in: Willemsen/Hohenstatt/Schweibert/Seibt, G 185, der annimmt, dass allein die Einräumung wesensgleicher Berechtigungen beim Erwerber dem in § 613 a BGB niedergelegten Prinzip der Vertragskontinuität entspreche, wenn die Aktienoptionen einen wesentlichen Anteil der Vergütung ausmachten; auch Fuchs, S. 139, sieht die Identität der übergehenden Ansprüche auf Einräumung einer Beteiligung nur gewahrt, wenn sie den Betriebserwerber verpflichteten, Beteiligungen an seinem Unternehmen anzubieten.

Rechtsfolge wäre vielmehr, dass der Betriebserwerber die Optionsvereinbarung genauso wie der Betriebsveräußerer durch Rücktrittserklärung beenden könnte. Denn auch für die betriebserwerbende Gesellschaft ist es unzumutbar, die Optionsvereinbarung (in geänderter Form) fortzuführen: Vor dem Hintergrund, dass der Mitarbeiter vor Ausübungsreife bzw. vor Optionsausübung das „Ausübungsrisiko" trägt, ist insbesondere eine Verpflichtung des Betriebserwerbers zum Erwerb der Aktien einer fremden Gesellschaft nicht interessengerecht.[865] Auch die Auflage eines eigenen Optionsprogramms scheidet als zumutbare Alternative aus: Erlaubt die gesellschaftsrechtliche Struktur des Betriebserwerbers überhaupt die Auflage eines Aktienoptionsprogramms, ist zweifelhaft, ob Art. 14 Abs. 1 GG nicht einer entsprechenden Verpflichtung entgegensteht.[866] Im Übrigen stellt die Auflage eines eigenen Optionsprogramms oder die Gewährung einer anderen erfolgsabhängigen Vergütungsform keine Vertragsanpassung im Sinne von § 313 Abs. 1 BGB dar, sondern führt zum Abschluss eines neuen Vertrages mit einem neuen Vertragsgegenstand.[867]

Ein Übergang der Option würde damit lediglich zu einem Austausch des Schuldners führen, der wegen Wegfalls der Geschäftsgrundlage den Rücktritt erklären könnte. Ein gesetzlich angeordneter Schuldnerwechsel ist nach § 613 a Abs. 1 BGB jedoch nur dann gerechtfertigt, wenn er zur Wahrung der Ansprüche beiträgt.[868] Eine noch nicht ausübbare Option ist damit nach Sinn und

865 Tappert, NZA 2002, 1188, 1195; a.A. Nehls/Sudmeyer, ZIP 2002, 201, 203, die darauf verweisen, dass der Betriebserwerber es auch hinnehmen müsse, dass sämtliche Versorgungsanwartschaften einer betrieblichen Altersversorgung auf ihn übergingen. Allerdings sind die Fälle nicht vergleichbar: Die Leistungen einer betrieblichen Altersversorgung sollen die Risiken Alter, Invalidität oder Tod absichern. Sie bestehen regelmäßig aus laufenden Geldzahlungen oder einer einmaligen Kapitalleistung. Weder die Zweckbestimmung noch die Leistungsart werden – anders als bei Optionsprogrammen – durch einen Wechsel des Betriebsinhabers berührt. Dem Arbeitnehmer ist hier kein entsprechendes Änderungsrisiko zugewiesen.

866 So Fuchs, S. 139 f.; Tappert, NZA 2002, 1188, 1195; Schnitker/Grau, BB 2002, 2497, 2501.

867 A.A. Grimm/Walk, BB 2003, 577, 582, die als Rechtsfolge des Wegfalls der Geschäftsgrundlage eine Anpassung der Optionsvereinbarung dahingehend vorschlagen, dass der Betriebserwerber eigene Aktienoptionen oder andere Vergütungsformen anbietet, sowie Mohr/Bihn in: Handbuch Stock Options, N VI 3 b) Rn. 1076, die den Erwerber zur Einräumung wesensgleicher, zumindest wesensähnlicher Beteiligungen oder zur Umwandlung in virtuelle Optionen verpflichtet sehen.

868 Ähnlich Preis in: Erfurter Kommentar, § 613 a BGB Rn. 83 mwN, der Vereinbarungen zwischen Arbeitnehmer und Betriebsveräußerer oder -erwerber als zulässig ansieht, wenn eine Umgehung von § 613 a BGB nicht in Frage komme, allerdings nur anlässlich eines konkreten Betriebsübergangs; aus diesem Grund gegen die Zulässigkeit eines Verzichts Nehls/Sudmeyer, ZIP 2002, 201, 205, und Tappert, NZA 2002, 1188, 1193. Ähnlich auch der Ansatz, der einen Anspruchsverzicht zulässt, wenn ein sachli-

Zweck von § 613 a Abs. 1 BGB bzw. der Richtlinie 2001/23/EG nicht als ein übergangsfähiges Recht einzustufen. Vereinbarungen, die den Verlust noch nicht ausübungsreifer Optionen im Falle eines Betriebsübergangs regeln, verstoßen damit nicht gegen § 613 a Abs. 1 BGB.[869]

cc) Optionen nach Ausübungsreife

Auch bei ausübungsreifen Optionen kann sich der Betriebserwerber auf einen Wegfall der Geschäftsgrundlage berufen. Als Motivations- und Bindungsinstrument ist bewusst keine Leistung versprochen, die wie eine Geldleistung zur Erfüllung einer Gratifikationsvereinbarung von jedem beliebigen Betriebserwerber gewährt werden könnte. Vielmehr hat die Gesellschaft sich für eine Leistung entschieden, die – für die Mitarbeiter erkennbar – einen ganz konkreten Bezug zu ihrer Gesellschaftsstruktur aufweist. Grundlage des Mitarbeiterprogramms ist, dass die daraus erwachsenden Ansprüche mit einer Beteiligung an der verpflichteten Gesellschaft erfüllt werden können. Optionen sind nicht mit den grundsätzlich übergangsfähigen Ansprüchen auf Gratifikationszahlungen vergleichbar.[870]

Auf einen Wegfall der Geschäftsgrundlage kann sich hingegen die optionsausgebende und betriebsveräußernde Gesellschaft bei Mitarbeitern ohne maßgeblichen Einfluss auf den „Shareholder Value“ nicht berufen. Zwar ist das Bestehen eines Anstellungsverhältnisses zur optionsausgebenden Gesellschaft Geschäftsgrundlage; das gilt bei Mitarbeitern ohne maßgeblichen Einfluss auf den „Shareholder Value“ allerdings nur bis zur Ausübungsreife der Optionen.

---

cher Grund vorliegt, BAG AP Nr. 4 zu § 613 a BGB; BAG EzA Nr. 104 zu § 613 a BGB mwN; Pfeiffer in: Gemeinschaftskommentar zum KSchG, § 613 a BGB Rn. 102.

869 Im Ergebnis auch Urban-Crell/Manger, NJW 2004, 125, 127 f., nach denen der Wille der Optionsvertragsparteien, die Optionsgewährung an den Bestand des Arbeitsverhältnisses zu koppeln, andernfalls konterkariert würde; im Ergebnis außerdem Bauer/Göpfert/von Steinau-Steinrück, ZIP 2001, 1129, 1131, und Willemsen in: Willemsen/Hohenstatt/Schweibert/Seibt, G Rn. 198, der annimmt, dass § 613 a BGB einer sinnvollen Begrenzung der Leistungen durch den Arbeitgeber nicht entgegenstehe. Nach Schnitker/Grau, BB 2002, 2497, 2503, stelle eine Verfallklausel keine Umgehung von § 613 a BGB dar, da der Arbeitgeber die Ausübungsbedingungen grundsätzlich frei definieren könne. Ähnlich auch Lembke, BB 2001, 1469, 1474, dem zufolge die Belohnung der Mitarbeiter mit Optionen für die Mitwirkung am Erreichen der Erfolgsziele nach einem Betriebsübergang nicht mehr sinnvoll sei; gegen die Zulässigkeit von Verfallklauseln Lück, S. 225; im Ergebnis für die Optionsgewährung durch Dritte auch – da gegen eine Anwendbarkeit von § 613 a BGB – BAG AP Nr. 243 zu § 613 a BGB, im Anschluss daran Willemsen/Müller-Bonani, ZIP 2003, 1177, 1184; Lembke, BB 2003, 1071, 1072; von Steinau-Steinrück, NZA 2003, 473, 473.

870 A.A. Nehls/Sudmeyer, ZIP 2002, 201, 203, die die Gewährung von Aktienoptionen mit sonstigen erfolgsabhängigen Vergütungsvereinbarungen gleichsetzen.

Bei Mitarbeitern ohne maßgeblichen Einfluss auf den „Shareholder Value" würde ein Übergang ausübungsreifer Optionen nach § 613 a Abs. 1 S. 1 BGB nicht zur Wahrung der Ansprüche führen, sondern gerade zu ihrem Erlöschen, und damit dem Zweck von § 613 a Abs. 1 S. 1 BGB und der Richtlinie 2001/23/EG widersprechen. Die aus der Optionsvereinbarung als gemischtem Vertrag resultierenden Rechte sind in diesem Fall nicht (mehr) als Rechte aus dem Arbeitsverhältnis im Sinne von § 613 a Abs. 1 S. 1 BGB zu werten. Optionsbezogene Verfallklauseln verstoßen daher nicht gegen § 613 a Abs. 1 S. 1 BGB. Allerdings ändert der von der Gesellschaft veranlasste Betriebsübergang nichts daran, dass die von der Gesellschaft als maßgeblich gesetzten Ausübungshürden überwunden sind. Die bereits dargestellten Unwirksamkeitsgründe für Verfallklauseln finden auch im Fall eines Betriebsübergangs Anwendung. Bei Mitarbeitern mit maßgeblichem Einfluss auf den „Shareholder Value" können sich sowohl Betriebsveräußerer als auch Betriebserwerber auf einen Wegfall der Geschäftsgrundlage berufen. Hier ist die Situation wie bei einem Betriebsübergang vor Ausübungsreife. Eine entsprechende Verfallklausel steht aufgrund der ratio legis im Einklang mit § 613 a Abs. 1 BGB.

XII. Inhaltskontrolle von optionsbezogenen Verfallklauseln

1. Anwendbarkeit der §§ 305 ff. BGB auf optionsbezogene Verfallklauseln

Weitere Unwirksamkeitsgründe können sich für optionsbezogene Verfallklauseln aus den Vorschriften zur Gestaltung allgemeiner Vertragsbedingungen ergeben. Seit Inkrafttreten des Gesetzes zur Modernisierung des Schuldrechts zum 1. Januar 2002 finden die Vorschriften zur Kontrolle Allgemeiner Geschäftsbedingungen auch auf arbeitsvertragliche Regelungen unmittelbare Anwendung.[871]

Die Rechtsprechung und die überwiegende arbeitsrechtliche Literatur unterwarfen bereits vor Inkrafttreten des Gesetzes zur Modernisiserung des Schuldrechts jeden vom Arbeitgeber gestellten Arbeitsvertrag, der nicht im Einzelnen ausgehandelt war, einer Inhalts- bzw. Billigkeitskontrolle.[872] Dieses Verbot unangemessen benachteiligender Vertragsbedingungen wurde überwiegend aus dem

871 Dies gilt nach Art. 229 § 5 S. 2 EGBGB mit Wirkung zum 1. Januar 2003 auch für Dauerschuldverhältnisse, die bereits vor dem 1. Januar 2002 begründet worden sind.

872 BAG AP Nr. 1 zu § 305 BGB Billigkeitskontrolle; AP Nr. 1 zu § 242 BGB Ruhegehalt-Unterstützungskassen; Staudinger/Richardi, § 611 Rn. 304 f.; Preis in: Erfurter Kommentar, § 611 BGB Rn. 479; Hromadka/Maschmann, S. 146 ff.; Zöllner/Loritz, S. 161 ff.

Grundsatz von Treu und Glauben gemäß § 242 BGB abgeleitet.[873] Im Sinne einer solchen allgemeinen Inhaltskontrolle schlagen auch *Baeck/Diller*, *Legerlotz/Laber* und *Buhr/Radtke* vor, optionsbezogene Verfallklauseln am Maßstab der §§ 138, 242 BGB zu überprüfen.[874] Seit Inkrafttreten des Gesetzes zur Modernisierung des Schuldrechts stellen die §§ 305 ff. BGB allerdings für die Inhaltskontrolle allgemeiner, vorformulierter Vertragsbedingungen den spezielleren Anknüpfungspunkt dar.[875] Zusätzlich kann allerdings eine Kontrolle nach § 242 BGB in Form einer Ausübungskontrolle in Betracht kommen, wenn die Berufung auf an sich wirksame Optionsbedingungen im Einzelfall rechtsmissbräuchlich ist.[876]

Verfallklauseln unterliegen der Inhaltskontrolle nach §§ 305 ff. BGB, wenn sie im Sinne von § 305 Abs. 1 S. 1 BGB für eine Vielzahl von Verträgen vorformuliert worden sind. Abweichend von § 305 Abs. 1 S. 1 BGB findet im Verhältnis zwischen Unternehmer und Verbraucher eine eingeschränkte Inhaltskontrolle gemäß § 310 Abs. 3 Nr. 2 BGB selbst dann statt, wenn die Vertragsbedingungen lediglich für einen Einzelfall einseitig vom Unternehmer gestellt werden. Zum Teil wird vertreten, dass der Arbeitnehmer unter den Verbraucherbegriff des § 310 Abs. 3 Nr. 2 BGB falle.[877] Da Optionsprogramme regelmäßig für eine Mehrzahl von Mitarbeitern aufgelegt werden, ist die Verbrauchereigenschaft des Arbeitnehmers für die Inhaltskontrolle von Verfallklauseln nicht von praktischer Bedeutung.

---

873 Hromadka/Maschmann, S. 146 mwN auch zu den anderen dogmatischen Anknüpfungspunkten.

874 Baeck/Diller, DB 1998, 1405, 1407; Legerlotz/Laber, DStR 1999, 1658, 1664; Ruhr/Radtke, DB 2001, 1882, 1886.

875 Auch wenn die Optionsbedingungen nur für einen Einzelfall einseitig vorformuliert sind und die Verbrauchereigenschaft des Arbeitnehmers verneint wird, muss eine allgemeine Inhaltskontrolle auf der Grundlage von § 242 BGB ausscheiden. Denn bereits im Rahmen der Umgehungsüberlegungen zu den spezielleren § 622 Abs. 6 BGB und §§ 74 ff. HGB werden die Interessen von Arbeitgeber und Arbeitnehmer umfassend berücksichtigt.

876 Zum Verhältnis zwischen der Inhaltskontrolle vorformulierter Vertragsbedingungen und einer Ausübungskontrolle im Einzelfall nach § 242 BGB vgl. Brandner in: Ulmer/Brandner/Hensen, § 9 Rn. 34; Roth in: Münchener Kommentar zum BGB, § 242 Rn. 122.

877 Hümmerich/Holthausen, NZA 2002, 173, 176 ff.; Reim, DB 2002, 2434 ff.; Boemke, BB 2002, 96, 97; Lindemann, AuR 2002, 81, 84; Reinecke, DB 2002, 583, 587; Schleusener, NZA 2002, 949, 950 f.; Gotthardt, Rn. 166 ff.; wohl auch Däubler, NZA 2001, 1329, 1332 ff.; a.A. Löwisch, NZA 2001, 465, 466; Bauer/Kock, DB 2002, 42, 43 f.; Berkowsky, AuA 2002, 11, 15; Hromadka, NJW 2002, 2523, 2524; Annuß, NJW 2002, 2844, 2845 f; für eine analoge Anwendung von § 310 Abs. 3 Nr. 2 BGB Schlodder, S. 199 mwN zur alten Rechtslage.

Anders als für den Bereich des Arbeitsrechts hat der Gesetzgeber die Bereichsausnahme für das Gesellschaftsrecht nicht aufgehoben; nach wie vor findet die Inhaltskontrolle bei Verträgen auf dem Gebiet des Gesellschaftsrechts gemäß § 310 Abs. 4 S. 1 BGB keine Anwendung. Nun hat die Aktienoptionsvereinbarung gemischten Charakter: Sie ist Teil der arbeitsvertraglichen Vergütungsregelung. Genauso hat sie aber auch gesellschaftsrechtliche Bedeutung, da sie die Voraussetzungen des Erwerbs einer gesellschaftsrechtlichen Beteiligung betrifft. Dieser gesellschaftsrechtliche Aspekt der Optionsvereinbarung schließt jedoch eine Kontrolle gemäß §§ 305 ff. BGB nicht aus: Der Begriff des Gesellschaftsrechts im Sinne von § 310 Abs. 4 S. 1 BGB wird eng gefasst: Die Bereichsausnahme gilt nur für Verträge, die den Gesellschaftsvertrag unmittelbar gestalten oder Gesellschafterrechte inhaltlich prägen.[878] Da die Gewährung von Aktienoptionen und ihre Ausgestaltung durch vorformulierte Verfallbedingungen dem Erwerb einer Gesellschafterstellung vorgelagert sind, ist eine Inhaltskontrolle nicht nach § 310 Abs. 4 S. 1 BGB ausgeschlossen.[879]

2. Unangemessen lange Annahme- oder Leistungsfrist gemäß § 308 Nr. 1 BGB?

Die Möglichkeit eines Optionsverfalls bei vorzeitiger Beendigung des Anstellungsverhältnisses könnte als ein im Sinne von § 308 Nr. 1 BGB unangemessen langer Vorbehalt des optionsgewährenden Arbeitgebers zu werten sein.

Allerdings muss gemäß § 193 Abs. 2 Nr. 4 AktG die Wartezeit für die erstmalige Ausübung von Aktienoptionen, die im Rahmen einer bedingten Kapitalerhöhung nach § 192 Abs. 2 Nr. 3 AktG und des Erwerbs eigener Aktien nach § 71 Abs. 1 Nr. 8 AktG ausgegeben werden, mindestens zwei Jahre betragen. Soweit sich die Wartezeit – mit zulässig vereinbartem Optionsverfall bei vorzeitiger Beendigung des Anstellungsverhältnisses – auf zwei Jahre beläuft, scheidet in diesen Fällen eine Inhaltskontrolle nach § 307 Abs. 3 S. 1 BGB aus. Zwar gilt § 193 Abs. 2 Nr. 4 AktG unmittelbar nur für die Befugnisse der Hauptversammlung; da der Vorstand jedoch gemäß § 83 Abs. 2 AktG an ihre Beschlüsse ge-

---

878 Horn in: Wolf/Horn/Lindacher, § 23 Rn. 74 mwN; vgl. auch Basedow in: Münchener Kommentar zum BGB, § 310 Rn. 83 f.

879 Für die Anwendbarkeit der Inhaltskontrolle auf die Ausgestaltung von Optionen auch Maletzky, NZG 2003, 715, 716; Frey in: Großkommentar, § 192 Rn. 41 mwN; a.A. Mohr/Bihn in: Handbuch Stock Options, O I 2 a) Rn. 1186, 1196, die allerdings die Anwendbarkeit der §§ 307 ff. BGB auf Arbeitsverträge bzw. arbeitsvertragliche Zusatzvereinbarungen bejahen, die Regelungen zur Gewährung von Optionen enthalten.

bunden ist, hat die gesetzliche Vorgabe auch Relevanz für die schuldrechtliche Ausgestaltung der Optionsgewährung.

Beläuft sich eine Wartefrist mit Optionsverfall nun auf einen erheblich längeren Zeitraum oder werden die Optionen durch Maßnahmen der Kapitalbeschaffung erfüllt, auf die § 193 Abs. 2 Nr. 4 AktG nicht anwendbar ist, könnte die Wartefrist als unangemessen lange Annahmefrist im Sinne von § 308 Nr. 1 Var. 1 BGB zu werten sein. § 308 Nr. 1 Var. 1 BGB hat den Zweck, den Antragenden vor einer unzumutbaren Ungewissheit über die zeitliche Bindung an sein Vertragsangebot zu schützen. Die Vorschrift betrifft nur Annahmefristen, bei denen der Verwender der allgemeinen Vertragsbedingungen zugleich der Angebotsempfänger ist.[880] Voraussetzung für die Anwendbarkeit von § 308 Nr. 1 Var. 1 BGB auf Verfallklauseln wäre also, dass der optionsgewährende Arbeitgeber sich auf ein Angebot seiner Mitarbeiter eine unangemessen lange Annahmefrist vorbehält.

Nach den verschiedenen dogmatischen Ansätzen stellt sich die Option entweder als ein langfristig bindendes Angebot der optionsgewährenden Gesellschaft auf Abschluss des Hauptvertrages, als einseitig bindender Vorvertrag oder als ein unter einer aufschiebenden Potestativbedingung geschlossener Aktienkaufvertrag dar. In Betracht kommt auch ein schuldrechtlicher Vertrag sui generis, der ein Gestaltungsrecht des Optionsberechtigten begründet, durch einseitige Willenserklärung den Kaufvertrag über die Aktien zustande zu bringen.[881] Nach keinem der Begründungsansätze liegt ein Angebot des optionsberechtigten Mitarbeiters vor, dessen Annahme sich der Arbeitgeber während der Warte- und Verfallfrist vorbehalten würde. Im Hinblick auf den Abschluss des Zeichnungs- bzw. Aktienkaufvertrags ist der Arbeitgeber durch die Einräumung der Option gebunden, während der Arbeitnehmer – sobald die Ausübungsreife eintritt – frei über das Zustandekommen des Vertrages entscheiden kann. Diese Konstellation ist gerade das Spiegelbild zu der von § 308 Nr. 1 Var. 1 BGB erfassten Variante.

---

880 Palandt/Heinrichs, § 308 Rn. 3; Wolf in: Wolf/Horn/Lindacher, § 10 Nr. 1 Rn. 2; Basedow in: Münchener Kommentar zum BGB, § 308 Nr. 1 Rn. 4.

881 Vgl. oben Erster Teil B.

Vertreten wird, dass § 308 Nr. 1 Var. 1 BGB analog auf einen aufschiebend bedingten Vertrag anwendbar sei.[882] Die Option ist zwar nur unter bestimmten Voraussetzungen ausübbar; die Optionsvereinbarung selbst ist jedoch nicht aufschiebend bedingt. Selbst wenn man die Option als aufschiebend bedingten Aktienkaufvertrag qualifiziert, kommt eine analoge Anwendung von § 308 Nr. 1 Var. 1 BGB nicht in Frage. Die für eine Analogie erforderliche Vergleichbarkeit der Interessenlagen besteht nur dann, wenn der Vertragspartner des Verwenders bereits an sein Vertragsangebot gebunden ist, ihm aber aufgrund der aufschiebenden Bedingung noch keine eigenen Ansprüche zustehen.[883] Da die Mitarbeiter jederzeit frei über die Ausübung ihrer Optionen entscheiden können, liegt eine solche einseitige Bindung nicht vor.

Genauso wenig stellen Verfallbestimmungen unangemessen lange Leistungfristen im Sinne von § 308 Nr. 1 BGB dar. Die Vorschrift soll den Vertragspartner des Verwenders nach dem Zustandekommen des Vertrages davor schützen, dass er an den Vertrag gebunden ist, zugleich aber die Erfüllung seiner Ansprüche nicht in absehbarer Zeit verlangen kann.[884] Die Ansprüche des Mitarbeiters aus der Optionsvereinbarung werden bereits durch die Einräumung der Option erfüllt; der Aktienkauf- bzw. Zeichnungsvertrag ist noch nicht zustande gekommen. Die von § 308 Nr. 1 Var. 2 BGB vorausgesetzte Konstellation eines abgeschlossenen, noch nicht erfüllten Vertrages und einer einseitigen Bindung des Mitarbeiters liegt nicht vor.

3. Verfallklausel als unzulässige Vertragsstrafe im Sinne von § 309 Nr. 6 BGB

a) Allgemeine Tatbestandsmerkmale

Soweit Verfallbestimmungen dazu dienen, Druck auf den Mitarbeiter zur Unterlassung einer Vertragsbeendigung auszuüben, sind sie als Vertragsstrafen im Sinne von § 339 BGB einzustufen.[885] In Allgemeinen Geschäftsbedingungen sind Vertragsstrafen gemäß § 309 Nr. 6 BGB unwirksam, wenn sie dem Verwender für den Fall versprochen werden, dass sich sein Vertragspartner vom

---

882 OLG Karlsruhe, NJW-RR 1995, 504; Palandt/Heinrichs, § 308 Rn. 3; Wolf in: Wolf/Horn/Lindacher, § 10 Nr. 1 Rn. 8; a.A. Schmidt in: Ulmer/Brandner/Hensen, § 10 Nr. 1 Rn. 4.

883 Zu diesem Gesetzeszweck vgl. OLG Karlsruhe, NJW-RR 1995, 504.

884 Wolf in: Wolf/Horn/Lindacher, § 10 Nr. 1 Rn. 1; Basedow in: Münchener Kommentar zum BGB, § 308 Nr. 1 Rn. 1.

885 Vgl. oben Dritter Teil B. IV. 1. c).

Vertrag löst; die nicht von § 309 Nr. 6 BGB erfassten Fälle eines Vertragsstrafeversprechens unterliegen einer Überprüfung nach § 307 BGB.[886]

Wie bei der Anwendbarkeit von §§ 339 ff. BGB könnte auch hier problematisch sein, ob sich der Begriff der Vertragsstrafe in § 309 Nr. 6 BGB lediglich auf das unselbständige Strafversprechen im Sinne von § 339 BGB bezieht oder auch das selbständige Strafversprechen im Sinne von § 343 Abs. 2 BGB erfasst. Die Frage wird vor dem Hintergrund relevant, dass die Beendigung des Anstellungsverhältnisses möglicherweise nicht Verbotsinhalt, sondern sein Fortbestand Bedingung für den Erwerb von Aktien ist, und der Verfall dann keine Rechtspflicht im Sinne eines unselbständigen Strafversprechens nach § 339 BGB sanktioniert.[887]

Ähnlich wie bei der Einordnung des selbständigen Strafversprechens als Vertragsstrafe im Sinne der §§ 339 ff. BGB ist seine Wirksamkeit bei formularmäßiger Vereinbarung auch gemäß § 309 Nr. 6 BGB zu beurteilen:[888] Bereits die Wortwahl des § 309 Nr. 6 BGB legt nahe, dass auch selbständige Strafversprechen von der Vorschrift erfasst sind: Der in § 309 Nr. 6 BGB genannte Zahlungsverzug bezieht sich nach der gesetzlichen Terminologie in § 286 BGB zwar auf eine besondere Art der Pflichtverletzung durch den Schuldner. Die in § 309 Nr. 6 BGB außerdem aufgeführte Nichtabnahme kann sich hingegen nicht nur als Verletzung einer geschuldeten Pflicht darstellen, sondern auch als einfacher Annahmeverzug des Gläubigers gemäß §§ 293 ff. BGB. Genauso lässt sich der Begriff der Vertragslösung doppelt besetzen und erfasst neben einem pflichtwidrigen Verhalten auch berechtigte Lösungen infolge Rücktritts, Kündigung oder Widerrufs. Darüber hinaus kann es nicht Sinn und Zweck von § 309 Nr. 6 BGB sein, nur solche Strafen zu kontrollieren, die für echte Verbindlichkeiten versprochen sind: Hält der Gesetzgeber es für erforderlich, die Möglichkeit der zwangsweisen Durchsetzung im Wege der Vertragsstrafe bereits für echte Verbindlichkeiten zu begrenzen, muss dies erst recht für die

---

886 Wolf in: Wolf/Horn/Lindacher, § 11 Nr. 6 Rn. 23; Basedow in: Münchener Kommentar zum BGB, § 309 Nr. 6 Rn. 6.

887 Vgl. oben Dritter Teil B. IV. 1. c).

888 Vgl. zum Meinungsstreit über die Einordnung des selbständigen Strafgedinges als Vertragsstrafe oben Dritter Teil B. IV. 1. c), für eine Anwendung von § 309 Nr. 6 BGB bzw. der entsprechenden Vorschrift des § 11 Nr. 6 AGBG a.F. Basedow in: Münchener Kommentar zum BGB, § 309 Nr. 6 BGB Rn. 4; Wolf in: Wolf/Horn/Lindacher, § 11 Nr. 6 Rn. 6; Schlosser/Coester-Waltjen, § 11 Nr. 6 Rn. 10; Staudinger/Coester-Waltjen, § 11 Nr. 6 Rn. 7; Hensen in: Ulmer/Brandner/Hensen, § 11 Nr. 6 Rn. 5; für eine entsprechende Anwendung Palandt/Heinrichs, § 309 Rn. 32; Ermann/Roloff, § 309 Rn. 54.

Durchsetzung solcher Verhaltensweisen gelten, die gar nicht geschuldet und daher grundsätzlich überhaupt nicht zwangsweise durchsetzbar sind.[889] Für die Qualifizierung einer Verfallklausel als Vertragsstrafe im Sinne von § 309 Nr. 6 BGB kann damit dahinstehen, ob dem Mitarbeiter tatsächlich eine echte Pflicht obliegt, das Anstellungsverhältnis nicht zu beenden, oder ob die Vertragsfortführung Bedingung für den späteren Aktienerwerb ist.

Auch die Rechtsfolge des Verfalls steht dem Charakter als Vertragsstrafeversprechen nicht entgegen.[890] Sind Verfallvereinbarungen als Vertragsstrafe im Sinne der §§ 339 ff. BGB zu qualifizieren, kann für den Begriff der Vertragsstrafe in § 309 Nr. 6 BGB nichts anderes gelten. Da die Schutzbedürftigkeit maßgeblicher Grund für die (entsprechende) Anwendung der §§ 339 ff. BGB auf Verfallklauseln ist, muss § 309 Nr. 6 BGB erst recht auf vorformulierte Verfallbedingungen (entsprechende) Anwendung finden. Denn der Gesetzgeber geht in den §§ 305 ff. BGB generell von einer erhöhten Schutzbedürftigkeit des Vertragspartners des Verwenders allgemeiner Geschäftsbedingungen aus; wie auch im Anwendungsbereich der §§ 339 ff. BGB ist der von einer vorformulierten Verfallklausel Betroffene nicht weniger schutzbedürftig als derjenige, der eine Leistung als vorformulierte Vertragsstrafe versprochen hat.

Auch bei der Inhaltskontrolle vorformulierter Verfallbedingungen gilt, dass die Voraussetzungen der Gewährung einer Belohnung nicht anhand von § 309 Nr. 6 BGB zu kontrollieren sind. Da dem Mitarbeiter beim Verlust noch nicht ausübbarer Optionen lediglich ein in Aussicht gestellter Vorteil, eine Belohnung, entgeht, liegt eine Vertragsstrafe nicht vor. Soweit die Verfallklausel den Verlust von Optionspreis, umgewandelten Gehaltsbestandteilen oder bereits ausübbaren Optionen betrifft, werden dem Mitarbeiter bei Beendigung des Anstellungsverhältnisses allerdings die für eine Vertragsstrafe typischen Nachteile in Aussicht gestellt.

b) Keine vorrangige Anwendbarkeit von § 308 Nr. 3 BGB

Beim Verfall von Rechten aufgrund vorformulierter Vertragsklauseln ist zwischen der Anwendbarkeit von § 308 Nr. 3 BGB und § 309 Nr. 6 BGB zu unterscheiden. Soweit aufgrund einer Verfallklausel sämtliche Rechte aus dem Ver-

---

889 Wolf in: Wolf/Horn/Lindacher § 11 Nr. 6 Rn. 6; für das Versprechen der Abnahme: Staudinger/Coester-Waltjen, § 11 Nr. 6 AGBG Rn. 7; Schlosser/Coester-Waltjen, § 11 Nr. 6 Rn. 10.

890 Vgl. oben Dritter Teil B. IV. 1. c).

trag entfallen und dieser nicht weiter durchgeführt wird, ist die Vereinbarung als Lösungsrecht gemäß § 308 Nr. 3 BGB einzustufen. Soweit nur einzelne Rechte entfallen und der Vertrag im Übrigen bestehen bleibt, erfolgt eine Kontrolle anhand von § 309 Nr. 6 BGB.[891] Diese scharfe Abgrenzung ist bei optionsbezogenen Verfallklauseln jedoch nicht erforderlich. Im Hinblick auf den Anstellungsvertrag regelt die Verfallbestimmung lediglich den Verlust eines einzelnen Gehaltsbestandteils; im Hinblick auf den Aktienkaufvertrag soll die Verfallbestimmung ggf. eine Lösung vom gesamten, bedingt geschlossenen Vertrag bewirken. Die Anwendbarkeit von § 308 Nr. 3 BGB schließt daher bei optionsbezogenen Verfallklauseln die gleichzeitige Anwendbarkeit von § 309 Nr. 6 BGB nicht aus.

c) Einfluss von Besonderheiten des Arbeitsrechts?

Soweit ausübungsreife Optionen, ein Optionspreis oder umgewandelter Gehaltsbestandteil infolge der Beendigung des Anstellungsverhältnisses verfallen sollen, ist die vorformulierte Vereinbarung als Vertragsstrafe nach § 309 Nr. 6 BGB grundsätzlich unwirksam. Allerdings könnten die in § 310 Abs. 4 S. 2 BGB erwähnten Besonderheiten des Arbeitsrechts eine abweichende Beurteilung erfordern.

Voraussetzung einer Berücksichtigung von Besonderheiten des Arbeitsrechts ist zunächst, dass die gesellschafts- bzw. kaufrechtlichen Elemente der Optionsvereinbarung nicht der Anwendung der für Arbeitsverträge konzipierten Sondervorschrift im Wege stehen. Diese Frage kann allerdings offen bleiben, wenn bei der Inhaltskontrolle von Verfallklauseln ohnehin keine arbeitsrechtlichen Besonderheiten in Betracht kommen.

Der Begriff der arbeitsrechtlichen Besonderheiten ist eine Wortschöpfung des Gesetzgebers im Rahmen der Schuldrechtsreform. Nach der Gesetzesbegründung soll die Regelung in § 310 Abs. 4 S. 2 BGB die Möglichkeit bieten, die Bedürfnisse eines Arbeitsverhältnisses insbesondere bei den besonderen Klauselverboten zu berücksichtigen.[892] Die Begründung geht damit über den eigentlichen Gesetzestext nicht hinaus. Zum Teil wird die Existenz arbeitsrechtlicher Besonderheiten, die sich gegenüber den zwingenden Vorschriften der §§ 307 ff.

---

891 Wolf in: Wolf/Horn/Lindacher, § 11 Nr. 6 Rn. 7; Staudinger/Coester-Waltjen, § 11 Nr. 6 AGBG Rn. 8.

892 BT-Dr 14/6857, S. 54.

BGB durchsetzen könnten, überhaupt verneint.[893] Der Gesetzgeber habe durch die Aufhebung der Bereichsausnahme gerade die Anwendung der §§ 305 ff. BGB auf Arbeitsverträge erreichen wollen.[894] Eine derartige Auslegung nimmt § 310 Abs. 4 S. 2 BGB jedoch im Widerspruch zu Wortlaut, Gesetzessystematik und Absicht des Gesetzgebers, für den Rechtsanwender die Möglichkeit flexibler Wertungen zu schaffen, jegliche Bedeutung.

Bevor die arbeitsrechtliche Bereichsausnahme mit Inkrafttreten des Gesetzes zur Modernisierung des Schuldrechts aufgehoben wurde, waren Vertragsstrafen in Anstellungsverträgen bei Vorliegen eines berechtigten Interesses, insbesondere für den Fall der Nichtaufnahme der Arbeit, der rechtswidrigen vorzeitigen Beendigung des Anstellungsverhältnisses und der Veranlassung einer fristlosen Kündigung wegen schuldhaft vertragswidrigen Verhaltens in Rechtsprechung und Literatur weitgehend anerkannt.[895] Möglicherweise lässt sich diese Wertung zur alten Rechtslage und ihre Umsetzung in der Praxis als arbeitsrechtliche Besonderheit im Sinne von § 310 Abs. 4 S. 2 BGB einstufen, die einer Anwendung von § 309 Nr. 6 BGB auf Anstellungsverhältnisse entgegensteht.[896]

Allein die pauschale Übertragung der bisherigen Rechtsprechung und Vertragspraxis auf den Begriff der arbeitsrechtlichen Besonderheiten darf jedoch nicht die Entscheidung des Gesetzgebers umgehen, auch Arbeitsverträge grundsätzlich der Kontrolle der §§ 305 ff. BGB zu unterstellen.[897] Insbesondere trägt eine Überprüfung allein anhand der Generalklausel des § 307 BGB dem Willen des

893 Graf von Westphalen in: Henssler/Graf von Westphalen, § 310 Rn. 7.

894 Graf von Westphalen in: Henssler/Graf von Westphalen, § 310 Rn. 7.

895 BAG AP Nr. 9, 12 zu § 339 BGB; Bloymeyer in: Münchener Handbuch zum Arbeitsrecht, Band 1, § 57 Rn. 57; Preis in: Erfurter Kommentar, §§ 305-310 BGB Rn. 93 mN zur alten Rechtslage; a.A. für den Fall der Nichtleistung versprochener Dienste: Lindacher, S. 74 f; Langheid DB 1980, 1219; gegen die Zulässigkeit formularmäßiger Vertragsstrafen ArbG Herford, NJW 1982, 1550; Stein, Anm. zu LAG Berlin AP Nr. 8 zu §§ 339 BGB.

896 Gegen die Anwendung von § 309 Nr. 6 BGB Gotthardt, Rn. 278; Henssler RdA 2002, 129, 138; Lingemann NZA 2002, 181, 191; Linck in: Arbeitsrechtshandbuch, § 60 Rn. 4; Preis in: Erfurter Kommentar, §§ 305-310 BGB Rn. 93; für die Anwendung von § 309 Nr. 6 Däubler, NZA 2001, 1329, 1336; Thüsing NZA 2002, 591, 594; Reinecke DB 2002, 583, 586.

897 So aber im Ergebnis Berkowsky, AuA 2001, 11, 15, der aufgrund des Vorbehaltes davon ausgeht, dass gegenüber der Inhaltskontrolle der bisherigen Rechtsprechung kaum Änderungen eintreten werden; gegen die Berücksichtigung der bisherigen Vertragspraxis, da es sich um tatsächliche und nicht um rechtliche Besonderheiten handele, Thüsing, NZA 2002, 591, 592 f; Hessisches Landesarbeitsgericht, nv Urteil vom 25. April 2003, Az: 17 Sa 1723/02; LAG Hamm, DB 2003, 2549, 2550; die Frage einer Berücksichtigung der tatsächlichen Besonderheiten wird von BAG DB 2004, 1616, offen gelassen.

Gesetzgebers nicht ausreichend Rechnung:[898] Die Anwendung der §§ 308, 309 BGB ist lediglich in den Fällen von § 310 Abs. 1, 2 BGB, nicht jedoch für die in § 310 Abs. 4 BGB geregelten Anstellungsverträge ausgeschlossen.

Als Argument für eine arbeitsvertragliche Besonderheit bei der Beurteilung von Vertragsstrafen und gegen die Anwendbarkeit von § 309 Nr. 6 BGB auf Arbeitsverträge wird ins Feld geführt, dass die übrigen in § 309 Nr. 6 BGB geregelten Fälle der nicht oder nicht rechtzeitigen Abnahme sowie des Zahlungsverzugs auf das Arbeitsverhältnis nicht passen würden.[899] Dies gilt aber auch für weitere in den §§ 308, 309 BGB aufgezählte Verbote. Im Übrigen hat dies keinen Einfluss darauf, dass die in § 309 Nr. 6 BGB getroffene Regelung zur Vertragsstrafe sehr wohl auf Arbeitsverhältnisse passt.

Auch § 5 Abs. 2 Nr. 2 BBiG, der Vertragsstrafen in Ausbildungsverhältnissen verbietet, lässt nicht den Umkehrschluss zu, dass es sich im Übrigen bei vorformulierten Vertragsstrafen um zulässige Besonderheiten des Arbeitsrechts im Sinne von § 310 Abs. 4 S. 2 BGB handelt.[900] §§ 309 Nr. 6, 310 Abs. 4 S. 1 BGB machen deutlich, dass § 5 Abs. 2 Nr. 2 BBiG keine abschließende Regelung darstellt, die sämtliche übrigen Formen von Vertragsstrafeversprechen, auch vorformulierte, zulassen würde.

Vertragsstrafen im Arbeitsrecht wurden bis zur Schuldrechtsreform u.a. mit dem Interesse des Arbeitgebers gerechtfertigt, Beweisschwierigkeiten zu vermeiden: Bei einem Vertragsbruch des Arbeitnehmers könne der Arbeitgeber seinen Vermögensschaden in der Regel nicht oder nur schwer beweisen, so dass der Anspruch auf Schadensersatz im Arbeitsverhältnis als Sanktion nicht ausreiche.[901] Problematisch ist, ob dieses Argument einer Besonderheit des Arbeitsrechts Rechnung trägt: Zum einen wird dem entgegengehalten, dass der Scha-

---

898 So aber Lingemann, NZA 2002, 181, 183.

899 Lingemann, NZA 2002, 181, 191; Preis in: Erfurter Kommentar, §§ 305-310 BGB Rn. 93; a.A. Hessisches Landesarbeitsgericht, nv Urteil vom 25. April 2003, Az: 17 Sa 1723/02 mit weiteren Ausführungen.

900 So aber Linck in: Arbeitsrechtshandbuch, § 60 Rn. 4; Gotthardt, Rn. 278, zieht außerdem aus § 75 c HGB den Schluss, dass Vertragsstrafen im Arbeitsrecht grundsätzlich akzeptiert seien.

901 BAG AP Nr. 9, 12 zu § 339 BGB; Söllner RdA 1989, 152, 161; Linck in: Arbeitsrechtshandbuch, § 60 Rn. 9; Preis in: Erfurter Kommentar, §§ 305-310 BGB Rn. 93; Lingemann, NZA 2002, 181, 191; zum Verzögerungsschaden und den Vorhaltekosten vgl. Stein, Anm. zu LAG Berlin AP Nr. 8 zu § 339 BGB, der auf die seiner Ansicht nach ausreichende Möglichkeit der Schadensschätzung gemäß § 61 Abs. 2 ArbGG i.V.m. § 287 ZPO verweist; zu den Ausfall- und Verfrühungsschäden vgl. Brox, Anm. zu BAG AP Nr. 9 zu § 339 BGB.

den für den Arbeitgeber auch nicht schwerer nachweisbar ist als für den Dienstberechtigten eines allgemeinen Dienstvertrages.[902] Zum anderen handelt es sich bei den Beweisschwierigkeiten weniger um rechtliche als vielmehr um tatsächliche Fragen.[903]

Eine Besonderheit des Arbeitsrechts könnte die Regelung des § 888 Abs. 3 ZPO sein, die ausschließt, die Verpflichtung zur Arbeitsleistung zu vollstrecken. Im Hinblick auf die allgemeinen Grundsätze des Prozessrechts, nach denen Leistungstitel grundsätzlich vollstreckbar sind, handelt es sich auch um eine besondere Regelung. Problematisch ist allerdings, dass § 888 Abs. 3 ZPO insbesondere auch auf andere Dienstverhältnisse Anwendung findet.[904] § 310 Abs. 4 S. 2 BGB formuliert jedoch nicht, dass es sich um „ausschließliche" Besonderheiten des Arbeitsrechts handeln müsse. Vorzugswürdig erscheint eine Auslegung in dem Sinne, dass die Vorschrift solche Regelungen erfasst, die „auch" Besonderheiten des Arbeitsrechts darstellen. Wäre es notwendig, dass gerade „ausschließliche" arbeitsrechtliche Besonderheiten den §§ 308 f. BGB entgegenstehen, die Grundsätze des allgemeinen Schuld- bzw. Vertragsrechts betreffen, würde der Anwendungsbereich von § 310 Abs. 4 S. 2 BGB aufgrund der wenigen speziellen arbeitsrechtlichen Normen in diesem Bereich weitgehend leerlaufen.[905]

Die Auslegung von § 310 Abs. 4 S. 2 BGB spricht dafür, § 888 Abs. 3 BGB als „auch" arbeitsrechtliche Besonderheit im Sinne der Vorschrift anzuerkennen. Aufgrund der fehlenden Vollstreckbarkeit erlangen Vertragsstrafen einerseits bei der Anspruchsdurchsetzung besondere Bedeutung für den Gläubiger einer Arbeitsleistung. Durch die Zulässigkeit von Vertragsstrafen wird andererseits aber nicht die Wertung von § 888 Abs. 3 BGB umgangen;[906] es bleibt dabei, dass die Arbeitsleistung nicht erzwungen werden kann. Die arbeitsrechtliche

---

902 Hessisches Landesarbeitsgericht, nv Urteil vom 25. April 2003, Az: 17 Sa 1723/02; Landesarbeitsgericht Baden-Württemberg, DB 2003, 2551, 2552; v. Koppenfels, NZA 2002, 598, 601, unter Hinweis auf § 287 Abs. 1 ZPO; auch gegen die Begründung einer arbeitsrechtlichen Besonderheit aus dem Vollstreckungsverbot nach § 888 Abs. 3 ZPO.

903 Gegen die Berücksichtigung tatsächlicher Besonderheiten Thüsing, NZA 2002, 591, 592 f; Hessisches Landesarbeitsgericht, nv Urteil vom 25. April 2003, Az: 17 Sa 1723/02; Landesarbeitsgericht Hamm, DB 2003, 2549, 2550; die Frage einer Berücksichtigung tatsächlicher Besonderheiten wird von BAG DB 2004, 1616 offen gelassen.

904 Aus diesem Grund gegen die Berücksichtigung von § 888 Abs. 3 ZPO als Besonderheit des Arbeitsrechts Thüsing, NZA 2002, 591, 592 f.; Landesarbeitsgericht Baden-Württemberg, DB 2003, 2551, 2552.

905 BAG DB 2004, 1616.

906 BAG DB 2004, 1616.

Besonderheit der fehlenden Vollstreckbarkeit der Verpflichtung zur Arbeitsleistung steht damit der uneingeschränkten Anwendung von § 309 Nr. 6 BGB auf entsprechende Vertragsstrafeabreden entgegen.

d) Strafversprechen außerhalb des Anwendungsbereichs von § 309 Nr. 6 BGB

Aktienoptionspläne können den Verfall der Optionen nicht nur bei Beendigung des Anstellungsvertrages vorsehen, sondern auch wenn der Arbeitnehmer einen Vertragsbruch begeht oder wesentliche Pflichten aus dem Gesetz oder Anstellungsvertrag verletzt.[907] Diese Regelung kann unabhängig davon getroffen werden, ob die Gesellschaft aufgrund der Pflichtverletzung den Anstellungsvertrag durch Kündigung beendet. Derartige Strafversprechen fallen nicht unter § 309 Nr. 6 BGB, sind aber nach § 307 BGB zu überprüfen. Maßgeblich für die Beurteilung einer unangemessenen Benachteiligung im Sinne von § 307 Abs. 2 Nr. 1 BGB ist, ob die oben dargestellten Voraussetzungen der §§ 339 ff. BGB eingehalten sind. Dem Transparenzgebot des § 307 Abs. 1 S. 2 BGB ist genüge getan, wenn die sanktionierten Pflichtverletzungen zumindest so bestimmt geregelt sind, dass sie sich im Wege der Auslegung ermitteln lassen.[908]

4. Verfallklausel als Lösungsrecht im Sinne von § 308 Nr. 3 BGB

a) Kein Dauerschuldverhältnis im Sinne von § 308 Nr. 3 HS. 2 BGB

Eine Verfallklausel könnte ein nach § 308 Nr. 3 BGB unzulässiges Recht zur Vertragslösung darstellen. Möglicherweise ist das Optionsverhältnis, das durch den Verfall beendet wird, jedoch als Dauerschuldverhältnis im Sinne von § 308 Nr. 3 HS. 2 BGB zu qualifizieren, das vom grundsätzlichen Verbot sachlich nicht gerechtfertigter Lösungsrechte ausgenommen ist.

Dauerschuldverhältnisse sind Schuldverhältnisse, bei denen die Vertragsparteien über eine längere Zeit hinweg ein dauerndes Verhalten oder wiederkehrende Leistungen schulden. Da sich Dauerschuldverhältnisse nicht in einer einmaligen Leistung erschöpfen, hängt der Gesamtumfang der geschuldeten Leistungen von der Länge ihrer Rechtsbeziehung ab.[909] Die Optionsvereinbarung verpflichtet die Gesellschaft nun, ihrem Mitarbeiter bei vereinbarungsgemäßer Ausübung der Option Aktien zu übertragen. Die Übertragungspflicht ist auf den Zeitpunkt

---

907 Vgl. die Regelung bei Achleitner/Wollmert, Stock Options, § 7 (1) (iii) des Stock Option-Plan (Muster I).

908 Gotthardt, Rn. 270: Auslegungsbedürftigkeit bedeutet nicht zugleich Intransparenz.

909 Palandt/Heinrichs, § 314 Rn. 2; Staudinger/Coester-Waltjen, § 10 Nr. 3 AGBG Rn. 29.

der Optionsausübung hinausgeschoben; einen dauerhaften Charakter hat sie nicht. Problematischer ist allerdings die Rechtsstellung des Mitarbeiters. Sollte die Optionsvereinbarung den Mitarbeiter verpflichten, für die Zeit bis zur Optionsausübung eine Beendigung des Anstellungsverhältnisses zu unterlassen bzw. das Anstellungsverhältnis fortzuführen, spricht dies für ihren Charakter als Dauerschuldverhältnis.

Selbst wenn man eine solche Rechtspflicht des optionsbegünstigten Mitarbeiters annimmt, unterfällt eine Optionsvereinbarung letztlich nach Sinn und Zweck von § 308 Nr. 3 HS. 1 BGB nicht der für Dauerschuldverhältnisse geschaffenen Ausnahmeregelung. Die Vorschrift soll verhindern, dass der Verwender sich vom Vertrag lösen kann, ohne für seine Nicht- bzw. Schlechterfüllung einstehen zu müssen.[910] Die Einschränkung für Dauerschuldverhältnisse in § 308 Nr. 3 HS. 2 BGB trägt dazu bei, die Privatautonomie zu sichern: Die Vereinbarung wesentlicher Vertragsbedingungen ist der Inhaltskontrolle nach §§ 305 ff. BGB entzogen.[911] Durch die freie Lösungsmöglichkeit bei Dauerschuldverhältnissen wird der Umfang der zu erbringenden Leistungen begrenzt. Die Bestimmung des Leistungsumfangs gehört bei Dauerschuldverhältnissen nun aber als wesentliche Vertragsbedingung genauso zur Privatautonomie wie bei Verträgen, die sich in einer einmaligen Abwicklung erschöpfen, und unterfällt damit nicht der Inhaltskontrolle gemäß §§ 307 ff. BGB.[912] Vor diesem Hintergrund ist § 308 Nr. 3 HS. 2 BGB auf den Fall zu beschränken, dass sich die einseitige Lösung von einem Dauerschuldverhältnis tatsächlich auf den Leistungsumfang auswirkt. Wird eine Beseitigung von jeglicher Vertragsbindung beabsichtigt, unterscheiden sich die Parteien eines Dauerschuldverhältnisses nicht von denen eines anderen Schuldverhältnisses. Eine solche Vereinbarung ist daher auch bei Dauerschuldverhältnissen nach § 308 Nr. 3 HS. 1 BGB zu beurteilen.[913] Die Gesellschaft wird durch den Optionsverfall von ihren Pflichten aus der Optionsvereinbarung mit Beendigung des Anstellungsverhältnisses vollständig befreit. Selbst wenn die Optionsvereinbarung eine dauerhafte Pflicht

---

910 Basedow in: Münchener Kommentar zum BGB, § 308 Nr. 3 Rn. 1; Wolf in: Wolf/Horn/Lindacher, § 10 NR. 3 Rn. 1; Staudinger/Coester/Waltjen, § 10 Nr. 3 Rn. 1.

911 Vgl. zur Begrenzung der Inhaltskontrolle im Hinblick auf die Vereinbarung der wesentlichen Vertragsbedingungen BGHZ 116, 117, 119; 123, 83, 84; Wolf in: Wolf/Horn/Lindacher, § 8 Rn. 8; a.A. Basedow in: Münchener Kommentar zum BGB, § 307 Rn. 1 ff.

912 Wolf in: Wolf/Horn/Lindacher, § 10 Nr. 3 Rn. 11, § 8 Rn. 10.

913 Wolf in: Wolf/Horn/Lindacher, § 10 Nr. 3 Rn. 11; ähnlich und für den Fall, dass das Dauerschuldverhältnis noch nicht in Vollzug gesetzt ist, BGHZ 99, 182, 193; Löwe in: Großkommentar zum AGB-Gesetz, § 10 Nr. 3 Rn. 74.

des Mitarbeiters begründen sollte, findet die Ausnahmeregelung des § 308 Nr. 3 HS. 2 BGB daher keine Anwendung.

b) Einfluss der Ausgestaltung der Optionsvereinbarung

Abhängig von ihrer konkreten Ausgestaltung begründet die Optionsvereinbarung entweder ein langfristiges Vertragsangebot der Gesellschaft, einen aufschiebend bedingten Aktienkaufvertrag oder einen einseitig verpflichtenden Vorvertrag. Denkbar ist auch ein Vertrag sui generis, der die Option als eine Art Gestaltungsrecht beinhaltet.[914] Lediglich in den beiden letzten Fällen kommt überhaupt die Lösung von einem Vertrag im Sinne von § 308 Nr. 3 HS. 1 BGB in Frage. Aber auch in diesen Fällen geht es regelmäßig nicht darum, dass die Gesellschaft sich von bestehenden Pflichten aus dem Vorvertrag bzw. dem Vertrag sui generis lösen kann. Vielmehr wird sich der Vorvertrag im Hinblick auf die Verfallklausel in der Regel so auslegen lassen, dass die Pflicht der Gesellschaft zum Abschluss eines Aktienkauf- bzw. Zeichnungsvertrages erst dann entstehen soll, wenn der Anstellungsvertrag bei Optionsausübung nicht beendet ist. Dasselbe gilt für die Entstehung des Optionsrechts als Gestaltungsrecht.

c) Differenzierung nach den Umständen der Beendigung des Anstellungsverhältnisses

Sollte die Vereinbarung allerdings im Sinne eines nachträglichen Lösungsrechts oder einer auflösenden Bedingung[915] auszulegen sein, ist zu beachten, dass § 308 Nr. 3 BGB lediglich die Vertragsbeendigung durch den Verwender betrifft. Eine Vertragsbeendigung, die vom freien Willen des anderen Vertragsteils abhängt, wird von der Vorschrift nicht erfasst. Wird der Anstellungsvertrag auf Initiative des Mitarbeiters beendet, bedeutet dies zwar nicht, dass er dadurch zugleich die Beendigung der Optionsvereinbarung bezweckt. Dennoch wird aufgrund der getroffenen Verfallvereinbarung, die die Optionsvereinbarung an den Fortbestand des Anstellungsverhältnisses bindet, auch die Optionsvereinbarung allein durch den freien Willensentschluss des Mitarbeiters beendet.

Anders verhält es sich, wenn das Anstellungsverhältnis und damit die Optionsvereinbarung ausschließlich auf Initiative der Gesellschaft beendet werden. In-

---

914 Zu den unterschiedlichen Auslegungsmöglichkeiten und dogmatischen Einstufungen siehe oben Erster Teil B.

915 Die Vereinbarung einer auflösenden Bedingung wird zwar nicht vom Wortlaut, aber nach Sinn und Zweck von § 308 Nr. 3 BGB erfasst, Basedow in: Münchener Kommentar zum BGB, § 308 Nr. 3 Rn. 4; Wolf in: Wolf/Horn/Lindacher, § 10 Nr. 3 Rn. 6, unter Hinweis auf die Gesetzesmaterialien.

soweit bedarf es für die Beendigung der Optionsvereinbarung gemäß § 308 Nr. 3 BGB eines sachlich gerechtfertigten Grundes. Ein Lösungsgrund ist sachlich gerechtfertigt, wenn das Beendigungsinteresse des Verwenders das Erfüllungsinteresse des Vertragspartners überwiegt oder zumindest gleichermaßen anerkennenswert ist.[916] Soweit die Voraussetzungen für die Ausübung der Optionen noch nicht vorliegen, ist das Interesse der Gesellschaft an einer nachhaltigen Motivations- und Leistungsförderung des betroffenen Mitarbeiters und damit an einem Verfall der Optionen mit Beendigung des Anstellungsverhältnisses anzuerkennen. Soweit die Optionen hingegen bereits ausübungsreif sind, ist das Interesse der Gesellschaft an ihrem Verfall nur bei Mitarbeitern mit maßgeblichem Einfluss auf den „Shareholder Value" schutzwürdig.[917]

5. Verfallbestimmung als unangemessene Benachteiligung im Sinne von § 307 BGB?

Verfallbestimmungen könnten eine unangemessene Benachteiligung im Sinne von § 307 BGB darstellen.[918] Der Anwendungsbereich der Generalklausel des § 307 BGB ist immer dann eröffnet, wenn die speziellen Klauselverbote der §§ 308, 309 BGB nicht greifen.[919] Aus den §§ 308, 309 BGB lässt sich kein Unwirksamkeitsgrund für die Regelung eines Optionsverfalls vor Eintritt der Ausübungsreife ableiten.

a) Verfall entgeltlicher Optionen vor Ausübungsreife

Unangemessen im Sinne von § 307 Abs. 1 S. 1 BGB ist jede Beeinträchtigung eines rechtlich anerkannten Interesses des Arbeitnehmers, die nicht durch begründete und billigenswerte Interessen des Arbeitgebers gerechtfertigt ist oder durch gleichwertige Vorteile ausgeglichen wird.[920] Dabei sind die Interessen der Parteien umfassend und unter Berücksichtigung von Treu und Glauben zu würdigen.[921]

---

916 BGHZ 99, 182, 193; Wolf in: Wolf/Horn/Lindacher, § 10 Nr. 3 Rn. 14, 17; Basedow in: Münchener Kommentar zum BGB, § 308 Nr. 3 Rn. 6.

917 Vgl. oben Dritter Teil B. II. 1. b) bb) (7).

918 So Willemsen/Müller-Bonanni, ZIP 2003, 1177, 1181 f., für ausübungsreife Optionen ohne „angemessene Reaktionsfristen"; ähnlich Urban-Crell/Manger, NJW 2004, 125, 128, für den ersatzlosen Verfall ausübungsreifer Optionen.

919 Wolf in: Horn/Wolf/Lindacher, Vor §§ 10, 11 Rn. 10; Basedow in: Münchener Kommentar zum BGB, § 307 Rn. 23.

920 BGHZ 143, 103, 113 ; BAG DB 2004, 1616.

921 BAG DB 2004, 1616.

Das Interesse des Arbeitgebers, Optionen als effektives Motivations- und Bindungsinstrument einzusetzen und mit entsprechenden Verfallklauseln bis zum Ablauf der Wartezeit zu versehen, ist grundsätzlich schützenswert: Bis zu diesem Zeitpunkt steht dem Mitarbeiter lediglich eine Chance auf Vermögensmehrung zu. Bei entgeltlich eingeräumten Optionen überwiegt allerdings das Interesse des Mitarbeiters, das eingesetzte Vermögen nicht zu verlieren. Verfallklauseln ohne Rückzahlungs- bzw. Rückwandlungsklauseln stellen daher eine unangemessene Benachteiligung im Sinne von § 307 Abs. 1 S. 1 BGB dar.[922]

b) Unangemessene Länge des Verfallzeitraums

Das Interesse des Arbeitgebers an einem Vergütungsinstrument, mit dem er die Betriebstreue seiner Mitarbeiter honorieren und zusätzlich entlohnen kann, ist als Ausdruck der unternehmerischen Freiheit grundsätzlich schützenswert. Daher ist es möglich, Entgeltbestandteile davon abhängig zu machen, dass das Arbeitsverhältnis während eines bestimmten Bezugszeitraums tatsächlich besteht.[923] Wird der Optionsverfall durch die Beendigung des Anstellungsverhältnisses ausgelöst, stellt dies per se noch keine unangemessene Benachteiligung des Mitarbeiters dar.

In Betracht kommt allerdings, dass sich die Verfallklausel aufgrund der Länge des abgedeckten Verfallzeitraums als unangemessene Benachteiligung erweist. So vertritt *Kittner*, dass zwischen der Länge des Bezugs- und Dienstleistungszeitraums und der Höhe des durch ein vorzeitiges Ausscheiden eintretenden Entgeltverlustes kein Missverhältnis bestehen dürfe.[924] § 307 Abs. 2 BGB lassen sich genauere Anhaltspunkte entnehmen, bei denen eine vorformulierte Verfallfrist unangemessen lang sein und damit ein Missverhältnis zwischen Dienstleistungszeitraum und Entgeltverlust im Sinne *Kittners* bestehen könnte. Die Vorschrift konkretisiert, unter welchen Voraussetzungen eine Regelung zu Missverhältnissen zwischen den Vorteilen für den Verwender und den Nachteilen für den Vertragspartner führt. Gemäß § 307 Abs. 2 Nr. 1 BGB liegt eine unangemessene Benachteiligung in der Regel vor, soweit die Bestimmung mit den wesentlichen Grundgedanken der eigentlich einschlägigen gesetzlichen Regelung unvereinbar ist.

---

922 Vgl. zu Abwägung insbesondere oben Dritter Teil B. II. 1. a) aa) und bb).
923 Vgl. oben Dritter Teil B. II. 1. a) aa) (1).
924 Kittner in: Kittner/Däubler/Zwanziger, Einleitung Rn. 791.

Als einschlägige gesetzliche Regelung zur Beurteilung der Länge einer Verfallklausel wird § 624 BGB vorgeschlagen.[925] Bei entsprechender Anwendung wären Verfallbestimmungen für die Dauer einer maximal fünfeinhalb Jahre langen Wartezeit zulässig.[926] Allerdings wird über Verfallklauseln eine der Kündigungsfrist nach § 624 BGB vergleichbare Bindungswirkung erst erreicht, wenn der Verfall zur Unzumutbarkeit der Kündigung führt.[927] Solange unentgeltlich eingeräumte Optionen wegen fehlender Ausübungsreife lediglich Chancen auf eine Vermögensmehrung darstellen, lässt sich eine Unzumutbarkeit grundsätzlich nicht begründen. § 624 BGB bietet für die Beurteilung von Verfallbestimmungen während der Wartezeit daher nicht den richtigen Anknüpfungspunkt.

Vielmehr zeigt das Aktiengesetz für den Fall der bedingten Kapitalerhöhung und des Erwerbs eigener Aktien in §§ 193 Abs. 2 Nr. 4, 71 Abs. 1 Nr. 8 AktG, dass der Gesetzgeber von der grundsätzlichen Zulässigkeit von Warte- und kombinierten Verfallklauseln ausgeht und keine Höchstvorgaben machen will: Die Vorschrift enthält für den Hauptversammlungsbeschluss – und damit mittelbar für die Vertragsgestaltung durch den Vorstand bzw. Aufsichtsrat – lediglich eine Mindestwartefrist, nicht jedoch eine Höchstvorgabe. Anhaltspunkte dafür, dass der Verfall unentgeltlicher Optionen vor Ausübungsreife eine unangemessene Benachteiligung im Sinne von § 307 BGB darstellt, lassen sich dem Gesetz nicht entnehmen.

6. Ergebnis

Sollte die Verfallbestimmung nicht zwischen dem Verlust noch nicht ausübbarer Optionen und dem Eintritt sonstiger finanzieller Nachteile unterscheiden, ist die Klausel allerdings nicht in ihrer Gesamtheit unwirksam. Zwar gilt das Verbot der geltungserhaltenden Reduktion[928] auch für vorformulierte arbeitsvertragliche Bedingungen.[929] Nicht ausgeschlossen ist jedoch eine ergänzende

---

925 Maletzky, NZG 2003, 715, 717.

926 Maletzky, NZG 2003, 715, 717, allerdings für einen Zeitraum von fünf Jahren.

927 Vgl. oben Dritter Teil B. II. 1. a) aa) (2).

928 BGHZ 84, 109, 114 ff.; 90, 69, 73; 96, 18, 25; Lindacher in: Wolf/Horn/Lindacher, § 6 Rn. 26 ff; Schmidt in: Ulmer/Brandner/Hensen, § 6 Rn. 14 ff.; a.A. und für eine Reduzierung auf ein angemessenes Maß durch eine Vertragsauslegung Basedow in: Münchener Kommentar zum BGB, § 306 Rn. 13 ff. mwN; wohl auch Staudinger/Schlosser, § 6 AGBG Rn. 17 a f. mwN.

929 Annuß, BB 2002, 458, 461 f., nach dem die Besonderheiten des Arbeitsrechts sich nicht auf das Verbot der geltungserhaltenden Reduktion auswirken; Gotthardt, Rn. 329 ff., mit dem Hinweis auf die Möglichkeit der ergänzenden Vertragsauslegung; a.A. Thüsing, NZA 2002, 591, 594, nach dem das bisherige Richterrecht als Besonderheit

Vertragsauslegung, wenn dispositives Recht zur Lückenfüllung gemäß § 306 Abs. 2 BGB nicht zur Verfügung steht und der ersatzlose Wegfall der Regelung den typischen Interessen der Vertragsparteien nicht angemessen Rechnung trägt.[930] Da die inhaltliche Gestaltung von Optionsprogrammen gesetzlich nicht geregelt ist und ein ersatzloser Fortfall der Bestimmung im Hinblick auf das erhebliche Bindungs- und Motivationsinteresse des Arbeitgebers keine sachgerechte Lösung bietet,[931] kommt eine ergänzende Vertragsauslegung zum Zuge. Es ist daher davon auszugehen, dass die Parteien vernünftigerweise und unter angemessener Berücksichtigung der gegenseitigen Interessen einen Verfall der Optionen nur bei Beendigung des Anstellungsverhältnisses vor Ausübungsreife, bei entgeltlich eingeräumten Optionen darüber hinaus nur gegen Rückzahlung des Optionspreises bzw. „Rückwandlung" des umgewandelten Gehaltsbestandteils vereinbart hätten.

C. Schuldrechtliche Wirksamkeit aktienbezogener Halteklauseln

I. Halteklauseln ohne vertragliche Sanktion

Reine Halteklauseln ohne vertraglich vereinbarte Sanktion können zum einen eine nachhaltige Vermögensbildung der Mitarbeiter bezwecken, wie sie im Vordergrund von § 5 Abs. 2 Nr. 2 des 5. VermBG steht, zum anderen auf eine stärkere Identifikation mit dem wirtschaftlichen Schicksal der arbeitgebenden Gesellschaft gerichtet sein. Für die Ausgestaltung von Halteklauseln wird vorgeschlagen, dass sie aufgrund des Eigeninvests des Mitarbeiters lediglich einen Teil der bezogenen Aktien erfassen sollten.[932] Aus demselben Grund wird empfohlen, Halteklauseln zusammen mit Warteklauseln nicht die sechsjährige Sperrfrist des § 6 Abs. 3 Nr. 2 5. VermBG überschreiten zu lassen.[933]

Anders als optionsbezogene Verfallklauseln sind reine Halteklauseln mangels vertraglicher Sanktion weder als Verstoß gegen Kündigungsrecht noch als Ver-

---

des Arbeitsrechts der Anwendung des Verbots der geltungserhaltenden Reduktion entgegenstehe.

930 BGHZ 90, 69, 75; 137, 153, 157; Basedow in: Münchener Kommentar zum BGB, § 306 Rn. 16; Schmidt in: Ulmer/Brandner/Hensen, § 6 Rn. 34 ff. mwN in Rn. 33; vgl. auch LAG Düsseldorf, DB 2003, 2552, 2553; a.A. BAG DB 2004, 1616; Landesarbeitsgericht Baden-Württemberg, DB 2003, 2551, 2557, und LAG Hamm DB 2003, 2549, 2550, für eine Vertragsstrafe, die in den Anwendungsbereich von § 307 BGB fällt.

931 Vgl. Palandt/Heinrichs, § 306 Rn. 7 mwN, zu der Fallgestaltung, dass ein ersatzloser Fortfall der unzulässigen vorformulierten Bestimmung nicht sachgerecht ist.

932 Sauter/Babel in: Handbuch Stock Options, B III Rn. 52.

933 Engelsing, S. 61.

tragsstrafe zu qualifizieren; genauso wenig kollidieren sie mit den Vorschriften zum nachvertraglichen Wettbewerbsverbot. Aus den oben dargestellten Erwägungen kommt auch ein Verstoß gegen das Kreditierungsverbot des § 107 Abs. 2 S. 2 GewO nicht in Betracht.[934]

Möglicherweise sind vorformulierte Halteklauseln allerdings als Leistungsvorbehalte im Sinne von § 308 Nr. 1 BGB einzustufen, die den Mitarbeiter-Aktionär unangemessen lange binden.

1. Anwendbarkeit der §§ 305 ff. BGB

Problematisch ist zunächst, ob die Vorschriften der §§ 305 ff. BGB überhaupt auf aktienbezogene Haltebestimmungen Anwendung finden. Gemäß § 310 Abs. 4 S. 1 BGB ist der Bereich des Gesellschaftsrechts – anders als der Bereich des Arbeitsrechts – von einer Inhaltskontrolle nach §§ 305 ff. BGB ausgenommen.

Anders als vorformulierte optionsbezogene Verfallbestimmungen wirken sich Halteklauseln nicht nur im Vorfeld des Erwerbs einer gesellschaftlichen Beteiligung aus, sondern setzen eine Beteiligung an der Aktiengesellschaft gerade voraus. Der Ausnahmegrund des § 310 Abs. 4 S. 1 BGB ist allerdings – nach den allgemeinen Grundsätzen der Auslegung – eng zu fassen.[935] Er bezieht sich nur auf gesellschaftsrechtliche Rechtsverhältnisse i.e.S. Ausgenommen von der Inhaltskontrolle sind lediglich Verträge, die als Gründungsverträge oder Satzung in Betracht kommen,[936] d.h., die unmittelbar die Struktur, den Personenkreis oder die Willensbildung der Gesellschaft betreffen oder die Rechte und Pflichten der Gesellschafter inhaltlich prägen. Austauschverträge zwischen der Gesellschaft und einzelnen Gesellschaftern, die nicht auf der Mitgliedschaft beruhen, sind von der Bereichsausnahme nicht erfasst.[937]

Bereits diese enge Fassung der Ausnahme könnte dafür sprechen, Halteklauseln der Inhaltskontrolle nach §§ 305 ff. BGB zu unterwerfen. Denn Halteklauseln

---

934 Bei vorzeitiger Veräußerung kommen allerdings außervertragliche Nachteile in Form eines Verlusts der staatlichen Förderung nach § 6 Abs. 3 Nr. 2 des 5. VermBG in Betracht. Für die Zulässigkeit von Halteklauseln: Friedrichsen, S. 184.

935 Horn in: Wolf/Horn/Lindacher, § 23 Rn. 3.

936 Graf von Westphalen in: Großkommentar zum AGB-Gesetz, § 23 Rn. 12.

937 Basedow in: Münchener Kommentar zum BGB, § 310 Rn. 83; vgl. auch Horn in: Wolf/Horn/Lindacher, § 23 Rn. 74 a; Ulmer in: Ulmer/Brandner/Hensen, § 23 Rn. 21 a mwN.

können nicht wirksam als materieller Teil der Satzung mit korporationsrechtlichem Charakter vereinbart werden. Eine derartige Auslegung von § 310 Abs. 4 S. 1 BGB, die eine Inhaltskontrolle von der gesellschaftsrechtlichen Wirksamkeit der Vereinbarung abhängig macht, wird jedoch vom Gesetzeszweck der Bereichsausnahme nicht getragen: Die Ausnahmeregelung beruht auf der Erwägung, dass dem Schutzbedürfnis der von standardisierten Klauseln betroffenen Gesellschafter durch die Regelungen im Gesellschaftsrecht grundsätzlich bereits Genüge getan ist:[938] Der Gesetzgeber schreibt gemäß § 23 Abs. 5 AktG den Inhalt des Gesellschaftsvertrages einer Aktiengesellschaft weitgehend zwingend vor; zudem findet gemäß § 38 AktG eine Prüfung durch das Registergericht statt. Die Tatsache, dass eine Gesellschafterverpflichtung nach § 23 Abs. 5 AktG korporationsrechtlich unwirksam ist, spricht daher gerade nicht für die Anwendbarkeit der §§ 305 ff. BGB; eine Inhaltskontrolle hat in diesem Fall bereits stattgefunden.

Die Optionsvereinbarung weist – als gemischter Vertrag – neben den gesellschafts- bzw. kaufrechtlichen auch arbeitsrechtliche Elemente auf. Im Hinblick auf die Gestaltung von Arbeitsverträgen hat der Gesetzgeber im Zuge der Schuldrechtsreform nun aber gerade die Notwendigkeit einer inhaltlichen Kontrolle verankert. Aus diesem Grund unterliegt die Gestaltung vorformulierter Optionsvereinbarungen und die Aufnahme von Halteklauseln grundsätzlich der zwingenden Inhaltskontrolle nach §§ 305 ff. BGB.[939]

2. Unangemessen lange Leistungsfrist im Sinne von § 308 Nr. 1 BGB

Vorformulierte Haltefristen verstoßen nicht ohne weiteres gegen § 308 Nr. 1 BGB. Soweit sich eine Haltefrist auf den in § 5 Abs. 2 Nr. 2 des 5. VermBG als zulässig vorausgesetzten Zeitraum von sechs Jahren ab Erwerb beschränkt, scheidet eine Inhaltskontrolle gemäß § 307 Abs. 3 BGB gegenüber Arbeitnehmern im Sinne von § 1 Abs. 2 5. VermBG von vornherein aus.

---

938 Horn in: Wolf/Horn/Lindacher, § 23 Rn. 70; Basedow in: Münchener Kommentar zum BGB, § 310 Rn. 80.

939 Damit kann dahinstehen, ob die Bereichsausnahme auf den Erwerb einer gesellschaftsrechtlichen Beteiligung ohne unternehmerische Befugnisse allein zum Zweck der Vermögensanlage aufgrund der EG-RL 93/13 keine Anwendung findet, so Basedow in: Münchener Kommentar zum BGB, § 310 Rn. 86; Palandt/Heinrichs, § 310 Rn. 50 mwN; offen gelassen in BGH NJW 2001, 1270, 1271; a.A. Horn in: Wolf/Horn/Lindacher, § 23 Rn. 70; Drygala, ZIP 1997, 968, 970 f.

Längere standardisierte Haltefristen, die Arbeitnehmer betreffen, verstoßen jedoch gegen § 308 Nr. 1 BGB: Haltefristen sind als Leistungsvorbehalte zu qualifizieren, denn vor Ablauf der Haltefrist hat die Gesellschaft noch nicht erfüllt: Mit Optionsausübung bzw. Übertragung der Aktien wird der Mitarbeiter zwar Aktionär. Erfüllung im Sinne von § 362 Abs. 1 BGB liegt aber erst dann vor, wenn der Gläubiger zur freien Verfügung über den Leistungsgegenstand berechtigt ist.[940] Eine sechs Jahre überschreitende Haltefrist stellt auch einen unangemessen langen Leistungsvorbehalt im Sinne von § 308 Nr. 1 BGB dar. Ob eine Leistungsfrist unangemessen lang ist, hängt von einer Abwägung der gegenläufigen Interessen der Beteiligten ab.[941] Das in § 5 Abs. 2 Nr. 2 5. VermBG anerkannte Ziel einer nachhaltigen Vermögensbildung ist nach Ablauf der sechsjährigen Sperrfrist erreicht. Im Rahmen der Abwägung ist weiterhin zu beachten, dass der Mitarbeiter für den Erwerb der Aktien zum festgelegten Basispreis einen Teil seines Vermögens investiert hat. Nach Ablauf einer Frist von sechs Jahren überwiegt sein Interesse, frei über sein Vermögen verfügen zu können, das Interesse des Arbeitgebers am weiteren Einsatz des Optionsprogramms zum Zweck einer stärkeren Förderung der Unternehmensidentifikation.

Vorstandsmitglieder fallen gemäß § 1 Abs. 3 Nr. 1 5. VermBG zwar nicht in den Anwendungsbereich des Fünften Vermögensbildungsgesetzes; die sechsjährige Sperrfrist des § 5 Abs. 2 Nr. 2 5. VermBG bietet aber auch bei ihnen im Rahmen der Abwägung eine wichtige Orientierungshilfe zur Bestimmung der zulässigen Dauer einer Haltefrist.

II. Halteklauseln mit vertraglicher Sanktion

Sehen Halteklauseln eine Sanktion für den Fall einer vorzeitigen Veräußerung vor, sollen sie den Mitarbeiter auch nach Erwerb der Aktien im Sinne einer Steigerung des „Shareholer Value“ motivieren. Als Sanktion kommt die Kündigung des Anstellungsverhältnisses in Betracht,[942] aber auch die Verpflichtung, eine Vertragsstrafe oder den infolge der Weiterveräußerung und der Vergünstigungen des Optionsprogramms erzielten Gewinn an die Gesellschaft zu zahlen.[943]

---

940 Palandt/Heinrichs, § 362 Rn. 1; Staudinger/Olzen, § 362 Rn. 11.

941 Basedow in: Münchener Kommentar zum BGB, § 308 Nr. 1 Rn. 17.

942 So Baeck/Diller, DB 1998, 1405, 1407.

943 Baeck/Diller, DB 1998, 1405, 1407; Mechlem/Melms, DB 2000, 1614, 1616.

1. Kündigung als Sanktion

Räumt die Optionsvereinbarung der Gesellschaft das Recht ein, dem Mitarbeiter bei vorzeitiger Weiterveräußerung zu kündigen, darf diese Vereinbarung nicht gegen zwingendes Kündigungsschutzrecht verstoßen.

a) Ordentliche Kündigung im Anwendungsbereich des Kündigungsschutzgesetzes

Der Kündigungsschutz nach dem Kündigungsschutzgesetz ist zwingend; abweichende Vereinbarungen zum Nachteil der Arbeitnehmer sind unzulässig.[944] Arbeitnehmer und Arbeitgeber können daher im Voraus keine Vereinbarungen treffen, nach denen bestimmte Tatbestände stets eine Kündigung durch den Arbeitgeber rechtfertigen und damit unter Missachtung des Erfordernisses einer Verhältnismäßigkeitsprüfung und einer Interessenabwägung zu absoluten Kündigungsgründen werden sollen.[945]

Im Übrigen ist eine ordentliche Kündigung im Anwendungsbereich des Kündigungsschutzgesetzes nur wirksam, wenn sie durch einen der in § 1 Abs. 2 KSchG genannten Gründe bedingt ist. Da die Kündigung an die vorzeitige Veräußerung durch den Mitarbeiter anknüpft, ist entscheidend, ob die Wirksamkeitsvoraussetzungen einer verhaltensbedingten Kündigung vorliegen. Problematisch ist zunächst, ob es sich bei der vorzeitigen Veräußerung der gesellschaftlichen Beteiligung um ein als außerdienstlich zu qualifizierendes Verhalten des Mitarbeiters ohne Einfluss auf das Arbeitsverhältnis handelt, das zur Rechtfertigung einer Kündigung grundsätzlich nicht geeignet ist. Allerdings kann auch ein außerdienstliches Verhalten eine verhaltensbedingte Kündigung rechtfertigen, wenn es sich gleichzeitig als arbeitsvertragswidriges Verhalten darstellt[946] und das Arbeitsverhältnis konkret beeinträchtigt.[947] Die Haltepflicht ist in der Optionsvereinbarung verankert, die gemischten – auch arbeitsvertraglichen – Charakter hat.[948] Sie hat Einfluss auf das Arbeitsverhältnis, da sie eine höhere Motivation und Leistung des Mitarbeiters bezweckt; die Veräußerung

---

944 Etzel in: Gemeinschaftskommentar zum KSchG, § 1 KSchG Rn. 31 mwN.

945 BAG AP Nr. 1 zu § 95 BetrVG; Ascheid in: Erfurter Kommentar, § 1 KSchG Rn. 15; Etzel in: Gemeinschaftskommentar zum KSchG, § 1 KSchG Rn. 31 mwN.

946 Preis in: Stahlhacke/Preis/Vossen, Rn. 697 ff.; Dörner in: Großkommentar zum Kündigungsrecht, § 1 KSchG Rn. 327 mwN.

947 BAG AP Nr. 19 zu § 1 KSchG 1969 Verhaltensbedingte Kündigung; Preis in: Stahlhacke/Preis/Vossen, Rn. 697 ff.; Dörner in: Großkommentar zum Kündigungsrecht, § 1 KSchG Rn. 327 mwN.

948 Vgl. oben Dritter Teil B. I. 1. a).

durchkreuzt diesen Zweck. Grundsätzlich kommt die Weiterveräußerung der Aktien damit als Anknüpfungspunkt für eine verhaltensbedingte Kündigung in Betracht.

Eine Kündigung unterliegt im Anwendungsbereich des Kündigungsschutzgesetzes dem Grundsatz der Verhältnismäßigkeit. Für die verhaltensbedingte Kündigung folgt dies daraus, dass die Kündigung gemäß § 1 Abs. 2 S. 1 KSchG durch Gründe bedingt sein muss, die im Verhalten des Arbeitnehmers liegen.[949] Sie kommt als äußerstes Mittel erst dann in Betracht, wenn sie zur Beseitigung der Beeinträchtigung geeignet und erforderlich ist sowie im Verhältnis zu dem angestrebten Zweck angemessen erscheint.[950]

Eine sanktionsbewehrte Halteklausel verfolgt den Zweck der Mitarbeitermotivation: Der Mitarbeiter soll von den Vorteilen aus dem Optionsprogramm erst dann profitieren, wenn durch das Halten der Aktien eine gewisse Gewähr besteht, dass er sich für eine Steigerung des Unternehmenswertes auch noch nach der Optionsausübung eingesetzt hat. Dieses Motivationsinteresse der Gesellschaft wird durch die Veräußerung beeinträchtigt. Eine Kündigung des Anstellungsverhältnisses ist jedoch nicht geeignet, der Beeinträchtigung abzuhelfen: Allein die Kündigung ändert nichts daran, dass der Mitarbeiter in Gestalt des erzielten Gewinns von den Vorteilen des Optionsprogramms profitiert und nach Veräußerung möglicherweise nicht länger zur Steigerung des „Shareholder Value" motiviert ist. Im Übrigen ist die Kündigung auch nicht das mildeste Mittel, das der Gesellschaft zur Verfügung steht, um die Beeinträchtigung ihrer Interessen zu beseitigen: Eine Verpflichtung zur Zahlung des erzielten Veräußerungsgewinns an die Gesellschaft sorgt dafür, dass dem Mitarbeiter die Vorteile des Optionsprogramms dann nicht verbleiben, wenn nach Optionsausübung eine fortbestehende Motivation im Sinne des „Shareholder Value" nicht gesichert ist. Eine solche Zahlungsverpflichtung ist besser geeignet, das Motivationsziel der Gesellschaft zu verwirklichen, und stellt außerdem im Sinne des Kündigungsschutzes ein weniger einschneidendes Mittel dar.[951] Eine Kündigung wegen vorzeitiger Veräußerung der Aktien verstößt gegen den in § 1 Abs. 2 S. 1

949 Zur Verankerung des Verhältnismäßigkeitsprinzips in § 1 KSchG vgl. Etzel in: Gemeinschaftskommentar zum KSchG, § 1 KSchG Rn. 203.

950 BAG EzA Nr. 10 zu § 1 KSchG Verhaltensbedingte Kündigung; Preis in: Stahlhacke/Preis/Vossen, Rn. 918; v. Hoyningen-Huene/Linck, § 1 Rn. 140 mwN.

951 Aus denselben Erwägungen wäre auch ein durch die Weiterveräußerung auflösend bedingter Anstellungsvertrag mangels sachlichen Grundes gemäß §§ 21, 14 Abs. 1 TzBfG unzulässig; zum sachlichen Grund im Sinne von §§ 21, 14 Abs. 1 TzBfG vgl. Bader in: Gemeinschaftskommentar zum KSchG, § 21 TzBfG Rn. 19.

KSchG verankerten Grundsatz der Verhältnismäßigkeit; ein Recht zur Kündigung kann daher auch aus diesem Grund nicht wirksam vereinbart werden.

b) Ordentliche Kündigung außerhalb des Anwendungsbereichs des Kündigungsschutzgesetzes

Außerhalb des Anwendungsbereichs des Kündigungsschutzgesetzes kann der Grundsatz der Verhältnismäßigkeit nicht dieselbe Tragweite entfalten wie im Rahmen der Prüfung, ob ein Kündigungsgrund im Sinne von § 1 KSchG die Kündigung bedingt.[952] Denn ein bestimmter Grund für die Kündigung ist hier gerade nicht erforderlich; dann kann auch die Verhältnismäßigkeit der Kündigung im Hinblick auf den erforderlichen Kündigungsgrund nicht geprüft werden.

Allerdings ist auch bei Kündigungen außerhalb des Anwendungsbereichs des Kündigungsschutzgesetzes § 242 BGB zu beachten. Kündigungen, in denen sich ein widersprüchliches Verhalten des Arbeitgebers manifestiert, diskriminierende Kündigungen aus willkürlichen oder sachfremden Motiven, Kündigungen zur Unzeit oder in ehrverletzender Form sind daher als Verstoß gegen Treu und Glauben unwirksam.[953] Liegt kein einleuchtender Grund für die Kündigung vor, der mit dem Arbeitsverhältnis in Zusammenhang steht, ist die Kündigung als willkürlich zu qualifizieren.[954]

Betreffen Halteklauseln Mitarbeiter ohne maßgeblichen Einfluss auf die Entwicklung des „Shareholder Value", können Halteklauseln als Motivationsinstrument keine gezielte Wirkung entfalten. Ein einleuchtender Grund liegt

---

952 Gegen eine Anwendung des ultima-ratio-Prinzips und einer Erforderlichkeitsprüfung außerhalb des Anwendungsbereichs des Kündigungsschutzgesetzes Oetker, AuR 1997, 41, 52; unklar Oetker in Anmerkung zu BAG EzA § 242 Kündigung Nr. 1, nach dem der Verhältnismäßigkeitsgrundsatz außerhalb des Anwendungsbereichs des Kündigungsschutzgesetzes einer völligen Verdrängung des Bestandsinteresses des Arbeitnehmers entgegenstehe; gegen die Anwendung des Verhältnismäßigkeitsgrundsatzes Preis in: Stahlhacke/Preis/Vossen, Rn. 318.

953 BAG AP Nr. 30 zu § 23 KSchG, AP Nr. 14 zu § 242 Kündigung; Preis in: Stahlhacke/Preis/Vossen, Rn. 318.

954 BAG AP Nr. 14 zu § 242 Kündigung; Preis in: Stahlhacke/Preis/Vossen, Rn. 318; ähnlich Oetker, Anmerkung zu EzA § 242 Kündigung Nr. 1, der zwischen sachfremden und sachbezogenen Motiven unterscheidet; weitergehend Oetker, AuR 1997, 41, 51, nach dem sachbezogene, im Zusammenhang mit dem Arbeitsverhältnis stehende Gründe vorliegen, wenn sie Eigenschaften in der Person oder im Verhalten des Arbeitnehmers im Sinne des § 1 Abs. 2 KSchG betreffen, die auf das Arbeitsverhältnis ausstrahlen.

schon nicht vor, wenn für sie Halteklauseln vereinbart werden,[955] erst recht nicht, wenn die verletzte Haltepflicht mit einer Kündigung sanktioniert werden soll.

Veräußern Mitarbeiter mit maßgeblichem Einfluss auf den „Shareholder Value" vor Ende der Haltefrist die bezogenen Aktien, können Halteklauseln keine Motivationswirkung mehr entfalten. Verankert die Gesellschaft Halteklauseln in der Optionsvereinbarung, ist aus ihrer Sicht aber entscheidend, dass der Mitarbeiter sich für eine Steigerung des Unternehmenswertes auch nach Optionsausübung einsetzt, bevor er endgültig von den Vorteilen aus dem Optionsprogramm profitiert. Soweit Mitarbeiter maßgeblichen Einfluss auf die Entwicklung des „Shareholder Value" haben, trägt die Koppelung der Vorteile aus dem Optionsprogramm mit der auch nach Optionsausübung angestrebten Motivation zur Leistungssteigerung im Sinne des „Shareholder Value" ihrer besonderen Stellung Rechnung. Hebt der Mitarbeiter diese Koppelung durch eine vorzeitige Veräußerung der Aktien auf, stellt die Kündigung durch die Gesellschaft keine willkürliche Reaktion dar, sondern steht vielmehr im Zusammenhang mit der herausragenden Stellung des Mitarbeiters und damit im Zusammenhang mit dem konkreten Anstellungsverhältnis.

Die Vereinbarung eines Kündigungsrechts bei vorzeitiger Veräußerung der Aktien verstößt bei Mitarbeitern mit maßgeblichem Einfluss auf den "Shareholder Value" auch unter Berücksichtigung der jüngeren Rechtsprechung zum Kündigungsschutz im Kleinbetrieb nicht gegen § 242 BGB. Zwar ist nach der Rechtsprechung unter Verhältnismäßigkeitsgesichtspunkten ein durch langjährige Mitarbeit erdientes Vertrauen in den Fortbestand des Arbeitsverhältnisses bei der Bewertung einer Kündigung nach § 242 BGB zu berücksichtigen.[956] Die Halte- und Kündigungsvereinbarungen verhindert jedoch gerade, dass ein schutzwürdiges Vertrauen des Mitarbeiters entstehen kann.

c) Außerordentliche Kündigung gemäß § 626 BGB

Spiegelbildlich zum Verbot, die außerordentliche Kündigung unzumutbar zu erschweren,[957] können die Parteien das Recht zur außerordentlichen Kündigung

955 Es sei denn, der Zweck einer staatlichen Förderung nach dem 5. VermBG wird verfolgt.
956 BAGE 97, 92, 102 f.; BAG AP Nr. 30 zu § 23 KSchG.
957 Vgl. oben Dritter Teil B. II. 2.

nicht über das gesetzliche Maß hinaus erweitern.[958] Soll nach der Parteiabrede ein bestimmter Grund zur außerordentlichen Kündigung berechtigen, kann er nur im Rahmen der Interessenabwägung Berücksichtigung finden.[959] Einen absoluten Kündigungsgrund, der das Erfordernis einer Verhältnismäßigkeitsprüfung und einer Interessenabwägung beseitigen würde, kann er nicht begründen.

Wie auch die ordentliche Kündigung im Anwendungsbereich des Kündigungsschutzgesetzes verstößt die außerordentliche Kündigung bei Mitarbeitern ohne maßgeblichen Einfluss auf den „Shareholder Value" aus den dargelegten Erwägungen außerdem gegen den Grundsatz der Verhältnismäßigkeit, der bei der außerordentlichen Kündigung im Tatbestandsmerkmal der Unzumutbarkeit verankert ist.[960]

2. Zahlungsverpflichtung als Sanktion

a) Zahlung als Vertragsstrafe

Sieht die Haltevereinbarung für den Fall der vorzeitigen Veräußerung vor, dass der Mitarbeiter einen bestimmten Betrag, z.B. den erzielten Gewinn, an die Gesellschaft zu zahlen hat, liegt eine Vertragsstrafe im Sinne von §§ 339 ff. BGB vor: Im Vordergrund der Zahlungsverpflichtung steht der Zweck, den Mitarbeiter weiterhin zu einer Leistungssteigerung im Sinne des „Shareholder Value" anzuhalten. Die Zahlungsverpflichtung hat hier die für Vertragsstrafen typische Druckmittelfunktion.[961] Der Gesellschaft ist mit einer vereinfachten Berechnung eines möglichen Schadens – wie sie durch Schadenspauschalen bewirkt wird[962] – allein nicht gedient. Im Übrigen dürfte es sich bei der Zahlungsvereinbarung kaum um den für Schadenspauschalen kennzeichnenden ernsthaften Versuch einer antizipierten Schätzung des typischerweise zu erwartenden Schadens handeln.[963] Ob die Halteverpflichtung sich für die Gesellschaft tatsächlich als vermögenswerter Vorteil auswirkt, lässt sich kaum – erst recht nicht im Vor-

---

958 BAG EzA § 626 BGB Nr. 33; Fischermeier in: Gemeinschaftskommentar zum KSchG, § 626 BGB Rn. 68 mwN.

959 Müller-Glöge in: Erfurter Kommentar, § 626 BGB Rn. 239; Fischermeier in: Gemeinschaftskommentar zum KSchG, § 626 BGB Rn. 69 mwN.

960 Dass außerhalb des Anwendungsbereichs des Kündigungsschutzgesetzes eine außerordentliche Kündigung gegen den Grundsatz der Verhältnismäßigkeit verstößt, eine ordentliche Kündigung jedoch nicht, stellt keinen Wertungswiderspruch dar. Schließlich begründet die ordentliche Kündigung weit weniger einschneidende Rechtsfolgen als die außerordentliche Kündigung nach § 626 BGB.

961 Vgl. oben Dritter Teil B. IV. 1. b).

962 Vgl. oben Dritter Teil B. IV. 1. b).

963 Vgl. oben Dritter Teil B. IV. 1. b).

aus – bestimmen. Ein durch die vorzeitige Veräußerung möglicherweise für die Gesellschaft entstehender Schaden lässt sich daher nicht in seiner typischen Höhe festlegen.

b) Unverhältnismäßig hohe Vertragsstrafe

Bei Mitarbeitern ohne maßgeblichen Einfluss auf die Entwicklung des „Shareholder Value" ist die Vertragsstrafe in Gestalt der Zahlungsverpflichtung nicht durch ein berechtigtes Interesse der Gesellschaft im Sinne von § 343 BGB gedeckt und damit auf Null zu reduzieren. Die Vorteile aus dem Optionsprogramm dürfen ihnen ab Ausübungsreife nicht mehr genommen werden – auch nicht über den Umweg, dass der Veräußerungsgewinn an die Gesellschaft weiterzuleiten ist.[964]

Bei Mitarbeitern mit maßgeblichem Einfluss auf die Entwicklung des „Shareholder Value" ist eine Koppelung der Vorteile aus dem Optionsprogramm mit einem unternehmenswertbezogenen Motivationsinstrument auch nach Ausübungsreife grundsätzlich berechtigt. Allerdings setzt die im Rahmen von § 343 BGB vorzunehmende Interessenabwägung der Länge der Haltefrist gewisse Grenzen; sie darf nicht länger als die Wartefrist sein: Die Investition des Mitarbeiters ist beim Optionserwerb regelmäßig geringer als beim Aktienerwerb; häufig wird ihm die Option sogar unentgeltlich eingeräumt. Nach Erwerb der Aktien und Zahlung des Basispreises ist das Interesse des Mitarbeiters, dass sich seine Investition auszahlt, regelmäßig größer als nach Erwerb der Option. Auf der anderen Seite ist das Leistungs- und Motivationsinteresse der Gesellschaft nach Aktienerwerb mangels konkreter Zielvorgaben regelmäßig geringer einzuschätzen als vorher: Der Mitarbeiter soll nach Optionsausübung nicht mehr im Hinblick auf konkrete Erfolgsziele, sondern nur noch allgemein zur Steigerung des Unternehmenswertes motiviert werden. Vergleicht man die Interessenverteilung, muss sich die Gesellschaft auch für die Zeit nach Aktienerwerb an der für die Optionsausübung für maßgeblich erklärten Leistungs- und Motivationsfrist festhalten lassen: Hält die Gesellschaft für das Erreichen der Erfolgsziele den Zeitraum der Wartefrist für ausreichend, muss dies erst recht für das Ziel einer ohne Mindestvorgabe gewünschten weiteren Steigerung des Unternehmenswertes gelten. Nach Ablauf einer der Länge der Wartefrist entsprechenden Haltefrist kann die Gesellschaft auch bei Mitarbeitern mit maßgeb-

964 Zur Interessenabwägung nach § 343 BGB und der Möglichkeit, eine Vertragsstrafe auf Null herabzusetzen, vgl. oben Dritter Teil B. IV. 2.

lichem Einfluss auf die Entwicklung des „Shareholder Value“ kein Interesse mehr geltend machen, das die Vertragsstrafe rechtfertigen würde.[965]

D. Schuldrechtliche Wirksamkeit aktienbezogener Verfallklauseln

Erfassen Verfallkauseln auch eine Vertragsbeendigung nach dem Aktienerwerb, können sie sich auf die bezogenen Aktien oder auf den im Verhältnis zu einem regulären Erwerbsgeschäft erzielten Gewinn beziehen: Die Verfallklausel kann eine Pflicht zur (Rück-)Übertragung der Aktien an die Gesellschaft oder an eine dritte Person bedeuten oder eine Zahlungsverpflichtung in Höhe des Gewinns vorsehen.

I. Zulässigkeit bei Wechsel zu Konkurrenzunternehmen?

Mohr/Bihn bejahen ein berechtigtes Interesse des Arbeitgebers an einer aktienbezogenen Verfallklausel, wenn der ausscheidende Mitarbeiter zu einem Konkurrenzunternehmen wechselt. Das Interesse des Arbeitgebers, die aktienrechtlichen Mitbestimmungs- und Informationsrechte auszuschließen, überwiege die Schutzbedürftigkeit des Mitarbeiters, wenn ihm für die Rückübertragung der Aktien eine adäquate Entschädigung gezahlt werde.[966]

Problematisch an diesem Ansatz ist zunächst, ob er sich tatsächlich auf alle Mitarbeiter gleichermaßen erstrecken kann oder ob nicht vielmehr nach der zukünftigen Tätigkeit der Mitarbeiter unterschieden werden muss. Maßgeblich gegen den Gedanken von *Mohr/Bihn* sprechen allerdings auch hier wieder die Doppelstellung des Mitarbeiters und die Möglichkeit, die anstellungs- und aktienrechtliche Ebene voneinander zu trennen. Das Interesse der Gesellschaft, sich vor einer missbräuchlichen Ausübung von aktienrechtlichen Mitbestimmungs- und Informationsrechten zu schützen, lässt sich bereits mit Hilfe des aktiengesetzlichen Instrumentariums durchsetzen; eine zusätzliche anstellungsrechtliche Verpflichtung des Mitarbeiteraktionärs ist nicht erforderlich: Nach überwiegen-

---

965 Um das Ziel einer längerfristigen Mitarbeitermotivation auch nach Optionsausübung zu erreichen, bietet sich eine gestaffelte Ausübungsfrist an; auch hier ist bei der Beurteilung, ob die Vertragsstrafe sittenwidrig ist, die Möglichkeit der geltungserhaltenden Reduktion nach § 343 BGB zu berücksichtigen: Nicht allein die unverhältnismäßige Höhe einer Vertragsstrafe kann ihre Sittenwidrigkeit begründen; hinzu kommen müssen weitere nach § 138 BGB relevante Umstände. Wie bei der Vereinbarung von Verfallklauseln führt allein die Vereinbarung einer Zahlungsverpflichtung für den Fall der Weiterveräußerung der bezogenen Aktien noch nicht zur Sittenwidrigkeit; entscheidend sind die Umstände des konkreten Einzelfalles, vgl. dazu oben Dritter Teil B. IV. 3.

966 Mohr/Bihn in: Handbuch Stock Options, N IV 1 b) Rn. 949.

der Auffassung haben Aktionäre aufgrund gesellschaftsrechtlicher Treuepflicht in allen gesellschaftlichen Belangen angemessene Rücksicht auf die Interessen der Gesellschaft und auf die gesellschaftsbezogenen Interessen der Mitaktionäre zu nehmen.[967] Aufgrund ihrer Treuepflicht dürfen Aktionäre weder Beschlüsse herbeiführen, die die Interessen der Gesellschaft oder Mitgesellschafter unangemessen beeinträchtigen, noch Beschlüsse verhindern, die im Interesse der Gesellschaft oder der Mitaktionäre erforderlich sind.[968] Auch die weiteren Mitwirkungsrechte wie das Recht auf Teilnahme an der Hauptversammlung, das Rederecht, das Anfechtungsrecht und das Auskunftsrecht sind – vorbehaltlich spezieller gesetzlicher Regelungen wie § 131 AktG – dem aus der Treuepflicht folgenden Rücksichtnahmegebot unterworfen.[969] Aufgrund der gesellschaftsrechtlichen Treuepflicht ist es nicht erforderlich, den Aktionär bei Ausscheiden aus dem Anstellungsverhältnis außerdem schuldrechtlich zur Rückübertragung der Aktien zu verpflichten, um die Möglichkeit eines Missbrauchs der Mitgliedschaftsrechte auszuschließen. Ein berechtigtes Interesse der Gesellschaft an einem solch weitgehenden Eingriff in die Rechtsstellung des Mitarbeiteraktionärs ist in Abwägung mit dem Vermögensinteresse des Mitarbeiteraktionärs nicht anzuerkennen.

II. Differenzierung nach dem Einfluss auf den „Shareholder Value"

1. Mitarbeiter ohne maßgeblichen Einfluss auf den „Shareholder Value"

Soweit Verfallklauseln Aktien von Mitarbeitern ohne maßgeblichen Einfluss auf die Entwicklung des „Shareholder Value" betreffen, sind sie unzulässig. Die Vorteile der Optionsgewährung dürfen dem Mitarbeiter ab dem Zeitpunkt der Ausübungsreife nicht mehr genommen werden, auch nicht über den Weg eines Verlustes der Aktien. Unabhängig von der Frage, ob der Basispreis und ggf. der Optionspreis bei Verfall zurückgezahlt werden, ist daher eine Verfallklausel für den Fall der Eigenkündigung des Mitarbeiters als unzulässiges Kündigungshindernis, unwirksame Vertragsstrafe und Verstoß gegen die nachvertraglichen Wettbewerbsvorschriften zu qualifizieren. Im Hinblick auf die Betriebstreue wird ohne sachlichen Grund differenziert zwischen Mitarbeitern, die ihre Akti-

967 BGHZ 14, 25, 38; 103, 184, 194; 129, 136, 142; 142, 167, 170; Lutter ZHR 153 (1989), 446, 454 f.; Bungeroth in: Münchener Kommentar zum Aktiengesetz, Vor § 53 a Rn. 18 mwN auch zur Gegenansicht.

968 BGHZ 129, 136; 142, 167, 170; Bungeroth in: Münchener Kommentar zum Aktiengesetz, Vor § 53 a Rn. 22.

969 BGHZ 129, 136, 144; Lutter ZHR 153 (1989), 446, 456; Bungeroth in: Münchener Kommentar zum Aktiengesetz, Vor § 53 a Rn. 22.

en bei Kündigung bereits veräußert haben, und solchen, die sie noch halten. Für den Fall einer Kündigung durch die Gesellschaft verstößt ein Eingriff in die erdienten Vorteile des Optionsprogramms gegen den Charakter der Kündigung als Gestaltungsrecht für die Zukunft gemäß §§ 620 Abs. 2, 622, 626 Abs. 1 BGB. Vorformulierte Verfallklauseln stellen zudem unangemessen lange Leistungsvorbehalte im Sinne von § 308 Nr. 1 BGB dar.[970]

2. Mitarbeiter mit maßgeblichem Einfluss auf den „Shareholder Value"

Bei Mitarbeitern mit maßgeblichem Einfluss auf die Entwicklung des „Shareholder Value" ist es auch nach Ausübungsreife zulässig, die Vorteile aus dem Optionsprogramm mit dem Fortbestand des Anstellungsverhältnisses und damit einer Einflussmöglichkeit auf den Unternehmenswert zu koppeln. Soweit die Klauseln lediglich einen Verfall der infolge des Optionsprogramms erworbenen Rechte bzw. Vorteile vorsehen und keine weiteren Nachteile begründen, sind daher auch aktienbezogene Verfallklauseln zulässig.

Allerdings ist auch hier bei der nach §§ 622 Abs. 6,[971] 339 ff., 308 Nr. 1, 309 Nr. 6 BGB, 74 ff. HGB sowie im Rahmen des Gleichbehandlungsgrundsatzes erforderlichen Interessenabwägung zu berücksichtigen, dass das Koppelungsinteresse der Gesellschaft nach Ablauf einer der Wartefrist entsprechenden Verfallfrist nicht mehr schutzwürdig ist.

E. Rechtsfolgen von Verstößen gegen zwingende arbeitsrechtliche Vorschriften

I. Verstöße in der Optionsvereinbarung

Sieht die Optionsvereinbarung einen Verfall entgeltlich eingeräumter Optionen ohne Rückzahlungs- bzw. Rückwandlungsklausel oder einen Verfall ausübungsreifer Optionen von Mitarbeitern vor, die keinen maßgeblichen Einfluss auf den „Shareholder Value" haben, verstößt sie gegen §§ 343 Abs. 1, 622 Abs. 6, 626, 612 a BGB, §§ 74 ff. HGB und den allgemeinen arbeitsrechtlichen Gleichbehandlungsgrundsatz.

---

970 Da die Optionsvereinbarung neben den gesellschaftsrechtlichen auch arbeitsrechtliche Elemente aufweist und der vergünstigte Bezug der Aktien Entgeltcharakter hat, unterliegen auch die Gestaltung vorformulierter Optionsvereinbarungen und die Aufnahme von aktienbezogenen Verfallklauseln der Inhaltskontrolle nach §§ 305 ff. BGB, vgl. zur Inhaltskontrolle vorformulierter Halteklauseln oben Dritter Teil C. I. 1.

971 Die Vorschrift gilt nicht für die freien Dienstverhältnisse von Vorstandsmitgliedern, vgl. oben Dritter Teil B. II. 3.

Soweit Verfallbestimmungen eine unverhältnismäßig hohe Vertragsstrafe darstellen, führt dies nicht zur Unwirksamkeit der Vereinbarung. Die Strafe ist auf Antrag allerdings dergestalt „herabzusetzen", dass ausübungsreife Optionen von Mitarbeitern ohne maßgeblichen Einfluss auf den „Shareholder Value" sowie Optionspreis oder umgewandelte Gehaltsbestandteile nicht vom Verfall erfasst sind.[972]

Ähnlich wie bei einer unverhältnismäßig hohen Vertragsstrafe führt auch die Verletzung des Gleichbehandlungsgrundsatzes regelmäßig nicht zur Unwirksamkeit der Vereinbarung. Rechtsfolge einer Verletzung des Gleichbehandlungsgrundsatzes ist vielmehr, dass der Arbeitnehmer Beseitigung der Rechtsbeeinträchtigung und Gleichstellung mit den übrigen Arbeitnehmern verlangen kann.[973] Bei einer unzulässigen Verfallbestimmung für die Zeit nach Ausübungsreife können sich die ausscheidenden Mitarbeiter daher darauf berufen, dass ihre Optionen erst zum Ende der Programmlaufzeit verfallen, die auch für die im Unternehmen verbleibenden Mitarbeiter gilt. Für den unzulässigen Verfall eines Optionspreises bzw. umgewandelten Gehaltsbestandteils gilt, dass den Mitarbeitern kein Vermögensschaden entstehen darf, der die anderen Mitarbeiter nicht trifft: Der Optionspreis ist zurückzuzahlen bzw. der Gehaltsbestandteil „zurückzuwandeln".

Die §§ 622 Abs. 6, 612 a BGB, §§ 74 ff. HGB stellen Verbotsgesetze im Sinne von § 134 BGB dar; ein Verstoß ist nach § 134 BGB grundsätzlich mit der Sanktion der Nichtigkeit belegt. Abhängig vom Zweck des Verbotsgesetzes kann sich als Rechtsfolge eines Verstoßes allerdings nicht nur die Gesamtnichtigkeit des Rechtsgeschäfts ergeben, sondern auch seine Teilnichtigkeit.[974] Die §§ 622 Abs. 6, 612 a BGB, §§ 74 ff. HGB verfolgen den Arbeitnehmerschutz, dem nicht gedient ist, wenn dem Arbeitnehmer über die Gesamtnichtigkeit der Optionsvereinbarung eine zusätzliche Verdienstchance genommen wird. Dasselbe gilt für den Grundsatz, dass Vereinbarungen, die das Recht zur außerordentlichen Kündigung beschränken, unwirksam sind. Auch im Hinblick auf das Motivations- und Bindungsinteresse des Arbeitgebers ist die Annahme einer Gesamtnichtigkeit nicht sachgerecht. Daher ist eine Teilnichtigkeit der Optionsvereinbarung, die allein die Verfallbestimmung erfasst, vorzugswürdig. Allerdings führt die Teilnichtigkeit im Hinblick auf die Beendigung des Anstel-

---

972 Vgl. oben Dritter Teil B. II. 3.

973 Richardi in: Münchener Handbuch zum Arbeitsrecht, Band 1, § 14 Rn. 38.

974 Palandt/Heinrichs, § 134 Rn. 13; Mayer-Maly/Armbrüster in: Münchener Kommentar zum BGB, § 134 Rn. 105, auch mit Nachweisen zur Gegenansicht.

lungsverhältnisses zu einer nachträglichen Regelungslücke, die im Wege der ergänzenden Vertragsauslegung nach §§ 157, 133 BGB geschlossen werden kann. Denn auch die Unwirksamkeit einer Vertragsbestimmung kann eine Regelungslücke begründen.[975] Im Rahmen einer ergänzenden Vertragsauslegung ist davon auszugehen, dass die Parteien vernünftigerweise und unter angemessener Berücksichtigung der gegenseitigen Interessen einen Verfall der Optionen von Mitarbeitern ohne maßgeblichen Einfluss auf den „Shareholder Value" nur bei Beendigung des Anstellungsverhältnisses vor Ausübungsreife, bei entgeltlich eingeräumten Optionen darüber hinaus nur gegen Rückzahlung des Optionspreises bzw. „Rückwandlung" des umgewandelten Gehaltsbestandteils vereinbart hätten.

Soweit Halteklauseln bzw. aktienbezogene Verfallklauseln gegen §§ 339 ff., 622 Abs. 6, 612 a BGB, §§ 74 ff. HGB bzw. den allgemeinen arbeitsrechtlichen Gleichbehandlungsgrundsatz verstoßen, gelten die jeweiligen Rechtsfolgen entsprechend. Auch bei vorformulierten Optionsbedingungen ist im Falle eines Verstoßes gegen §§ 308 Nr. 1, 309 Nr. 6 BGB zu beachten, dass ausnahmsweise eine ergänzende Vertragsauslegung vorgenommen werden kann.[976]

Selbst wenn die Optionsbedingungen ohne die dargelegten Differenzierungen mit ihren Verfall- und Haltebestimmungen gegen arbeitsrechtliche Schutzgesetze oder Grundsätze verstoßen, kann die Gesellschaft daher im Ergebnis ihr Interesse an einer Koppelung der Vorteile aus dem Optionsprogramm an die Mitarbeiterstellung bis zum Zeitpunkt der Ausübungsreife geltend machen; bei Mitarbeitern mit maßgeblichem Einfluss auf den „Shareholder Value" auch über diesen Zeitpunkt hinaus. Ein Vermögensschaden beim Mitarbeiter durch den Verlust des Optionspreises oder umgewandelten Gehaltsbestandteils darf jedoch nach allen genannten Rechtsvorschriften und Grundsätzen nicht eintreten.

II. Verstöße im Hauptversammlungsbeschluss

Hat die Hauptversammlung nicht nur die in § 193 Abs. 2 AktG aufgeführten Bedingungen des Optionsprogramms beschlossen, sondern Halte- und Verfallklauseln festgelegt, die mit den zwingenden arbeitsrechtlichen Vorschriften nicht im Einklang stehen, ist fraglich, welche Rechtsfolgen diese Verstöße haben.

975 Vgl. BGHZ 63, 132, 135; 90, 69, 74; 137, 153, 157, Palandt/Heinrichs, § 157 Rn. 3.
976 Vgl. oben Dritter Teil B. XII 6.

1. Nichtigkeit oder Anfechtbarkeit des Beschlusses?

Stehen die von der Hauptversammlung beschlossenen Halte- und Verfallklauseln im Widerspruch zu arbeits- bzw. schuldrechtlichen Vorschriften, könnte der Beschluss nichtig oder anfechtbar sein. Voraussetzung einer Nichtigkeit wäre gemäß § 241 Nr. 3 AktG die Verletzung von Vorschriften, die im öffentlichen Interesse gegeben sind. Nach § 243 Abs. 1 AktG kann ein Hauptversammlungsbeschluss außerdem wegen Verletzung des Gesetzes angefochten werden.

Enthält der Hauptversammlungsbeschluss Halte- oder Verfallklauseln, die nicht den Vorgaben des Arbeits- bzw. Schuldrechts entsprechen, liegt die nach §§ 241 Nr. 3, 243 Abs. 1 AktG erforderliche Gesetzesverletzung nicht vor.[977] Der Hauptversammlungsbeschluss hat noch keine Auswirkungen auf das Arbeitsverhältnis; er enthält lediglich Vorgaben, die vom Vorstand nach §§ 78, 83 Abs. 2 AktG bzw. vom Aufsichtsrat nach § 112 AktG bei der Ausführung des Beschlusses zu beachten sind. Die Optionseinräumung und ihre Ausgestaltung erfolgt erst durch Handeln des Vorstands bzw. des Aufsichtsrats, z.B. durch Aufnahme in den Anstellungsvertrag, Abgabe einer Gesamtzusage oder Schaffen der Voraussetzungen einer betrieblichen Übung.[978] Erst in diesem Zeitpunkt liegt ein rechtsgeschäftliches Handeln mit Auswirkungen auf das Anstellungsverhältnis vor, das die arbeits- bzw. schuldrechtlichen Schutzvorschriften verletzen kann.

2. Bindung von Vorstand und Aufsichtsrat?

Fraglich ist, ob Vorstand und Aufsichtsrat an einen Hauptversammlungsbeschluss gebunden sind, dessen Vorgaben im Widerspruch zu arbeits- bzw. schuldrechtlichen Schutzvorschriften stehen. Grundsätzlich ist der Vorstand gemäß § 83 Abs. 2 AktG verpflichtet, die von der Hauptversammlung im Rahmen ihrer Zuständigkeit beschlossenen Maßnahmen auszuführen. Soweit sich Vorstandsmitglieder allerdings durch die Ausführung eines Hauptversammlungsbeschlusses ersatzpflichtig machen können, besteht keine Ausführungspflicht.[979] Die Haftung gegenüber der Gesellschaft ist nach § 93 Abs. 4 S. 1

---

977 A.A. Frey in: Großkommentar zum Aktienrecht, § 193 Rn. 82, der für den Fall eines Zustimmungsbeschlusses, der gegen den arbeitsrechtlichen Grundsatz der Gleichbehandlung verstößt, Nichtigkeit gemäß § 241 Nr. 3 AktG annimmt.

978 Lutter in: Kölner Kommentar, § 197 Rn. 3 f.; Lembke BB 2001, 1469, 1470; Röder/Göpfert BB 2001, 2002; Schnitker/Grau BB 2002, 2497.

979 Hefermehl in: Geßler/Hefermehl, § 83 Rn. 10; Mertens in: Kölner Kommentar, § 83 Rn. 7; Habersack in: Großkommentar zum Aktiengesetz, § 83 Rn. 13, für den Fall, dass der Vorstand eine Anfechtung des Beschlusses pflichtwidrig unterlassen hat.

AktG zwar grundsätzlich ausgeschlossen, soweit die schädigende Handlung der Vorstandsmitglieder auf einem gesetzmäßigen Hauptversammlungsbeschluss beruht. Allerdings greift diese Ausnahme nach allgemeiner Auffassung nicht ein, wenn der Vorstand den konkreten Beschluss pflichtwidrig selbst herbeigeführt hat, z.B. durch unrichtige Informationen.[980] Da der Vorstand gemäß § 124 Abs. 3 AktG einen Vorschlag für den Beschluss der Hauptversammlung zu machen hat, spricht viel dafür, dass die arbeitsrechtswidrigen Vorgaben des Beschlusses auf einer pflichtwidrigen Vorbereitung und Information durch den Vorstand beruhen. Da die Haftungsausnahme des § 93 Abs. 4 S. 1 AktG in diesem Fall nicht greifen würde, ist der Vorstand nicht zur Ausführung des Beschlusses und einer arbeitsvertragswidrigen Gestaltung der Optionsvereinbarung verpflichtet.

Aber auch unabhängig vom Haftungsrisiko des Vorstands ist dieser nicht zu einer Ausführung des Beschlusses verpflichtet, wenn sich nachträglich herausstellt, dass die Ausführung der Gesellschaft Schaden zufügen[981] oder ihr Interesse verletzen würde.[982] Zwar führt die Nichtigkeit der arbeitsrechtswidrigen Halte- und Verfallklauseln zu einer ergänzenden Vertragsauslegung,[983] so dass im Hinblick auf die auch dem mutmaßlichen Willen der Gesellschaft entsprechenden zulässigen Optionsbedingungen kaum ein Schaden denkbar ist. Möglich ist allerdings, dass die Mitarbeiter gegen die unzulässigen Halte- und Verfallklauseln mit rechtlichen Schritten und entsprechenden Kosten für die Gesellschaft vorgehen und so einen Schaden bzw. eine Interessenverletzung bewirken. Der Vorstand ist daher nicht zu einer arbeitsvertragswidrigen Gestaltung der Optionsbedingungen verpflichtet, hat aber dafür zu sorgen, dass ein erneuter Hauptversammlungsbeschluss mit arbeitsrechtlich unbedenklichen Vorgaben gefasst wird.[984] Auch der Aufsichtsrat, den eine entsprechende Sorgfaltspflicht und Verantwortung nach § 116 AktG trifft, kann nicht zu einer schuldvertragwidrigen Gestaltung der Optionsvereinbarung für den Vorstand verpflichtet sein.

---

980 Hüffer, § 93 Rn. 26 mwN.
981 Habersack in: Großkommentar zum Aktiengesetz, § 83 Rn. 13; Hefermehl in: Geßler/Hefermehl, § 83 Rn. 13.
982 Mertens in: Kölner Kommentar, § 83 Rn. 7.
983 Vgl. oben Dritter Teil B. XII 6.
984 Zur Pflicht des Vorstands, eine erneute Entscheidung der Hauptversammlung herbeizuführen, vgl. Hefermehl in: Geßler/Hefermehl, § 83 Rn. 13; Habersack in: Großkommentar zum Aktiengesetz, § 83 Rn. 13.

VIERTER TEIL. HALTE- UND VERFALLKLAUSELN IN KOLLEKTIVRECHTLICHEN REGELUNGEN

A. Zulässigkeit von Halte- und Verfallklauseln in Tarifverträgen

Die Beteiligung von Mitarbeitern am arbeitgebenden Unternehmen kann nicht nur einzelvertraglich, sondern grundsätzlich auch kollektivrechtlich geregelt werden. Allerdings ist eine Gestaltung von Optionsbedingungen durch Tarifvertrag – unabhängig von den rechtlichen Fragen – bereits aus Praktikabilitätsgründen zweifelhaft: Der mit Optionsprogrammen erstrebte gezielte Anreiz lässt sich nur erreichen, wenn die Ausgestaltung des Programms den Zielen und Bedürfnissen des einzelnen Unternehmens Rechnung trägt.

Soweit Optionsbedingungen trotz der praktischen Probleme in einen Tarifvertrag aufgenommen werden, sind insbesondere die Grenzen der Tarifautonomie zu beachten: Zum einen wirft der in Art. 9 Abs. 3 GG, §§ 1 Abs. 1, 4 Abs. 2 TVG begrenzte Gegenstand der Tarifautonomie Fragen auf, zum anderen enthält höherrangiges zwingendes Recht Schranken für die inhaltliche Gestaltungsbefugnis der Parteien.

I. Regelungskompetenz der Tarifpartner

1. Wahrung und Förderung der Arbeits- und Wirtschaftsbedingungen

Die Koalitionsfreiheit erfasst gemäß Art. 9 Abs. 3 GG ein Tätigwerden zur Wahrung und Förderung der Arbeits- und Wirtschaftsbedingungen. Ausdruck dieser Koalitionsfreiheit ist insbesondere der Abschluss von Tarifverträgen mit Rechtsnormen, die gemäß § 1 Abs. 1 TVG den Inhalt von Arbeitsverhältnissen ordnen. Für Regelungen im gesellschaftsrechtlichen Bereich und zur Ausgestaltung der Unternehmensverfassung besitzen die Tarifvertragsparteien hingegen keine Kompetenz. Hieraus schließt *Röller*, dass die Regelung von Optionsbedingungen durch Tarifvertrag die Grenzen tariflicher Regelungsmacht überschreite.[985]

---

985 Röller in: Küttner, Aktienoptionen (5) Rn. 9; einschränkend Zitzewitz, der eine Regelung außerhalb des Arbeits- und Wirtschaftslebens nur dann annimmt, wenn der Mitarbeiter durch das Optionsprogramm zu einer Beteiligung am Unternehmen verpflichtet wird; allgemein zur Unzuständigkeit der Tarifpartner bei der Gestaltung von Mitarbeiterbeteiligungen Loritz, Festschrift Kissel, S. 694.

Für eine Kompetenz der Tarifpartner, auch Optionsprogramme zu gestalten, spricht allerdings, dass § 10 5. VermBG ausdrücklich normiert, dass das Recht auf Einräumung einer Beteiligung am arbeitgebenden Unternehmen tarifvertraglich geregelt werden kann. Im Übrigen zählen zu den Inhaltsnormen im Sinne von § 1 Abs. 1 TVG insbesondere Regelungen über das Arbeitsentgelt.[986] Wie dargelegt stellen sowohl Optionen als auch die bezogenen Aktien Entgelt dar; die Einräumung der Option und ihre Ausgestaltung weist nicht nur gesellschaftsrechtliche, sondern auch arbeitsrechtliche Aspekte auf. Legt sich die Gesellschaft fest, ihren Arbeitnehmern gesellschaftsrechtliche Beteiligungen nicht nur wie beliebigen Dritten, sondern zum Zweck der Mitarbeitermotivation als Teil der Arbeitsvergütung durch gemischten Vertrag einzuräumen, ist diese Festlegung auch im Rahmen von § 1 Abs. 1 TVG relevant.

2. Keine zwangsweise Beteiligung

Grundsätzlich lässt sich die Regelung von Optionsbedingungen damit als möglicher Gegenstand der Tarifautonomie im Sinne von § 1 Abs. 1 TVG einordnen. Allerdings stehen Art. 14 Abs. 1, 12 Abs. 1, 9 Abs. 1 GG einer zwangsweisen Beteiligung von Arbeitnehmern an der arbeitgebenden Gesellschaft entgegen.[987] Dies gilt nicht nur für die Einräumung von Optionen, sondern auch für ihre Ausgestaltung. Auch Verfallbedingungen und Haltepflichten betreffen die Frage, ob und welche Mitarbeiter unter welchen Voraussetzungen und mit welchen Rechten an der Gesellschaft beteiligt werden.

Zulässig ist jedoch eine freiwillige Beteiligung oder aber auch ein Verzicht, die Grundrechte wahrzunehmen,[988] so dass z.B. auf der Grundlage eines Hauptversammlungsbeschlusses ein Haustarifvertrag mit Regelungen des Optionsprogramms möglich erscheint.[989]

---

986 Löwisch/Rieble, § 1 Rn. 43.

987 Loritz, DB 1985, 531, 534; Baeck/Diller, DB 1998, 1405, 1406; Mohr/Bihn in: Handbuch Stock Options, N VII 1 Rn. 1085 ff.; Lück, S. 72 ff., der auch im Hinblick auf Art. 3 Abs. 1 GG und die unterschiedliche wirtschaftliche Situation der tariflich gebundenen Unternehmen Bedenken hat; a.A. Zitzewitz, S. 185 ff., der eine Verletzung von Art. 14 Abs. 1 und Art. 9 Abs. 1 GG mit der Begründung ablehnt, dass die Hauptversammlung am Bezugsrechtsausschluss mitwirke, und der den Eingriff in Art. 12 Abs. 1 GG durch die sinnvollen Ziele eines Optionsprogramms gerechtfertigt sieht.

988 Sachs, Vor Art. 1 Rn. 54.

989 Baeck/Diller, DB 1998, 1405, 1406, und Lück, S. 82, gehen davon aus, dass eine Regelung von Optionsbedingungen in einem Haustarifvertrag zulässig ist; auch Schnitker/Grau, BB 2002, 2497, halten es für denkbar, dass Optionsansprüche durch Tarifvertrag begründet werden können; Mohr/Bihn in: Handbuch Stock Options, N VII 3 Rn. 1089, bejahen die Zulässigkeit der Regelung von Optionsbedingungen durch einen

3. Vorrangige Zuständigkeit der Hauptversammlung nach §§ 192, 193 AktG

Auch im Fall eines Haustarifvertrages ist jedoch zu beachten, dass beim Erwerb eigener Aktien und bei der bedingten Kapitalerhöhung gemäß §§ 71 Abs. 1 Nr. 8 S. 5, 193 Abs. 2 Nr. 4 AktG die Ausgestaltung eines Aktienoptionsprogramms hinsichtlich gewisser Punkte zwingend der Hauptversammlung vorbehalten ist. Bei der bedingten Kapitalerhöhung überschreitet der Vorstand seine Kompetenzen, wenn er die nach § 193 Abs. 2 AktG von der Hauptversammlung zu entscheidenden Fragen selbst[990] bzw. mit dem Tarifpartner regelt.[991] Die Entscheidung, zu welchen Bedingungen welche Mitarbeiter Mitgesellschafter werden können, ist nicht der Gesellschaft in ihrer Funktion als Arbeitgeber und Tarifpartner zugewiesen, sondern gemäß § 193 Abs. 2 AktG den Gesellschaftern vorbehalten.[992] Das Recht der Tarifparteien, Arbeitsbedingungen durch Tarifverträge zu regeln, ist insoweit von der Hauptversammlungsautonomie überlagert.[993]

Nach wohl herrschender Auffassung führt ein Verstoß gegen § 193 Abs. 2 Nr. 1 bis 3 AktG zur Nichtigkeit, ein Verstoß gegen § 193 Abs. 2 Nr. 4 AktG zur Anfechtbarkeit des Beschlusses.[994] Aufgrund des strengen Kompetenzgefüges in der Aktiengesellschaft können die Aufgaben, die einem Organ zugewiesen sind, grundsätzlich nicht auf ein anderes Organ[995] bzw. einen Dritten übertragen werden. § 193 Abs. 2 AktG ist daher nicht tarifdispositiv;[996] Festlegungen in einem Tarifvertrag, die der Kompetenzregelung widersprechen, sind unwirksam.

§ 193 Abs. 2 AktG steht einer tarifvertraglichen Verankerung von Warte- und Verfallbestimmungen aber nur entgegen, soweit der Zeitraum der Wartezeit betroffen ist. Die Festlegung der Wartezeit im Sinne von § 193 Abs. 2 Nr. 4 AktG, die durch Hauptversammlungsbeschluss getroffen wird, beinhaltet den Verfall

---

Haustarifvertrag, bewerten die Durchführung von Arbeitskampfmaßnahmen zur Erzwingung einer Optionseinräumung aber als rechtswidrig.

990 Frey in: Großkommentar zum Aktiengesetz, § 193 Rn. 83; nach Hüffer, § 193 Rn. 7, ist § 193 Abs. 2 Nr. 4 in erster Linie Kompetenznorm.

991 Zitzewitz, S. 190.

992 Kau/Kukat, BB 1999, 2506, 2507.

993 Lück, S. 75.

994 Hüffer, § 193 Rn. 10; Frey in: Großkommentar zum Aktiengesetz, § 193 Rn. 78 mwN.

995 Vgl. oben Zweiter Teil B. II. 2.

996 Für eine Einordnung von Organisationsgesetzen als im Zweifel zwingend Wiedemann, Einleitung Rn. 361.

der Optionen bei vorzeitiger Beendigung des Anstellungsverhältnisses.[997] Die Festlegung eines Verfalls nach Ablauf der Wartefrist hingegen ist nach dem Aktiengesetz nicht der Hauptversammlung vorbehalten.

Aktienbezogene Halte- und Verfallklauseln bestimmen auch nicht den gemäß § 193 Abs. 2 Nr. 2 AktG von der Hauptversammlung festzulegenden Kreis der Bezugsberechtigten. Vielmehr enthalten sie besondere Regelungen für einen Teil des bereits bestimmten Kreises der Aktionäre. Auch optionsbezogene Halte- und Verfallklauseln haben keinen Einfluss auf den Kreis der Bezugsberechtigten. Die Festlegung der Halte- und Verfallvoraussetzungen ändert nichts daran, dass die Mitarbeiter bezugsberechtigt sind. Bei einer vorzeitigen Beendigung des Anstellungsverhältnisses erlischt nicht ihre Bezugsberechtigung, vielmehr liegen die Voraussetzungen zur Ausübung der Bezugsrechte nicht vor. Dass die Festlegung der Ausübungsvoraussetzungen nicht von § 193 Abs. 2 Nr. 2 AktG erfasst ist, verdeutlichen die in § 193 Abs. 2 Nr. 4 AktG genannten Erfolgsziele, Ausübungszeiträume und Wartezeit als spezielle Ausübungsvoraussetzungen.

§ 193 Abs. 2 Nr. 4 AktG enthält keine abschließende Aufzählung;[998] die Hauptversammlung kann zusätzliche Bedingungen wie Halte- und Verfallklauseln daher grundsätzlich festlegen.[999] Erst wenn solche freiwilligen Festsetzungen durch die Hauptversammlung fehlen, liegt es im Ermessen des Vorstandes, ob er sie trifft[1000] und in welcher Form. Etwas anderes muss gelten, wenn die Vorgaben der Hauptversammlung eine abschließende Regelung schaffen sollen und dem Vorstand damit kein Entscheidungsspielraum überlassen ist.

II. Schranken der inhaltlichen Gestaltungsbefugnis

Bei der inhaltlichen Ausgestaltung der Optionsbedingungen ist allerdings zu beachten, dass Bestimmungen in Tarifverträgen, die von zwingendem Gesetzesrecht abweichen, unwirksam sind.[1001] Die inhaltliche Regelungsmacht der Tarifpartner ist daher nicht unbegrenzt. Für die Gestaltung der Optionsbedingun-

---

997 Vgl. oben Zweiter Teil A. I.

998 BT-Drucks. 13/9712, S. 24.

999 Frey in: Großkommentar zum Aktiengesetz, § 193 Rn. 76; Hüffer, § 193 Rn. 8; Schröer in: Semler/Volhard, S. 714.

1000 Frey in: Großkommentar zum Aktiengesetz, § 193 Rn. 76.

1001 BAG AP Nr. 4 zu Art. 3 GG; AP Nr. 49 zu § 611 BGB Dienstordnungs-Angestellte; Wiedemann, Einleitung Rn. 357; Kempen/Zachert, Grundlagen Rn. 204; Schaub: in Erfurter Kommentar, § 1 TVG Rn. 130.

gen haben sie die zwingenden arbeits- bzw. schuldrechtlichen Regelungen der §§ 339 ff., 612 a, 622 Abs. 6, 626 BGB, §§ 74 ff. HGB sowie den Gleichheitssatz des Art. 3 GG[1002] zu beachten. Für Halte- und Verfallklauseln in Tarifverträgen gelten damit grundsätzlich dieselben Zulässigkeitsgrenzen wie für die entsprechenden individualrechtlich vereinbarten Klauseln.

B. Zulässigkeit von Halte- und Verfallklauseln in Betriebsvereinbarungen und Richtlinien

Häufiger als in Tarifverträgen sind Mitarbeiterbeteiligungen in Betriebsvereinbarungen geregelt.[1003] Die Regelung von Optionsbedingungen durch Betriebsvereinbarung – und nicht nur durch Einzelvertrag – kann den Vorteil einer größeren Akzeptanz bei der Belegschaft haben.[1004] Gemäß § 5 Abs. 2 Nr. 1, Abs. 3 BetrVG findet das Betriebsverfassungsgesetz weder Anwendung auf Vorstandsmitglieder noch auf leitende Angestellte. Nur wenn Optionsprogramme über diesen Personenkreis hinaus Arbeitnehmer im Sinne von § 5 Abs. 1 BetrVG erfassen, kommt eine Regelung von Optionsbedingungen durch Betriebsvereinbarung in Betracht.

Wie auch bei der Regelung durch die Tarifparteien ist problematisch, ob die Betriebspartner für die Regelung von Halte- und Verfallklauseln überhaupt zuständig sind. Die Regelung des § 77 Abs. 3 BetrVG entfaltet eine Sperrwirkung, solange und soweit die Optionsbedingungen in Tarifverträgen geregelt sind bzw. üblicherweise geregelt werden. In Abhängigkeit von einer tarifvertraglichen bzw. tarifvertraglich üblichen Regelung können die Bedingungen eines Optionsprogrammes damit grundsätzlich Gegenstand einer Betriebsvereinbarung sein.

Ob bei der Gestaltung von Optionsbedingungen ein erzwingbares Mitbestimmungsrecht[1005] besteht oder allein freiwillige Betriebsvereinbarungen[1006] im

1002 Zum Erfordernis, den Gleichheits- und Gleichberechtigungssatz in Tarifverträgen zu beachten, vgl. Schaub in: Erfurter Kommentar, § 1 TVG Rn. 140; gegen eine Bindung an den Gleichheitssatz und für eine Überprüfung lediglich anhand eines sachlich vertretbaren Grundes Schiek in: Däubler, TVG, Einleitung Rn. 294 ff.

1003 Legerlotz/Laber, DStR 1999, 1658, 1659.

1004 Lück, S. 83.

1005 Röller in: Küttner, Aktienoptionen (5) Rn. 11, nimmt ein erzwingbares Mitbestimmungsrecht nach § 87 Abs. 1 Nr. 10 BetrVG an; Kau/Kukat, BB 1999, 2505, 2509, gehen von einem Mitbestimmungsrecht nach § 87 Abs. 1 Nr. 10 BetrVG zur Regelung von Einzelfragen bei Ausscheiden, Eintritt in den Ruhestand und im Todesfall des Bezugsberechtigten aus, soweit die vorrangig zuständige Hauptversammlung diese Punk-

Sinne von § 88 BetrVG möglich sind, kann in dieser Untersuchung für die Bestimmung der bei Halte- und Verfallklauseln zu beachtenden Grenzen offen bleiben. In jedem Fall stellt das zwingende Recht eine Grenze dar, die nicht nur für die Regelungsbefugnis der Tarifvertragsparteien, sondern auch der Betriebspartner gilt.[1007] Wie bei Tarifverträgen kommt die Gestaltung von Optionsbedingungen durch Betriebsvereinbarung damit nur in Betracht, soweit § 193 Abs. 2 AktG nicht entgegensteht bzw. der Hauptversammlungsbeschluss noch Spielraum lässt.[1008] Darüber hinaus haben die Betriebspartner gemäß § 75 BetrVG die Grundsätze von Recht und Billigkeit zu wahren. Zu den Grundsätzen des Rechts zählt die geltende Rechtsordnung, so wie sie das Arbeitsverhältnis gestaltet und auf dieses einwirkt; § 75 BetrVG fordert von den Betriebspartnern ein Verhalten, das dem geltenden Recht entspricht.[1009] Auch für Halte- und Verfallklauseln in (freiwilligen) Betriebsvereinbarungen gelten damit die für individualrechtliche Vereinbarungen maßgeblichen Zulässigkeitsschranken.

Diese Grundsätze sind auch bei Richtlinien zu beachten, die zwischen Arbeitgeber und Sprecherausschuss mit zwingender und unmittelbarer Wirkung gemäß § 28 Abs. 2 SprAuG für die Arbeitsverhältnisse der leitenden Angestellten vereinbart werden. Auch sie sind Teil der Rechtsordnung und dürfen damit nicht gegen höherrangiges Recht verstoßen.[1010]

---

te nicht geregelt habe. Ähnlich gehen Mohr/Bihn in: Handbuch Stock Options, N VIII 1 b) Rn. 1123 von einem Mitbestimmungsrecht nach § 87 Abs. 1 Nr. 10 BetrVG bei der Ausgestaltung der Optionsbedingungen aus, wie z.B. Verteilung des Dotierungsrahmens, Festlegung von Verfall-, Bindungs- und Ausübungsfristen. Gegen diese Erwägungen spricht allerdings, dass Art. 9 Abs. 1, 12 Abs. 1, 14 Abs. 1 GG vor einer zwangsweisen Beteiligung der Mitarbeiter am Unternehmen schützen und das Betriebsverfassungsrecht keine andere Bewertung zulässt als das Tarifvertragsrecht. Im Übrigen betrifft das Mitbestimmungsrecht des Betriebsrates nach § 87 Abs. 1 Nr. 10 BetrVG nicht die Entscheidung des Arbeitgebers über die Gewährung und Höhe freiwilliger Lohn- und Gehaltsbestandteile, sondern lediglich Fragen der Lohn- und Gehaltsbemessung. Ist dem Arbeitgeber die Entscheidung über den finanziellen Rahmen einer freiwilligen Leistung vorbehalten, folgt hieraus nach allgemeiner Auffassung, dass er allein auch den Zweck der Leistung und damit den begünstigten Personenkreis bestimmt. Die Gesellschaft verfolgt mit der Gewährung der Optionen auch die Zwecke der Mitarbeiterbindung und -motivation. Wie diese Zwecke durch Ausgestaltung des Beteiligungsprogramms erreicht werden, muss ihr überlassen bleiben.

1006 Schnitker/Grau, BB 2002, 2497.

1007 BAG EzA § 1 BUrlG Nr. 17; Worzalla in: Hess/Schlochauer/Worzalla/Glock, § 77 Rn. 68 mwN.

1008 So auch Lück, S. 87, und Zitzewitz, S. 197.

1009 Fitting, § 75 Rn. 21; Kreutz in: Gemeinschaftskommentar zum BetrVG, Band 2, § 75 Rn. 29.

1010 Oetker in: Erfurter Kommentar, § 28 SprAuG Rn. 11; Hromadka, § 28 Rn. 13; zum Unterrichtungs- und Beratungsrecht des Sprecherausschusses vgl. Tepass/Lenzen in: Harrer, S. 129 ff.

GESAMTERGEBNIS

Die Untersuchung hat gezeigt, dass bei der Aufnahme von Bindungsklauseln in Optionsprogramme bzw. Optionsvereinbarungen zahlreiche Aspekte des Aktien- und des Arbeits- bzw. des allgemeinen Schuldrechts zu beachten sind.

A. Optionsbezogene Halte- und Verfallklauseln

Optionsbezogene Halte- und Verfallklauseln wirken sich im Vorfeld des Erwerbs der aktienrechtlichen Mitgliedschaft aus. Sie begegnen aus aktienrechtlicher Sicht daher keinen Bedenken. Problematisch sind optionsbezogene Verfallklauseln allerdings aus schuldrechtlicher Sicht. Der Optionsverlust bei Beendigung des Anstellungsverhältnisses wirft insbesondere Fragen im Hinblick auf die in §§ 622 Abs. 6, 626 BGB verankerte Kündigungsfreiheit des Arbeitnehmers, seine durch die §§ 74 ff. HGB geschützte nachvertragliche Wettbewerbsfreiheit, die angemessene Höhe von Vertragsstrafen, den allgemeinen arbeitsrechtlichen Gleichbehandlungsgrundsatz und das Maßregelungsverbot des § 612 a BGB auf. Bei der Überprüfung von Verfallklauseln anhand dieser Vorschriften ist eine Interessenabwägung erforderlich, die den folgenden Kriterien Rechnung trägt: Entgeltlichkeit der Option, Ausübungsreife der Option und Einfluss des optionsbegünstigten Mitarbeiters auf die Entwicklung des „Shareholder Value". Die Interessenabwägung ergibt danach, dass der Verfall entgeltlicher Optionen ohne Rückzahlungsklausel ausnahmslos unzulässig ist; der Verfall unentgeltlich gewährter Optionen ist hingegen bis zur Ausübungsreife zulässig. Bis zu diesem Zeitpunkt bedeutet die Option für den Mitarbeiter lediglich eine ungewisse Chance auf zukünftige Vermögensmehrung. Ab Ausübungsreife kann das Interesse des Arbeitgebers an einem Optionsverlust das Interesse des Mitarbeiters an einer Realisierung des Gewinns allerdings lediglich bei Mitarbeitern überwiegen, die maßgeblichen Einfluss auf die Entwicklung des „Shareholder Value" haben. Bei ihnen ist zum Zweck der Motivation die Koppelung des konkret realisierten Gewinns mit dem Anstellungsverhältnis sachgerecht.

B. Aktienbezogene Halte- und Verfallklauseln

Aktienbezogene Halteklauseln, die Mitarbeiteraktionäre nach dem Aktienerwerb eine Zeit lang zum Halten der Aktien verpflichten, können nicht wirksam in der Satzung verankert werden. Sie verstoßen gegen den aktienrechtlichen Grundsatz der freien Übertragbarkeit. Auf die Beachtung des ebenfalls berührten aktienrechtlichen Gleichbehandlungsgrundsatzes können die Mitarbeiteraktionäre, z.B. im Zeitpunkt der Optionsausübung, hingegen verzichten. Ein Hauptversammlungsbeschluss, der die Aufnahme von aktienbezogenen Halteklauseln in einem Optionsprogramm vorsieht, ist allerdings anfechtbar. Schuldrechtliche Halteklauseln in standardisierten Optionsvereinbarungen verstoßen als unangemessen lange Leistungsvorbehalte gegen § 308 Nr. 1 BGB, wenn sie den in § 5 Abs. 2 Nr. 2 des 5. VermBG als zulässig vorausgesetzten Zeitraum von sechs Jahren überschreiten. Haltevereinbarungen können nur bei Mitarbeitern mit maßgeblichem Einfluss auf den „Shareholder Value" für den Fall einer vorzeitigen Aktienveräußerung vorsehen, dass der Mitarbeiter den Gewinn oder einen Teil davon an die Gesellschaft zu zahlen hat. Mitarbeitern ohne maßgeblichen Einfluss auf den „Shareholder Value" dürfen die Vorteile aus dem Optionsprogramm nach Ausübungsreife der Optionen nicht mehr genommen werden; anderweitige Vereinbarungen stellen unangemessen hohe Vertragsstrafen dar.

Auch aktienbezogene Verfallklauseln können nicht wirksam in der Satzung verankert werden. Der durch die Beendigung des Anstellungsverhältnisses ausgelöste Aktienverlust ist weder als Ausschluss noch als Zwangseinziehung wirksam. Ein entgeltlicher Erwerb der Mitarbeiteraktien verstößt gegen den Grundsatz der Gleichbehandlung: Den übrigen Aktionären steht diese Veräußerungs- und Gewinnmöglichkeit nicht zur Verfügung. Die Rückzahlung des Aktienkaufpreises oder eine sonstige Zahlung verstößt zudem gegen das Verbot der Einlagenrückgewähr. Auch eine schuldrechtliche Vereinbarung über eine entgeltliche Rückübertragung der Aktien ist gemäß § 57 Abs. 1 AktG i.V.m. § 134 BGB nichtig. Aus aktienrechtlicher Sicht sind allein unentgeltliche Verfallvereinbarungen zulässig. Unentgeltliche Verfallklauseln stellen allerdings unangemessen hohe Vertragsstrafen dar, die dem Mitarbeiter nicht nur die Vorteile aus dem Optionsprogramm, sondern auch den gezahlten Aktienkaufpreis nehmen. Sie können schuldrechtlich nicht wirksam vereinbart werden.

LITERATURVERZEICHNIS

Achleitner, Ann-Kristin/ Wollmert, Peter	Stock Options 2. Auflage Stuttgart 2002 (zit. Bearbeiter in: Achleitner/Wollmert, Seite)
Aha, Christof	Ausgewählte Gestaltungsmöglichkeiten bei Aktienoptionen BB 1997, 2225-2228 (zit. Aha, BB 1997, 2225, Seite)
Annuß, Georg	AGB-Kontrolle im Arbeitsrecht: Wo geht die Reise hin? BB 2002, 458-463 (zit. Annuß, BB 2002, 458, Seite)
Annuß, Georg	Der Arbeitnehmer als solcher ist kein Verbraucher! NJW 2002, 2844-2846 (zit. Annuß, NJW 2002, 2844, Seite)
Annuß, Georg/ Lembke, Mark	Aktienoptionspläne der Konzernmutter und arbeitsrechtliche Bindungen BB 2003, 2230-2234 (zit. Annuß/Lembke, BB 2003, 2230, Seite)
Arbeitsrechtsblattei	Arbeitsrechtsblattei Systematische Darstellung Hrsg. Thomas Dieterich, Klaus Neef, Brent Schwab 130. Ergänzungslieferung Stand Juli 2004 Heidelberg (zit. Bearbeiter in: AR-Blattei SD, Abschnitt, Randnummer)
Baeck, Ulrich/ Diller, Martin	Arbeitsrechtliche Probleme bei Aktienoptionen und Belegschaftsaktien DB 1998, 1405-1412 (zit. Baeck/Diller, DB 1998, 1405, Seite)

Balz, Gerhard	Rechtstatsachen zur Ausschließung und zum Austritt von Gesellschaftern der GmbH GmbHR 1983, 185-193 (zit. Balz, GmbHR 1983, 185, Seite)
Bauer, Jobst-Hubertus	Rechtliche und taktische Probleme bei der Beendigung von Vorstandsverhältnissen DB 1992, 1413-1422 (zit. Bauer, DB 1992, 1413, Seite)
Bauer, Jobst-Hubertus/ Göpfert, Burkhard/ von Steinau-Steinrück, Robert	Aktienoptionen bei Betriebsübergang ZIP 2001, 1129-1133 (zit. Bauer/Göpfert/von Steinau-Steinrück, ZIP 2001, 1129, Seite)
Bauer, Jobst-Hubertus/ Kock, Martin	Arbeitsrechtliche Auswirkungen des neuen Verbraucherschutzrechts DB 2002, 42-46 (zit. Bauer/Kock, DB 2002, 42, Seite)
Bauer, Jobst-Hubertus/ Gragert, Nicola	Der GmbH-Geschäftsführer zwischen Himmel und Hölle ZIP 1997, 2177-2184 (zit. Bauer/Gragert, ZIP 1997, 2177, Seite)
Bauer, Jobst-Hubertus/ Diller, Martin	Indirekte Wettbewerbsverbote DB 1995, 426-429 (zit. Bauer/Diller, DB 1995, 426, Seite)
Bauer, Jobst-Hubertus/ Diller, Martin	Koppelung von Abberufung und Kündigung bei Organmitgliedern Zulässige Gestaltung oder sittenwidrige Falle? GmbHR 1998, 809-813 (zit. Bauer/Diller, GmbHR 1998, 809, Seite)

Bauer, Jobst-Hubertus/ Diller, Martin	Wettbewerbsverbote 3. Auflage München 2002 (zit. Bauer/Diller in: Wettbewerbsverbote, Randnummer)
Baumbach, Adolf/ Hueck, Alfred	Beck'sche Kurzkommentare Aktiengesetz begründet von Adolf Baumbach fortgeführt von Alfred Hueck und Götz Hueck 13. Auflage München 1968 (zit. Baumbach/Hueck, Kommentar zum Aktiengesetz, Paragraph, Seite)
Baumbach, Adolf/ Hueck, Alfred	GmbH-Gesetz 17. Auflage München 2000 (zit. Baumbach/Hueck, Kommentar zum GmbH-Gesetz, Paragraph, Randnummer)
Baumbach, Alfred/ Hefermehl, Wolfgang	Wechselgesetz und Scheckgesetz 22. Auflage München 2000 (zit. Baumbach/Hefermehl, Paragraph, Randnummer)
Baums, Theodor	Aktienoptionen für Vorstandsmitglieder in Festschrift für Peter Claussen zum 70. Geburtstag S. 3-48 Hrsg. Klaus-Peter Martens, Harm Peter Westermann, Wolfgang Zöllner Köln, Berlin, Bonn, München 1997 (zit. Baums, Festschrift Claussen, Seite)
Baums, Theodor	Stellungnahme zur Aktienreform 1997 AG-Sonderheft 1997, 26-38 (zit. Baums, AG-Sonderheft 1997, 26, Seite)

Beck'sches Personalhandbuch	Band I Arbeitsrechtslexikon Redaktion Hans Joachim Spiegelhalter Stand Januar 2004 München 2004 (zit. Bearbeiter in: Beck'sches Personalhandbuch, Stichwort)
Becker, Michael	Der Ausschluss aus der Aktiengesellschaft ZGR 1986, 383-417 (zit. Becker, ZGR 1986, 383, Seite)
Berkowsky, Wilfried	Was ändert die Reform im Arbeitsrecht? AuA 2002, 11-16 (zit. Berkowsky, AuA 2002, 11, Seite)
Blanke, Thomas	Der Gesetzentwurf des Bundesregierung über Teilzeitarbeit und befristete Arbeitsverträge AiB 2000, 729-736 (zit. Blanke, AiB 2000, 729, Seite)
Boemke, Burkhard	Das Dienstverhältnis des GmbH-Geschäftsführers zwischen Gesellschafts- und Arbeitsrecht ZfA 1998, 209-235 (zit. Boemke, ZfA 1998, 209, Seite)
Boemke, Burkhard	Gewerbeordnung Kommentar zu §§ 105-110 Hrsg. Burkhard Boemke Heidelberg 2003 (zit. Boemke, Paragraph, Randnummer)
Boemke, Burkhard	Höhe der Verzugszinsen für Entgeltforderungen des Arbeitnehmers BB 2002, 96-97 (zit. Boemke, BB 2002, 96, Seite)

Bonner Kommentar zum Grundgesetz	Band 1 Art. 1-5 Band 2 Art. 6-14 Hrsg. Rudolf Dolzer, Klaus Vogel, Karin Graßhof Stand Juli 2004 Heidelberg (zit. Bearbeiter in: Bonner Kommentar zum GG, Artikel, Randnummer)
Böttcher, Conrad/ Reinert, Jörg/ Hennerkes, Brun-Hagen	Möglichkeiten zur Aufrechterhaltung des Familiencharakters einer Aktiengesellschaft DB 1971, 1998-2002 (zit. Böttcher/Reinert/Hennerkes, DB 1971, 1998, Seite)
Bötticher, Eduard	Der Ansatz des Gleichbehandlungsanspruchs im Arbeitsrecht RdA 1957, 317-319 (zit. Bötticher, RdA 1957, 317, Seite)
Bötticher, Eduard	Der Anspruch auf Gleichbehandlung im Arbeitsrecht RdA 1953, 161-169 (zit. Bötticher, RdA 1953, 161, Seite)
Bötticher, Eduard	Wesen und Arten der Vertragsstrafe sowie deren Kontrolle ZfA 1970, 1-61 (zit. Bötticher, ZfA 1970, 1, Seite)
Braunschweig, Philipp von	Steuergünstige Gestaltung von Mitarbeiterbeteiligungen in Management-Buy-Out-Strukturen DB 1998, 1831-1837 (zit. von Braunschweig, DB 1998, 1831, Seite)

Bredow, Günther M.	Mustervereinbarung zu Aktienoptionsplänen für das Management und leitende Angestellte (Stock Option Plan) DStR 1998, 380-382 (zit. Bredow, DStR 1998, 380, Seite)
Brinkkötter, Hans-Otto	Aktienprogramme der BASF Aktiengesellschaft „BOP“ für obere Führungskräfte – „plus“ für die Belegschaft in Personalführung und Organisation S. 663-691 Hrsg. Alois Clermont, Wilhelm Schmeiser, Dieter Krimphove München 2000 (zit. Brinkkötter, Seite)
Buhr, Martina/ Radtke, Stefanie	Internationale Aktienoptionspläne und deren arbeitsrechtliche Behandlung in Deutschland DB 2001, 1882-1887 (zit. Buhr/Radtke, DB 2001, 1882, Seite)
Busch, Ralf	Aktienoptionspläne – arbeitsrechtliche Fragen BB 2000, 1294-1297 (zit. Busch, BB 2000, 1294, Seite)
Buschmann, Rudolf/ Dieball, Heike/ Stevens-Bartol, Eckart	TzA Das Recht der Teilzeitarbeit 2. Auflage Frankfurt am Main 2001 (zit. Buschmann/Dieball/Stevens-Bartol, Paragraph, Randnummer)
Canaris, Claus-Wilhelm	Die Feststellung von Lücken im Gesetz Berlin 1964 (zit. Canaris, Seite)

Canaris, Claus-Wilhelm	Die Rückgewähr von Gesellschaftereinlagen durch Zuwendungen an Dritte in Festschrift für Robert Fischer S. 31-64 Hrsg. Marcus Lutter, Walter Stimpel, Herbert Wiedemann Berlin, New York 1979 (zit. Canaris, Festschrift Fischer, Seite)
Claussen, Carsten P.	Aktienoptionen – Eine Bereicherung des Kapitalmarktrechts WM 1997, 1825-1832 (zit. Claussen, WM 1997, 1825, Seite)
Däubler, Wolfgang	Das geplante Teilzeit- und Befristungsgesetz ZIP 2000, 1961-1969 (zit. Däubler, ZIP 2000, 1961, Seite)
Däubler, Wolfgang	Die Auswirkungen der Schuldrechtsmodernisierung auf das Arbeitsrecht NZA 2001, 1329-1337 (zit. Däubler, NZA 2001, 1329, Seite)
Däubler, Wolfgang	Kommentar zum Tarifvertragsgesetz Baden-Baden Mai 2003 (zit. Bearbeiter in: Däubler, TVG, Randnummer)
Däubler, Wolfgang	Rechtsgeschäftlicher Ausschluss der Veräußerbarkeit von Rechten? NJW 1968, 1117-1123 (zit. Däubler, NJW 1968, 1117, Seite)

Deutsches Aktieninstitut e.V.	Aktienoptionspläne für Führungskräfte in Deutschland Ergebnisse einer Umfrage des Deutschen Aktieninstituts e.V. Frankfurt am Main Mai 1998 (zit. Deutsches Aktieninstitut, Aktienoptionspläne für Führungskräfte in Deutschland, Seite)
Deutsches Aktieninstitut e.V.	Beteiligungssysteme für breite Mitarbeiterkreise, Ergebnisse einer Umfrage Studien des Deutschen Aktieninstituts Heft 13 Hrsg. Rüdiger von Rosen Frankfurt am Main März 2001 (zit. Deutsches Aktieninstitut, Beteiligungssysteme für breite Mitarbeiterkreise, Seite)
Deutsches Aktieninstitut e.V.	Mitarbeiterbeteiligung auf dem Vormarsch Pressemitteilung vom 6. Dezember 2000 Frankfurt am Main (zit. Deutsches Aktieninstitut, Mitarbeiterbeteiligung auf dem Vormarsch)
Deutschmann, Kevin	Vergütungshalber gewährte Aktienoptionen im deutschen und US-amerikanischen Steuerrecht Dissertation Universität Konstanz 2000 Baden-Baden 2000 (zit. Deutschmann, Seite)
Dierks, Silke	Selbständige Optionsscheine Dissertation Universität Mainz 1999 Berlin 2000 (zit. Dierks, Seite)

Diller, Martin	Gesellschafter und Gesellschaftsorgane als Arbeitnehmer Dissertation Universität Mainz 1994 Köln 1994 (zit. Diller, Seite)
Dreiher, Horst	Grundgesetz Kommentar Band I Art. 1-19 Tübingen 1996 (zit. Dreiher, Artikel, Randnummer)
Drygala, Tim	Anwendbarkeit des AGB-Gesetzes auch auf Gesellschaftsverträge – eine Nebenwirkung der Richtlinie über missbräuchliche Klauseln in Verbraucherverträgen? ZIP 1997, 968-971 (zit. Drygala, ZIP 1997, 968, Seite)
Düwell, Franz Josef	Geänderte Gewerbeordnung – Neues Grundgesetz des Arbeitsrechts FA 2003, 1-5 (zit. Düwell, FA 2003, 1, Seite)
Ebenroth, Carsten Thomas/ Boujong, Karlheinz/ Joost, Detlev	Handelsgesetzbuch Band 1 §§ 1-342 a München 2001 (zit. Ebenroth/Boujong/Joost, Paragraph, Randnummer)
Ebke, Werner F.	Literatur Ilias Soufleros, Ausschließung und Abfindung eines GmbH-Geschäftsführers ZHR 148 (1984), 497-502 (zit. Ebke, ZHR 148 (1984), 497, Seite)

Eckart, Bernd	Buchbesprechung Der Geschäftsführer der GmbH – ein Arbeitnehmer? ZfA 1987, 467-480 (zit. Eckart, ZfA, 467, Seite)
Eggert, Christian	Aktienoptionen für Führungskräfte – Ein Vergleich zwischen dem U.S.-amerikanischen und dem deutschen Recht Dissertation Universität Jena 2002 (zit. Eggert, Seite)
Engelsing, Lutz	Aktienoptionen als Vergütungsbestandteil der Führungskräfte börsennotierter Unternehmen Analyse der handels- und steuerrechtlichen Implikationen Dissertation Universität Münster (Westfalen) 2001 Lohmar 2001 (zit. Engelsing, Seite)
Erfurter Kommentar zum Arbeitsrecht	Hrsg. Thomas Dieterich, Rudi Müller-Glöge, Ulrich Preis, Günter Schaub 4. Auflage München 2004 (zit. Bearbeiter in: Erfurter Kommentar, Paragraph, Randnummer)
Erman	Bürgerliches Gesetzbuch Band I §§ 1-811 UKlaG Hrsg. Harm Peter Westermann 11. Auflage Köln 2004 (zit. Erman/Bearbeiter, Paragraph, Randnummer)
Eschbach, Werner	Management Buy-out und Ausgabe von Stock-Options BB 1999, 2484-2490 (zit. Eschbach, BB 1999, 2484, Seite)

Esser, Klaus/ Faltlhauser, Kurt	Beteiligungsmodelle München 1974 (zit. Esser/Faltlhauser, Seite)
Ettinger, Jochen	Stock-Options Dissertation Universität Augsburg 1999 Köln 1999 (zit. Ettinger, Seite)
Fastrich, Lorenz	Gleichbehandlungsgrundsatz und Gleichstellung RdA 2000, 65-81 (zit. Fastrich, RdA 2000, 65, Seite)
Feddersen, Dieter	Aktienoptionsprogramme für Führungskräfte aus kapitalmarktrechtlicher und steuerlicher Sicht ZHR 161 (1997), 269-299 (zit. Feddersen, ZHR 161 (1997), 269, Seite)
Feddersen, Dieter/ Pohl, Marcus	Die Praxis der Mitarbeiterbeteiligung seit Einführung des KonTraG AG 2001, 26-33 (zit. Feddersen/Pohl, AG 2001, 26, Seite)
Fikentscher, Wolfgang	Schuldrecht 9. Auflage Berlin, New York 1997 (zit. Fikentscher, Seite)
Fitting	Betriebsverfassungsgesetz Hrsg. Gerd Engels, Wolfgang Linsenmaier, Ingrid Schmid, Yvonne Trebinger 22. Auflage München 2004 (zit. Fitting, Paragraph, Randnummer)
Fleck, Hans-Joachim	Die Drittanstellung des GmbH-Geschäftsführers ZHR 1985 (149), 387-418 (zit. Fleck, ZHR 1985 (149), 387, Seite)

Flume, Werner	Allgemeiner Teil des Bürgerlichen Rechts Erster Band Zweiter Teil Die juristische Person Berlin, Heidelberg, New York, Tokio 1983 (zit. Flume, AT I/2, Paragraph)
Flume, Werner	Allgemeiner Teil des Bürgerlichen Rechts Zweiter Band Das Rechtsgeschäft 4. Auflage Berlin, Heidelberg, New York 1992 (zit. Flume, AT II, Paragraph)
Freitag, Peter	Über die Freiwilligkeit freiwilliger Leistungen NZA 2002, 294-296 (zit. Freitag, NZA 2002, 294, Seite)
Frey, Erich	Gerechtigkeitsgleichheit und Machtträgerpflicht als richtige Dogmatisierung des Gleichbehandlungsgrundsatzes im Arbeitsrecht AuR 1961, 234-243 (zit. Frey, AuR, 1961, 234, Seite)
Friedrichsen, Sönke	Aktienoptionsprogramme für Führungskräfte Dissertation Universität Hamburg 1999 Köln, Berlin, Bonn, München 2000 (zit. Friedrichsen, Seite)
Fuchs, Andreas	Aktienoptionen für Führungskräfte und bedingte Kapitalerhöhung DB 1997, 661-668 (zit. Fuchs, DB 1997, 661, Seite)
Fuchs, Bernhard	Betriebliche Sozialleistungen beim Betriebsübergang Dissertation Universität Freiburg i.Br. 1999 Köln 2000 (zit. Fuchs, Seite)

Gamillscheg, Franz	Arbeitsrecht I 8. Auflage München 2000 (zit. Gamillscheg, Seite)
Gamillscheg, Franz	Die Grundrechte im Arbeitsrecht AcP 164, 385-445 (zit. Gamillscheg, AcP 164, 385, Seite)
Gaul, Björn	Die „Streikbruchprämie“ als zulässiges Arbeitskampfmittel NJW 1994, 1025-1032 (zit. Gaul, NJW 1994, 1025, Seite)
Gaul, Björn	Neues zum nachvertraglichen Wettbewerbsverbot DB 1995, 874-878 (zit. Gaul, DB 1995, 874)
Gemeinschaftskommentar zum Betriebsverfassungsgesetz	Band 1 §§ 1-73 b mit Wahlordnungen Band 2 §§ 74-132 Hrsg. Alfons Kraft, Günther Wiese, Peter Kreutz, Hartmut Oetker, Thomas Raab, Christoph Weber 7. Auflage Neuwied, Kriftel 2002 (zit. Bearbeiter in: Gemeinschaftskommentar zum BetrVG, Band, Paragraph, Randnummer)
Gemeinschaftskommentar zum Handelsgesetzbuch	Hrsg. Jürgen Ensthaler 6. Auflage Neuwied, Kriftel, Berlin 1999 (zit. Bearbeiter in: Gemeinschaftskommentar zum HGB, Paragraph, Randnummer)

Gemeinschaftskommentar zum Kündigungsschutzgesetz und zu sonstigen kündigungsschutzrechtlichen Vorschriften	Hrsg. Friedrich Becker, Peter Bader, Gerhard Etzel 7. Auflage München, Unterschleißheim 2004 (zit. Bearbeiter in: Gemeinschaftskommentar zum KSchG, Paragraph Randnummer)
Georgiades, Apostolos	Optionsvertrag und Optionsrecht in Festschrift für Karl Larenz zum 70. Geburtstag S. 409-434 Hrsg. Gotthard Paulus, Uwe Diederichsen, Claus-Wilhelm Canaris München 1973 (zit. Georgiades, Festschrift Larenz, Seite)
Germelmann, Claas-Hinrich/ Matthes, Hans-Christoph/ Müller-Glöge, Rudi/ Prütting, Hans	Arbeitsgerichtsgesetz 4. Auflage München 2002 (zit. Germelmann/Matthes, Paragraph, Randnummer)
Geßler, Ernst	Nichtigkeit von Hauptversammlungsbeschlüssen und Satzungsbestimmungen – §§ 241 Nr. 3, 23 Abs. 5 AktG, § 25 MitbestG 1976 – ZGR 1980, 427-454 (zit. Geßler, ZGR, 427, Seite)
Geßler, Ernst/ Hefermehl, Wolfgang/ Eckardt, Ulrich/ Kropff, Bruno	Aktiengesetz Band IV §§ 179-240 München 1994 (zit. Bearbeiter in: Geßler/Hefermehl, Paragraph, Randnummer)
Geßler, Jörg H.	Aktiengesetz Band 1 Neuwied, Kriftel 2002 (zit. Geßler, Paragraph, Randnummer)

Gierke, Julius von	Die „Gesellschaft im weiteren Sinn“ ZHR 119 (156), 141-156 (zit. von Gierke, ZHR 119 (156), 141, Seite)
Godin, Reinhard von/ Wilhelmi, Hans	Aktiengesetz Band 1 §§ 1-178 Band 2 §§ 179-410 4. Auflage Berlin, New York 1971 (zit. von Godin/Wilhelmi, Paragraph, Randnummer)
Gotthardt, Michael	Arbeitsrecht nach der Schuldrechtsreform 2. Auflage München 2003 (zit. Gotthardt, Randnummer)
Grimm, Oliver/ Walk, Frank	Das Schicksal erfolgsbezogener Vergütungsformen beim Betriebsübergang BB 2003, 577-583 (zit. Grimm/Walk, BB 2003, 577, Seite)
Groß, Volker	Das Anstellungsverhältnis des GmbH-Geschäftsführers im Zivil-, Arbeits-, Sozialversicherungs- und Steuerrecht Dissertation Universität Bielefeld 1986 Köln 1987 (zit. Groß, Seite)
Groß, Volker	Das Phantom des Arbeitnehmer-Geschäftsführers im Konkursausfallgesetz und in der Konkursordnung DB 1984, 1447-1456 (zit. Groß, DB 1984, 1447, Seite)

Großkommentar zum Aktiengesetz	Hrsg. Klaus J. Hopt, Herbert Wiedemann 2. Lieferung: §§ 1-14, 1992 7. Lieferung: §§ 23-40, 1997 15. Lieferung: §§ 54-66, 2001 19. Lieferung: §§ 76-83, 2003 5. Lieferung: §§ 179-191, 1995 18. Lieferung: §§ 192-206, 2001 6. Lieferung: §§ 241-255, 1996 4. Auflage Erster Band, 1. Halbband §§ 1-75 3. Auflage 1973 Berlin, New York (zit. Bearbeiter in: Großkommentar zum AktG, Paragraph, Randnummer)
Großkommentar zum gesamten Recht der Beendigung von Arbeitsverhältnissen	Hrsg. Reiner Ascheid, Ulrich Preis, Ingrid Schmidt 2. Auflage München 2004 (zit. Bearbeiter in: Großkommentar zum Kündigungsrecht, Paragraph, Randnummer)
Großkommentar zum Handelsgesetzbuch	begründet von Hermann Staub Hrsg. Claus-Wilhelm Canaris, Wolfgang Schilling, Peter Ulmer Erster Band Einleitung §§ 1-104 4. Auflage Berlin, New York 1995 (zit. Bearbeiter in: Großkommentar zum HGB, Paragraph, Randnummer)
Grumann, Marc-Olaf/ Gillmann, Michael	Abberufung und Kündigung von Vorstandsmitgliedern einer Aktiengesellschaft DB 2003, 770-775 (zit. Grumann/Gillmann, DB 2003, 770, Seite)

Grunewald, Barbara	Der Ausschluss aus Gesellschaft und Verein Habilitation Universität Bonn 1987 Köln, Berlin, Bonn, München 1987 (zit. Grunewald, Seite)
Grunewald, Barbara	Rückverlagerung von Entscheidungskompetenzen der Hauptversammlung auf den Vorstand AG 1990, 133-139 (zit. Grunewald, AG 1990, 133, Seite)
Grunsky, Wolfgang	Arbeitsgerichtsgesetz 6. Auflage München 1995 (zit. Grunsky, Paragraph, Randnummer)
Grunsky, Wolfgang	Voraussetzungen einer Entschädigungszusage nach § 74 Abs. 2 HGB NZA 1988, 713-716 (zit. Grunsky, NZA 1988, 713, Seite)
Guski, Hans-Günter/ Schneider, Hans J.	Betriebliche Vermögensbeteiligung in der Bundesrepublik Deutschland – Eine Bestandsaufnahme Köln 1977 (zit. Guski/Schneider, Seite)
Hanau, Peter	Offene Fragen zum Teilzeitgesetz NZA 2001, 1168-1175 (zit. Hanau, NZA 2001, 1168, Seite)
Hanau, Peter/ Adomeit, Klaus	Arbeitsrecht 12. Auflage Neuwied, Kriftel 2000 (zit. Hanau/Adomeit, Abschnitt, Randnummer)
Hanau, Peter/ Steinmeyer, Heinz-Dietrich/ Wank, Rolf	Handbuch des europäischen Arbeits- und Sozialrechts München 2002 (zit. Hanau/Steinmeyer/Wank, Paragraph, Randnummer)

Handbuch Stock Options	Rechtliche, steuerliche und bilanzielle Darstellung von Stock-Option-Plänen Hrsg Manfred Kessler, Thomas Sauter München 2003 (zit. Bearbeiter in: Handbuch Stock Options, Teil, Randnummer)
Harrer, Herbert	Mitarbeiterbeteiligungen und Stock-Option-Pläne 2. Auflage München 2004 (zit. Bearbeiter in: Harrer, Seite)
Hartwig, Ina	Aktuelles zur Teilzeitarbeit FA 2001, 34-37 (zit. Hartwig, FA 2001, 34, Seite)
Häuselmann, Holger	Die Bilanzierung von Optionen aus handelsrechtlicher Sicht DB 1987, 1745-1748 (zit. Häuselmann, DB 1987, 1745, Seite)
Heidel, Thomas/ Lochner, Daniel	Squeeze-out ohne hinreichenden Eigentumsschutz DB 2001, 2031-2034 (zit. Heidel/Lochner, DB 2001, 2031, Seite)
Henn, Günter	Handbuch des Aktienrechts 7. Auflage Heidelberg 2002 (zit. Henn, Paragraph, Randnummer)
Henssler, Martin	Arbeitsrecht und Schuldrechtsreform RdA 2002, 129-139 (zit. Henssler, RdA 2002, 129, Seite)
Henssler, Martin	Das Anstellungsverhältnis der Organmitglieder RdA 1992, 289-302 (zit. Henssler, RdA 1992, 289, Seite)

Henssler, Martin/ Graf von Westphalen, Friedrich	Praxis der Schuldrechtsreform Recklinghausen 2001 (zit. Bearbeiter in: Henssler/Graf von Westphalen, Paragraph, Randnummer)
Herzig, Norbert	Steuerliche und bilanzielle Probleme bei Stock Options und Stock Appreciation Rights DB 1999, 1-12 (zit. Herzig, DB 1999, 1, Seite)
Hess, Harald/ Schlochauer, Ursula/ Worzalla, Michael/ Glock, Dirk	Kommentar zum Betriebsverfassungsgesetz 6. Auflage München, Unterschleißheim 2003 (zit. Bearbeiter in: Hess/Schlochauer/Worzalla/Glock, Paragraph, Randnummer)
Hölters, Wolfgang	Handbuch des Unternehmens- und Beteiligungskaufs 5. Auflage Köln 2002 (zit. Bearbeiter in: Hölters, Teil, Randnummer)
Holzheimer, Dieter	Die steuerliche Behandlung von Optionsanleihen, insbesondere beim Erwerber WM 1986, 1169-1179 (zit. Holzheimer, WM 1986, 1169, Seite)
Hommelhoff, Peter	100 Bände BGHZ: Aktienrecht ZHR 151 (1987), 493-516 (zit. Hommelhoff, ZHR 151 (1987), 493, Seite)
Horn, Norbert	Unternehmensbeteiligung der Arbeitnehmer und Gesellschafter ZGR 1974, 133-178 (zit. Horn, ZGR 1974, 133, Seite)

Hoyningen-Huene, Gerrick von/ Linck, Rüdiger	Kündigungsschutzgesetz 13. Auflage München 2002 (zit. von Hoyningen-Huene/Linck, Paragraph, Seite)
Hromadka, Wolfgang	Schuldrechtsmodernisierung und Vertragskontrolle im Arbeitsrecht NJW 2002, 2523-2530 (zit. Hromadka, NJW 2002, 2523, Seite)
Hromadka, Wolfgang	Sprecherausschussgesetz Neuwied, Frankfurt a.M. 1991 (zit. Hromadka, Paragraph, Randnummer)
Hromadka, Wolfgang/ Maschmann, Frank	Arbeitsrecht Band 1 Individualarbeitsrecht 2. Auflage Berlin, Heidelberg 2002 (zit. Hromadka/Maschmann, Seite)
Huber, Ulrich	Entstehungsgeschichte und aktuelle Auslegungsprobleme des § 241 Nr. 3 AktG in Festschrift für Helmut Coing zum 70. Geburtstag Band II Seite 167-192 Hrsg. Norbert Horn in Verbindung mit Klaus Luig und Alfred Söllner München 1982 (zit. Huber, Festschrift Coing, Seite)
Hueck, Alfred/ Nipperdey, Hans Carl	Lehrbuch des Arbeitsrechts Erster Band 7. Auflage Berlin und Frankfurt a.M. 1963 (zit. Hueck/Nipperdey, Erster Band, Paragraph)

Hueck, Alfred/ Canaris, Claus-Wilhelm	Recht der Wertpapiere 12. Auflage München 1986 (zit. Hueck/Canaris, Seite)
Hueck, Götz	Bemerkungen zum Anstellungsverhältnis von Organmitgliedern juristischer Personen in Festschrift für Marie Luise Hilger und Hermann Stumpf Seite 365-380 Hrsg. Thomas Dieterich, Franz Gamillscheg, Herbert Wiedemann München 1983 (zit. Hueck, Festschrift Hilger/Stumpf, Seite)
Hueck, Götz	Zur arbeitsrechtlichen Stellung des GmbH-Geschäftsführers ZfA 1985, 25-37 (zit. Hueck, ZfA 1985, 25, Seite)
Hueck, Götz/ Windbichler, Christine	Gesellschaftsrecht 20. Auflage München 2003 (zit. Hueck/Windbichler, Seite)
Hüffer, Uwe	Aktienbezugsrechte als Bestandteil der Vergütung von Vorstandsmitgliedern und Mitarbeitern – gesellschaftsrechtliche Analyse ZHR 161 (1997), 214-245 (zit. Hüffer, ZHR 161 (1997), 214, Seite)
Hüffer, Uwe	Aktiengesetz 6. Auflage München 2004 (zit. Hüffer, Paragraph, Randnummer)
Hümmerich, Klaus	Arbeitsverhältnis als Wettbewerbsgemeinschaft NJW 1998, 2625-2634 (zit. Hümmerich, NJW 1998, 2625, Seite)

Hümmerich, Klaus	Grenzfall des Arbeitsrechts; Kündigung des GmbH-Geschäftsführers NJW 1995, 1177-1182 (zit. Hümmerich, NJW 1995, 1177, Seite)
Hümmerich, Klaus/ Holthausen, Joachim	Der Arbeitnehmer als Verbraucher NZA 2002, 173-181 (zit. Hümmerich/Holthausen, NZA 2002, 173, Seite)
Immenga, Ulrich	Vertragliche Vinkulierung von Aktien? AG 1992, 79-83 (zit. Immenga, AG 1992, 79, Seite)
Isensee, Tobias	Mitarbeiteraktienoptionen – mehr als eine steuerliche Gewinnchance? DStR 1999, 143-147 (zit. Isensee, DStR 1999, 143, Seite)
Jarass, Hans D./ Pieroth, Bodo	Grundgesetz für die Bundesrepublik Deutschland 7. Auflage München 2004 (zit. Jarass/Pieroth, Artikel, Randnummer)
Kallmeyer, Harald	Aktienoptionen für Führungskräfte im Konzern AG 1999, 97-103 (zit. Kallmeyer, AG 1999, 97, Seite)
Kamanabrou, Sudabeh	Das Anstellungsverhältnis des GmbH-Geschäftsführers im Licht neuerer Rechtsprechung DB 2002, 146-150 (zit. Kamanabrou, DB 2002, 146, Seite)
Kasseler Handbuch zum Arbeitsrecht	Band 1 Hrsg. Wolfgang Leinemann 2. Auflage Neuwied, Kriftel 2000 (zit. Bearbeiter in: Kasseler Handbuch zum Arbeitsrecht, Band, Gliederungsziffer, Randnummer)

Kasseler Kommentar zum Sozialversicherungsrecht
Band 1
Hrsg. Klaus Kiesel
München
Stand August 2004
(zit. Bearbeiter in: Kasseler Kommentar zum Sozialversicherungsrecht, Band, Paragraph, Randnummer)

Kau, Wolfgang M./ Kukat, Klaus
Aktienoptionspläne und Mitbestimmung des Betriebsrats
BB 1999, 2506-2509
(zit. Kau/Kukat, BB 1999, 2506, Seite)

Kau, Wolfgang M./ Leverenz, Niklas
Mitarbeiterbeteiligung und leistungsgerechte Vergütung durch Aktien-Options-Pläne
BB 1998, 2269-2276
(zit. Kau/Leverenz, BB 1998, 2269, Seite)

Kempen, Otto Ernst/ Zachert, Ulrich
Tarifvertragsgesetz
Kommentar für die Praxis
3. Auflage
Köln 1997
(zit. Kempen/Zachert, Paragraph, Randnummer)

Keßler, Jürgen/ Kühnberger, Manfred
Stock option incentives – betriebswirtschaftliche Probleme eines anreizkompatiblen Vergütungssystems
AG 1999, 453-464
(zit. Keßler/Kühnberger, AG 1999, 453, Seite)

Keßler, Jürgen/ Kühnberger, Manfred | Stock Option Incentives – Betriebswirtschaftliche, gesellschaftsrechtlliche und bilanzielle Probleme eines modernen Vergütungssystems in Personalführung und Organisation Seite 629-662 Hrsg. Alois Clermont, Wilhelm Schmeisser, Dieter Krimphove München 2000 (zit. Keßler/Kühnberger in: Personalführung und Organisation, Seite)

Kittner, Michael/ Däubler, Wolfgang/ Zwanziger, Bertram | KSchR Kündigungsschutzrecht Kommentar für die Praxis zu Kündigungen und anderen Formen der Beendigung des Arbeitsverhältnisses 6. Auflage Frankfurt a.M. 2004 (zit. Bearbeiter in: Kittner/Däubler/Zwanziger, Paragraph, Randnummer)

Klahold, Christoph | Aktienoptionen als Vergütungselement Dissertation Universität Münster 1999 Frankfurt a.M., Berlin 1999 (zit. Klahold, Seite)

Klug, Ulrich | Juristische Logik 4. Auflage Berlin 1982 (zit. Klug, Seite)

Knepper, Karl Heinz | Die Belegschaftsaktie in Theorie und Praxis ZGR 1985, 419-443 (zit. Knepper, ZGR 1985, 419, Seite)

Koch, Hans-Joachim/ Rüßmann, Helmut | Juristische Begründungslehre München 1982 (zit. Koch/Rüßmann, Paragraph)

Koch, Karl	Zur handels- und steuerrechtlichen Behandlung von Optionsanleihen BB 1986, Beilage 10, 1-22 (zit. Koch, BB 1986, Beilage 10, 1, Seite)
Kölner Kommentar zum Aktiengesetz	Hrsg. Wolfgang Zöllner Band 1 §§ 1-75 2. Auflage 1988 Band 2 §§ 76-117 AktG und Mitbestimmung im Aufsichtsrat 2. Auflage 1996 Band 5/1 §§ 179-240 AktG 2. Auflage 1995 Band 2 §§ 148-290 1976 Köln, Berlin, Bonn, München (zit. Bearbeiter in: Kölner Kommentar, Paragraph, Randnummer)
Koppelfels, Katharina von	Vertragsstrafen im Arbeitsrecht nach der Schuldrechtsmodernisierung NZA 2002, 598-602 (zit. von Koppelfels, NZA 2002, 598, Seite)
Korn, Bettina	Vorstandsvergütung mit Aktienoptionen (Sicherung der Anreizkompatibilität als gesellschaftsrechtliche Gestaltungsaufgabe) Sternenfels 2000 (zit. Korn, Seite)
Kraft, Gerhard/ Altvater, Christian	Die zivilrechtliche, bilanzielle und steuerliche Behandlung des Rückkaufs eigener Aktien NZG 1998, 448-452 (zit. Kraft/Altvater, NZG 1998, 448, Seite)

Kuhn, Georg	Die Rechtsprechung des BGH auf dem Gebiet des Aktienrechts WM 1957, 1142-1149 (zit. Kuhn, WM 1957, 1142, Seite)
Küttner, Wolfdieter	Personalbuch 2004 Arbeitsrecht Lohnsteuerrecht Sozialversicherungsrecht 11. Auflage München 2004 (zit. Bearbeiter in: Küttner, Stichwort, Gliederungsnummer, Randnummer)
Lademann/ Söffing/ Brockhoff	Kommentar zum Einkommensteuergesetz Band VII 4. Auflage Stuttgart 1997 (zit. Bearbeiter in: Lademann/Söffing/Brockhoff, Paragraph, Randnummer)
Landmann/Rohmer	Gewerbeordnung Band 1 München 2004 (zit. Bearbeiter in: Landmann/Rohmer, Paragraph, Randnummer)
Langheid, Theodor	Vertragsstrafevereinbarung in Arbeitsverträgen DB 1980, 1219-1220 (zit. Langheid, DB 1980, 1219, Seite)
Larenz, Karl/ Wolf, Manfred	Allgemeiner Teil des Bürgerlichen Rechts 9. Auflage München 2004 (zit. Larenz/Wolf, Paragraph, Randnummer)
Larenz, Karl/ Canaris, Claus-Wilhelm	Methodenlehre der Rechtswissenschaft 3. Auflage Berlin 1995 (zit. Larenz/Canaris, Kapitel, Gliederungsziffer)

Legerlotz, Christoph/ Laber, Jörg	Arbeitsrechtliche Grundlagen bei betrieblichen Arbeitnehmerbeteiligungen durch Aktienoptionen und Belegschaftsaktien DStR 1999, 1658-1667 (zit. Legerlotz/Laber, DStR 1999, 1658, Seite)
Leinemann, Wolfgang	Kommentar zur Gewerbeordnung Arbeitsrechtlicher Teil begründet von Eugen Stahlhacke Stand Juli 2004 Neuwied, Kriftel, Berlin 1995 (zit. Bearbeiter in: Leinemann, Paragraph, Anmerkung)
Lembke, Mark	BB-Kommentar BB 2003, 1071-1072 (zit. Lembke, BB 2003, 1071, Seite)
Lindacher, Walter F.	Phänomenologie der Vertragsstrafe Habilitation Universität Würzburg 1972 Frankfurt a.M. 1972 (zit. Lindacher, Seite)
Lindemann, Achim/ Simon, Oliver	Neue Regelungen zur Teilzeitarbeit BB 2001, 146-152 (zit. Lindemann/Simon, BB 2001, 146, Seite)
Lindemann, Viola	Neuerungen im Arbeitsrecht durch die Schuldrechtsreform AuR 2002, 81-87 (zit. Lindemann, AuR 2002, 81, Seite)
Lingemann, Stefan	Allgemeine Geschäftsbedingungen und Arbeitsvertrag NZA 2002, 181-192 (zit. Lingemann, NZA 2002, 181, Seite)

Lingemann, Stefan/ Diller, Martin/ Mengel, Anja	Aktienoptionen im internationalen Konzern – ein arbeitsrechtsfreier Raum? NZA 2000, 1191-1201 (zit. Lingemann/Diller/Mengel, NZA 2002, 1991, Seite)
Lingemann, Stefan/ Wasmann, Dirk	Mehr Kontrolle und Transparenz im Aktienrecht BB 1998, 853-862 (zit. Lingemann/Wasmann, BB 1998, 853, Seite)
Lipinski, Wolfgang/ Melms, Christopher	Die Gewährung von Aktienoptionen durch Dritte, z.B. eine Konzernmutter – von Dritten geleistetes Arbeitsentgelt? BB 2003, 150-154 (zit. Lipinski/Melms, BB 2003, 150, Seite)
Littmann, Eberhard/ Bitz, Horst/ Pust, Hartmut	Das Einkommensteuerrecht Band 4 §§ 18-32 d EStG Stuttgart 2004 (zit. Bearbeiter in: Littmann/Bitz/Pust, Paragraph, Randnummer)
Looschelders, Dirk/ Roth, Wolfgang	Juristische Methodik im Prozeß der Rechtsanwendung Berlin 1996 (zit. Looschelders/Roth, Seite)
Loritz, Karl-Georg	Betriebliche Arbeitnehmerbeteiligungen in Tarifverträgen und Betriebsvereinbarungen DB 1985, 531-539 (zit. Loritz, DB 1985, 531, Seite)

Loritz, Karl-Georg	Investivlohnmodelle und Arbeitsrecht in Festschrift für Otto Rudolf Kissel zum 65. Geburtstag „Arbeitsrecht in der Bewährung“ S. 687-707 Hrsg. Meinhard Heinze, Alfred Söllner München 1994 (zit. Loritz, Festschrift Kissel, Seite)
Löwe, Walter/ Graf v. Westphalen, Friedrich/ Trinkner, Reinhold	Großkommentar zum AGB-Gesetz Band II §§ 10-30 2. Auflage Heidelberg 1983 (zit. Bearbeiter in: Großkommentar zum AGB-Gesetz, Paragraph, Randnummer)
Löwisch, Manfred	Zweifelhafte Folgen des geplanten Leistungsstörungsrechts für das Arbeitsvertragsrecht NZA 2001, 465-467 (zit. Löwisch, NZA 2001, 465, Seite)
Löwisch, Manfred/ Rieble, Volker	Tarifvertragsgesetz 2. Auflage München 2004 (zit. Löwisch/Rieble, Paragraph, Randnummer)
Lück, Christoph	Die Gewährung von Aktienoptionen im arbeitsrechtlichen Vergütungsgefüge Hamburg 2003 (zit. Lück, Seite)
Lutter, Marcus	Aktienoptionen für Führungskräfte – de lege lata und de lege ferenda ZIP 1997, 1-9 (zit. Lutter, ZIP 1997, 1, Seite)

Lutter, Marcus	Corporate Governance und ihre aktuellen Probleme, vor allem: Vorstandsvergütung und ihre Schranken ZIP 2003, 737-743 (zit. Lutter, ZIP 2003, 737, Seite)
Lutter, Marcus	Die Treupflicht des Aktionärs ZHR 153 (1989), 446-471 (zit. Lutter, ZHR 153 (1989), 446, Seite
Lutter, Marcus	Gescheiterte Kapitalerhöhungen in Festschrift für Wolfgang Schilling zum 65. Geburtstag S. 207-233 Hrsg. Robert Fischer, Wolfgang Hefermehl Berlin, New York 1973 (zit. Lutter in Festschrift Schilling, Seite)
Lutter, Marcus	Materielle und förmliche Erfordernisse eines Bezugsrechtsausschlusses – Besprechung der Entscheidung BGHZ 71, 40 (Kali+Salz) – ZGR 1979, 401-418 (zit. Lutter, ZGR 1979, 401, Seite)
Lutter, Marcus	Stellungnahme zur Aktienreform 1997 AG 1997, Sonderheft, 52-57 (zit. Lutter, AG 1997, Sonderheft, 52, Seite)
Lutter, Marcus/ Grunewald, Barbara	Zur Umgehung von Vinkulierungsklauseln in Satzungen von Aktiengesellschaften und Gesellschaften mbH AG 1989, 109-117 (zit. Lutter/Grunewald, AG 1989, 109, Seite)
Lutter, Marcus/ Hommelhoff, Peter	GmbH-Gesetz 15. Auflage Köln 2000 (zit. Lutter/Hommelhoff, Paragraph, Randnummer)

Lutter, Marcus/ Schneider, Uwe	Die Beteiligung von Ausländern an inländischen Aktiengesellschaften – Möglichkeiten der Beschränkung nach geltendem Recht und Vorschläge de lege ferenda – ZGR 1975, 182-211 (zit. Lutter/Schneider, ZGR 1975, 182, Seite)
Maletzky, Martin	Verfallklauseln bei Aktienoptionen für Mitarbeiter NZG 2003, 715-717 (zit. Maletzky, NZG 2003, 715, Seite)
Martens, Klaus-Peter	Die mit Optionsrechten gekoppelte Aktienemission AG 1989, 69-77 (zit. Martens, AG 1989, 69, Seite)
Martens, Klaus-Peter	Eigene Aktien und Stock-Options in der Reform AG 1997, Sonderheft, 83-90 (zit. Martens, AG 1997, Sonderheft, 83, Seite)
Martens, Klaus-Peter	Options- und Wandlungsrechte anlässlich der Eingliederung der verpflichteten Gesellschaft AG 1992, 209-216 (zit. Martens, AG 1992, 209, Seite)
Martens, Klaus-Peter	Vertretungsorgan und Arbeitnehmerstatus in konzernabhängigen Gesellschaften in Festschrift für Marie Luise Hilger und Hermann Stumpf S. 437-466 Hrsg. Thomas Dieterich, Franz Gamillscheg, Herbert Wiedemann München 1983 (zit. Martens, Festschrift Hilger/Stumpf, Seite)
Mechlem, Hans-Peter/ Melms, Christopher	Verfall- und Rückzahlungsklauseln bei Aktienoptionsplänen DB 2000, 1614-1616 (zit. Mechlem/Melms, DB 2000, 1614, Seite)

Medicus, Dieter	Allgemeiner Teil des BGB 8. Auflage Heidelberg 2002 (zit. Medicus, Allgemeiner Teil des BGB, Randnummer)
Medicus, Dieter	Schuldrecht I, Allgemeiner Teil 13. Auflage München 2002 (zit. Medicus, Schuldrecht I, Allgemeiner Teil, Randnummer)
Meinel, Gernod/ Heyn, Judith/ Herms, Sascha	Teilzeit- und Befristungsgesetz 2. Auflage München 2004 (zit. Meinel/Heyn, Herms, Paragraph, Randnummer)
Menichetti, Marco J.	Aktien-Optionsprogramme für das Top-Management – Mit kritischer Analyse aktueller Beispiele – DB 1996, 1688-1692 (zit. Menichetti, DB 1996, 1688, Seite)
Münchener Kommentar zum Bürgerlichen Gesetzbuch	Band 1 Allgemeiner Teil (§§ 1-240) AGB-Gesetz 4. Auflage München 2001 Band 2 a Schuldrecht Allgemeiner Teil §§ 241-432 4. Auflage München 2003 Band 4 Schuldrecht, Besonderer Teil II, §§ 607-704 3. Auflage München 1997

	Band 5. Schuldrecht, Besonderer Teil III, §§ 705-853 3. Auflage München 1997 Hrsg. Kurt Rebmann, Franz Jürgen Säcker, Roland Rixecker (zit. Bearbeiter in: Münchener Kommentar zum BGB, Paragraph, Randnummer)
Münchener Handbuch des Gesellschaftsrechts	Band 4 Aktiengesellschaft Hrsg. Michael Hoffmann-Becking 2. Auflage München 1999 (zit. Bearbeiter in: Münchener Handbuch des Gesellschaftsrechts, Band 4, Paragraph, Randnummer)
Münchener Handbuch zum Arbeitsrecht	Band 1 §§ 1-113 Individualarbeitsrecht I München 2000 Ergänzungsband Individualarbeitsrecht München 2001 Hrsg. Reinhard Richardi, Otfried Wlotzke 2. Auflage (zit. Bearbeiter in: Münchener Handbuch zum Arbeitsrecht, Band, Paragraph, Randnummer)
Münchener Kommentar zum Aktiengesetz	Band 1 §§ 1-53 München 2000 Band 2 §§ 53 a-75 München 2003 Band 3 §§ 76-117 AktG Mitbestimmungsgesetz, § 76 BetrVG 1952 München 2004

	Band 7 §§ 222-277 München 2001 Hrsg. Bruno Kropff, Johannes Semler 2. Auflage des Geßler/Hefermehl/Eckardt/Kropff, Aktiengesetz (zit. Bearbeiter in: Münchener Kommentar zum Aktiengesetz, Paragraph, Randnummer)
Münchener Kommentar zum Handelsgesetzbuch	Band 1 Erstes Buch Handelsstand §§ 1-104 Hrsg. Karsten Schmidt München 1996 (zit. Bearbeiter in: Münchener Kommentar zum Handelsgesetzbuch, Paragraph, Randnummer)
Nägele, Stefan	Der Anstellungsvertrag des Geschäftsführers BB 2001, 305-312 (zit. Nägele, BB 2001, 305, Seite)
Nehls, Albrecht/ Sudmeyer, Jan	Zum Schicksal von Aktienoptionen bei Betriebsübergang ZIP 2002, 201-208 (zit. Nehls/Sudmeyer, ZIP 2002, 201, Seite
Oetker, Hartmut	Gibt es einen Kündigungsschutz außerhalb des Kündigungsschutzgesetzes? AuR 1997, 41-54 (zit. Oetker, AuR 1997, 41, Seite)
Ostrowicz, Alexander/ Künzl, Reinhard/ Schäfer, Horst	Der Arbeitsgerichtsprozess 2. Auflage Berlin 2002 (zit. Ostrowicz/Künzl/Schäfer, Gliederungsziffer)

Ott, Markus	„LH-Chance“ und „LH-Performance“ – Die Aktienprogramme im Lufthansakonzern in Personalführung und Organisation S. 693-700 Hrsg. Alois Clermont, Wilhelm Schmeisser, Dieter Krimphove München 2000 (zit. Ott in: Personalführung und Organisation, Seite)
Otto, Hans-Jochen	Gebundene Aktien: Vertragliche Beschränkungen der Ausübung und Übertragbarkeit von Mitgliedschaftsrechten zugunsten der AG AG 1991, 369-380 (zit. Otto, AG 1991, 369, Seite)
Paefgen, Walter G.	Eigenkapitalderivate bei Aktienrückkäufen und Managementbeteiligungsmodellen AG 1999, 67-74 (zit. Paefgen, AG 1999, 67, Seite)
Palandt	Bürgerliches Gesetzbuch 63. Auflage München 2004 (zit. Palandt/Bearbeiter, Paragraph, Randnummer)
Pawlowski, Hans-Martin	Methodenlehre für Juristen 3. Auflage Heidelberg 1999 (zit. Pawlowski, Randnummer)
Pellens, Bernhard	Unternehmenswertorientierte Vergütungssysteme Stuttgart 1998 (zit. Bearbeiter in: Pellens, Seite)

Peltzer, Martin	Steuer- und Rechtsfragen bei der Mitarbeiterbeteiligung und der Einräumung von Aktienoptionen (Stock Options) AG 1996, 307-315 (zit. Peltzer, AG 1996, 307, Seite)
Peterssen, Klaus	Die Belegschaftsaktie Berlin 1968 (zit. Peterssen, Seite)
Picot, Gerhard/ Schnitker, Elmar	Arbeitsrecht bei Unternehmenskauf und Restrukturierung München 2001 (zit. Picot/Schnitker, Teil, Randnummer)
Pieroth, Bodo/ Schlink, Elmar	Grundrechte Staatsrecht II 19. Auflage Heidelberg 2003 (zit. Pieroth/Schlink, Paragraph)
Preis, Ulrich	Grundfragen der Vertragsgestaltung im Arbeitsrecht Habilitation Universität Köln 1992 Neuwied, Kriftel, Berlin 1993 (zit. Preis, Seite)
Preis, Ulrich/ Kramer, Michael	Das neue Kündigungsfristengesetz DB 1993, 2125-2131 (zit. Preis/Kramer, DB 1993, 2125, Seite)
Priester, Hans-Joachim	Nichtkorporative Satzungsbestimmungen bei Kapitalgesellschaften DB 1979, 681-687 (zit. Priester, DB 1979, 681, Seite)
Reim, Uwe	Arbeitnehmer und/oder Verbraucher? DB 2002, 2434-2438 (zit. Reim, DB 2002, 2434, Seite)

Reinecke, Gerhard — Kontrolle Allgemeiner Arbeitsbedingungen nach dem Schuldrechtsmodernisierungsgesetz
DB 2002, 583-588
(zit. Reinecke, DB 2002, 583, Seite)

Reinisch, Armin — Der Ausschluss von Aktionären aus der Aktiengesellschaft
Dissertation Technische Hochschule Darmstadt 1991
Köln 1992
(zit. Reinisch, Seite)

Richardi, Reinhard — Betriebsverfassungsgesetz
9. Auflage
München 2004
(zit. Richardi, Paragraph, Randnummer)

Ricken, Oliver — Gewinnbeteiligung im Arbeitsverhältnis?
NZA 1999, 236-243
(zit. Ricken, NZA 1999, 236, Seite)

Ring, Gerhard — Gesetz über Teilzeitarbeit und befristete Arbeitsverträge
Anwaltskommentar
Bonn 2001
(zit. Ring, Paragraph, Randnummer)

Röder, Gerhard/ Göpfert, Burkhard — Aktien statt Gehalt
BB 2001, 2002-2006
(zit. Röder/Göpfert, BB 2001, 2002, Seite)

Rolfs, Christian — Das neue Recht der Teilzeitarbeit
RdA 2001, 129-143
(zit. Rolfs, RdA 2001, 129, Seite)

Rosen, Rüdiger von	Aktienoptionspläne für Führungskräfte – Leistungsorientierte Vergütung und Shareholder Value – Aktienkultur & BVH-News 4/1996 (zit. von Rosen, Seite)
Ruhr, Martina/ Radke, Stefanie	Internationale Aktienoptionspläne und deren arbeitsrechtliche Behandlung in Deutschland DB 2001, 1882-1887 (zit. Ruhr/Radke, DB 2001, 1882, Seite)
Sachs, Michael	Grundgesetz 3. Auflage München 2003 (zit. Sachs, Artikel, Randnummer)
Sauter, Eugen/ Schweyer, Gerhard	Der eingetragene Verein 17. Auflage München 2001 (zit. Sauter/Schweyer, Randnummer)
Schanz, Kay-Michael	Mitarbeiterbeteiligungsprogramme NZA 2000, 626-635 (zit. Schanz, NZA 2000, 626, Seite)
Schaub, Günter	Arbeitsrechtshandbuch 10. Auflage München 2002 (zit. Bearbeiter in: Arbeitsrechtshandbuch, Paragraph, Randnummer)

Schelp, Günther	Gemischte Rechtsverhältnisse mit arbeitsrechtlichen Elementen in Festschrift für Wilhelm Herschel zum 60. Geburtstag S. 87-104 Schriftenreihe des Bundesarbeitsministeriums, Heft 1 Stuttgart, Köln 1955 (zit. Schelp, Festschrift Herschel, Seite)
Scheuerle, Wilhelm A.	Das Wesen des Wesen AcP 163 (1963), 429-471 (zit. Scheuerle, AcP 163 (1963), 429, Seite)
Schiefer, Bernd	Teilzeitarbeit Düsseldorf 2001 (zit. Schiefer, Seite)
Schleusener, Axel Aino	Zur Widerrufsmöglichkeit von arbeitsrechtlichen Aufhebungsverträgen nach § 312 BGB NZA 2002, 949-952 (zit. Scheusener, NZA 2002, 949, Seite)
Schlodder, Antje	Der Arbeitsvertrag im neuen Schuldrecht Dissertation Universität Regensburg 2003 München 2004 (zit. Schlodder, Seite)
Schlosser, Peter/ Coester-Waltjen, Dagmar/ Graba, Hans-Ulrich	Kommentar zum Gesetz zur Regelung des Rechts der Allgemeinen Geschäftsbedingungen Bielefeld 1977 (zit. Schlosser/Coester-Waltjen/Graba, Paragraph, Randnummer)
Schmalz, Dieter	Methodenlehre für das juristische Studium 4. Auflage Baden-Baden 1998 (zit. Schmalz, Seite)

Schmidt, Karsten	Gesellschaftsrecht 4. Auflage Köln, Berlin, Bonn, München 2002 (zit. Schmidt, Gesellschaftsrecht, Seite)
Schmidt, Ludwig	Einkommensteuergesetz 22. Auflage München 2003 (zit. Bearbeiter in: Schmidt, Einkommensteuergesetz, Paragraph, Randnummer)
Schneider, Uwe H.	Aktienoptionen als Bestandteil der Vergütung von Vorstandsmitgliedern ZIP 1996, 1769-1778 (zit. Schneider, ZIP 1996, 1769, Seite)
Schnitker, Elmar/ Grau, Timon	Übergang und Anpassung von Rechten aus Aktienoptionsplänen bei Betriebsübergängen nach § 613 a BGB BB 2002, 2497-2504 (zit. Schnitker/Grau, BB 2002, 2497, Seite)
Scholz, Franz	Kommentar zum GmbH-Gesetz mit Anhang Konzernrecht I. Band §§ 1-44 Anh. Konzernrecht 9. Auflage Köln 2002 (zit. Scholz/Bearbeiter, Paragraph, Randnummer)
Schwarz, Christian/ Michel, Jörg	Aktienoptionspläne: Reformvorhaben in Deutschland – Erfahrungsvorsprung in Frankreich BB 1998, 489-494 (zit. Schwarz/Michel, BB 1998, 489, Seite)

Schwerdtner, Peter | Grenzen der Vereinbarungsfähigkeit von Vertragsstrafen im Einzelarbeitsverhältnis
in Festschrift für Marie Luise Hilger und Hermann Stumpf
S. 631-656
Hrsg. Thomas Dieterich, Franz Gamillscheg, Herbert Wiedemann
München 1983
(zit. Schwerdtner, Festschrift Hilger/Stumpf, Seite)

Semler, Johannes/ Volhard, Rüdiger | Handbuch der Hauptversammlung
2. Auflage
München 2003
(zit. Bearbeiter in: Semler/Volhard, Seite)

Soergel, Hans Th. | Bürgerliches Gesetzbuch mit Einführungsgesetz und Nebengesetzen

Band 1 Allgemeiner Teil 1 §§ 1-103
wissenschaftliche Redaktion Manfred Wolf
13. Auflage
Stuttgart 2000

Band 2 Allgemeiner Teil 2 §§ 104-240
wissenschaftliche Redaktion Manfred Wolf
13. Auflage
Stuttgart 1999

Band 2 Schuldrecht I §§ 241-432
wissenschaftliche Redaktion Hans-Joachim Mertens
12. Auflage
Stuttgart, Berlin, Köln 1990

(zit. Soergel/Bearbeiter, Paragraph, Randnummer)

Söllner, Alfred	Der verfassungsrechtliche Rahmen für Privatautonomie im Arbeitsrecht RdA 1989, 144-150 (zit. Söllner, RdA 1989, 144, Seite)
Söllner, Alfred/ Waltermann, Raimund	Grundriss des Arbeitsrechts 13. Auflage München 2003 (zit. Söllner/Waltermann, Seite)
Stahlhacke, Eugen/ Preis, Ulrich/ Vossen, Reinhard	Kündigung und Kündigungsschutz im Arbeitsverhältnis 8. Auflage München 2002 (zit. Stahlhacke/Preis/Vossen, Randnummer)
Staudinger, J. von	Kommentar zum Bürgerlichen Gesetzbuch mit Einführungsgesetz und Nebengesetzen Buch 1 Allgemeiner Teil §§ 134-163 (Allgemeiner Teil 4) Neubearbeitung 2003 Berlin 2003 Zweites Buch Recht der Schuldverhältnisse §§ 249-254 13. Bearbeitung 1998 Berlin 1998 Zweites Buch Recht der Schuldverhältnisse §§ 255-314 Neubearbeitung 2001 Berlin 2001 Zweites Buch Recht der Schuldverhältnisse §§ 328-361 b Neubearbeitung 2001 Berlin 2001

Zweites Buch Recht der Schuldverhältnisse
§§ 611-615
13. Bearbeitung 1999
Berlin 1999

Buch 2 Recht der Schuldverhältnisse
§§ 616-630
Neubearbeitung 2002
Berlin 2002

Gesetz zur Regelung des Rechts der Allgemeinen Geschäftsbedingungen (AGBG)
13. Bearbeitung 1998
Berlin 1998

(zit. Staudinger/Bearbeiter, Paragraph, Randnummer)

Steinau-Steinrück, Robert von — Die Grenzen des § 613 a BGB bei Aktienoptionen im Konzern
NZA 2003, 473-474
(zit. von Steinau-Steinrück, NZA 2003, 473, Seite)

Steppan, Rainer — Kursstürze und Skandale: Aktienoptionen ohne Zukunft?
PersF 12/2002, 98-101
(zit. Steppan, PersF 12/2000, 98, Seite)

Stöber, Kurt — Handbuch zum Vereinsrecht
8. Auflage
Köln 2000
(zit. Stöber, Randnummer)

Tappert, Markus — Auswirkungen eines Betriebsübergangs auf Aktienoptionsrechte von Arbeitnehmern
NZA 2002, 1188-1199
(zit. Tappert, NZA 2002, 1188, Seite)

Tettinger, Peter J./ Wank, Rolf
Gewerbeordnung
6. Auflage
München 1999
(zit. Tettinger/Rolf, Paragraph, Randnummer)

Thüsing, Gregor
Anwendungsbereich und Regelungsgehalt des Maßregelungsverbots gem. § 612 a BGB
NZA 1994, 728-732
(zit. Thüsing, NZA 1994, 728, Seite)

Thüsing, Rolf
5. Vermögensbildungsgesetz – Fünftes Vermögensbildungsgesetz und § 19 a EStG
Hrsg. Rolf Thüsing
München 1992
(zit. Bearbeiter in: 5. Vermögensbildungsgesetz, Paragraph, Randnummer)

Timm, Wolfram
Die Mitwirkung des Aufsichtsrates bei unternehmensstrukturellen Entscheidungen – Grenzen der Aufsichtsrats- und Verwaltungszuständigkeit in der Aktiengesellschaft –
DB 1980, 1201-1207
(zit. Timm, DB 1980, 1201, Seite)

Tipke, Klaus/ Lang, Joachim
Steuerrecht
17. Auflage
Köln 2002
(zit. Tipke/Lang, Paragraph)

Trittel, Andreas
Belegschaftsaktiengesellschaften und Sociedades Anónimas Laborales
Dissertation Freie Universität Berlin 1995
Baden-Baden 1995
(zit. Trittel, Seite)

Uhlenbruck, Dirk
Der Schutz von Familien-Aktiengesellschaften gegen das Eindringen unerwünschter Aktionäre
DB 1967, 1927-1932
(zit. Uhlenbruck, DB 1967, 1927, Seite)

Ulmer, Peter/ Brandner, Hans Erich/ Hensen, Horst-Diether
AGB-Gesetz
9. Auflage
Köln 2001
(zit. Ulmer/Brandner/Hensen, Paragraph, Randnummer)

Umnuß, Karsten/ Ehle, Thorsten-Ludwig
Aktienoptionsprogramme für Arbeitnehmer auf der Basis von § 71 Abs. 1 Nr. 2 AktG
BB 2002, 1042-1046
(zit. Umnuß/Ehle, BB 2002, 1042, Seite)

Urban-Crell, Sandra/ Manger, Robert
Konzernweite Aktienoptionspläne und Betriebsübergang
NJW 2004, 125-128
(zit. Urban-Crell/Manger, NJW 2004, 125, Seite)

Vetter, Eberhard
Squeeze-out – Der Ausschluss der Minderheitsaktionäre aus der Aktiengesellschaft nach den §§ 327 a-327 f AktG
AG 2002, 176-190
(zit. Vetter, AG 2002, 176, Seite)

Wagner, Klaus-R.
Kapitalbeteiligung von Mitarbeitern und Führungskräften
Heidelberg 1999
(zit. Wagner, Seite)

Wagner, Klaus-R.
Mitarbeiterbeteiligung in Deutschland – ein Überblick
NJW 2003, 3081-3087
(zit. Wagner, NJW 2003, 3081, Seite)

Wagner, Klaus-R.
Schaffung neuer Arbeitsplätze in Europa durch Mitarbeiterbeteiligung?
ZIP 2001, 1483-1490
(zit. Wagner, ZIP 2001, 1483, Seite)

Wank, Rolf — Arbeitnehmer und Selbständige
München 1988
(zit. Wank, Seite)

Wank, Rolf — Die Auslegung von Gesetzen
2. Auflage
Köln, Berlin, Bonn, München 2001
(zit. Wank, Auslegung von Gesetzen, Seite)

Wank, Rolf — Telearbeit
NZA 1999, 225-235
(zit. Wank, NZA 1999, 225, Seite)

Wehrli, Max — Mitbeteiligung der Arbeitnehmer durch Belegschaftsaktien
Dissertation Universität Zürich
Zürich 1969
(zit. Wehrli, Seite)

Weiß, Daniel M. — Aktienoptionspläne für Führungskräfte
Dissertation Universität Köln 1999
Köln 1999
(zit. Weiß, Seite)

Weiß, Daniel M. — Aktienoptionsprogramme nach dem KonTraG
WM 1999, 353-363
(zit. Weiß, Seite)

Wiedemann, Herbert — Tarifvertragsgesetz mit Durchführungs- und Nebenvorschriften
6. Auflage
München 1999
(zit. Wiedemann, Paragraph, Randnummer)

Willemsen, Heinz Josef	Einbeziehung nicht-arbeitsrechtlicher Verträge in das Arbeitsverhältnis – Zum Geltungsumfang des Arbeitsrechts und zu den Grenzen vertraglicher Gestaltungsfreiheit in Festschrift für Herbert Wiedemann zum 70. Geburtstag S. 645-672 Hrsg. Rolf Wank, Heribert Hirte, Kaspar Frey, Holger Fleischer, Gregor Thüsing München 2002 (zit. Willemsen, Festschrift Wiedemann, Seite)
Willemsen, Heinz Josef/ Müller-Bonanni, Thomas	Aktienoptionen beim Betriebsübergang ZIP 2003, 1177-1185 (zit. Willemsen/Müller-Bonanni, ZIP 2003, 1177, Seite)
Willemsen, Heinz Josef/ Hohenstatt, Klaus-Stefan/ Schweibert, Ulrike/ Seibt, Christoph H.	Umstrukturierung und Übertragung von Unternehmen – Arbeitsrechtliches Handbuch – 2. Auflage München 2003 (zit. Willemsen/Hohenstatt/Schweibert/Seibt, Teil, Randnummer)
Wolf, Manfred/ Horn, Norbert/ Lindacher, Walter F.	AGB-Gesetz 4. Auflage München 1999 (zit. Wolf/Horn/Lindacher, Paragraph, Randnummer)
Wulff, Jakob	Aktienoptionen für das Management Dissertation Universität Bonn 1989 Köln, Berlin, Bonn, München 2000 (zit. Wulff, Seite)

Würdinger, Hans	Aktienrecht und das Recht der verbundenen Unternehmen 4. Auflage Heidelberg, Karlsruhe 1981 (zit. Würdinger, Seite)
Zeidler, Finn	Aktienoptionspläne – nicht nur für Führungskräfte – im Lichte neuester Rechtsprechung NZG 1998, 789-799 (zit. Zeidler, NZG 1998, 789, Seite)
Zitzewitz, Jens	Stock Options Dissertation Universität Göttingen 2003 Frankfurt a.M. 2003 (zit. Zitzewitz, Seite)
Zöllner, Wolfgang	Wertpapierrecht 14. Auflage München 1987 (zit. Zöllner, Seite)
Zöllner, Wolfgang/ Loritz, Karl Georg	Arbeitsrecht 5. Auflage München 1998 (zit. Zöllner/Loritz, Seite)

ABKÜRZUNGEN:

Hinsichtlich der Abkürzungen wird verwiesen auf:

Kirchner, Hildebert	Abkürzungsverzeichnis der Rechtssprache 4. Auflage Berlin, New York 1993

Peter Lang · Europäischer Verlag der Wissenschaften

Sven Borngräber

Die inhaltliche Kontrolle von Betriebsvereinbarungen

Frankfurt am Main, Berlin, Bern, Bruxelles, New York, Oxford, Wien, 2005.
X, 214 S.
Europäische Hochschulschriften: Reihe 2, Rechtswissenschaft. Bd. 4277
ISBN 3-631-53732-8 · br. € 39.–*

Die mit dem Schuldrechtsmodernisierungsgesetz vollzogene Aufhebung der bislang für das gesamte Arbeitsrecht geltenden Bereichsausnahme im AGB-Recht und das ausdrückliche Verbot einer AGB-Kontrolle von Betriebsvereinbarungen haben die Diskussion um die Reichweite einer inhaltlichen Kontrolle von Betriebsvereinbarungen neu belebt. Die Arbeit setzt sich mit den Grenzen der inhaltlichen Gestaltungsfreiheit der Betriebsparteien auseinander und untersucht, inwieweit die bisherige Kontrollpraxis der Arbeitsgerichte vor dem Hintergrund der zurückliegenden gesetzgeberischen Entscheidungen einer Korrektur bedarf.

Aus dem Inhalt: Rechtscharakter und Wirkungsweise der Betriebsvereinbarung · Inhaltskontrolle von Betriebsvereinbarungen · Billigkeitskontrolle von Betriebsvereinbarungen · Rechtskontrolle von Betriebsvereinbarungen · Grundrechtsbindung · Verhältnismäßigkeitsgrundsatz · Vertrauensschutz · Ausschließlich belastende Betriebsvereinbarungen · Änderung von Versorgungszusagen · Änderung von Betriebsvereinbarungen über Sonderleistungen · Kontrolle von Bindungsklauseln · Sozialpläne

Frankfurt am Main · Berlin · Bern · Bruxelles · New York · Oxford · Wien
Auslieferung: Verlag Peter Lang AG
Moosstr. 1, CH-2542 Pieterlen
Telefax 00 41 (0) 32 / 376 17 27

*inklusive der in Deutschland gültigen Mehrwertsteuer
Preisänderungen vorbehalten

Homepage http://www.peterlang.de

FSC
www.fsc.org
MIX
Papier | Fördert gute Waldnutzung
FSC® C083411

Kolibri 360 GmbH
Ferdinand-Jühlke-Straße 7
99095 Erfurt, Deutschland
produktsicherheit@kolibri360.de

Druck:
CPI Druckdienstleistungen GmbH
im Auftrag der
Kolibri 360 GmbH
Ferdinand-Jühlke-Str. 7
99095 Erfurt